… 林长民集

陈学勇　于葵·编注

人民文学出版社

图书在版编目（CIP）数据

林长民集／陈学勇，于葵编注．-- 北京：人民文学出版社，2024．-- ISBN 978-7-02-018780-5

I. C52

中国国家版本馆 CIP 数据核字第 20240P4X35 号

出版发行	人民文学出版社	责任编辑　王一珂　陈　莹
社　　址	北京市朝内大街 166 号	装帧设计　刘　远
邮政编码	100705	责任印制　张　娜

印　　刷　北京中科印刷有限公司
经　　销　全国新华书店等

字　　数　359 千字
开　　本　680 毫米 ×960 毫米　1/16
印　　张　29　插页 21
印　　数　1—5000
版　　次　2024 年 10 月北京第 1 版
印　　次　2024 年 10 月第 1 次印刷

书　　号　978-7-02-018780-5
定　　价　128.00 元

如有印装质量问题，请与本社图书销售中心调换。电话：010-65233595

林長民

※ 右四，林孝恂；右八，林孝恂夫人游氏；右五，林洞省；右三，林长民；右六，林天民；右十，林泽民；右十三，林孝恂二女；右十一，林嫄民；右十二，林丘民；右九，林子民；右二，王永昕；右一，游氏之侄

林孝恂携全家摄于浙江仁和县官邸庭院

※ 前排左起：林天民、李释戡、林孝恂、林先民、曾先舟，后排左起：林肇民、林长民、林尹民

一九〇七年，林长民与父亲林孝恂等摄于日本

一九〇八年，林长民摄于日本江户

一九一〇年，林长民与女儿林徽因（中）、麟趾（左）摄于杭州

一九一二年二月，林长民摄于福州

民国初年的林长民

民国初年的林长民

民国初年的林长民

北洋政府时期的林长民

北洋政府时期的林长民

一九二〇年，林长民摄于伦敦

一九二〇年，林长民摄于伦敦

一九二〇年，林长民与林徽因摄于伦敦

一九二〇年，林长民与林徽因摄于伦敦

一九二〇年，林长民摄于伦敦寓所

一九二〇年，林长民与林徽因摄于伦敦寓所

一九二〇年，林长民与秘书梁敬錞摄于伦敦寓所

※ 左起：梁思成、温源宁、林长民、恩厚之、泰戈尔、林徽因、徐志摩

一九二四年五月，林长民与泰戈尔等摄于北京

卓子定谋曾子嶓既译英文习语辞典属余为之序余维辞书之作与字书异言心声也书心画也心画之书字也心声之言辞也言以足志文以足言是志之言笔字与辞呈言之文则纯乎辞也释字书易释辞书难字书之字简尔书之辞繁字不随世代而变即变亦不甚赜辞列无一日不推移无一日不堆积杂合错综而成其众英儒巴蔼德氏曰言辞也国民之龙骧虎跃也子孙世代为状其所见而其

一九〇七年，林长民为《英文习语辞典》所作序言手迹

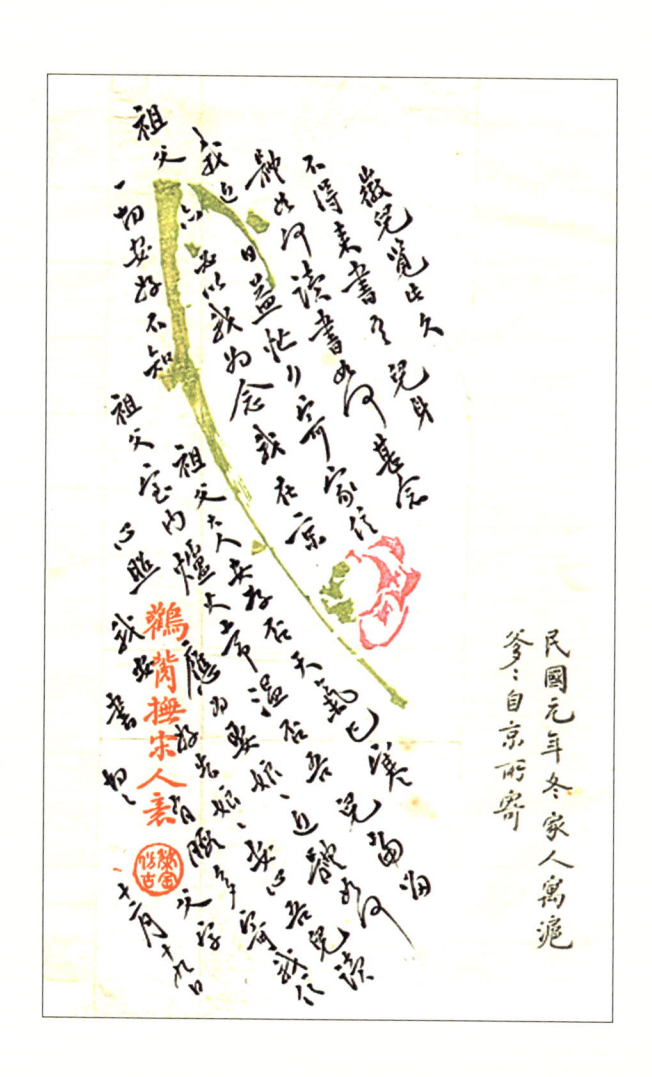

一九一二年十二月二十九日，林长民致林徽因书信手迹。旁批系林徽因手迹

徽儿知之 我书具坐椸与妣姊来京 都好此间适迁读书甚佳 祖父大昆以兒子武桄爱此 祖父先去京此二四省此中二省此学 堂武並南延译文先生教此现我 新居左近有一支會女学堂南尔

民國二年娘同莊姊來京徽尚留滬

一九一三年五月二十九日，林长民致林徽因书信手迹。旁批系林徽因手迹

徽儿知之得此书知家中甚慰惟
祖父似俊多病我以不了
亲事不能束我以五一日
赴帖此画好，伏侍
祖父我日长正打耳逗
家了继续画停要画
有人南下相接此吾先告

一九一三年，林长民致林徽因书信手迹

一九一四年，林长民、林天民《先严哀启》手迹

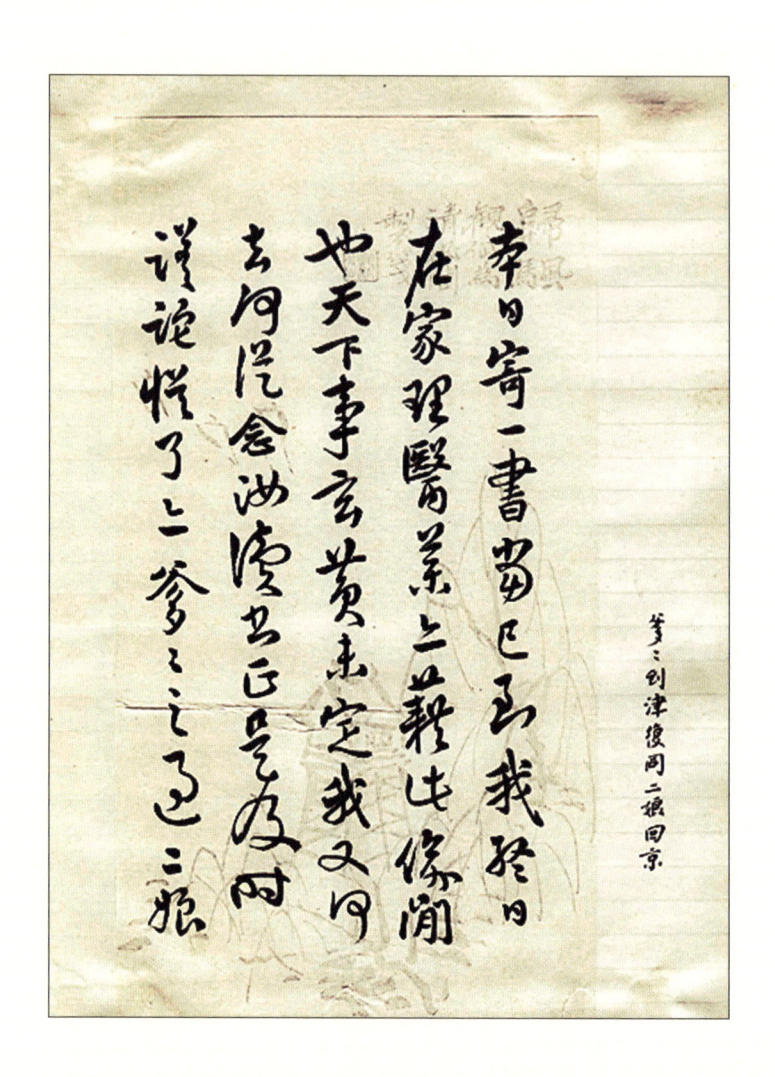

昨日寄一書當已到。我於日在家理醫藥二難出候聞也。天下事玄黃未定，我又何去何從，念此煩悶五正憂之。阿附阿時諸詭悯了之。參之之足之娘

爹之到津復回二振回京

一九一六年五月五日，林长民致林徽因书信手迹。旁批系林徽因手迹

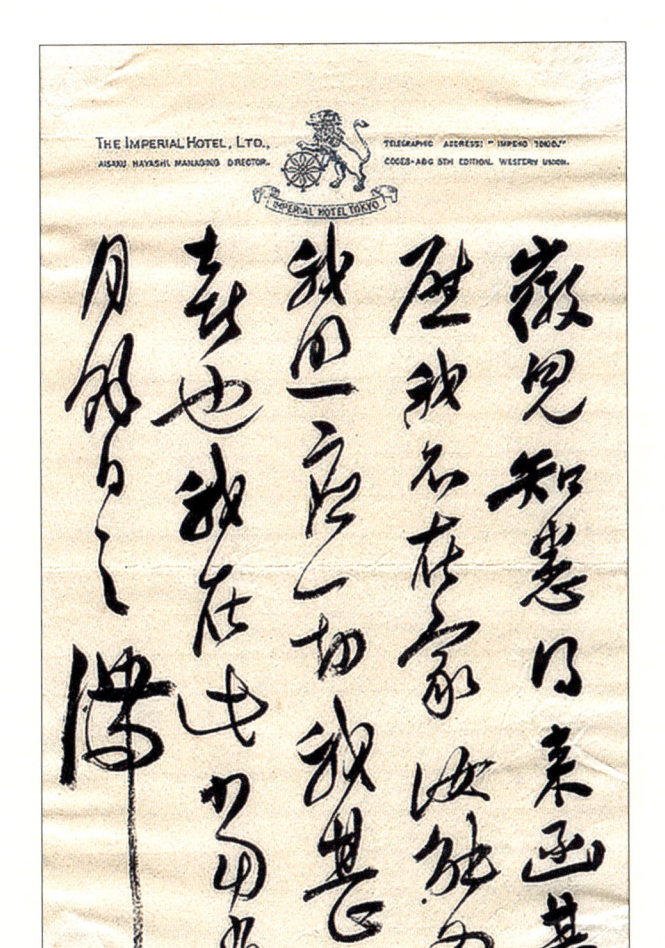

一九一八年四月十六日，林长民致林徽因书信手迹

相州半日程易車輦
三四山中昨浮雪皚皚照羃帔
三更止奈良朋友已相遲牽地玉
瀧蓝漝茶畧一試龜頭你説東都
喜溫泉臘擁衣上樓頭你説東都
事烴火壁籐屋耿耿挾星墜犀生
李多愛況出中夜三以室名歸
枕曙總納嵐翠為我寫名山
丹青騰遊泥

雪夜訪東湖女史
箱根木氏屋
長民

一九一八年，林长民《雪夜访东湖女史》手迹民国九年八月七日由伦敦到欧洲大陆各国游览晨七时起与徽女和钧同自伦敦 Ormonde Gate 寓所出发八时自 Victoria 车站开车取道 Folkestone 十时半渡海峡波平风静今年形迤此峡皆不遇风越诸徽女居俞险责者获如此足也甚幸十二时抵 Boulogne 一入法境语言顿生隔阂登车觉比午膳同桌英人品不甚佳一语和钧妆示稔暇肫呼酒浆话到此虽大不列颠人恐怖不美我矣全谐虽谐盖平时在英习见其对人扞格之然不能无介蒂也 英人车前 Victoria 上交时有一英人同坐询君等自东京来乎

白水學校校友諸君足鑒襄聞吾校瀕危遠在海外無任憂煩近兩度函說不啻耳提恩念奉發鎬造謹銀既十章以來投貧之孤持苦至校友之慶援一旦廣泰英為失城地愛皇學措問得一葉交電報發告諸君以委而洛蘭交說未能遠今歸國後復由林君象芳遴到林棟林翥迺陞派柯凌漢李志厚諸若來函優惰多校之意令人感奮僕品必能有力者與諸若來書而感因惟是十年以來能萃於校有職而瞬底

一九二一年十二月二十五日，林长民致白水学校校友手迹

思成之下你到家想都好徽病情已肳
輕減否晚克禮与方石珊同来謂有夾雜
性菌為崇昨方攷未施Tyfichin鐵此為
与克禮那商定者今晨熱退玉三十七度
為一種植物有松柏香氣治感冒菌方
三直至午後三时始為玉三十六度現巳六时
仍玉三十六度七些氣順以勞平實輕減此方
病人自己覺得快爽已多

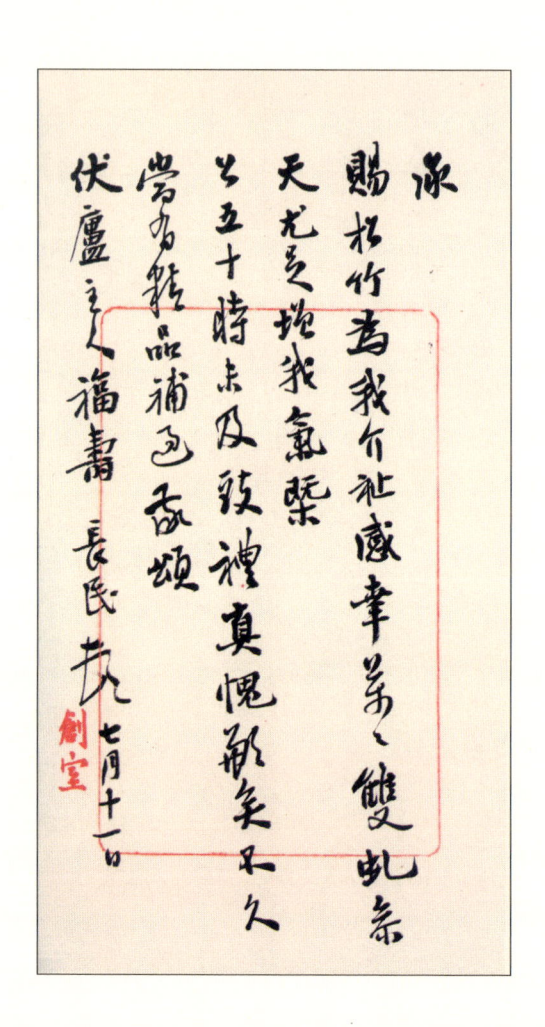

承
賜招竹為我介祉感荷弟々雙虬条
天尤δ增我氣槩
已五十時未及致禮真愧歉矣不久
當有雜品補呈耑頌
伏廬主人福壽　長民拜九七月十一日
創室

一九二三年七月十一日，林长民致陈汉第书信手迹

一九二三年八月三十一日，林长民致林徽因书信手迹

聖約翰大學校長卜先生六十壽言

余讀龍門石刻造像諸文見千百年間名蹟薈萃灝瀚無涯又遊意大利羅馬米朗諸都瞻拜古刹莊嚴雄驟自十五世紀以來其工至大刊羅馬米朗諸事業全在積累不已終乃爛然一人之工今未竣於是歎人生事業全在積累之廣不廣亦固不繫乎積作一業之成就大小隆替與夫被入及物之廣不廣亦固不繫乎積

累今量之多少凡夫村保有恒課者必有所成若生而賢哲復益之以積累則所成者更大所蓄者更厚所及者更廣所垂者亦必悠久而無疆余於聖約翰大學校長卜先生之教澤不能不欽遲而悅服也 卜先生今者年六十舫濟卜先生之教澤不為邁老然其遠涉重瀛來教吾中華之子弟前後三矣六十日著未為邁老然其遠涉重瀛來教吾中華之子弟前後三

一九二四年，林長民《聖約翰大學校長卜先生六十壽言》手迹

××年九月十四日，林长民致韩国钧书信手迹

一九一二年四月,林徽因与表姊妹们合影。卡纸上题记系林长民手迹

林长民由海外寄给林徽因的明信片

一九一八年四月二十二日，林长民寄给林徽因的日本箱根全景明信片及题记手迹

> Another small picture of the boat rowing along in Bay D'Halong. The shadows of the people in my boat are shown too. 8th April 1920

一九二〇年四月八日，林长民在越南下龙湾荡舟所摄照片及背面题记手迹。题记为："另一张在下龙湾荡舟的小照片，以及几位同船者的剪影。"

石刻高三丈方广丈余 为罗马刻成第二世纪间置诸罗马 Caracalla 浴堂中 今鉴赏眼之为朦胧残缺 为但佛矣 今移置那波里博物院 十年四月卅日长民记

一九二一年四月三十日，林长民所藏"法尔奈斯的公牛"明信片及背面题记手迹

林长民集

目录

前言……001

诗

题骞季常《对酒图》……003
中秋夜游汤山浴堂，涛园、子益、润田、闰生先至，涛园有作，因和其韵……004
雪夜访东湖女史……005
戊午五月新桥花月楼步济武韵……006
寿梁任公五十诗……007
贺林贻书六十寿……009
与志摩等相约游湖……010
打油诗一首……011

文

《英文习语辞典》序 …… 015

兴郡高初小学堂报告 …… 018

《法政杂志》序 …… 022

资政院改章之研究 …… 025

题林徽因等合影 …… 050

参议院一年史 …… 051

先严哀启 …… 058

跋《龚定庵诗集》 …… 060

《公言报》周岁纪念 …… 061

中国良善之法厅 …… 062

国际联盟同志会成立之经过 …… 063

国民外交协会演说录 …… 067

铁路统一问题 …… 082

外交警报敬告国民 …… 123

自请罢免以谢日本人 …… 124

    附：日本人关于山东问题之言论： …… 125

告日本人 …… 126

巴黎和议记十四续 …… 131

《欧战全史》序 …… 138

在"法尔奈斯的公牛"明信片上的题记 …… 141

在陈博生明信片上的题记 …… 142

太平洋会议我观 …… 143

一封情书 …… 145

    附：《一封情书》按语 …… 148

        顾颉刚：关于《林宗孟先生的情书》 …… 150

        徐志摩：《关于〈林宗孟先生的情书〉》附识 …… 151

童子军之历史及其意义 ……152

把目击的英爱纠纷与吾国南北来对照 ……155

华盛顿会议后国民应持之态度 ……170

国际生命 ……175

恋爱与婚姻 ……190

临《兰亭序》跋 ……208

临《兰亭序》赠林暄跋 ……209

嫁王氏大姊和姊夫熙农先生五十双庆寿序 ……210

裁兵运动之国庆日 ……214

裁兵到底是谁的任务？……216

中华民国宪法草案总说明书 ……218

《法律评论》创刊题词 ……238

对国会一种主张 ……240

费四桥《璇闺四序图》跋 ……245

圣约翰大学校长卜先生六十寿言 ……246

题《洛神赋》扇面 ……250

《龙游余氏春晖堂画集》题记 ……251

《善后会议日刊》创刊祝词 ……252

日记

旅欧日记·一九二〇年 …… *257*

八月 …… *257*

九月 …… *273*

十月 …… *289*

十一月 …… *294*

书信

致林徽因·一九一〇年 …… *299*

致林徽因·一九一二年十二月十九日 …… *300*

致林徽因·一九一三年五月二十九日 …… *301*

致林徽因·一九一三年七月十三日 …… *302*

致林徽因·一九一三年 …… *303*

致林徽因·一九一三年 …… *304*

致林徽因·一九一六年四月八日 …… *305*

致林徽因·一九一六年四月十九日 …… *306*

致林徽因·一九一六年五月五日 …… *307*

致林徽因·一九一七年八月八日 …… *308*

致林徽因·一九一七年八月八日 …… *309*

致林徽因·一九一七年八月十五日 …… *310*

致林徽因·一九一七年八月十五日 …… *311*

致林徽因·一九一七年八月十六日 …… *312*

致林徽因·一九一七年 …… *313*

致林徽因·一九一八年四月十六日 …… *314*

致林徽因·一九一八年四月二十一日 …… *315*

致林徽因·一九一八年四月二十二日 …… *316*

致林徽因·一九一八年五月十九日……317

致林徽因·一九二〇年……318

致林徽因·一九二一年三月三日……319

致林徽因·一九二一年六月十五日……320

致林徽因·一九二一年八月二十四日……321

致林徽因·一九二一年八月二十五日……322

致林徽因·一九二一年八月三十一日……323

致林徽因·一九二三年八月十五日……324

致林徽因·一九二三年八月十六日……325

致林徽因·一九二三年八月三十一日……326

致林徽因·一九二三年九月十六日……328

致林徽因·一九二三年九月十八日、二十日……329

致林徽因·一九二三年九月二十五日……330

致林徽因·一九二三年十月十六日……331

致林徽因·一九二四年七月二十五日……332

致林徽因·一九二四年八月十日……334

致林徽因·一九二四年九月十七日……335

致林徽因·一九二四年十二月三十日……338

致林徽因·一九二五年一月十日……339

致林徽因·一九二五年一月二十日……340

致林徽因·一九二五年一月二十五日……341

致林徽因·一九二五年二月十八日……342

致林徽因·一九二五年四月四日……344

致林徽因·一九二五年九月一日……345

致林徽因·一九二五年十一月一日……346

致林徽因·一九二五年十一月三日……349

致林徽因·一九二五年十二月十五日 …… *350*

致林徽因·一九二五年 …… *351*

致梁启超·一九二四年十月二日 …… *352*

致梁启超·一九二五年九月二十一日 …… *353*

致梁思成·一九二三年二月十二日 …… *354*

致梁思成·一九二四年十二月二十八日 …… *355*

致胡适·一九一九年二月二十七日 …… *356*

致胡适·一九一九年三月二十二日 …… *358*

致胡适·一九一九年四月一日 …… *359*

致胡适·一九一九年四月二日 …… *360*

致胡适·一九二〇年三月二十五日 …… *361*

致胡适·一九二〇年四月四日 …… *362*

致胡适·一九二五年六月十三日 …… *363*

致胡适·一九二五年九月十五日 …… *364*

致徐志摩·一九二〇年十二月后 …… *365*

致徐志摩·一九二一年一月二十一日 …… *366*

致徐志摩·一九二一年五月二十五日 …… *367*

致徐志摩·一九二一年七月二十五日 …… *368*

致徐志摩·一九二一年七月三十一日 …… *369*

致徐志摩·一九二一年九月三十日 …… *370*

致徐志摩·一九二二年十二月一日 …… *371*

致徐志摩·一九二二年十二月二日 …… *372*

致徐志摩·一九二三年八月三十一日 …… *373*

致陈籙·一九一九年二月十四日 …… *374*

致陈籙·一九二一年五月二十四日 …… *375*

致熊希龄、范源濂·一九一九年五月五日 …… *376*

致汪荣宝·一九二一年六月二十日 …… *377*

致陈汉第·一九二三年七月十一日 …… *378*

致邓毓怡·××年一月十九日 …… *379*

致韩国钧·××年九月十四日 …… *380*

致宋春舫·××年八月八日 …… *381*

致宋春舫·××年十月一日 …… *382*

致宋春舫·××年十一月十一日 …… *383*

致郑孝胥·××年花朝节 …… *384*

致费四桥·××年六月十五日 …… *385*

致崇广·××年八月五日 …… *386*

致白水学校校友·一九二一年十二月二十五日 …… *387*

致众人·××年五月×日 …… *388*

致《新纪元报》 …… *389*

致《公言报》 …… *390*

致《时事新报》 …… *391*

致《京报》 …… *392*

翻译

西力东侵史 …… *395*

林长民年表 …… *446*

后记 …… *448*

前　言

林长民，清末民初一位颇具时代特征的政治人物。回顾中国近现代史那段新旧交替的岁月，很难无视他的身影。他投身求新求变的大潮，伫立潮头，为世所瞩目。

林长民幼时有过小名则泽；入私塾启蒙才起学名长（音 zhǎng）民；字用宗孟；后又取别号苣苓子；娶了如夫人程桂林，百般宠爱，再号桂林一枝室主；晚年所居庭院栽桤树两株，便自称双桤庐主人。在致子女家信中，他落款多为竢庐、竢庐老人、桂室老人、双桤话叟；有时仅一个字，或孟，或宗，或桤。

正如那个时代的许多维新青年一样，林长民出身于并不守旧的旧官吏家庭。封建的清王朝气数殆尽，他适时而降，生日是光绪丙子年六月十四日（公历一八七六年八月三日）。（梁敬錞《林长民先生传》曾记为公历七月十六日。梁是林长民同乡、挚友，随同其游欧陆数月，又是著名史学家。此日期流传颇广，多被引述。梁所记日期似误，按阴历推算，林长民应生于八月三日。林长民知交章士钊所撰《行宪半十论寿林宗孟》亦谓八月三日，可证。）林氏祖上原系闽地望族，家道渐落日久，到他父亲林孝恂一代败至寒微。然而林孝恂发奋进取，经科举重新步入仕途，做过浙江多地的州县长官。好在他意识到时代巨变在即，能与时俱进。为子侄们开设的家塾，入读不分男女；所课兼容中西，一边延聘古文名家林纾传授国学，一边特邀新派人物林万里引入西学。林万里仅比林长民年长两岁，亦师亦友，他对林长民政治生活的影响不言而喻。至于林纾的师道，也不排斥西方文化，他曾译过百余部外国小说，《茶花女遗事》就是其一。

这样的启蒙，这样的家庭，奠定了林长民的人生走向。他取有秀才功名后，旋即诀别科举，进修英文、日文，两度赴日留学。主编浙江最早的翻译刊物《译林》，出版译著《西力东侵史》。留学期间，日本一些仇华分子抹黑中国留日学生，林长民愤然投书日本各大报纸陈情批驳，并具以真名实姓，注明住处地址，言辞雄辩，举止磊落。他广交能人志士，甚至刻意结交不同政见人物，以助实现强国抱负。林长民振兴中华的志向起始于此时。他的抱负、度量，他的豪气、胆识，还有他的文才、口才，在同胞中赢得了口碑，本人也被举为留日同乡会会长。

林长民留学归来时，正值清政府施行新规，凡留学生经朝廷面试皆可授予翰林。然而他毅然舍弃这一仕途捷径，回到民间跋涉于法治、宪政长途。他先任官办法政学校教务长，因办学理念与学校当局不合遭免，于是自办私立法政学校，自任校长。他又感到办学所及囿于校园，创办了《法政杂志》，谋求面向社会，志在切实地研究实际问题。辛亥革命成功，林长民由福建省推荐前往南京出席各省都督代表联合会，参与议订"中华民国临时约法"。短短几年，他接连担任参议院秘书长、众议院秘书长、参政院宪法起草委员会专任庶务、参政院代理秘书长、国务院参议、众议院议员、法制局长、司法总长等职。政局动荡，法治、宪政之路坎坎坷坷，他屡挫屡试，坚忍不拔，不失为中国宪政运动的先驱。为此，章士钊称誉："国宪和林长民二义可并一。"

第一次世界大战前后国际关系纷繁复杂，中国与日本矛盾日益突出，林长民转身外事，名列总统府外交委员会，创建民间性质的国民外交协会，借民间外交掣肘政府内亲日势力。他与仁人志士们力主中国对德宣战，作为战胜国，北洋政府取得了出席巴黎和会资格。会场外，旅欧的梁启超及时通风："和会"可能签署损害国家利益的条约。林长民立刻于《晨报》发表《外交警报敬告国民》，疾呼："国亡无日，愿合我四万万众，誓死图之！"此文无异于导火索，引发了轰轰烈烈的五四运动。他迫于压力，也不得不辞去外交委员职务，公开披露辞呈于报端，意在申明大义："长民愤于外交之败，发其爱国之愚昧"，"激励国民，愤于图存，天经地义，不自知其非也。但无加危害于日本人之据，彼日本人绝无可以抗议之理由"。后来又说："长民政治生涯，从此亦焕然一新。"视其所言所行，确为他政治生涯添上了灿烂一笔。

二十世纪二十年代初，北京政坛瞬息万变，林长民难以自主。郭松龄反叛东北军阀张作霖，欲借重林长民声望，秘密接其出京。不意林长民来到郭部不久就遇郭军惨败，中流弹毙命，无可挽回的悲剧突然结束了他短暂而跌宕的一生。世人对此多有叹息。林万里禁不住唏嘘："卿本佳人，奈何作贼。"外界不谙隐情，林长民出行时已托人带口信告知梁启超，此行实"以进为退"。他想趁机摆脱京城险恶环境，借道南归，抽身远离政坛。此前一年，他曾录苏东坡诗句条幅书赠友人："扁舟又截平湖去，欲访孤山支道林。"其心迹已明。遇难前一日，林长民困居荒野小阁，徘徊自吟："无端与人共患难。"此时醒悟权宜之计误他，为时已晚。

终林氏一生，因报国壮志而紧系政界，力主宪政，甚至认同君主立宪。政见不同者讥讽林是政客，单就外表行状，譬如热衷组织党派，频频出入官衙，俨然如政敌所讽。若稍加考究，则似是而非。林长民依然书生本色。浮沉宦海二三十年，他未曾浸染多少政客们的世故、练达、圆滑、投机。纵然身具多面才干，竟不见政客的歪才。司法总长任上，他拒贿十万大洋，坚持治罪张镇芳，令其下狱。他冒犯曹锟，最终不肯投出贿选一票。以至梁启超私信里也有微词："总之，宗孟自己走的路太窄，成了老鼠入牛角，转不过身来。"

看林长民时论文字，充溢书生意气乃至呆气。他未知所负的历史使命任既重道且远，对中国数千年根深蒂固的封建意识、盘根错节的官僚势力、没有王朝的王朝积习到底认知欠深，未能有起码的清醒。革除中国数千年体制铸就的深重负荷，战胜权贵对新思潮、对社会变革所持的顽固抗拒，以及改造王朝体制长期养成的国民劣性，都不是他以为的简单。辛亥革命的成功，麻痹了他冷静的深思。林长民有余的是意气风发的气概，不足的是应对大局问题的方略。被卷入政坛旋涡，沉浮上下，壮志难酬或有定数。如此看林长民，也许有些苛求。这样的弱点未必仅属他个人，大概是那一时代像他那类维新知识分子的通病，是历史的局限。最终死于非命，当然是林长民人生的最大败笔，无可挽回的最后一笔。倘若将政坛譬为花圃，林长民这朵花开得异常夺目，然而未能结出如愿的果实。劳顿追求半生，他终究是一名有花无果的政治家。尽管如此，他那心怀天下、献身祖国、立足民本的精神，终究汇入了宝贵的民族传统。

　　天资聪慧的林长民也许误入了政坛，他实在应该成为出色的文艺家。人以群分，徐志摩引林长民为知交，正是两人相似的艺术天分与气质的契合。年过半百的林长民还以名流身份与女儿林徽因、朋友徐志摩同台粉墨，公演泰戈尔名剧《齐特拉》，传为一时佳话。林长民多才多艺，能诗擅书，兼有著译。青春时期与徐自华、徐蕴华姐妹唱和，晚年屡屡在王世澂、黄濬主编的《星报》发表诗作，可惜今日的我们已很难寓目这些作品。徐志摩深知林长民"万种风情无地着"，多次"讽劝"他离开政界"回航"，与其一并翱翔文坛。无奈林长民自负志不在文，他的文学天资遗传到女儿林徽因身上才大放异彩。林长民自身有所收获的是书法，至今他的墨迹流传不绝，市场拍价也不菲。然而，他又终究没有成为职业书家。林长民既非他所自负的成功政治家，亦非如人所愿的杰出文艺家。惋惜了。

值得一提，林长民为数届国会议员，几任议长，一度执掌国家司法部，与多位总统过从不疏。有这般人脉，拥万贯家财不是难事，而林长民清贫依旧，曾经跌入卖字接济生计的境地，罹难时家中仅剩三百余元现金。梁启超形容："彼身后不名一钱，孺稚满堂，粥且无以给，非借赈金稍为接济，势且立濒冻馁。"这位亲家不得不出面乞告亲友，组织"抚养遗族评议会"，筹集资金以养遗孺、遗孤。林徽因为此甚至决心弃学回国，好在有梁家资助，学业方才得以完成。

今日的我们阅读林长民，既可远眺北洋时期政坛风云，亦可认识剧变之际各种思潮的风起云涌，又可追寻社会变革之原由，收获不止某一方面。然而，当林徽因喻户晓的现今，当年名噪一时的父亲竟然淡出了读者视野，形象变得模糊。淡出缘由许多，其中之一即由于斯人早逝，著述杳然。徐志摩生前有意编辑林长民遗文《双栝斋文集》，但不久诗人自己也罹难作古，此事遂不了了之。

林长民生前十分注重社会活动，似没有多少精力顾及著述，文字不为宏富，大多散落在京、津及其所属党派、社团相关的报刊之上。所幸他擅言辞、好演说，留下篇幅不少的演讲记录稿，较之文章或更具"直观性"。林长民许多文字属于时论，虽不以立意深邃见长，却对时局反应敏锐，其史料文献价值毋庸赘述。编辑林集，从百年前老报刊钩沉，将一件件文稿、手迹誊录、句读、注释，其不易是我们勉为其难之后才有体会的。难怪百年来没有人问津此事。编就的这一部集子，疏漏之处难免，然略能自宽——毕竟这是世间第一部。其中许多首次披露的珍贵文献，相信自会受到读者和研究者青睐。

读一读《林长民集》，这位远去的政治活动家身影，虽远不逝。

陈学勇　甲辰立夏

诗

相州半日程易车舆
三四山中略浮雪瞠之照屠辫
之史正奈良朋友已相逢席地
喜温泉欲一试龟头欲上楼
喜温泉腻拥夜上
事烛火照朦屋耿挟星隙
吾乡爱况止中夜立以室如

题蹇季常《对酒图》

苍天胡独弄此老，畀以逍遥畀烦恼。
郎州有穴不肯依，燕市屠沽杂形槁。
时亦挟策上侯门，时与樵夫说王道。
时复刻意追清旷，举眼看人无白皂。
口舌得官言转妄，穷愁致病颜逾好。
似侠非侠儒非儒，箧中零落《说难》稿。
百瓮寒葅未消却，一樽清浊朝朝倒。
我昔交君各年少，海岳看花春正灏。
槛外平畴接远林，书囊来去足情抱。
而今岁月不一面，咫尺欲前有泥潦。
十五年中几悲欢，人事天时太草草。
近闻束薪三钟粟，病者受赐日以少。
乃知此事尚难致，何况江田美鱼稻。
君且狂醒了此生，我亦婉娈死相保。
图中兀兀最传神，四十年人头欲皓。

作于一九一五年。刊于陈衍编辑《近代诗钞》。蹇季常，即蹇念益，进步党成员，林长民好友。

中秋夜游汤山浴堂，涛园、子益、润田、闰生先至，涛园有作，因和其韵

百年废苑阒无人，柳不吹花柏长鳞。
只有温泉终古滑，为君拂拭劫余身。

八月秋高天宇清，开襟楼阁构新成。
嫦娥却解悲欢意，宿雨收时分外明。

看棋敛手意难堪，急劫争持已再三。
一局未终灯火烬，远闻鸦鹊噪天南。

歌喉宛转送微风，我亦吹箫对小红。
但恐年来词句少，新凉制曲不能工。

作于一九一七年九月三十日。刊于一九一八年二月五日《国民公报》。署名林宗孟。沈瑜庆，号涛园，沈葆桢子、林则徐外孙。周自齐，字子廙；曹汝霖，字润田；陆宗舆，字闰生。

雪夜访东湖女史

相州半日程，易车率三四。
山中昨得雪，皑皑照裙帔。
三更止奈良，朋友已相迟。
席地玉泷煎，涩茶略一试。
龟手呵不春，却喜温泉腻。
拥衣上楼头，深说东都事。
灯火望藤屋，耿耿挟星坠。
有生本多忧，况此中夜意。
比室各归枕，曙窗纳岚翠。
为我写名山，丹青胜游记。

雪夜访东湖女史箱根奈良屋。亮奇老弟吟正
　　　　　　　　　　　　　　　　长民

作于一九一八年。林景行，原名昶，字亮奇，号寒碧，福建侯官人。中国近代诗人。林觉民、林尹民堂弟，徐蕴华夫。此诗据手迹刊印。诗题系编注者所拟。

戊午五月新桥花月楼步济武韵

金笺一折一回肠,墨沈长沾两袖香。
看汝垂髫今长大,不知尘世几星霜。

> 作于一九一八年六月。刊于俪白撰《忆林长民先生》。作者某日席上邂逅十年前书赠扇面之日本艺妓,再书赠一首。章辑五,字济武,近代教育家。

寿梁任公五十诗

作于一九二二年。刊于陈衍编辑《近代诗钞》。

十稔廿稔若轩羲，新会学人今艾耆。
五十已成天下老，此是绝续非推移。
我来作意介公寿，长日叉手摛无词。
说公文章妙神化，但能识字畴不知。
祝公事业峻山岳，颂声未出先自疑。
文章便算公事业，公或忌讳吾敢欺。
从来书生不得志，动以简椟鸣权奇。
纵横论记历藏庋，贯串真理谁与谁。
周秦两汉多作者，东鳞西爪略能窥。
晋唐以来称家数，空有闲架堆琉璃。
陈言敷语竞剿袭，搬演仁义充家私。
人间万种兴废迹，载者滥载遗者遗。
纷纭残阕五千载，满地散砾公罗之。
天既丧乎天未丧，斯文后死同在兹。
公发大愿编国史，直与世运争盛衰。
发凡起例卷第一，已将吾土通大逵。
二卷三卷行脱草，望公书者如渴饥。
我昔慕公未见面，但读时论成狂痴。
买来画像事顶礼，夜夜屏息陈清卮。
公逃亡时我游学，同客一晤终稽迟。
神交私淑宁论迹，长此终古亦心期。
无论世事开生面，相将投笔言平治。
一试再试苦不验，滋者蔓草芬者丝。

也知自来蓄祸乱，一时催廓无由施。
造物所畀别有在，无奈长短违其宜。
近来新稿又累寸，思想所被融春澌。
讲坛听众动千百，无枪阶级皆健儿。
西郊矮屋穷研讨，出门一笑看残棋。
残棋急劫听生死，画枰捡子心自怡。
呜呼！
公真知非复知命，此诣兼造瑗与尼。
我生丙子公癸酉，岁数相差才几时。
生天成佛孰先后，两不敢计惟师资。
愿公长健作山斗，寸舌椽笔终相追。
文章便算公事业，一日万言到期颐。

贺林贻书六十寿

世俗爱做寿,近来尤喧哗。
人人征诗文,称述他爹嬷。
爹比古贤人,嬷是今大家。
若是做双寿,鸿光来矜夸。
我那儿有空,下笔恭维他!
彦京好孩子,孝敬老太爷。
表章两三事,事实到不差。
分笺来索诗,我诗太槎枒。
贻书三先生,认识我的爹。
我小的时候,常听爹咨嗟。
称赞文恭后,个个有才华。
后闻先生显,更乘东海槎。
我时在日本,仿佛迎公车。
一览已无余,公言无乃夸。
前事一转眼,沧海填平沙。
先生六十岁,我发也成华。
六十不为老,公健尤有加。
我爹早下世,楸树几开花。
彦京诸兄弟,汝真福人呀!
做寿来娱亲,用意良可嘉。
倘若举音觞,那么就过奢。
门外多饥寒,日暮啼无家!

作于一九二二年二月。刊于徐一士撰《谈林长民》,见《今古》半月刊第三十八期。林贻书,即林开謩,福建长乐人,历河南学政、武英殿纂修、江西提学使、徐州兵备道等职。

与志摩等相约游湖

无限悲秋意，何堪揽此图。
苇枯成折戟，荷败不擎珠。
难得听风雨，再来泛绿湖。
明年波影里，早早约轻凫。

歆海吾兄属题。甲子五月，长民偶成一律，与志摩诸君相约游湖也。

作于一九二四年六月。作者题赠张歆海。此诗据手迹刊印。诗题系编注者所拟。

打油诗一首

去年不卖票,今年来卖字。
同以笔墨换金钱,遑问昨非与今是。

作于一九二四年。刊于叶克飞撰《那些风云流变中的只言片语》。曹锟贿选总统,为作者所拒。一段时间里,作者卖字以接济生计。

林长民集

文

卓子定謀曾子腑飫譯英文明證為之序余維辭書之作易字書也書心畫也心畫之書字也心聲也言志之言策字與以是者如以是之是志之言策字與入則純乎辭也釋字書易釋辭之字簡簡書之辭繁字不隨世代點不甚隨辭列器曰不推移無

《英文习语辞典》序

卓子定谋、曾子牖,既译《英文习语辞典》,属余为之序。余维辞书之作与字书异,言,心声也;书,心画也。心画之书,字也;心声之言,辞也。言以足志,文以足言,足字之言,兼字与辞,足言之文,则纯乎辞也。释字书易,释辞书难。字书之字简,辞书之辞繁。字不随世代而变,即变亦不甚赜。辞则无一日不推移,无一日不增积,离合错综而改其义。英儒巴羲德氏曰:言词者,国民之袭说也,子孙世代各状其所见,而其所用之字则恒,沿袭其宗祖之遗,而强以比之,旨哉言乎!人类进化,自单而复,自质而文,文字始创,得与事物相应而无缺。事物复杂,其用以穷,于是乃联二为一,骈异为同,设譬焉,引伸焉,假借焉,甚且曲折转讹而失其真诂焉。文士饰之以为章采,妇孺习之以为谈资,文言俚谚,史野杂陈,能理解而无疑者,其效至与单语相等。若即一辞而释其义,考其源流,至有费数十百言而始能详尽者,此东西各国言辞之所同,而习语辞典之所由作也。

今试举吾人日用之语而证之:生不曰生,而言诞降;死不曰死,而曰物故;天曰彼苍,地曰积块;嫁女曰于归,娶妇曰授室;子称父曰严君,父称子曰贱息。二字之义,析之则秦越,合之则肝胆。其引譬者,曰豹变,言君子也;曰羔羊,美大夫也;松柏以喻志节,朽木以比惰嫚。狐裘羔袖,功罪相掩;鸡口牛后,位置之争。富者则尽人为陶朱、猗顿,美者则无女不毛嫱、西施。类此之语,无可胜道。其更俗者,则曰倒贩槟榔,曰哑子吞黄连。实则何曾有槟榔,何曾有黄连也。习焉不察,老妪解之,稍涉僻奥,虽博洽之士有所不知焉。文字普及之论,今日腾诸途矣。尝执一二新闻杂志讯之塾童,纪事之部，解之者十七八；而论说一篇，则往往多所抵滞。虽说理之难晓，抑亦习语多浅学者之不能举其源也。夫以本国文章、本国事实，征引繁博，其难解且以至此，况外国之文。习之不自童稚积数年之力，仅足粗通其字而解其单义，童谣、俗谚、典故、事迹，引用于其文章书翰者，析合离奇，又安得通晓哉。一误会便失其意，此学子所大惧也。

二子方日治英文，搜得此类辞典凡十余种，更取英释、日语译本以相印证。成语造句有先例者，复采辑而附之。凡万五千余言。其间有不能解者，则就正于英美学者。积一年而编译始成，不敢谓大备，然常用之语已略有征矣。余知二子之书之有大造于国人之读英文者也。抑余又闻之，辞书发达之度，恒足以觇其国之文化。古代风俗醇朴，其书亦易晓。《旧约》诗篇《雅歌》诸作，当时号为"希伯来文学"，而朴直短健若彼，至希腊作者，乃有幽远之思矣。夏商之书浑浑灏灏，《长发》《殷武》诸篇以视国风比兴，质矣。秦汉以降，其思益深。思深则其言益文，言益文则不能无释义。矧近世学业进步瞬息千里，言辞亦随与俱进，所谓无一日不推移，无一日不增积者，辞书之作其可缓哉。

吾国释字之书，凡训诂、音韵之属，自《尔雅》《方言》《说文解字》以迄《康熙字典》，不可谓不备，其列于小学者，独朱谋㙔《骈雅》得为辞书耳。类书之中摘录字句，以《北堂书抄》为最古，《蒙求集注》《事类赋》《骈字类编》《子史精华》等皆辞书之林也，明徐元太《喻林》则尤与习语辞典为近。然分门录事，不足以供检字之用。《韵府》善矣，必使国人先谙音韵而后能检讨，则亦有不便者。且其所辑多诗赋语，词章之外，鲜有裨补。然则辞书之不完，其为吾国文化病矣。格兰马（grammas）东渐而日本有文典之著，《马氏文通》近亦成书，盖文章规律为吾东方所本具，得所感触，遂有起而修之。

今西洋辞书流入吾国者既已日夥，其亦有博闻君子，取我数千年国语，引据典籍，搜罗俗谚，编次一书，以惠国人而教之话言者乎，是则二子所不期而收其效也。

光绪三十三年六月　闽县林长民序

兴郡高初小学堂报告

福建谘议局书记长林长民谨启

　　本年程君奋鹏回国，会督仆等料理小学堂事务。责任非轻，仆等独力难支，赖传道诸君勤力维持，和衷共济，尤赖各连环司随时出门巡视，致小学堂虽有二三缺点，皆得弥缝妥善，自应鸣谢。仆等自受命之后，与同事诸君置腹推心，同商要事，每讨论小学政策，虽谈之终日，终无倦容。盖以今日之小学，实为吾会进行之要图也。然小学紧要若此，而款项亏缺如彼，宁不令人望洋浩叹，进退维谷乎！所望同胞诸君，同全副精神，注意此事焉，则实际进步，其庶几乎？兹谨就所知略陈一二。

（一）小学于教会之机关

　　教育于国家之盛衰，人民之贤否，不啻如寒暑表。之于寒暑，说者每谓教育为国民基础。国家之精进，国民之资格，皆视教育之能力为深浅，斯言是也。然司教育者，使果能循循善诱，则国民自日进于高明；倘教化无方，则民智尚可期乎？发达国家如是，教会何独不然。试观吾郡教会之兴旺，皆十年前建设学堂、陶铸人才之力也。况今教友数几万余，谁无子女，孰肯任其瞽目？我会必及时遍设小学，栽培青年。承主爱我牧我羔之训，使青年子弟，皆得读书之机，沾德智体三育之益，他日学成，为完全国民，为国效力，为主效劳，则真理之光，将由是而愈显矣。彼因境遇中辍者，既得小学数年栽培，虽未成博学通人，亦可为研经明士。如是小学之遍立，必佐圣会之振兴，可操右券矣。

（二）小学于布道之机关

吾会于布道一事，固为最要问题。每年掷金数十万，派传道者不知几千人，期真道内外普及，士民各界周闻，无如同胞似风过耳，视为无关紧要。盖老者耳目昏昧，闻道不明，壮者日夜营生，孳孳为利，致使被招者虽多，而见选者实少也。迥不若小学学生，皆青年子弟，脑腑洁净，智识初开，若得良师善诱，圣经启蒙，品学日进于高明，学圣学贤，皆基于此。譬诸农夫播种，欲免遗道旁荆棘硗地之忧，必择最肥最美之地，先撒种，细心栽培灌溉，俟秧长大，然后分插于田中。今日之小学堂者，最肥最美之秧苗地也。堂内之学生者，后日布道之秧苗也。吾会目下注重小学，陶铸青俊信徒，他日长成，分散四方，必庆六十倍、一百倍之收成矣。

（三）小学于本年之内容

本年府城连环小学堂计有二十所，内不受助给自立之学堂一所，教员二十二位，学生总数五百有五名。仙游连环小学堂计有十三所，教员二十位，学生总数三百六十八名。涵江连环小学堂计有十六所，教员二十一位，学生总数四百二十二名。平海连环小学堂计有十五所，教员十六位，学生总数三百四十三名。四连环总共小学堂六十四所，比旧加四所；教员七十九位，比旧加七位；学生一千六百三十六名，比旧加一百三十六名。内受考者一千四百一十三名，女学生一百有二名，落第不上份者一百五十四名，领洗者三百二十六名。收束金二千六百八十五元四角，捐传布道体恤款四百六十二元。由初等升入高等福音西学者约占六十余人之谱。本年模范高等毕业者九名。小学堂之蓬渤〔勃〕长进，于此可见一斑。

(四)小学于来年之预筹

仆等受托之后,见小学所有规章皆属完善,故吾侪特守成法,无所更改。然百密未免一疏,法愈周,尤觉行之愈难。兹仆不请诸君添设规条,删改成法,特恳会督大人准派出门传道二位、教员二位、教友一位,合成小学堂董事部,襄助仆等施行小学堂所有应行未行之规章,使小学克臻完善,而收来年圆满效果。

(五)小学堂于今日之急务

(甲)请急建完全师范学堂,选拔聪颖子弟,陶铸完全教员,隆其职位,厚其薪俸,与传道并驾齐驱,同沾权利,自收圆满效果,而臻小学于完全地步。(乙)急赁枫亭铸青学舍。枫亭地处三县交界要区,人烟稠密,商贾辐辏,为本省南北行人必由之路。于此处建设一完美之高等小学,将来自收美满之效果。本年简派中学毕业生马君鸣玉在枫办学,君与当道诸牧师,服劳尽职,不遗余力,致目下情景颇佳。计有学生四十余名,内具高等程度者十余名。小学之始基于此,则后来之效果不难预卜。惜暂以教堂为学舍,讲堂、住屋各皆亏缺不周。现租赁广厦一座,备为来年学舍之需,使该处成为完全之学堂,而偿仝人之素愿。(丙)急建七级模范学堂。是堂情景,唐君善元禀内已言之稔矣。仆等尚有欲言者,则该堂本年除仆助贴学生五名外,尚蒙京都大学堂教员宋君发祥慨助学生三人。他日学成,为圣会栋梁,皆宋君之力也。仆当向之鸣谢。本季高等首班学生九名毕业,闻多数欲入福音书院,备为主工。本年情景,尽臻完美。学生增多,教员得人,推其原委,实由唐司牧善元、林堂长玉璋热心办学之力也。所望者,迅建学堂耳。因该处学舍系借用该连环一小座公寓,狭窄拥挤,曾于二年前在附近百余武枫模巷处,借赁民房一座,将初等分迁此处,接科教授。奈赁期将满,吾人若不迅建学堂,不知此处学校将置于何地矣。正如唐牧去年禀内所称,凡有壳怀核之果,实肉丰满,而躯壳亦随之完固,二者并长,庶不至蒂败壳裂不完。该堂学生愈增愈多,三育并进,程度已达高明,而学舍尤〔犹〕未建筑,正如肉核丰大而躯壳未长,岂有不腐败决裂之理哉?愿会督大人迅即设法筹建,如请施行,则学堂幸甚,教会亦幸甚。总之,小学之兴衰,关于教会之进退,非笔墨所能罄尽。至于鼓励学生成为完全基督徒,且使其未信道之父母感悟真理,依归天道者,为数不知凡几。仆等尝巡视某学堂,曾闻该学堂已设二载,已有十三家信道系由学生招引而来,小学堂之裨益如此。我等诚当感谢上帝,而称颂其权能焉。

《法政杂志》序

自西方文物东渐以后，吾国人乃有知物质文明之不若人，而求所以则效之者，此数十年来游学之所志也。自东方留学繁盛以后，吾国人乃有知制度典宪之不若人，而谋所以改革之者，此又十余年变法之动机也。东方日本，今为望国，其制度典宪几一一取之欧洲。吾国人之西游者复先于东游，必自留学日本，而后始举欧洲制度典宪。经东方之镕冶而重译以至者，一则人数多寡之差，一则文字同异之差。游于西者寡，游于东者多。欧洲术语，为我国所本无，得日本数十年间积学之士之所研究，译成同文之书，故取之甚易耳。夫一国之制，固有其所取法，然其发源虽同，往往因其固有之国情，与其历史所沿袭而变其质。学问之事，尤当明其统系之源，察其迁嬗之迹，本乎共通之则，蔚为一国国言，而后有以惠学子而致之用，是为学问独立。故欧洲学说，有大陆、英国之分。大陆之中，各国又各有其派别。日本事事采用欧制，近者亦倡独立之论。独立云者，非必截然不相依倚，盖必有其特质以自异者也。吾国今日法政之学，遂足以语独立乎？即有淹通之士，不敢侈言也。学校未备，法令未明，国家诸种之作用未分划，有研究之资，而乏统驭之道。自博而约，事实繁富，或以乱其指归；自约而博，标准未定，无以演其纷绪。自博而约，译语谓之归纳；自约而博，译语谓之演绎。西人论学，亦舍是无道之可循。东学之独立，亦但有一二倡道之者。其数十年来西儒之所传授，学者之所攻苦，国家制度又日日为秩序的之改革，恒予人以研究之便。讲授之书，始也译文，继为编纂，又继为著作，至今乃有庶几独立之效果，而谓吾国人能一蹴而上之，非愚则妄耳。比年之间，东岛政法之书流入我大陆者，不可谓不夥矣。然多其国讲授之篇，而少参考之用。各省学堂之讲义，亦类皆以日本之政法为根据，而略示其标准，其进者则比较一二欧制，以衡其得失而已。此其弊固在乎治学日浅，无老师宿儒为后进之导，而亦以国家无可据之政法，虽欲比附而无从也。立宪之诏既下，各种法律政令，不能不相因而变。于是乎制度典宪，将去向来之紊，而日即于有秩序之制作，以与万国共通之则相接近，而学者之致力亦渐有所自。故今日政法之学，在学校中当循演绎之道，自约而博，以一定之标准，博征事例，举吾国之新法令，考之历史，证之各国，使其绪之不棼。学校之外，尤当有种种之搜集，自博而约，随时随地，历举内外之法律、政治，证之以亘古不易之原则，供学子研究之资料，而予以归纳之道，并行不悖，积之既久，而后乃可以造成通儒学者，驯致而有学问独立之一日。此《法政杂志》之所以不可缓也。然而杂志之作，亦贵分业。学校讲义，为普通教授，恒聚各专科学者，各出其学以为教。杂志为专科之助，不能不就一科而罗众说，以为世鉴。故学问发达之国，其杂志之分类亦多。但就政法而言，各国之所发行，有公法杂志，有私法杂志，有专辑立法例者，有以行法署名者，有专辑刑法事例者，有以行政实务行者，有专编国际法者，有专论法理者，有论政者，有讲学者，有纪财政者，有纪经济者。各类之下，复有分类，皆聚各专科之人而分其功。一志之中，各有其博约之道，其收效是以溥也。吾国学问，为日既浅，无专科之人，各树标帜，以为一派之汇，其不足以语此，盖势有所限，而无可如何者也。不能分功而治，不得已仍统政法诸学著为一编，而为荆棘草昧之辟，其业之难，其效之不能遽著，固为编辑者之所觉悟，不能不悬一远大之鹄，而求所以致之。举国学子，治法政之学者，又方皇皇然日从事于学校普通之教，三数年间尚未有专攻之力。而为分科之研精，参考之书，更当求应其程度，以供其用。《法政杂志》之不能遽语高深，细为分类，而因其日力，是又势有所限，不能不以概括出之者也。以概括之旨，纲普通之学，按切时势，以为进德修业之效，虽适合于社会之程度，而其范围则又有广漠之患。况复世事日棘，朝政数更，一切待决之问题，日出而未有已。根本之法，方彷徨于立宪利害之间；民刑诸律，又拘牵于礼俗纲常之旧。政法之源，出乎道德。道德之标准，先未有定，更不知何自而列其得失，明其是非也。艰巨之业，非朝夕之所得几。惟有启其草莱，以待道路之成。是固治法政之学者所当共勉，不仅《法政杂志》之所期而已。不有普通之知识，无以修专科之学业；不有因倚之先事，无以完独立之精神。是又凡百学问之所同，不仅政法而已。我同胞其勖哉。

资政院改章之研究

宣统三年六月初一日，钦奉谕旨：

> 资政院院章前于光绪三十四年由资政院总裁会同军机大臣具奏。复于宣统元年，经资政院会奏续拟院章，并将前奏各章改订，颁布施行。现在已阅两年，时势又有不同。核与新颁布法令未尽吻合。亟应将资政院院章修改，以免窒碍，而利推行。著资政院总裁、副总裁会同内阁总协理大臣悉心斟酌，妥速改订具奏，候朕钦定颁行。钦此。

旋由资政院总裁、副总裁会同内阁总协理大臣，遵旨改订。六月初七日，奉旨依议。计自奉旨改订以迄奉旨依议，前后不及六七日。议者以为：朝廷出此迅雷不及掩耳手段，以堵塞一切反抗之路。彼在廷诸臣此次举动，固有予人以可疑者。然是非别有真相，不在改订具奏之迟速。使其改订之手续与其改订之理由皆适法也者，则虽朝奉谕旨，夕事更张，不能以其过速之故而非议之。如其不然，改订之理由并非正当，改订之手续又不合乎法律，则虽明奉谕旨，彼副署之大臣固无逃责之地，而改章仍归无效，更不必问及奉旨之迟速。盖不及反抗于奉旨之先，犹得责问于奉旨之后也。近日廷臣长技，处处诿过君上，事事冀以谕旨为护符。一若无论何事，一奉朝旨，便可压绝一切，而臣民亦习以为常；又若无论何事，既奉朝旨，便无可为，不得不将就而慴伏之。此皆不足为立宪国之臣民也。故此问题，宜先研究改章之形式与权限，次研究改章之内容，次研究其利害。

第一　改章之形式与权限

（甲）改章根据之法律

此次修改院章，其法律之根据在乎院章附条第二条。该条云："本章程未尽事宜，由总裁、副总裁会同军机大臣奏明办理。"所谓未尽事宜者，是否包括修改院章而言，此一疑问也。当时资政院初立，章程之所规定，恐有未周，故特设此条以补章程之所不及耳。院章第十四条，资政院议决事件第四款，既有新定法典，及嗣后修改事件云云，则修改院章自应属之资政院议决范围以内。既以修改院章属之资政院议决范围以内，则附条第二条所谓未尽事宜，由总裁、副总裁会同军机奏明办理者，自不应包括修改而言。包括修改，则新旧章或有相反之规定。不包括修改，则总裁、副总裁会同军机大臣即有所奏请，只应于章程范围内补充其所不备，不能有所删改。否则，附条二条之所定，明明与十四条冲突矣。此与谘议局章程第六十二条所规定迥不相同者也。谘议局章程第六十二条云："本章程未尽事宜，得由各省谘议局拟具草案，议定后呈由督抚咨送宪政编查馆，会同资政院核议办理。"案语云："本章程甫经草创，难保无未尽事宜，各省谘议局既有所见，自可随时提议增添修改。"据此，则谘议局章程所谓未尽事宜，既可包括增添删改而言。资政院章之所谓未尽事宜，似亦可以类推，包括增添删改事件。殊不知谘议局立法之权，其范围只限于一省局章，非一省之法律；以原则言之，谘议局本无提议增删之权。其许以提议增添删改之权者，为谘议局权限上之特例，以其事实上有所经验，故许其提耳。且亦止于提议而已也。既为特例，则此第六十二条之规定，与局章第二十一条第六款之立法权本不相涉。若院章中之立法权，则第十四条第四款所定，只有宪法不在此限。除宪法外，所有立法之事，实已概括无遗，不应于附条第二条中复特举其权属之总裁、副总裁与军机大臣也。

故谘议局章程第六十二条之所谓未尽事宜，可以统括增添删改事件。而资政院院章附条第二条之所谓未尽事宜，不能统括增添删改事件。二者不得类推。

（乙）资政院总裁、副总裁之权限

按原章关于总裁、副总裁之规定，凡二十一见。大略可分为四类：（一）关于总裁、副总裁自身之事，如院章第二条、第三条所定之资格、员数，第三十条所定之议长、副议长，第六十三条所定之公费等是也。（二）关于院内之事，如第三十八条所定议事日表之通知，第四十三条所定之禁止旁听，第五十条所定之议员停止到会处分，第五十八条所定秘书厅之承命监督，第六十二条所定办事细则之核定等是也。（三）关于对外（除上奏外）之事，如第二十条之咨请军机大臣或各部大臣答覆事件，第二十二条之咨询谘议局事件等是也。（四）关于上奏之事，如第十六议决之后请旨，第十八条议决事件不得各大臣之同意，而资政院仍执前议之具奏，第二十一条各大臣侵权违法事件之奏陈，第二十三条核议谘议局与督抚异议事件之请旨，第二十四条核办督抚侵权违法事件之请旨，第三十二条协议请开临时会之奏陈，第五十一条钦选议员除名处分之请旨，第五十五条、五十六条秘书长、秘书官遴选后之请旨简放与奏补，附条第二条章程未尽事宜之会奏等是也。第一类，总裁、副总裁自身之事，不必研究者也。第二类，院内之事，则以议长、副议长资格处分院事，总裁、副总裁得自由行动者也。第三类，对外之事，如咨请答覆，如咨询谘议局酌定申覆等，以总裁、副总裁名义行之。院章中虽别无制限，而去年资政院之事例则皆由议员提议，经议决而后行者也。第四类，上奏之事更为慎重，类皆经资政院议决后方得奏陈。如十六条则有"议决后具奏"云云，十八条则有"资政院复议若仍执前议"云云，第二十一条第二项则有"非到会议员三分之二以上之同意不得议决"云云，第二十三条则有"议决后请旨裁夺"云云，第二十四条则有"查照第二十一条办理"云云（二十一条所规定到会议员三分之二以上同意），第五十一条有"应除名者"云云。（其应除名者，依五十条之规定，以到会议〔员〕三分之二以上决议行之。）以上数条，总裁、副总裁之上奏皆先经资政院议决者也。第五十五、五十六两条则关于秘书厅用人之权，故无须资政院之议决。第三十二条关于临时会之请求，别有议员之陈请与总裁、副总裁之协议为对峙，故亦无须议决。独附条第二之上奏无所制限，而又别无可以自由上奏之理由，是则不能无疑义也。然院章第十四条明明以立法之权界之资政院，则总裁、副总裁之不能自行奏请修改院章，可断言者。"未尽事宜"四字不能不从严格解释。改订院章是何等重大事件，以条理测之，决不能以未尽事宜包含之也。否则，与设立资政院之本旨及国家重视立法权之意大相刺谬矣。

（丙）资政院院章之性质

资政院院章为法律乎？为命令乎？是为先决之一问题。如其为法律也，则命令不得改废之；为立宪国之通则，而亦我国宪法大纲之所明定者。如其为命令也，则以命令改废命令，彼改章者固将执此为根据。此在宪法已经颁布、国会已经成立之国，尚易于判别。若今日我国预备立宪之时则有大难者，盖法律命令之区别，其标准不一。有以效力之强弱为标准者，有以意思所自发为标准者，其区划皆不甚明确。独以形式定之，而后限界乃能划然。盖履行一定之形式，经议会协赞、元首裁可而发者为法律，不经协赞而发者为命令。现在各国皆以此区别于法律、命令之间，如此则必议会已立，而后乃有协赞之形式可以履行；必有协赞之形式可以履行，而后乃有法律与命令之区别。若议会未立，协赞之形式无从具备，则一切法令皆混而为一，不能别其何者为法律，何者为命令也。且以其形式言之，诸章程、规则无论何等名称，或奉旨颁行，或奏请施行，或谕令其下诸机关颁布之，皆命令也。资政院院章之颁布则固明奉谕旨，似不得不谓之命令矣。既属命令，则以命令改废之，有何不可？此改章者所执持之理由，最为近是者也。然资政院为上下议院基础，在今日虽无国会，资政院固严然一一院制之议会，所定职掌与各国立法府制度相同。然则今日我国固有议会，有议会则自有协赞之形式可以履行。此第一证也。院章第十四条第四款有新定法典及嗣后修改事件之规定。如果议会未立，一切法令皆属命令，何以邃畀资政院以立法之权，又何以有法典之名称？是今日明明有法律与命令之区别。近日，内阁咨行各部拟具法律草案为九月交议之预备。此第二证也。凡预备立宪时代之法令与专制时代之法令不能无所异。专制时代君权绝对无限，自无区别法律、命令之事，且亦无区别之必要。预备立宪时代所颁布之法令，恒以将来立宪为目的。虽无宪法，而君权已渐受制限。法与令已不能无所区别。日本议会之立在明治二十三年，而宪法、议院法、议员选举法、贵族院令之颁布，先一年行之。其时尚未有立法府也。而法律命令之区别已自划然。议院法、众议院议员选举法为法律。贵族院令为命令。明治十九年二月二十四日所颁布之公文式尚有法律必经元老院之议一语，知当时早有法律命令之形式。我国今日预备立宪时代，而宪法之颁布、国会之召集近在一两年，断不能混法律、命令而一之为纯然专制之政体也，明矣。此第三证也。以上三证，第一证足以明我国今日已有立法府，可以履行协赞之形式。第二证足以明资政院院章中已有立法之权、已有法律之名称。第三证足以明预备立宪时代法律、命令已有区别。是足以辟混一法令者之误矣。虽然，有数疑焉：（一）

资政院院章果经资政院之协赞乎？（二）果属于院章第十四条第四款所指之法典乎？（三）是否为预备立宪时代之法律，应比拟之于日本之议院法，抑其为贵族院令乎？第一问，院章经资政院协赞与否，在事实上固未经协赞也。然院章之布在资政院设立之前，盖先有院章而后有资政院。苟欲行其协赞，则必出于改正与追认之途。凡资政院设立以前之法律，不知凡几，必一一改正之，追认之，则不胜其繁，且亦有不必如此繁重者。故法律、命令之区别在已有立法机关之后，则以经协赞与不经协赞为标准。若其颁布在前，则当别寻一标准，固不得执此以断定院章之为法律与否。是不成为疑问矣。而第二、第三两问实为要著。第三问尤为解决此题之关键。是不可不先明日本所以区贵族院令为命令、议院法与议员选举法为法律之故。夫贵族院之设，在乎调和社会与国家之间。国家主义，一切臣民在法律上应享平等权利。而社会上之势力有从来列于某种阶级之人，其资力、学力或其生长之位望本居优秀之地，不能不保其势力而持其均衡，以与一般之人民相调剂者。此设立贵族院之意也。故其议员有以某资格当然得列席者，有以某资格得互选者，有以某资格经敕任而得与之者。既属调和主义，即不能不多留余地以便伸缩。法律手续较为严重，不如命令之简易。此日本宪法之所以举贵族院制度而委任之于命令也。议院法则关乎议会全体之事，属于立法府自身之法律，规定国会之职掌权限与议员之权利、义务等，实并两院而言。众议院议员选举法则关乎人民选举之事，与其选举权、被选举权之有无，二者皆无取乎简易之手续，不能不以严重之制行之。故其宪法特举而属之于法律也。明乎此，则知贵族院令之所以为令，而议院法、议员选举法之所以为法矣。且考之各国制度，凡议院法，无不属之于法律者。以俄罗斯专制之余威，一经立宪，而议院法尚且以法典定之，其他则更何论？今我国之资政院本属一院制之国会，与日本议院法并两院制度而规定之者相同，与日本贵族院令单举贵族院制度而规定之者相异。故以性质言之，当为法律，不当为命令。是盖预备立宪时代，以将来立宪为目的之法律也。既为法律，则当属于院章第十四条第四款所称法典之范围。既属法典之范围，则资政院已有立法之权。照宪法大纲所定，不以命令改废法律，更照各立宪国之通则，不能以命令改订之也。明白正确，决无疑义。且所谓命令者，以各国通则言之，不外四种：一、紧急命令。二、独立命令。三、委任命令。四、执行命令。试问，资政院院章果为命令也者，应属之于何种乎？既不协于紧急之条件，又不受其他法律之委任，更无执行何种法律之作用，则非紧急命令、委任命令、执行命令可知矣。至于独立命令，各立宪国恒取列举主义，制限綦严，独有少数之国以概括出之，其范围较广。然亦非漫无限制也。曰"保持社会之安宁秩序"，曰"增进臣民之幸福"，则以警察、教育、实业诸事，而又不属乎宪法上之立法事项者为界限。试问，资政院院章为属于警察乎？实业乎？抑教育乎？既无所归类，则亦非独立命令可知矣。是又足以明院章之非命令也。既非命令，则不得以命令改废之，又明白正确，决无疑义。

综上所述，（甲）院章附条第二条所谓未尽事宜，不能统括增添删改而言，则此次之改订院章无所根据。（乙）总裁、副总裁上奏之权有制限，则此次之奏请改章为侵越。（丙）院章非命令，乃法律，则此次之奉旨改章以命令改废法律为违法。此关乎改章形式权限之谬也。

第二　改章之内容

由前所论，此次改章之形式权限既属误谬，则无论其改章之内容如何，皆为违背法律，本无议论之必要。然苟其所改之条，皆有正当之理由，又出乎必不获已之举，则总裁副总裁与各大臣之心迹尚有可原者，是不可以不推究也。今先取其原章与改章异同之点互勘之，而加以评语，聊为我国人讨论之资而已。

（甲）会奏中所称新定官制改从一律之类

[原章]第二条　资政院总裁二人（下略）

[改]第二条　资政院总裁一人（下略）

[原章]第三条　资政院副总裁二人（下略）

[改]第三条　资政院副总裁一人（下略）

改章之理由：谓总裁副总裁各简一人，与弼德院相同，原章各设二人，应即改正。

按：弼德院与资政院本属两种机关，原不必相同。惟各设一人，无甚意义，总理院务，亦欠统一。改简一人为宜。却不必以弼德院官制为理由。且事实上宣统元年之资政院，总裁副总裁人数已与法定不符，开会之中，不行改正，而又不及待来期之开会，何其迟缓于前，而忽急切于后。是特藉此为改章之口实而已。

[原章]第十五、十六、十七、十八、十九、廿一等条。军机大臣或各部行政大臣云云。

[改]国务大臣

[原章]附条第二条　总裁副总裁会同军机大臣（下略）

[改]附第二条　总裁副总裁会同内阁总协理大臣（下略）

改章之理由：谓现已裁撤军机处，改设内阁，不复沿用旧名。

按：此理由却是正当。但官制改革，凡从前法令在今后尚有效力者，仍多沿旧官制之名称。（即在筹备清单之中所称各部臣宪政编查馆政务处者正多。）当以概括声明改正之。若单据此理由而一一为个别之改正，则有不胜其烦者。是亦藉口改章之一。且不及待来期开会而遽更正之，又何其急耶。

［原章］第五十五条　资政院秘书厅设秘书长一人秩正四品，由总裁副总裁遴保相当人员请旨简放。

［改］第五十四条　资政院秘书厅设秘书长一人，由总裁副总裁遴保相当人员，咨会内阁请旨简放。

［原章］第五十六条　资政院秘书厅设一二三等秘书官各四人，一等秩正五品、二等秩正六品、三等秩正七品，由总裁副总裁遴员奏补。

［改］第五十五条　资政院秘书厅设一二三等秘书官各四人，由总裁副总裁遴员，咨会内阁奏补。

改章之理由：谓请简、请补各员，按照现制应分别会同内阁办理，其各员品级亦应于另订之官品章程统行规定，不必著于院章。

按：此理由却是正当。但从前法令往往各为官品之规定，不独一院章也。是亦不能为急于修改院章之理由。

（乙）会奏中所称法令歧异改从一律之类

［原章］第二十四条　各省谘议局如因本省督抚有侵夺权限或违背法律等事，得呈由资政院核办。

前项核办事件若审查属实，照第二十一条办理。

［改］全删。

改章之理由：谓核办事件，上年钦定修正筹备清单按语业经申明，改归行政审判院办理。查行政审判院，定于本年设立。院章此条应即删除，以清权限。

按：宣统二年十二月修正筹备清单，行政审判院改定于宣统三年设立。其案语云："行政审判院为救济行政上违法处分而设，亦宪法机关之一。而《行政审判法》即所以规定该院之职权及行政诉讼之程序者也。原章列入第六年，查现在资政院核办各省督抚侵越违法事件，多属行政诉讼性质。此项裁判之权，应属行政审判院。若长令资政院办理，恐性质混淆，于事实上多所窒碍。兹拟提前设立，以清权限。"改订院章之删定此条，盖即根据于此。今当从法律与事实两方面研究之。以法律而论，当先明行政审判院之性质，与行政审判之作用；次当明谘议局之性质，与国家设立谘议局之作用。行政审判院者，审判行政机关有无逾越法规侵害一个人或法人权利之所也。行政机关为国家之机关，即以代表国家，立于主权者之地位，本无服从司法之理。然行政有行政之法规，当其代表国家、行使国权也，亦必遵守法规，按照法规所定之权限形式，对于臣民之公权私权而加以干涉。行政审判者，即以此既成之法规为标准，因以判定其干涉一个人或法人权利之事是否适用法规，抑有无不正当之适用者也。行政诉讼之提起，必为权利被害之一个人或法人。惟其为人也，故得为权利之主体。惟其为权利之主体也，故有权利被害之事。各国行政审判之法皆有诉讼程式之规定。其当事者一方面为行政机关，或其他受委任而执行政之务者；一方面即为权利被害之人。而此权利被害之人，恒立于原告之地位。今谘议局为一省舆论机关，局章第一条即明定其为各省采取舆论之地。既为采取舆论之地，是明明一机关也。机关不能为权利之主体，不能立于行政诉讼当事者之地位。而行政审判法所必当规定之程式，如诉状中原告身分职业住所年龄之记载、召唤之出廷、口头之审问、两造之辩驳等，皆不能适用之于谘议局。此关于地位之不同，其不协于法律者一也。谘议局之设，为我国之创制，考之东西各国，举无其例。此在宪政编查馆前后奏折中，业已再三申明之。曰非议院，又非地方议会，实为中央集权与地方自治中间之枢纽。若在联邦之国，则各联邦各有议会，纯然为一国之国会，立于监督政府之地。各省非联邦，自不应有联邦之议会。苟其为纯然中央集权也者,则地方长官直隶于中央政府之下,其执行政务,均受成于内务大臣,全国之中,一国会之监督,足以及之。若我国今日,中央集权尚在混沌未明时代。督抚之地位权限,又有时与中央政府并立对峙。内外显分,首尾不应,固不得谓之已为中央集权也。既不成为中央集权,则资政院之监督有时而穷。故特设一督抚对待之机关,与之相配。盖地方长官之性质未有纯粹之归属,而谘议局之性质,亦不能纯然为议会,又纯然为一自治体也。谘议局章程明定督抚监督谘议局之权,而又以局章第二十七条与院章第二十四条之呈请核办事件,隐寓谘议局监督督抚之意,此其所以为枢纽也。盖谘议局无监督督抚之权,而资政院有监督全国行政之责。幅员辽廓,制度未明,资政院不能不寄其监督之耳目于各省之舆论机关,于无可统一之中,委曲维系,而收其统一之效。非谘议局之监督督抚,实资政院因谘议局而行其监督。当时立法之苦心,可谓缜密,可谓工巧矣。省制一日未改,督抚之地位一日未定,则谘议局之地位与其制度亦一日不可改废。今则外官制未改,一切行政权限之分划尚无所定,而遽将此呈请核办事件,昧昧然举而属之于行政审判机关。无论行政审判性质与此不合也,即相合矣,而资政院监督全国行政之职掌,将因是而沦于无可收拾之地,不独谘议局之失其权能而已。此关于性质之不明,其不协于法律者又一也。谘议局之呈请核办事件,在乎督抚之侵夺权限,或违背法律。据局章第二十七条之案语云:"本条所定为保护谘议局之权限,并预防督抚滥用其权力而设。盖督抚如有侵夺谘议局权限,或违背法律等事,得呈请资政院核办,则督抚限于众议,不致有病国害民之举。顾又不令谘议局径行抗议,而必以核办之权付诸资政院,则谘议局亦不能肆行挑剔,以掣督抚之肘。凡以避上下之争突,保行政之平衡而已。"夫曰限于众议,则谘议局之呈请核办,固以代表众论而行之。行政审判院无可以受理代表众论而判定其是非之理。盖代表众论，其质近于议会。议会政府之争讼，有属于政治上之争者，非行政审判之所能管辖也。病国害民，所含甚广。以病国害民为侵权违法之所致，则谘议局之所纠举，固以公之目的，而求所以救济之道，非与督抚争曲直也。各国行政审判院之管辖事件，恒有所限定。有列举者，有概括者。其列举者，如独逸联邦诸国类皆于各种法律中，各举其可起行政诉讼之事而载之。普鲁士之制度，其范围尤小，但举内务行政而许被害之人民以起诉之权。若威典堡、若巴登，则兼涉及于财务行政。其他军务行政等，又限以某程度，而许其诉讼。其依概括之法者，所涉较广，而亦必对于权利被侵害者之所主张而加以判决。吾国苟定《行政审判法》，关于管辖事件，亦不能越乎概括列举之途。若为列举，则谘议局章程第二十七条之所指侵权违法事件，不知将有何术而尽之。即概括焉，而所谓病国害民之举，究无从为网罗。则管辖事件之范围，必有无从规定者。且行政审判之目的，在乎保护一个人之权利。而局章案语所谓避上下之争突、保行政之平衡者，其目的断断不与一个人权利保护之事有涉。此关于管辖之无由定，其不协于法律者又一也。

以事实而论，宣统二年各省谘议局适用局章第二十七条，呈请资政院核办者凡七八省。其间事件不一，要皆以众论纠举督抚者也。广西禁止彩票之案，已经宣统元年谘议局议决，呈请桂抚批准施行矣，旋复不经局议，遽行弛禁，而谘议局遂以侵权违法呈请核办。湖南募集公债，不经局议；江苏擅借外债，不经局议；湘抚江督皆被纠举。福建地方预算案，交局之数与咨部之数不符，按照清理财政章程，此项预算应先期由督抚咨部奏准之后，劙交局议。盖奏准者预定其范围，局议则酌剂其盈虚，而议决其内容也。数目不符，致谘议局之议决超乎奏准范围之外，而闽督以违法为闽局所劾。凡此事例，皆于行政审判之事件，无可比拟。自余各省，亦皆类此。不知修正筹备清单之案语所谓现在资政院核办各省督抚侵越违法事件多属行政诉讼性质，此项裁判之权应属行政审判院者，果何所根据；而此次之修改院章，又何以援是而删除原章之第二十四条。此事实之不符者一也。据修正筹备清单，行政审判院从第六年提前办理，改归宣统三年成立。而《行政审判法》为一种之法典，应交资政院议决，奏请施行。资政院开会与谘议局同时。谘议局会期复短于资政院。一法律之议决，必经种种手续。即资政院开会之后，首议此项法律案，而决议奏准，必需时日，方及颁布。颁布之后，按照此项法典，简员组织，以讫成立，又必需时甚久。而辗转之间，谘议局四十日之会期已满。即令其呈请核办事件可以强属之于行政审判院，谘议局复帖然甘变其地位，远道派员，匍匐法廷，以与督抚为两造，争曲直，辩是非也；而闭会之中是否可以起诉，局章所定常驻议员之权限，又有所限定，不可以逾越。且此四十日中，果有急待核办之事，更将向谁而白？宣统元年之谘议局，以资政院未立之故，局章第二十七条之适用已陷于极难之境。当时幸未有核办事件之发生耳。宣统二年方得所凭依，以行其救济行政之术。乃不旋踵而复夺之，则甚矣，舆论机关之怅怅也。不知改章折中所谓行政审判院、定于本年设立者，曾亦计及此等时期与否。此事实之不可行者又一也。据各国通则，行政审判与他种种法律极多关系。其诉讼之手续，往往援照民事诉讼之规程。而判决之执行，又多嘱托之于通常审判厅。现在审判厅设立未完，民事诉讼律实行之期又在宣统四年，一切关系之事无所依附。而独巍然设立一行政审判院，不知其核办事件之起诉判决与判决之执行，又将何所依赖。此事实之窒碍又一也。以上所述，从法律上之观察，既种种不可通。从事实上之观察，复事事不可行。则此院章二十四条之删除，实为误谬。沿修正筹备清单案语之误,而铸此大错。修正筹备清单出于宪政编查馆之陈奏。以堂堂一国家编查法典机关,并一行政审判,尚不能明其性质。今日之资政院总裁副总裁与内阁总协理大臣有从当日宪政编查馆之馆员来者,又有身任法制院院使者,不应有此错误。是则大惑不解者也。

[原章]第三十二条 资政院临时会于常年会期以外遇有紧要事件,由行政各衙门或总裁副总裁之协议或议员过半数之陈请均得奏明恭候,特旨召集遵行。

[改]第三十一条 资政院于常年会期以外遇有紧要事件,由特旨召集临时会。

改章之理由:谓召集临时会与召集常年会,均属君上大权。而原章第三十二条,临时会分别由臣下陈请,与召集常年会办法歧异,宜加修正。

按:议会由君主召集,在东西各国宪法中,类当如此规定。即共和国制度,召集议会,亦属大统领之权,并无得由臣民陈请之明文,原章所定,考之立宪国实少其例。改章删去枝节,在法律上却有正当之理由。此不可没者也。然原章之所以如彼规定者,当时未必都无深意。盖所谓紧要事件者,其范围至难区别。若在宪政已经实行之国,政府重视责任,遇一事件之发生,应付议会议决时,彼内阁大臣决不敢专擅而出以违宪之举。在议会闭会之中,有必当召集临时会者,其召集之言虽出自君上,而事实上无不因政府之意而召集。盖舍是无以免其责也。其在我国,大臣负责,绝不可恃。违背法律、蔑视议会之举,与其责之于事后,不幸而出于弹劾之途,不如杜之于事前,特予臣民以陈请之路。故如原章所定,其弊在乎奏请之纷纭;而其利则又可以揭廷臣之蒙蔽,免异日之争议。观于借债之近事,不得谓立法之意无所防闲。而临时会之要求,竟归无效，则更非立法者之所及料。今则并此陈请之路而亦塞绝之。苟其无成心也，则各国之成宪，何尝不可援据。若欲藉此以图便其违宪命令之施行，则临时会之要求虽不得达，而常年会之纷议将因此益多矣。况大权一语，意义至为深邃。君主立宪之国，以君主总揽统治之权。以广义解释之，司法之权，君主之大权也；然必有一定之机关，以君主之名行之。立法之权，君主之大权也；又必有一定之机关，为君主之协赞。行政之权，君主之大权也；又必有一定之机关，为君主之辅弼。事事出于大权，而事事皆有一定之形式为之制限。若乃狭义之大权，则立法司法以外国家之作用、为宪法之所许，专属于君主之权限内者是也。既为立法司法以外之国家作用，则其行使此大权，自不得有妨及立法司法之范围。此最明白易晓者。临时会召集之权属之君主，则召集不召集，君主自有权衡。非有时以不召集之故，而生出越权违法之问题，则不可以不召集。是其大权明明有所制限。借债之事，假定其事发生于改章之后，又假定其改章为有效之改章，临时会之陈请不能出自臣下矣。为问借债之举，是否紧要事件。君主若认为紧要乎，则临时会之召集，有召集权者便有召集之义务。盖议决公债，实资政院之职掌也。以为不必召集乎，则必其事之非紧要。非紧要之事，又属于资政院议决之范围，则不能不待之常年会之议决。二者必居一于是。若谓大权所属，便得举一切之权限而压绝之，则又何必美其名曰"大权"，但曰"专制权"而已。是则不能无恫也。

（丙）会奏中所称立法偶疏改归完密之类

　　[原章]第二十二条　资政院于各省政治得失、人民利病有所谘询，得由总裁副总裁劄行该省谘议局申覆。

　　[改]第二十二条　同上

加一项：除前项谘询事件外，不得向各省谘议局行文。

改章之理由：谓外国议院规制，不得向地方议会照会往复。我国各省谘议局性质属于地方议会，则资政院除有所谘询外，不应行文该局。

按：谘议局非地方议会，已明见于宪政编查馆覆于式枚之奏。谓"谘议局之范围权限，已明定于煌煌圣训之中，本非地方议会所得比拟。各国地方行政，除联邦各有议院外，凡本国地方皆直隶中央政府，与我国之部臣疆臣显分内外、地方行政可由督抚主持者截然不同。督抚实立于一省行政最高之地位，求之各国，本鲜此制。督抚之权限既视各国地方行政长官为较广，则辅助行政机关之权限自应与之相称，而不能仅据各国之上级自治以为准则。谘议局之设，用意盖即在此"。而所谓煌煌圣训者，即指光绪三十三年九月十三日之谕旨而言。谕旨中又已明诏资政院与谘议局行文之办法。谓"资政院应需考查询问等事，一面行文该省督抚，一面径行该局具覆。该局有条议事件，准其一面禀知该省督抚，一面径禀资政院查核"。谘询具覆是一事，条议查核又是一事。是明明于谘询事件之外，可以行文也。谘议局之设，当初用意既明别其非地方议会。而此次会奏，又何以一笔抹却，不叙理由，遽轻断其属于地方议会。此不可解者一也。外国议院制度不得向地方议会照会往复，是固然矣。然其所以不得往复之故，果何在乎？盖由于中央集权之统一，复由于立法行政之分画也。议会监督政府，本有提挈纲领之法。地方行政既一切受成于内务，统驭于中央，则监督其大臣已足为正本清源之计。若与地方议会照会往复，转多枝节。此其理由也。地方团体各有参事会，职在行政。行政之总纲，议会既得而监督之，则内务大臣以下之官厅与其他之有行政职掌者，议会不得与之有直接之关系，盖以避干涉之嫌，而收分立之效。此又一理由也。故各国议院法关于此项之规定，皆并一切官厅与地方议会言之，而以国务大臣与政府委员为除外例，固不独一地方议会也。曰除国务大臣政府委员外，不得与他之官厅及地方议会照会往复。谘议局无参事会行政之职，而其性质与督抚为对待。中央政府不能尽为提纲挈领之治。以一省立法机关之谘议局，与一国立法机关之资政院照会往复，有何不可者？不探外国立法之旨，而但曰其规制如此如此，不揣其本而齐其末，断章取义，强相比附，此不可解者又一也。且外国制度，其国会本与地方议会无所关系，故可以绝其往复之道。若资政院之与谘议局，自其设立之用意，以逮事实之作用，固已息息相通，互相关系。如局章院章所定呈请核议、呈请核办、呈请核决事件，无一不联为一气以为首尾相属之势。苟其不得照会往复也，纵令除去核办一项，而核议核决之呈请，则又何以独得为行文之除外例？即谘询申覆事件，又何以独异于其他之行文？证之于事实之作用，宣统二年各省谘议局以地方预算不列岁入之故，几至议无可议，全数解体。得资政院十月十五日一通电，以督抚现交岁出之数为范围，而后各省谘议局始有所依据而开议。是不得谓之非行文之效也。昧法律之全体，以意增减，自相矛盾，此不可解者又一也。故外国议会不与地方议会照会往复之制，不能适用之于非地方议会之谘议局，又不能适用之于与资政院有特别关系之谘议局，更不能适用之于与资政院行文往复已有效果之谘议局。其适用之者，特隐抑谘议局上达之路，使之困于督抚辕辙之下，而又不能自圆其说，遂至舛错矛盾而已。

[原章]第二十三条　各省谘议局与督抚异议事件，或此省与彼省之谘议局互相争议事件，均由资政院核议议决后，由总裁副总裁具奏请旨裁夺。

[改]第二十三条　各省谘议局与督抚异议事件，或此省与彼省之谘议局互相争议事件，除关于行政事宜咨送内阁核办外，其余均

由资政院核议议决后，由总裁副总裁咨会国务大臣具奏请旨裁夺。

改章之理由：谓谘议局与督抚异议事件有关于立法者，亦有关于行政者。若行政事件概由资政院核议，恐于事情有所隔阂，核议之后仍难施行，反不足以收实效。故略加区别，俾与原文第二十七条办法一律。

按：此项改章之理由系单指谘议局与督抚异议事件而言，不知尚有两省以上谘议局之争。以两省谘议局之争，而仰判决于国务大臣，其性质实为不伦。至核议之中，必区别其为行政与非行政，而分属其核议之权于两处，则亦转多歧异。凡谘议局与督抚异议事件，不出局章第二十一条所定第一至第七诸款。其中惟应兴应革事件，属于行政者为多。中外制度未经统一，必谓资政院于各省兴革之事有所隔阂，而国务大臣遂能烛照无遗，则有未尽然者。且国务大臣与各省谘议局无直接之关系，而与督抚得往复以咨商。万一关于核议事件有应再三查取情形之处，资政院既不得为谘询案以外之行文，即以谘询之形式出之，而辗转之间，必多迟缓。督抚一面之词得径达于内阁，则督抚为有口，而谘议局为无口矣。既成异议，则两方之见解必持极端。岂有相持不下之事付之判决，而但许一面之伸其说者，甚非所以持其平也。原章第二十七条所规定，与呈请核议事件尤属不类。二十七条乃关于人民陈请之事。陈请之事，在法律上无甚效果。其可采者则资政院得取之而为议案。既成议案，则已变其陈请之质，而为资政院之意思。苟不采取，置之可也。其咨送于各行政衙门者，施行与否，亦惟各行政官之裁量，与核议事件之必得一确实判定者不同。资政院职掌，依院章第十四条所定，预算、决算、公债、税法、法典以及特旨交议之事，皆不属于行政。关于行政事件之陈请书，资政院自身不能作为议案，故举而咨之于行政衙门耳。若谘议局则明明有议决应兴应革事件之权。资政院但因谘议局固有之职权，而行其核议而已，与自身之关涉行政事件者迥别。是不必求其办法之一律也。惟是以事实而论，资政院会期只有三月。各省之呈请核议事件，每省数起。其事之审查，又往往非一朝夕之所能竟。以甚短之会期，而核议此数十百起之争议，其势有所甚难。是则不可不设法补救之。不思补救之道，而但强区其一部分，举而诿之于国务大臣，附会其说，以与原章第二十七条相比附，则甚矣改章之简率，不独其有意压抑谘议局为挟成见也。

[原章]第三十四条　资政院会议非有议员三分之二以上到会，不得开议。

[改]第三十三条　资政院会议非有议员过半数到会，不得开议。

改章之理由：设限制太严，往往因人数不足，不能开议。故改订之，以免延搁。

按：此理由极正当。各国议会大率以过半数为准。日本则定为非总议员三分之一以上出席，不得议决，载之于宪法之中。盖略宽其格，俾议事得以进行；而于议院第九十九条中，复严其缺席之规定。二者相辅，亦无流弊。改章定为过半数，可谓适中矣。

[原章]第三十八条　资政院会议应由总裁、副总裁先期将议事日表通知各议员，并咨送行政衙门查照。

[改]第三十七条　同上

加一项：议事日表以特旨及奏请交议事件列前，其因紧急事件改定议事日表者，由行政衙门同意行之。

改章之理由：谓外国议院法临时改定议事日表，须得政府之同意。

按：议会中所有议案，以原则言之，应以政府提出者为多。政府之施政方针，皆得于议案中表见之。议院为议决机关，自应重视政府之提议，而决其从违。每次之议事日表必以政府之案列前，即是此意。然议院自身亦有提出议案之权，不得谓其案皆无重大问题。故此条解释，当作每议事日表皆以特旨及奏请交议事件列前，非必举交议事件而悉议之，然后方及资政院之议案也。其紧急事件之发生，变更日表时，所以必得政府之同意者，因欲举此紧急事件提前先议，而压过政府交议之案耳。若其变更日表，其所压过之案并非特旨或政府之交议，则亦无俟政府之同意，盖与之无关系也。日本议院法关于此项之规定如下："议事日程以由政府提出之议案为先。但于其他议事紧急之场合，得政府同意者，不在此限。"

今改章之理由既以外国议院法为根据，则当知变更日表，必其紧急事件有压过政府议案之时，方有得其同意之必要。并非无论如何，凡有变更日表之事，皆当仰承政府之意旨。盖变更日表，本属总裁副总裁之权也。改章所加一项，文字之间与日本议院法略有异同，殊未明瞭，不可不表而出之。

（丁）会奏中易滋误解、详为申明之类

［原章］第二十三条第二项　前项核议事件关涉某省者，该省谘议局所选出之议员不得与议。

［改］同上

加一语：应于会议之时退出议场。

［原章］第三十九条　资政院议员于议案有关系本身或其亲属及一切职官例应回避者，该员不得与议。

［改］第三十八条　同上

加一语：应于会议之时退出议场。

改章之理由：谓"不得与议"，与"不列议决之数"文义迥殊。加此一语似更明晰。

按：原章第二十三条与第三十九条为同一之制限，当时立法实未尽惬当。盖关系议员本身亲属及一切职官例应回避之议案,防其挟私也,故不得不回避。至若谘议局呈请核议之案,则为一省之公。资政院议员既经公选,居全国立法府之中,应以全国之利害为目的,断无囿于一偏而私其本省谘议局之理。谘议局既经选举资政院议员之后,与该议员已无关系,亦断无以选举为要结之地,冀其将来之附和而先施之。况本省之情事,本省之人知之较详。资政院讨论审查之时,未必无需于此以为议决之根据,亦恐事实上之转多隔阂。藉曰本省之人,将私其本省,各私其私,势必生出议事之纷纭,而是非因之以乱。然亦不可不使尽其说,但不列于议决之数可耳,何必使之不得与议。各私本省之事,惟两省谘议局之争乃有之。至若与督抚异议事件,则以谘议局加倍选举,经督抚覆选之资政院议员左袒右袒,固无可以逆臆之理,更何必为是防闲。且除谘议局所选议员之外,尚有以别项资格而得议员者。苟其人亦属于该省,则又何以不虑其偏私。是不可解者也。故原章所定已在应行改订之列。改章复从而申明之,必使之退出议场。皆非立法大公之意。然既曰不得与议,自应退出议场,改章实较原章为明晰。特原章先误耳。

[原章]第二十九条　资政院于民刑诉讼事件,概不受理。

[改]第二十八条　同上

加一项:陈请事件如有涉及诉讼者,不准收受。

改章之理由:谓尊重司法之意。

按:资政院于民刑诉讼事件,既概不受理,自可包括陈请事件而言,加此一项为赘。且于文字之间"不准收受"云云,"不准"二字,亦欠斟酌。

(戊)会奏中附属各项更改之类

[原章]第六十四条　前条所列各款经费数目另行奏定。

［改］删之。

改章之理由：现在预算统由度支部办理，此条应即删除。

按：此项理由极为正当。

［原章］附条第一条　本章程奏准奉旨后以宣统元年九月初一日起为施行之期。

［改］附条第一条　本章程以奏准奉旨之日起为施行之期。

按：此条关系根本问题，盖关于此次改章之合法与否也。其详已于本论第一章第三节"资政院院章之性质"中论之。

［原章］第十四条第四款　新定法典及嗣后修改事件，但宪法不在此限。

［改］第十四条第四款　法律及修改法律事件，但宪法不在此限。

按：此款为文字之修正，改章自较原章为明晰。

综观以上各节，有不应改者，有不必改者，应改而不必于资政院常会之前而为是急不可待之举者。而谘议局与资政院之关系，经改订者为多，是为改章中之主旨。盖有深意存乎其间。读者不可以不察也。

第三　改章之利害

此次改订院章，实遵照六月初一日之谕旨。当时初奉谕旨，举国皇皇以为朝廷有意缩小资政院之权，原章将大加修改。京中一二政治团体亦有开会共谋质问总裁、副总裁之举。不数日改章奏准，而开会之声又复寂然。一则奏改之神速，不及补救。一则据改章之表面，于资政院之权限无甚更动，不如事前逆臆之甚，遂亦相安也。改章宣布之日，据京中电传，谓大体无甚改窜。京沪各报有二三议论，力纠改章之谬者，亦但简单言之。其利害所系，类未推勘入微。而翘首属望宪政实行之人，于法律争点不尽有体验之实，故无重视之者。呜呼，此何等事，我国人宁得容隐而听廷臣之擅耶？资政院为全国立法机关，而上下两院之基础。院章修改，既可不经议决，则一切立法之根本动摇。宪法未定，所谓宪法上之法律事项者，全无限界。为法为令，一惟政府之意旨得以左右之。今日改章于资政院之职掌，幸而未加删改耳。其会奏中则谓组织之法、议决之权，皆最关紧要之端，规定均尚妥洽，无庸轻议更张。然则其不议更张者，乃改章诸臣之殊恩，而资政院深沐其赐。如其竟从而剥夺之，又将如何。予夺消长，悉视一二人之恩威，则议院之基础动摇。资政院之设立，原以树宪政之始基。即令附条第二为广漠之解释，总裁、副总裁可以会同政府修改院章，而揆诸立宪之精神，苟其事可以待之常年会、可以属之于修改法典之范围，均应储之众议，以收集思广益之效。必急急然出此非常之举，使之绝无容喙之地，则政府之居心，为重视舆论乎，抑欲摧残之乎，固已昭然若揭矣。即当开会之中，政府交议之案，资政院一有反对之态度，为总裁、副总裁者，尽可不经众议，比周政府，旦夕之间，而遽夺其某项议决之权。廷旨为之护符，大臣据其城社，彼议员又将如何者？夫资政院改章，本非紧急之事。六月初一日谕旨则曰颁布施行已阅两年，时势又有不同，核与新颁法令未尽吻合，亟应将资政院院章修改，以免窒碍，而利推行。夫时势之不同，法令之未尽吻合，皆不足为紧急之理由。其急于修改者，实廷臣之藉此尝试耳。观微知著，吾于是有履霜坚冰之惧。此关于资政院之利害也。谘议局制度，在吾国今日预备立宪之时，为特殊之位置，既予督抚以监督之权，复以局章第二十七条与院章第二十四条之呈请核议为之保障。两年以来，督抚侵越违法之举得以表暴于天下，而使之有所惮而不得逞者，实此局章院章之功，而亦各督抚之处心积虑，必思有以撤藩篱者也。一旦悉举其事而属之于性质不牟之行政审判院，复绝资政院与谘议局行文交通之邮，在谘议局则以不能赴诉之故，将受督抚之侵陵而无可如何；在资政院又以失其耳目之寄，驯致中外之分歧，而穷于监督。能举核办之实，则谘议局方得完其为一省舆论之机关；不能举核办之实，则谘议局遂骤变而为一方上级之自治。地方议会与非地方议会，实为谘议局根本之不同，又为谘议局生死存亡之关系。光绪三十三年九月十三日、三十四年六月二十四日之谕旨，何等郑重。其示谘议局在国法上之位置与其性质也，又何等严明。宪政编查馆议覆于式枚一折，又再三丁宁，明示其立法之本意，今则于改章会奏中，隐抑之为地方一团体。曰核办事件应属于行政审判院，业于修正筹备清单按语申明之。曰谘议局性质，属于地方议会，不得为照会之往复。以非常之改制，而出之以莫须有之词，见者不察，以为无甚出入也，而一省之舆论机关，遂灭绝于不知不觉之中，则甚矣改章诸臣之巧于欺君，而善于操刀也。呈请核议之事，必区分之为行政与非行政事件。限界不明，复得以意为区处，归之于行政，逶之于国务大臣。彼国务大臣者，又与督抚为一统系，亲其所亲，而右其所同，则核议事件，谘议局之败衅将什八九。而督抚复张其焰，而为两年来忠言逆耳之报复。彼谘议局者，直一无所控诉之机关而已，尚何舆论之足云耶。此关于谘议局之利害，而牵及资政院者也。大权之动，漫无限制。命令之发，其用无穷。宪政前途，等诸赵孟之富贵。资政院之根本既摇，谘议局之性质尽变。所谓宣统四年颁布之宪法、宣统五年设立之国会，我国民尚昧昧然冀邀其幸耶。改章之责任不明，诸臣之违法不治，窃谓今年不必有资政院，更不必有谘议局，盖其身之已死也。弹劾问题，当为九月开会开议之第一案，愿我议员并其血泪心力而争之。至于改章之内容，有与时势不合、法令不符者，当由资政院自行提议修改之。此次总裁、副总裁会同内阁总协理之所奏改，应归无效。其理由之正当者，可取之而为改正之资，不以人废言可也。附条第二当削除以省枝节。谘议局议员尤当争回呈请资政院核办之权，而后方不失其为谘议局，否则必甘心而侪于上级之自治体，纯受督抚之监督。于彼于此，惟谘议局议员自择之而已。

编者按 * 此为《法政杂志》刊文时的原按。：

右论文第一章第三节有云："至于独立命令，各立宪国恒取列举主义，制限綦严。独有少数之国，以概括出之。"查独立命令，惟日本有之。林君殆误以紧急命令为独立命令也，特为订正于此。至资政院院章之不能指为命令，则仍明白正确，决无疑义也。

又按：

日本贵族院令，虽为命令，而改正增补时仍必经贵族院议决。（《日本贵族院令》第十三条）非凡属命令均可由政府任意变更也。盖贵族院令为命令之本意，在不使众议院参预，以保其尊严之地位，非并其自身之议决权而夺之也。

题林徽因等合影

　　壬子三月，携诸女甥、诸女出游，令合照一图。麟趾最小。握其手，衣服端整，身亭亭者，王孟瑜。衫袖襞积，貌圆，张目视者，瑜妹次亮。长面，发覆额最低者，语儿曾氏。徽音白衫黑裤，左手邀语儿，意若甚昵，实则两子俱黠，往往相争果饵；调停时时，费我唇舌也。瑜、亮，大姊出。语儿，四妹出。徽、趾，吾女。趾五岁，徽九岁，语十一，亮十二，瑜十四，读书皆慧。

长民识

参议院一年史

刊于一九一三年《庸言》第一卷第四期。署名林长民。

第一章　参议院之沿革

　　参议院之设，最初根据于《中华民国临时政府组织大纲》之规定。《临时政府组织大纲》凡二十一条，民国纪元前一月，即纪元前年阴历十月十三日，各省代表会于汉口时所议决也。初革命经月，各省响应者十四。苏州都督程德全、浙江都督汤寿潜遣人会于上海，通电各省，请以代表来会，谋立统一政府。已革命之省电致都督，未革命者致咨议局。越旬日，代表至者七，所称代表联合会，又曰代表团，议以武昌为临时政府所在地，移代表团赴之。各省所派亦有径赴武昌者，凡十省二十二人，于是有汉口之会议。时汉阳方失，民军适得南京，则复公议设政府南京。十月末旬，代表团东至。十一月十日，举孙文为临时大总统。十三日，改用阳历，为元年元旦。孙文以元旦就职。据《大纲》规定，代表团任务止于选举临时大总统而已。大总统既举，立法之事悉属参议院。参议院以都督所派参议员，一省三人组织之。未成立以前，代表团代行其职权。是为代表团摄理时代。其后各省参议员续至，自相更迭。未至者每省留代表一人至三人为代理。盖代表人数初无定额，江苏一省三都督，各有所选派也。正月末旬，参议员渐集。未革命之省仍以咨议局所遣与会。会议凡以代表代理参议员者，但得议决事件，无选举及被举院中委员之权。然是议寻废，参议员既为都督所选任，实以代表各省政府。是为地方政府代表时代。二月，南北和局成，孙文辞职，举袁世凯为临时大总统。于是北方各省不战悉属民国。蒙古、西藏、青海亦赞同共和，皆得选派参议员矣。三月八日，议定《临时约法》，废《组织大纲》，改议员额省三人为五人。内蒙古、外蒙古、西藏员额亦同，惟青海一人。其选举方法由地方自定之。都督所遣，任职如故，特增额而已。未几有比国公债之议。议决不足法定人数，复未经三读会。湖北议员大愤辞职，江苏议员亦引去。于是有主张议员当由民选者，谓受都督委任，不足代表民意，宜别立民选议院。湖北省议会通电，持之尤力。参议院乃议决即现有机关改民选，令各省临时省议会选举来代。未有省议会，或未选出者，则留都督所遣以俟。自是络绎交迭，其制渐备。南京政府解职，四月参议院移于北京开会，以迄今日。内外蒙古、青海议员十一人，三人选自本土，余八人则北京蒙古联合会之所选出。各行省悉自省议会。是为民选时代。新疆五人，缺其三。西藏至今未选也。

第二章　参议院成立前后民国之政局及政府之更迭

武昌革命推黎元洪为首领，称中华民国军政府鄂军都督。其后各省响应，称都督者，咸冠以军政府名义。然省各独立，无所统一。黎元洪以首义负时望，众论咸推戴之。民军所占行省既多，欲以交战团体先得各国承认。沪军都督陈其美以军政府名义委任伍廷芳、温宗尧为民国外交总代表，留上海，与外国领事交涉。苏浙代表至，首以此事通告各省，求公认。伍廷芳亦自宣言，民国政府当在鄂，特分外交一部驻上海而已。纪元前年阴历十月五日，代表团发于上海，赴鄂，留数人未行为通信。比至鄂，则汉阳已失，武昌危在旦夕。闻南京下，则议以南京建设临时政府，一面仍以黎元洪为大都督，暂行中央政务。上海通信诸代表初约不得议决事件，但以代表团命为进止。汉阳耗至，乃联电促代表团东下。时邮电梗阻，累日不得报。南京新陷，各路军帅未有所一。苏州都督程德全移领江宁，称江苏都督，初就职，即返旆，亦驻上海。东南各地军心民心咸企望速立政府，颇咎代表团谋事缓，有激昂者。程德全、汤寿潜、陈其美乃聚议延留沪代表，至则军队森列，以举大元帅、建设政府为请。蔡元培临时受汤寿潜委任为浙江代表，荐黄兴。通信代表以未得赴鄂代表团意为辞，不听。卒选举黄兴为假定大元帅，黎元洪为假定副元帅，投票者十六人，都督及各代表咸有投票权，独汤寿潜未及投票先去。时十月十四日，黄兴方自鄂来也。大元帅既举，得鄂报，乃知代表团在汉已有大都督之选定。汤寿潜返杭州，即夕电沪，翻前议。浙军驻宁者亦不满于黄兴。二十一日以后，通信代表与东下代表团悉会南京，追认上海大元帅之选举，遣人迎黄兴，黄兴固辞。代表团连日纷议，乃改选黎元洪为大元师，黄兴副之。追加《组织大纲》条文曰：临时大总统未举定以前，其职权由大元帅暂任之，大元帅不能在临时政府所在地时，以副元帅代行其职权。盖黎元洪不得去鄂也。议既决，而孙文适自海外归，于是复有竞选临时大总统之议。代表团之会于汉口也，汉阳新败，英国驻汉领事即介南北军议和，开停战条件。代表团内议欲留大总统位置以待袁世凯反正。至南京得黎元洪电，复敦敦言之，故有《组织大纲》追加之条。然孙文归，黄兴谦让，十一月十日卒举孙文。后三日改元，元年正月三日，举黎元洪为临时副总统。是日，孙文提出国务员于参议院得同意，黄兴为陆军总长，黄钟瑛为海军总长，王宠惠为外交总长，程德全为内务总长，陈锦涛为财政总长，伍廷芳为司法总长，蔡元培为教育总长，张謇为实业总长，汤寿潜为交通总长，是为民国第一期内阁。《组织大纲》本定五部，曰外交、内务、财政、军务、交通，至是始增为九部。代表团初议欲仿法国制度，置总理，为各部首班，属意黄兴。然孙文雅主美制，黄兴卒长陆军。伍廷芳初以外交代表驻上海，及转司法，仍留沪专任议和事务。时南北和议开始十余日，廷芳先受黎元洪及代表团委任，与北使唐绍仪会议也。各总长多往来宁沪，任部务者黄兴、王宠惠、陈锦涛、蔡元培，余则悉委次长，国务会议亦次长代之，此称为次长内阁。内阁成立，适当军民俶扰之时。政府草创，一切未具，议和累次不决，则声言备战。孙文亦自谓"指挥三军，匪我莫属也"。二月十二日，清帝下诏逊位，于是全国共和之局始成。翌日，孙文具辞职书于参议院，且荐袁世凯曰："选举之事，原为国民公权，本总统实无容喙之地。惟前使伍代表电北京，有约以清帝实行退位，袁世凯宣布政见，赞成共和，本总统即当推让之。曾提议于贵院，贵院亦已赞同。今者清帝逊位，南北统一，袁公之力实多，其发表政见，更赞成共和。举为公仆，必能尽忠民国。且袁公富于政治经验，民国统一，赖有建设之才，故敢以私见贡于贵院，请为民国前途熟计，无失当选之人，大局幸甚。"孙文既履约辞职，荐袁世凯，复提三事于参议院：曰，临时政府地点设于南京，为各省代表所议定，不能更改；曰，辞职后候参议院举定新总统亲到南京受任之时，大总统及国务员乃行解职；曰，临时政府约法为参议院所制定，新总统当遵守颁布之，一切法律章程，非经参议院改订仍继续有效。参议院得咨报曰："今日南北既经统一，即应统筹全国，图所以统一之道。临时政府地点为全国人心所系，应在可以统驭全国之地，使中国能成完土，庶足以维系全国人心，并达我民国合五大民族为一国之旨。前经各省代表指定临时政府地点于南京者，因当时大江以北尚在清军范围内，不得不暂定临时政府适宜之地。今情势既异，自应因时制宜，定政府地点于北京。特新举总统，无论何人，应在南京接收事权。事经议决，请查照行之。"是日会议者二十八人，赞成北京者二十人也。南京北京之议，当时颇激动世论。代理江苏都督庄蕴宽尤痛陈利害，谓不宜都南方。然政府持之甚力。孙文得参议院咨，即以原案交还复议。比复议，则二十七人列席，又以十九人多数赞成南京。南都之议既定，行选举，举袁世凯为临时大总统，黎元洪则复被举为副。末旬，遣蔡元培、汪兆铭、宋教仁等为专使，偕唐绍仪北行迎世凯。元培等抵北京，北京兵变，夜袭专使卧所，诸专使仅以身免，乃电南都，谓兵变之事外人极为激昂，今日当速建统一政府，其余尽可迁就，惟求筹一善策以满南北之望。三月六日，元培等复电请临时政府暂设北京，袁世凯不必南行受职，定内阁总理，由总理南下，组织新内阁，接收交代，即偕参议院北移。孙文以原电交参议院议之，请以副总统南来代新总统受事。参议院乃复议决以北京为政府地点，别定办法六条：一、由参议院电告袁大总统，允其在北京就职。二、袁大总统得电后即电参议院宣誓。三、参议院接到宣誓之电后，即复电认为受职，并通电全国。四、袁大总统受职后，即将拟派国务总理及国务员姓名电告参议院，求其同意。五、国务总理及各国务员任定后，即来南京接收临时政府交代事宜。六、孙大总统于交代之日始行解职。盖至是南北都之事已再易议。国务总理本为组织大纲所无，改制约法始置也。后两日，约法全案乃通过于参议院。《临时约法》既定，其明日袁世凯即以唐绍仪为国务总理，由孙文提出院议，得同意。十四日复提出国务员十二人，院议据约法所定十部驳之。于是往返商榷，至二十九日始以十部十人交议。陆徵祥为外交总长，赵秉钧为内务总长，段祺瑞为陆军总长，刘冠雄为海军总长，熊希龄为财政总长，王宠惠为司法总长，蔡元培为教育总长，宋教仁为农林总长，陈其美为工商总长，梁如浩为交通总长。惟梁如浩否决之，越数日乃改任施肇基。是为第二期内阁。视第一期增置农林一部。初区工商为二，邮电亦别立于交通之外，故为十二部。蓝天蔚长海军，陈槐长工，刘炳炎长商，范源濂长教育，皆经更定也，陈其美则移交通为工商，于是南北之见始洽。新内阁成立，四月一日唐绍仪南下，孙文解职，参议院部署北行。四月末旬，内阁参议院悉移北京。当是之时，南北初一，天下望治。绍仪与世凯交亲，得信任。

参议院至北京，开会旬日，绍仪偕国务员等到院，宣政见，即举内政、外交改革维持诸方略一一陈之。于是众属耳目。财政报告，数目舛错，议员汤化龙等提出质问，不能答也。王芝祥督直之议起，袁、唐意见亦浸不合。为绍仪南下，接收南京政府，约以芝祥为直隶都督，至京即以为请，世凯雅不欲，颇相持。六月十六日，国务院索总理不得，绍仪侵晨行矣。既行，以病为辞。陆徵祥以外交总长摄总理事。世凯遣使挽绍仪，绍仪不至。二十七日，乃以徵祥任总理，提出议院。时国中政党有三，曰同盟会，曰共和党，曰统一共和党，绍仪新自附于同盟会。国务员中属同盟会者六人。绍仪去，同盟会诸人亦多辞职者，谓内阁其负责任。总理非同党人，政见不一，无从负责，当引去。有持仍任同盟会人为总理之说者。世凯则曰：我任人，但问其才不才，不问其党不党也。徵祥无党，卒通过于参议院，世称为"超然总理"。同盟会阁员亦卒不可留。同时去职者教育总长蔡元培、农林总长宋教仁、司法总长王宠惠、工商次长王正廷。陈其美始终未至，正廷实代之，至是亦辞。熊希龄、施肇基非同盟会人，适以他故辞职。十部总长缺其六人。七月十八日，以周自齐、章宗祥、孙毓筠、王人文、沈秉堃、胡惟德提出于参议院。徵祥躬至，述六人事迹，求院中同意。时徵祥任总理已二十日，始至院也，演词大失众望。翌日投票，六总长咸否决，于是有不信任陆内阁之说，徵祥亦自请解职。国人以无政府为惧，颇咎参议院，不数日而维持论乃大胜。二十三日，复提六人：周学熙长财政，许世英长司法，范源濂长教育，陈振先长农林，朱启钤长交通，蒋作宾长工商。独作宾不得多数同意，余五人咸可决之。寻以刘揆一任工商总长。是为第三期内阁。揆一本同盟会人，以入阁故乃脱党。赵秉钧虽入党，无甚关系。刘冠雄则以军人不与党为进退。故第三期内阁亦曰"超然内阁"。徵祥当国两月，以多病屡请解职。九月二十二日改任赵秉钧。秉钧为总理，国务员无所更动。然至是政党形势已变，同盟会与统一共和党合并为国民党，颇主张政党内阁。孙文、黄兴先后来京，袁世凯极意相款，徇黄兴之请，令国务员悉入国民党。独周学熙不隶党籍，范源濂脱共和党以自解。是为第四期内阁。陆徵祥之任总理，初兼外交总长，其后以梁如浩补之。时库伦叛已久，俄罗斯愿为调人，以三事相要，曰：苟许于蒙古不移民、不设官、不屯兵者，当令库伦废弃其独立。袁世凯于阁议中颇主张速与俄人交涉，独许世英、刘揆一及如浩持异同。如浩以外交当局，尤惧交涉失败，受国人指谪，极力延宕。十一月九日，得俄使通牒，俄库自定协约。于是舆论大愤，如浩弃官而逃。不得已复起徵祥为外交总长，与俄使开议，以迄今日。

先严哀启

哀启者：

先严体质本强，性沉毅，处家庭孝友慈爱。服官任务，廉谨勤果，数十年如一日。然劳苦多忧，离憝积伤，摧及肝胆，一病遂不可救矣。痛哉痛哉！

不孝少时无知，恒见先严当食而叹。家祭之日，每泫然出涕，曰："吾五岁丧母，终吾生而不得养，祭厚宁如养之薄耶？"甲申马江之役，省垣戒严，先大父捐馆。先严丁乱居丧，哀毁益至。自是之后，入秋辄病，气体渐伤。己丑，成翰林。庚寅，散馆，改主事；复呈改知县候选三年。癸巳，授浙江金华县。到省，调帘差入闱。浙江潮湿，琐院校阅，尤苦郁蒸。未放榜，罹胆疟，发黄，肝胃剧痛，得胆石症，累月方起。翌年正月，赴金华任所。六月，遭先继祖母丧，家难国难相因而至，是岁盖甲午也。丁酉，服阕到省。戊戌，署孝丰县知县，调海宁州知州。明年，补石门县知县。石门任最久，前后五年。乙巳，补仁和县知县，以病乞假越岁，丙戌始履新任。七月复罢，以知府候补荐升道员。清季朝政益乱，先严知无可为，不欲更仕。巡抚增公谋革海塘工政，废三防同知，设局驻塘，集绅衿议得主持者，咸推先严，欲以总办相属，辞不获命，遂任提调差。海塘障江浙七郡，乾隆以后倾圮日甚，岁耗巨帑，三防厅较缺分肥瘠而已。厅废，诸政悉萃于局。先严以提调综全局事，简练防勇，躬督工务，沿塘百余里奔走监视，寒暑无间，潮汛急则昼夜莅工；谓补苴之计不可以持久，乃详请奏拨巨款修葺，奉准矣，而先严积劳成病。庚戌三月去差，居杭州。辛亥四月，先慈殁于客次，丧事粗毕，徙家海上，不数月而国岁改矣。

革命以后，先严闭门养疴，不问外事，决计归里，乃曲徇不孝长民之请，就养京师。今年六月，不孝天民随侍北来。初至，患少减。不孝方私庆，以为北方气候宜老人，可以渐健，不孝天民遂南归，岂料未及三月而遽遭此变耶？病以虐肇，胆石为祟，寒热伤肝。居南时，医药颇有验者，此次乃大渐。不孝长民侍左右，昏聩不知所出，十余日间，经四五医至，百疗而无一效。呜呼！岂天夺吾魄，以不孝等无状，故重其戾而降之罚耶？痛哉！

先严宦游二十年，握州县符七八年，决狱大小以千计，未尝冤抑一人。孝丰山邑多盗，先严莅治五月，盗敛迹不敢入境；密鞫要犯，恒屏吏役，令不孝长民录供，成一爰书，辄反复至三四次；所临剧治，冬夜未尝更衣；勤政慎刑，大率类此。历任抚浙者，嘉定廖公，衡山聂公，皆深倚重。仁和首邑繁剧，每易一上官，苟署供具，取给县中。巡抚某公号严明，下令革其弊，擢某某者为杭州府。甫视事，即以供张不备谴县。先严揭诸某公，某公怒，立命劾之。未发，某某者惧，结有力司道，媒孽先严，先严卒以此去位。时陆凤石师傅保循吏应御史试，以先严荐，则多方沮抑，延不给咨。先严笑曰："使我得备言官，讵将用之以报私憾耶？"遂东游日本，示无进取之意。平生守正不阿，又大率类此。

不孝兄弟，随侍日月，仅及先严居官之半。先严病中欲稍稍自辑旧牍，垂示后昆，卒未能竟。今则书簏行箧，随处散见遗草，凡一篇一字，皆先严当时苦心劳思，谋福部民，而为今日致疾之源者。不孝等行当裒集成书，以求铭诔。

苫块昏迷，所述未逮万一；衔哀负疚，不知所以为言矣。伏乞矜鉴。

棘人长民、天民泣血稽颡

跋《龚定庵诗集》

瑸人诗文有奇思，其采黯黮。在作者为别裁杂诗，胜《破戒草》词，亦以《影事》《小奢摩》诸篇为佳，故是善言儿女者。全集为其手录，殁后散佚，刻本乃从辗转传抄而来，至今遂流讹字，学者惜之。此卷自写诸作，想见当年订稿时也。吾友周印昆得之湘中，示我于都门莲花寺，初不以跋语相属，强而后可，书竟犹为懊恢。

　　　　乙卯七月既望　闽县林长民题

作于一九一五年八月。此文据手迹刊印。

《公言报》周岁纪念

翳惟昊穹，视听胥同。
民之既漓，爱恶相攻。
蹲沓背憎，乃用兴戎。
爰亭爰平，惟允惟公。
薄念震旦，云雷方屯。
国难未夷，瘁矣黎元。
孰是先觉，震彼群昏。
孰是勇智，鞫此罪言。
莘莘诸贤，实众之导。
疏平剔陂，无媚灶奥。
如彼松柏，寒不易操。
如彼晨鸡，晦而犹报。
巍巍砥柱，式遏横流。
亦既瞑眩，厥疾庶瘳。
一纸十万，速于置邮。
匪翼匪胫，靡远弗周。
日月一终，春秋代逝。
艰贞不挠，再接弥厉。
维河如带，维山如砺。
于昭启明，与国同岁。

刊于一九一七年九月二日《公言报》。署名林长民。

中国良善之法厅

司法总长林长民原著　许友伯译

司法部维系之种种问题，非但其义甚广，即关于中国前途，亦属重大而紧要。也仅就其广义言之，则设立完全合时之司法机关，为当今莫大之急务。盖法厅乃有能力政府之柱石，启迪社会趋尚之明灯，故吾人对于此种重大根本之事，应黾勉以进行者也。

循序以进，有二途焉：（一）草定通国设立法厅之草案，徒速则不达，恐非数年不为功。（二）修改民刑律例，亦稍需时日。

此种计划，勿误为组织新法之审判厅。而其注要之点，则在添设耳。从冀将来各道、各府，咸有充分之法厅，而现有之地方法厅（即县法厅），则仍继续存在。夫添设之原因，欲增加保护司法之效力，至审判厅之重行组织，则非所求也。

至于修改律例，其法亦有二：（一）将欧美各列强之律例译成华文，然后再将中国之民刑律例译成英、法文字等。此事现已由律例修改委员会王宠惠君担任办理矣。

此议之行，也非仅采择本国法律之精华而已，即全世界各国良善之法律亦尽当胪列，定其去从，冶世界最良之法律思想，铸为一炉，而为我用，岂徒合时而已矣哉。

上所述者，皆为司法部应为之事，吾人当以责任自荷，起而行之，则于中国将来之进步庶亦有焉。

刊于一九一七年十月《大陆报·双十节纪念增刊》。署名林长民。此文疑似未完。根据文意，修改律例，其法亦有二，此处仅列其一，似还有下文。但该刊既无此文后续，也无说明，本集依原刊照录。

国际联盟同志会成立之经过

今日国际联盟同志会开讲演大会，到会者如此之盛。鄙人担任报告本会成立之经过，实深荣幸。诸君须知，现在世界所研究最热闹之问题即为国际联盟问题，且不止成为问题而已，盖为将成事实之举。本会于世界研究最热闹之时适以成立，开会又如此之盛，不惟在本国为大幸之事，在世界亦为一极荣耀之事。如若论国际联盟一举，实为今日到会诸君人人心中所本有之理想，亦人人心中所赞成之举动。此会本应早开，查各国民间赞成国际联盟之团体在数年前或数月前成立者甚众，我国今日始有本会成立，已较他人为愧。其原因半由我国国民因国内政治未定，故对于国际问题不甚留意。且欧美各国之所以热心如此主张者，皆由欧战影响所致，其所受痛苦较之我国尤为深切。我国因利害关系感觉较迟，本会之发起亦因之稍后。然能于此开题之紧要关头屹然成立，亦不可谓非大幸之事也。至国际联盟之意义，乃大同主义之第一步，合世界各国建设一大团体、大国家。在中国数千年来本有此种理想。中国人爱和平，恶战争，实根于天性。此次国际联盟发动于欧战之影响，因牺牲人民生命财产过多，为防止再有战祸发生，故有国际联盟之举。而我国人本有爱和平之天性，抱世界大同之理想，孔子作《春秋》，其最重要之目的即在道同者相称，德合者相友，此即世界大同之精义。又《尧典》之"九族既睦，平章百姓。百姓昭明，协和万邦"，岂非大同主义之根据乎？然我国学说只就积极方面着想，对于大同主义之优点发挥甚详，而对于消极方面凡妨害大同之事（如禁制暴动、防止祸乱等问题）未经研究。最近欧洲各国所主张者即为对于妨害大同之战事如何阻止，争端如何制裁，裁判如何执行，皆就消极方面着想，其研究实较吾人更进一步矣。再就国际联盟之大体言之，鄙人敢谓无人不赞成。试思，果能合世界各国成一大国家，为何等盛事乎！既成一大国家，则必有根本法典。此项法典应如何制定，颇有研究之问题。又如国际联盟之如何组织，其组织方法应如何规定，均须研究。又国际联盟之目的既在防止世界战争，则凡美国威尔逊大总统提议之"十四条"中如缩小军备、海洋自由、经济自由、外交公开诸端，皆为最重要者。欲达目的应用何种方法，且将来必有裁判机关、仲裁机关。此等机关应如何组织，此皆应行研究之问题也。同人等组织此团体，一面赞成国际联盟之主义，一面对于如何进行之方法研究。之此，则凡为世界人类，凡为一国家之国民所应有之义务也。再进一步言之，我国现今所处之地位为何如乎？此次国际联盟之意义既在防止将来世界战事之发生，而将来世界上战争问题将何自而生乎？最近欧洲大战，其原因尽人皆知为近东问题，即所谓巴尔干问题也。至将来足以为世界和平之障碍者，当莫过于远东问题。而远东问题之最重大者，莫过于中国问题。中国处此时势，非将自己国家投入国际团体不可。盖一方面足以抬高自己之地位，一方面又可于国际联盟中将凡可以妨害和平之事筹划防止之方法。此为本身利害关系计，亦不可不研究者也。就以上所论，中国所处之地位既如此，而从前所有之理想又如彼。当此时机，各国已争先恐后赞成国际联盟之议，中国岂可置身事外。是以同人根据此意，乃有本会之发起。其首先发起者为今日主席、本会代理理事长汪伯棠先生，本会理事熊秉三先生、蔡子民先生、王亮畴先生均为本会首先发起人，通电南北号召同志，并与张季直先生共同发起。原来对于本会表同志可为发起人尚不止此数* _{此句原文如此。}只以目下巴黎和会已经开会，而主张国际联盟最力者为美国总统威尔逊。威总统刻在巴黎和会中，不日即将回美。在彼未回美之前，当将国际联盟办法大纲大体决定。是预计时间甚促，本国人发起此事则甚迟，故不能不从速组织。欲从速，故不能待发起人之多，只由最先发起诸人开会两三次，本会遂以成立。

计自发起至成立不过数日之间，并今日之会共开会四次。第一次为发起人会，于本月五号开会；第二次为成立会，于本月九号开会；第三次于本月十一号即昨晚开会，为今日开讲演大会之预备会。今日之会最关紧要者，即为发表本会之宗旨及本会对于国际联盟作如何之主张。所有前在成立会及预备会中通过之主张数条应由王亮畴先生报告，鄙人但报告本会成立之经过。当第二次开成立会，始定妥章程，推举理事。在第一次开发起人会时，已将章程大体通过，系假定理事五人，当即推定梁启超君、汪大燮君、蔡元培君、王宠惠君、李盛铎君为理事。第二次开成立会时章程规定，理事十人，理事长一人，乃推定梁启超君为理事长。应续行推举理事六人。当时有人主张章程规定理事十人，不必全数推定，可虚悬三四缺以待将来国中德望高者入会，后再行补推，故在成立会中遂决定留三缺，再推举三人为熊希龄君、张謇君、严修君为本会理事，前后共推定八人。至第三次开会，又有人提议理事人数应照章程规定如数推举，将来如果有德望高者入会欲推为理事时尚可修改章程，扩充理事名额。于是又推定三人为王揖唐君、梁士诒君、王家襄君。同在理事十人已全数推定，而理事长梁启超君已经赴欧，计程今日可到巴黎，将来在外可以代表本会，本会所有主张即可电达梁君，俾得以本会理事长之资格与人接洽理事。中汪君大燮为目今外交界重要之人，李君盛铎、王君揖唐为国会两院议长，蔡君元培、王君宠惠学识高远，素为国人所推重，王君家襄、梁君士诒均曾为参议院议长。严君修、张君謇、熊君希龄均在各界声望素著，为国人多数所信仰。故鄙人敢谓，本会所推举之各理事无非全国属望之人。此外更有一可喜之事为诸君告者,即巴黎和会中现在为防止将来之战争起见,特设一股名为国际联盟股,专事讨论此问题。各国各就其所派代表中推举代表为该股股员,惟巴黎和会以英、美、法、意、日五大强国为中坚,故该股股员该五国派人亦最多。兹查,巴黎和会国际联盟股规定股员十五人,而五强国每国派二人,是十五人之定额,五强国已占去十人。巴黎和会列席者共有二十四国,除五强国之外尚有十九国,是该股所余五人之额,应由十九国代表公推。然则中国代表能否在该股中占得一席,原在不可知之数。乃以我国代表不辱使命,所得之结果,顾维钧君居然被各国代表公推为该股股员,此不得谓非我国及本会可喜之事也。至于鄙人在外交委员会所得消息,以时机未到,不能发表,然亦有一言敢为诸君告者,即顾君既已得为国际联盟股股员,其所主张在该股中已成有效之议论。本会理事长已到巴黎与顾君接洽本会之主张,亦不难为有效之主张。此皆近来之佳音,不能不报告于诸君者也。至于本会章程之大旨,即本会以主张国际联盟援助其实行,促进其发展为宗旨。所谓职员,除理事长、理事已经报告外,总务干事林长民(即鄙人),此外有文书、编辑、庶务、会计四部,亦已均经代理理事长指定主任、干事。章程已经印布,即请诸君阅看,鄙人大致报告如此。

国民外交协会演说录

此文为一九一九年二月二十三日作者在国民外交协会讲演大会上的讲演。刊发时有前后两则，第一则刊处未详，文末有"下略"字样；第二则刊于《铁路协会会报》一九一九年第七十八期"铁路救亡问题"栏，文前有"上略"字样。

（一）

　　国民外交云者，以一国国民之意思定外交之方针，便是国民外交的真义。这个话本极浅显，近数年来，各国都有此种用语。然无论何国，真能做到此种分际者甚少。为什么呢？军国主义与密秘政策都是国民外交的障碍。军国主义想把自己国家用军事的势力来扩张，便有阴谋侵略的政策。与此国家对抗者，便当处处防其阴谋、防其侵略，自己力量不足，更当结合其他之国家互相防御。于是乎，此种结合，此种计划，都不能不秘密了。既是外交秘密，便是国民不得与闻外交了。政府所见，即与国民所见不符，亦无从发见；到发见时，又往往生出冲突，所以"国民外交"这种用语，不能见诸事实。现在欧战终了，军国主义完全打破，并自为将来谋永久和平之局，防止后来军国主义之发生，国际关系完全公开。既闻公开，则所谓"以一国国民一意思定外交之方针者"且不难实现，不以新世纪之外交可以谓之除国民外交外，决无其他之意。我国民外交协会实为应运而生的团体，既为应运而生的团体，对于今日我国应持外交之方针，自不能不先决定。适才梁君秋水所报告本会决议发表之七条主张，都是本会同人所赞同的，但是鄙人还要补足意义，以要求我全国的国民，使实行此七条主张时，在国际上能得各国国民完全领会我国民的意思。

　　第一是要我国民有开展的精神。第二，要我国民有积极的办法。第三，要我国民打破从来所谓国家强弱的观念。第四，要我国民划除国际纵横的恶习。

　　要解释以上四种之意义，先要把向来我国国民对于外交之隔阂情形及其隔阂之原因一一摘出，然后方能解释以上四种要求之意义。从前国民对于政府，每逢外交事件发生，便多攻击，当时政府失策固多，而国民一味攻击，一味叫嚣，亦殊未见得比政府高明。到归根来，政府迫于外力，首当其冲，不能不损失权利，而国民之攻击与夫叫嚣，又何尝有丝毫结果。简单言之，政府与国民同是昧于大势，不知顺应潮流、容纳文物以自求发展而已。至于政策，国民之所以昧于大势者，其原因又甚辽远，而且根于吾国数千年极有光彩之历史中。为什么呢？吾国开辟互市以前的历史，都是以我本来的文物，吸收他种的文物而镕冶之，有时且把他们消灭了。试观历代之间，凡诸民族及小国家，有许多侵入中国本土者，其结果则降伏于吾本来文化之下，而成一时代之盛轨，反把从来文化所及之版图因之增广。远者若三代戎狄，近者若晋之五胡、若六朝、若辽金元、若满洲，都是案着此种轨道渐推渐广。而中国人对于外来的文物、外来的势力，遂生一种轻侮之心，以为任便如何，总有方法镕冶他；任便如何，外来的文物、外来的势力总不至根本上动摇我们固有的文物、固有的势力。不料近数十年间，累次对外战争以后，军事失败，外国的经济势力、政治势力、科学势力跟着压迫进来，于是把我们本来的文物、本来的势力居然动摇了，于是我国国民便发现出惶惑的心理，因为惶惑，又变成一种思想，就是索性关上大门，拒绝了他。到结果来，拒绝不了，事事喧宾夺主，倒把我们固有的东西挤到无可立足之地。设使当初我能顺应大势，较量利弊，比较长短，把自己的好处保留得住，以与他人的文物镕在一块，则今日之进步当不止此。这是文物接触的现象，就是外交亦何尝不如此！起初排斥人家，其后到人家来，要求得利害，压迫得利害，便事事听着人处分定夺，这又是数十年来我国外交的现象了。

现在世界大势变迁，正是我国民翻然变计的好机会，所有从前惶惑的心理现在都可减少了。国际联盟就要成立，他们国家不能不讲公理，我们更无所用其惶惑。这个时候，正是刚才所要求于我国民的四件事可以实现了。第一，要有开展的精神，就是把从来拒绝人家的主义变成开放的主义。例如，外资之如何输入、如何运用，外国人材之如何借用、如何容纳，外国一切学术技艺之如何采取、如何移植，都应当有个极伟大的规模，使之能尽其所长，以为我国国力之助，这是第一义。第二，要有积极的办法，就是把我自己的长处极力发挥，把人家的长处极力利用，断不容存一种观念，谓我本来不如人。诸君须知道，我国本来的文化、本来的学术，乃至本来的种种物质，虽有时不甚发达，而其精理、精义却有许多可以宝贵的。他们外来的事事物物，比起来还有许多不如我的。倘能积极进取用他们研究的方法，把我们的一一比附起来，一一发挥出来，我想世界上当得我国无数的贡献。我国人万万不可自馁，又万万不可徒舍己而从人，这是第二义。第三，要打破从来所谓国家强弱的观念，这就是把向来断定国家强弱的标准从新定过。向来国家强弱，都是以兵力来断定：海军有多少艘、有多少吨，陆军有多少师、多少军械，多者为强，精者为强，少者、不精者便是弱了。几乎近世所谓强弱，都是以此为唯一的标准。现在可就不然了，兵力多寡不能判定强弱，其余尚有种种标准，例如人口多少、国土多少、经济组织如何、文化程度如何、国家富源如何、社会状况如何，样样都要比量。譬如学校里考试，各门功课所得点数统计起来，取一平均点，便是该生的成绩；若单考一门，他的成绩便不是公平的。我国家现在各门功课并不狠低，就是兵力差些，而今日以后，兵力用处日益减少，此门功课我不必太勉强，转妨害了别门功课。除了这一门，其余的赶快勉励，马上可以出人头地。平均算来，我国决然不是弱国，我今日在世界上是一个大国，这是人人知道的，若说是一个强国，恐人不相信，然就此平均点而论，我国家明明是一个强国，我国民明明是强国的国民，谁敢否认！我国民尤宜自奋自信，以图大大的发展，这是第三义。第四，要打破从来国际纵横的恶习，就把向来国际上合纵连横的政略完全不用了。我国自战国以后，将当时六国摈秦或联秦的战略以及这类思想一直沿用到今，以为国与国的关系必当联了某国、摈了某国，到了海疆多事以后，这种思想尤其发达。甲午战败后，因俄、德、法之对日抗议，我国有力的政治家便想借此联络一国以为保障，于是有联俄的举动，其后转因为联俄的关系受了种种损失；再其后，又有主张联英的，主张亲美的，主张亲德的；到了欧战发生，欧美的力量不能东渐，一时中日亲善的论调格外唱得热闹。究其实际，毫无益处，究竟中日亲善的真意如何，中日亲善的效果如何，诸君想想，岂不哑然失笑。就日本人方面，天天讲亲善，他们根本的心理如何，我们也实在不知。然而，愈说亲善，愈无着落，为什么呢？国际上利害实在冲突之点太多，从前他们外交上无理的举动，后来的政府与国民虽有几分觉悟，又不肯破弃已得的权利以实行亲善。替日本计也，应当根本改善，把冲突之点公公平平的求个解决方法，若是忽然讲强权，忽然讲亲善，这种冷热的度数变化太骤，我们实在受不了的。今且不提别人的，但说我们这二十年来，联俄、联英、亲美、亲德、亲日，种种的思想，种种的政略，岂不是一团糟了么！况且今日以后，国际平等，彼此都守着公理，谁也不能说出无理的话，谁也不能做出无理的事，我们自然有个正正当当的路走了。要说亲善，谁都亲善的；要说分际，谁都不能侵犯我的。要知道，我们的国家，是国际团体中一部分的国家，若把我们国家端在国际团体中，一面自求发展，一面替国际团体尽我们应尽的义务，以谋人类全体之幸福，便无所谓合纵，无所谓连横了。他们一部分的心理以为，欧战期内亲善日本，欧战终了亲善英美、排斥日本，此种心理，岂是我国民所应有的？日本方面亦往往以此推测，也觉得我们对他冷热变化，也受不了的，这是叫做完全误解了。譬如山东问题，我们代表所主张的，是题中应有之义。鄙人早知道，两国于此，必生异议。前两个多月，曾示意日本有力的方面，要他自己觉悟，把我们国民所希望的、所主张的，由他们先让出来。不幸当时他们有一句话说的是："我日本政府对于山东问题的解释恐怕不是如此。"鄙人也就不提了。这一段事也可证明，空言亲善是无益的，现在我们只要把合纵连横的思想根本打破，今后在国际团体中完全把自己站住，力谋大家公共的利益，这是第四义。

以上四种意义，是我们国民外交应具的精神，有此精神，然后才够得上讲外交。至于今日，我国最急的任务是替世界消除乱源。诸君知道，此次欧战乱源是因为巴尔干半岛的问题，所谓近东问题是也。今后世界最大、最危险的乱源岂不是远东问题么。要把远东问题拔去祸根，非把我中国的地位安置稳固，非把各国在中国的所谓势力范围者根本破除，终久将为世界第二次大战祸之源。近来，吾国人士多已注意及此。刚才，梁秋水君所报告本会决议的七种主张中，便有此项了。梁君说，势力范围有两种意义，一种是虚的，如条约上某某处不割让之类；一种是实在的，如铁道建筑权、矿山采掘权之类。鄙人以为，要打破势力范围其虚者，但于将来在国际上加以声明便可废弃；其实者，我们非有实在办法不可。

（二）

近来统一铁路问题，大家都狠注意。外间论载多不确实，也有近似而未详尽者。今天鄙人愿替诸君详详细细述之。

第一鄙人先要声明者，统一铁路之事，在外交委员会中曾有打破势力范围一案，中间列为一项早经议决。该会系公府内部机关，鄙人为委员之一。本不应无所秉承，而贸然宣布，惟是此事。因为近日有纷议之点，本案一部人乃从他方面先露之报纸。北京报界先登载此事者为《顺天时报》。既经报纸登载，鄙人自可自由发表。又梁燕孙先生，虽非外交委员会中人，其后因为国务总理曾约梁先生在春藕斋共同讨论，梁先生乃得阅及外交委员会全案，阅后于铁路协会中报告之。外交委员会议决之件，今日几已成为公开的文件。故鄙人尤应详细说明，以供国人参考。

第二鄙人要声明者，本月二十二日《公言报》所载春藕斋会议一段，中有鄙人力说数语。鄙人并无此话。鄙人所言，在梁燕孙先生报告中（有林宗孟主张积极办法云云），却是实在的与《公言报》不符。又《公言报》中但把曹润田先生的话，说得详细处狠详细，而反把当时曹先生根本上打破势力范围及赞成统一铁路计画之语全然不提。这是极为遗憾之事。

第三鄙人要声明者，外间传说没收铁路云云，又有共同管理云云。所谓统一铁路计画者，正是反对此没收及共同管理的办法。如果没收，不独梁先生、曹先生反对，即外交委员会何尝不反对，我全国国民何人不反对！如果共同管理，独梁先生、曹先生反对，即外交委员会何尝不反对，我全国国民何人不反对！鄙人也是极端反对的。

以上三种意义先行声明了。鄙人今把外交委员会议决原文为诸君念之。外交委员会为拟定此次和会我国代表应行主张事件中，首先决定打破势力范围。其办法有数项，中间最关紧要者三项：一租借地改为公共居留地，其军港应计还中国；一铁道附属地之废弃；一即统一铁路是也。统一铁路之文如下：

> 凡以外资、外债建造已成或未成或已订合同而尚未开工之各铁路，概统一之。其资本及债务合为一总债，以各路为共同抵押品，由中国政府延用外国专门家辅助中国人员经理之，俟中国还清该总债之日为止。各路行政及运输事宜，仍须遵守中国法律，概由交通部指挥之。

外交部委员会此案，早经由国务院电达巴黎吾国代表。这上月初旬的事。

此事之发源又不始于外交委员会。因外国方面本有统一铁路的议论，委员会鉴于此种议论，将来纵能打破势力范围，而管理之权亦恐不免喧宾夺主，所以于议决时首先注意此层。所以条文中有各路行政及运输事宜遵守中国法律，概由交通部指挥各等语。最初梁燕孙先生及叶誉虎先生皆有反对之论。当时外交委员会还没有提案，梁叶两位的反对，不过于私人谈话中述及外人管理铁道的弊害。其所研究，隙有价值，然不是根本上反对打破势力范围的意思，但于办法上加以研究而已。至交通总长曹润田先生之反对论，则自最近乃始发生。因曹润田先生之反对，乃由国务院再电巴黎我国代表，嘱其缓提。于是而梁燕孙先生将从前对于管理上顾虑之点也从新发表了。国中议论既不一致，于是政府方面乃由钱总理约同两方面人谈话。本月十八日在春藕斋会谈，到者为汪伯棠、熊秉三、梁燕孙、曹润田、周子廙、陈任先诸君及鄙人，并总理八人。陆闰生君因事未到，函致总理，表示反对统一案，并说在委员会中本已不赞成。其实委员会会议时，陆君并未反对，此函颇成个人说话信用问题了。然在谈论本题时却无人计较及此。

春藕斋讨论情形，《公言报》所载，详略之间不尽实在。且于鄙人之言，登载半面。并于委员会原案，抹去末段最重要之点，把各路行政运输事宜仍须遵守中国法律，概由交通指挥之云云截了不登。这是鄙人今日不能不再三声明者，望诸君注意听之。

春藕斋会议系就两种文件讨论。其第一种委员会议决定案，其第二种另有委员会的呈文。呈文内容系解释打破势力范围的用意。切陈现在各铁路的性质，分为借款路、合办路、他有路。综之，分为政治性质之路与商业性质之路两种。合办路与他有路及借款中之附属借款路，都是政治性质之路。打破势力范围自当首先注意及此。

讨论之时，曹君首先声明，若照此呈文，本员自然是赞成的。但外边传说，委员会原案用意不是如此。其后就指出，外人方面拟案，处处有损我国行政之权。遂列举三层，如运输之权，如金融之权及国内军务之运送等。若管理权操之外人，恐我国大失自由云云。熊秉三君便云，这是办法上应当研究的事。今日但论根本主义是否相同，至于办法，自可力求无弊，不损国权。外人方面拟案，自然应该反对的。曹君亦遂无根本反对之语。其后曹君复言，委员会原案系"凡以外资、外债建造已成或未成或已订合同而尚未开工之路，概统一之"，似与呈文专注重在政治性质之路不甚相符。于是鄙人声明，委员会原案本以打破势力范围为总纲，当然包括政治性质各路在内。但一方面当有积极的意思，谋将来中国交通之发达。现在各路并计，已成哩数不过七千哩。将来果能打破势力范围，应行添造之路尚多。此种大计画，亦须预定统一办法。梁君乃表示极赞成的意思。讨论结果，由钱总理声明，今日会议既无根本不同之点。至其办法，应在详细拟议。于是汪君就推曹、梁二君拟定详细办法，下次再议。这是当时会议实在情形。外间传说不一，纪载不实，遂生许多议论。至外人方面拟案，以近日所发见者有三种：第一说，第二说，第三说。日前颇皆有印刷物发布。第一说名为万国铁路团。其组织为英、法、日、美、中国各派代表一人，各食其本国薪俸。其办法为五国平均筹备资本，收回东清、南满、山东、云南等路，再行赎回中国现有各路之借票。用人规则由铁路团制定。华员可用，则用华员。材料购买，先尽中国。三十年后，得由中国每年取其盈余，赎回自办；三十年内盈余之款，扩充新路。运输票价，各国一切同等。保路之权在中国，有必要时，由铁路团雇人看守。这是第一说的大意。

第二说名为国际合资铁路公司。其组织由银行团各派代表为公司董事。其办法为在外国筹资者，由公司承办。筹备资本经中国政府同意，赎回现有各路借票，购买中国已成各路，列入中国政府帐内。各路局长由中国政府派定。其总工程师、总管及各务总管、各工程司、警察长，由总工程师总管推荐。副首领尽先任用华员。节省经济，材料应在中国购买。所有盈余中国政府得，按年支用。惟三十年内，须以半数建筑新路，或扩充改良旧路。这是第二说的大意。

第三说名为万国委员部。其组织为中国交通部与英、法、美、日各派一员组成之。其办法为筹备资本。中国得无限制。先行购回东清由哈尔滨至长春、南满、山东、云南等路，五十年内在委员部监察之下营业，或建筑新路。现时中国国有之路不在此限。但现有各路之借票，可由委员部担任偿还，另订条件，属于委员部。得交通总长之许可，派定执行秘书一人，所有助理员由秘书推荐。各路局长由交通部派定。总工程司、总管由秘书推荐。运输票值各国一律同等。材料购买，先尽中国。保路之权在中国。若中国放弃职务，由委员部派人保卫。所得盈余，贮为公积，以充路用。这是第三说的大意。

右三说详略不同。第一说、第三说组织略同，都是把中国列为五国之一。但第二说，公司董事是外国一方面的。其一面则与我政府接洽，承揽办理，较为尊重主人。第一说之代表，各食其政府薪俸一层，尤损我国权利。综观三说，关于营业一切都没有详细规定。若到实行，必多流弊。此种拟案，不特外间反对，即外交委员会原案主旨，亦决不相同。且近来更有一种传说，谓外人方面另有一案。各国派员二十余人、二十人、十余人、九人不等。总之，这一类私人拟案，非有责任者之言。我国人尤宜赶紧定个详细办法，处处关顾到外交委员会原案，各行政及运输事宜，遵守中国法律，由交通部指挥之，方不至有喧宾夺主的情事。至于我国应行注意之点，在《公言报》中发表。曹润田先主张的七种理由，多半是扼要之论。今列举之于下：（一）行政权不宜操诸外人。（二）外人路线中关系国防之线，须由我定。（三）运输操纵，不能使外人畸轻畸重于我国产业与非我国产业之间。（四）铁路收入，不能尽存外国银行，以窒金融。（五）国内苟有军务，运兵运械，不能受外人操纵。（六）人才任用，我国人不能久屈其下。（七）材料购买，不能受人操持而滞国货。这七种理由，曹君在春藕斋会议时，实在只发表三种。现在且不具论。中间第二一项，所谓国防线者，北方之蒙古纵横两线，西北之新疆线、兰州拉萨线，西方之成都拉萨线。这一二十年内我国决无力量建筑。若是单独向那一国借款来筑，也本是应从缓办中的事。倒是统一铁路办法成功时，通盘计画，大大发展，或者还有几分希望。至于东北路线，诸君记得民国四年中日交涉么？东部内蒙如须外资建筑时，早与日本约定，先向日本商借。其他如东清，如南满，如吉长，如安奉，则为已成之路。如长春洮南，如洮南热河，如洮热至海边，如开原海龙，如吉林海龙，如四平街洮南，所谓满蒙各线者，则为已与日本订约之线。如胶济及其延长，则为今日已生纠葛之线。至于西南滇越一线，则为已成之路。他如滇缅线、钦渝线，则为已与英法定约之线。诚不知此外更有何种国防路线。现在我国喘息之下，本已无力说到国防。且当国际关系革新时候，我们也乐得从事文治。对于何国，都是友邦，不应当更有防敌的打算。若说防敌，应防何人？大略与人订约，或已奉让，或已生纠葛之路线，若从敌字着想，其相手方便难安顿。此种问题，解决之法只有从速谋个统一，方可无形消弭。曹君主张、理由，反把国防路线一层列出，是全无意义的，全然自相矛盾的。

其第五一项，所谓国内军务，运兵运械等事，实为不祥之言。若说防遏土匪，防遏没有政治意味的内乱，自无问题。统一铁路，决不生妨碍。若有其他内乱，带有政治性质者，便是铁路不统一。今日以后，我国岂可随便再启衅端？近两年来，南北战祸，运兵运械，本是自由，究竟效果如何？现在对于铁路统一问题，乃把此事重提，作一反对理由，殊非正确之论。

以上两项，可以谓之无理由。除此两项外，其余五项都是铁路本题，自应详细定个办法。鄙人赞成铁路统一者，尤赞成曹君之主张。所有行政、运输、金融、人才、材料等事，极应把我本国作为主位，万不宜听人支配的。

总之这铁路统一论的意义，完全是要打破势力范围的。又想把中国全国之交通，从速发达，于一大统系之下，规划改良扩充，一变从前之窳陋破碎的规模。这是根本主义。外间所传梁燕孙、曹润田二君之反对，其实对此根本主义，二君直接表示意思时，却无丝毫反对，而且赞成的。至报纸上反对的论调，还不能认做二君的意思。

现在再把今日中国铁路情形略述一过。诸君要知道，我国现有的铁路，名为国有的，其实资本都是出诸外人。除京绥一路外，并无中国资本自营的铁路。其路线之已成者，无论长短，如京汉、如津浦、如京奉、如正太、如汴洛、如吉长、如广九、如道清、如沪宁、如四郑、如沪杭甬，都有外国资本。如未成之长线，如川粤汉、如海兰，都是已收一部分外国资本。而所成之路不过一段者，如同成、如浦信、如宁湘、如沙兴、如滨黑、如钦渝，都是已收一部分外国垫款而并未开工者。至所有路债，总在四万六千万元以上。每年还本还利，通盘计算，所短约七八百万元。中间各路尽有赢余者，而匀还各本利，实短此数。前此曾经借款整理路债。而整理以后，积欠到今，又亏三千余万元了。本年决算并入，当在四千万元左右。起初借款造路，其后又借款还债，循环不已，将到何等田地！况且各路债款，多是十年、二十年开始还本。自今以后，应还之本逐年加多。以前清末年之路债总额为标准，算到现在，从今年起，每年本利折合英镑约在二百万镑以上。向后十年，最多年分，当在三百万镑左右。这还是专就前清之路债计算。民国以后，如海兰、如同成、如浦信、如宁湘、如沙兴、如滨黑、如钦渝之垫款，如四郑、如中英公司之借款，如最近济顺、高徐之垫款，约计之，又在一千万镑左右。若将民国以后债务并算，现在还利，向后还本，又当加增不少。而现在镑值，较之欧战以前几贱一半。我生年所短之七八百万元及外债之总数，还是照现在镑值折算。将来镑值再涨，不知又将如何亏折了。诸君想想，我中国的路政，乃是如此如此。民国以前借款造路，还有当真造路的意思，不过是办理不善，办事人多滥费几分。除川粤汉外，各路倒也筑成了。民国以后借款造路，他本来的意思，何尝是为了造路呢。借款垫款是其本来的意思，眼前骗了几个钱过日子便罢了。几几乎无论那一条垫款的路，都没有正正经经去建筑的。他们出款的人也不是正正经经要造路的。先垫一部分，按年利息是有处拿的。把我版图内，先画出投资的虚线，算是取得造路权了。但是这一篇滥帐，不知从何处弥补起。倘是到期不能偿还的时候，不真真破产么？所以统一的办法，是完全为我国交通史上开一新纪元。把所有路债合在一处，大举借债，把旧债一一还清。一面为已成者力图改善，力图扩张；未成者力图兴筑。先谋国民生产之发达，同时各路收入自然日增了。即还债的力量日日加增，到若干年后，所有各路，岂不是完全成为国有的路么！以现在状况，明明是他人的资本，偏美其名曰国有的路。则将来统一办法，把各债汇在一处，我借他们的总债，以建造我铁路，也何尝不可称为国有呢！鄙人以为此种国有的美名，却不如打个真真做到国有的主意。

鄙人以为统一办法，我们国民应当格外注意之点。（一）要使国民生产发达。（二）要使有机会，使我练习交通人才，现在任用，将来接手。（三）要使还债方法确实可行。这三件事，可以补足曹润田君之主张。倘是三件都办得到，我国交通发达、经济发达岂可限量！这种说来，我国国民何至反对！若照外间议论，谓为没收，谓为共同管理，实在非统一论的真相。鄙人还恐照这样迁延下去，倒有真真被人没收、被人共同管理的时候。就以各铁路管理上，外债未清，那一路没有外人的势力？偏说统一以后将变本加厉，是则专看我国人如何打算而已。若能自己发动，自己主张，处处可以见得革新的气象，外人条件自然当受我范围。若是毫无办法，毫无整理的希望，到了他人提议，恐是力争不得，反至失权。这是我国人应当猛省的。至于统一程度，又有议论。或说只收回东清、南满、山东、云南等路而统一之；或说收回以上四路之外，更将国内未成或未开工之线统一之；或说把所有外资、外债之路一并统一之。外交委员会原案系一所有外资、外债之路，这是梁燕孙君所反对者。鄙人以为，不谋统一办法则已，若既谋统一，自然是一概统一较为完善的。何以故呢？现在已成各路本系外债，债本还清，也须二十年左右。京汉的债，须民国二十七年才清；津浦的债，须民国三十一年才清；京奉的债，须民国三十三年才清。在统一办法之下，即令还债较迟，所争不过一二十年耳。或可详定特别之法，此等路债可以尽先筹还，于现在一二十年间，不过此债移作彼债而已。而统一之总债票发行时，有此已成之路作为担保，利息条件均可减轻；将来改良扩张，均可于大计画中行之，全国交通可以成为一大统系。故以为较完全的办法。至于各路人才，服务已久，自不能因统一之故而加以变动。

更就势力范围立论，照以上办法，从此各国在我统一制度之下投资造路，一切无所用其互相疑忌，可以尽其资力，来此运用。我国果成为庄严灿烂的世界，各国也当乐观厥成。把将来远东的祸根尽行拔去，岂非尽美尽善之事！即眼前表面上或有受损的国家，如东清、南满、山东、云南诸路由总债赎回，在对手方似为一种损失。然通盘计算，将来非彼投资之线也得加入，以此相偿，实在并无损失。至其经营管理已久，将来在统一之下，仍可委托熟手办理，实际上并无损失。所收赎路之资，顺便即在统一范围之内，承办新线，不特无损，而且有益。目下巴黎会议极难解决之山东铁路问题，更可于统一铁路案内，无形解决了。济顺、高徐两路垫款，于总债内可以收回，一转即可为实际造路之用，岂不完全中日两国的交谊么。这是铁路统一论的真义。

总之，我国国民当此世界革新的运会，非有大规模，不足与人周旋。今日外交方针，舍鄙人刚才所要求的四种精神外，决无可以存立之道。大战终了，各国于战时所用制造品，皆将变化实用，以东方为容纳、汇归之地。再加以种种计划，万顷瀰湃，若风涛之奔注。我此时非大开堤防，广治沟渠，使之汇归社会化内，而能顺其道不可。我主人翁，尤当有高据群巅的姿势，驾驭群伦的魄力，广集众长的度量，以与之顺应而神其用。而不然者，将见庐舍田园一一汩没而已。即我东邻之日本，此时也当鉴及大势。对支政策根本变更，与欧美各国携手于我大陆之上，共助我所不足，增益我所不能，以为他日食报之地。我国亦将扶助其不足，增益其所缺乏，以共底于世道平坦之域。呶呶焉力持此数条铁道，与二十一款之前约，何为者？鄙人这意思当为日本人道之。诸君勉旃，我远东之国民勉旃。

铁路统一问题

亚洲文明协会《时事旬刊》刊例，纪载时事不加论断。兹篇所纪，余为本事关系之人，故余之言论即为题中应纪之事，与寻常记者处局外以己意判别是非者不同。特余自言之而自纪之，其是非又当听诸公论耳。阅者察之。

第一　中国境内铁路之形势与各国之势力范围

铁路建筑权及其投资，即为势力范围之表征。近日外人对我主张权利、往往不用"势力范围"名称，而改称利益范围。势力范围即包括利益范围而言，特其名异耳。吾国铁路与外人有关系者；或根据条约；或根据借款、垫款合同，或先根据条约建筑一路，其后延长他线，别定借款、垫款合同，而与条约之路相接续。根据条约者为政治性质之路。根据借款、垫款合同者为商业性质之路。根据条约之延长路，表面虽为商业性质，其实亦为政治性质之路。然无论政治性质、商业性质，但使列强有分划疆界之势，则皆属于利益范围，属于利益范围，即属于势力范围也。铁路历史别有专书、兹纪其大要如下：

　　甲　根据条约者，东清、南满、安奉、胶济、滇越等路。

　　乙　根据借款、垫款合同者，京奉、津浦、正太、沪宁、汴洛、道清、广九、沪杭、川粤汉、海兰、同成、浦信、钦渝、宁湘、沙兴、周襄等路。

　　丙　根据条约延长他线而订立借款、垫款或其他合同者，吉长、新奉、四郑、滨黑、长洮、洮热、洮锦、开海、吉海、四洮、济顺、高徐等路。

右甲、丙两种,皆属政治性质之路。政治性质云者,以铁路所及为占据领土之变形,其最初必有土地根据,或从租借地而伸张之者也。东清属俄。南满安奉属日。滇越属法。胶济昔者属德,今被日本占据,为巴黎和会中日纷议之问题。滇越一路无延长线。东清一路,滨黑实其分支。胶济一路则有高徐、济顺之扩张。济顺之路自济南迤西达于顺德,横贯燕京之南,以通于京汉线者也。高徐之路自高密迤西、迤南达于徐州,绾山东吴皖之枢,以通于津浦南北线者也。南满一路其延长线尤为复杂。吉长、新奉、四郑、长洮、洮热、洮锦、开海、吉海、四洮等线星罗棋布,奉吉两省以迄燕北几无完肤。民国四年中日交涉所谓"二十一款"者,中间关于东部内蒙之换文,复已许与借款筑路优先权利。凡此政治性质铁路经过之地,几即为他国领土之延长。广九、滇越最初亦同一用心。特今昔殊势,外交政策又不在乎得地;故广九一路已全变其性质,滇越一路则频年无所扩张耳。

第二　铁路外债之额及还本付息之年计与营业赢亏之数

中国全国铁路之资本完全属于他有,如东清、南满、胶济、滇越者,无论矣。其余称为国有者,除京绥路为本国资本所经营外,实无一路不借外债。即京汉号称赎回,而赎路之费仍恃债款;其债则得之于英国敦菲色尔公司及日本正金银行;特借款合同不以本路作抵而已。统计全国路债之额属于民国以前借入者,至民国六年(即西历千九百十七年)止,除已按年还本外,京奉、津浦、正太、汴洛、道清、沪宁、广九、沪杭甬、吉长、川粤汉及兴办实业铁路借款、整顿铁路借款、赎回京汉路借款共英金二千八百八万镑,法金七千五百七十八万佛郎，日金四百三十九万三千余圆。属于民国借入或垫款者，海兰、浦信、同成、钦渝、宁湘、沙兴、四郑、滨黑及中英公司铁路借款英金五百七十余万镑，法金一千万佛郎，日金五百万圆，规银二百六十万两。六年以后更有借款，最近在巴黎和会中已成争点之胶济延长线济顺、高徐两路垫款，日金二千万圆。又满蒙五路垫款日日金二千万圆，其显著也。历年各路营业赢绌对抵，加以还本付息，每年所短约银七八百万元。前次整顿路债借款后积欠至今，又在四千万圆左右。综计全国路债以现在金价折算，约在四万万圆以上。还本年限现在到期者不过数路。民国八年应还之本，英金不过三十余万镑。今年以后到期愈多。逐年增加之率，各路营业收入益不能相抵。以现有之债额计算，还本最多年限约在英金二百万镑以上。虽付息递减，而本息相杀，较之现在还本付息之数约三四倍。战后金价已有渐高之势，纵不至一时骤涨遽复战前状况。而银价日贱，金价日贵恐为不可逃之倾向。然则现在每年所短七八百万元者，今后短绌之数必不止此。前日交通当局曹汝霖君曾云："中国铁路还本付息、绝无一次迟误之事。"吾亦承认之。交通当局措语固应如是。前此整理路债之借款与近来每年短绌之腾挪、挪甲路之本以偿乙之路息者，恐交通当局已忘之也。保路之费搜括一空，桥梁、铁轨、枕木、车辆折旧增修，如何准备，恐交通当局尚未及计也。今后还本逐年增加，债额镑价逐年渐涨，恐交通当局未及知也。铁路危机已濒破产矣。

第三　统一铁路问题之发端及外交委员会之提案与呈文

欧战方罢，各国遣使即时首途。外交总长陆徵祥君奉命赴法，七年十二月一日出京。我国在和会应提何案，应秉何种主义，仓卒之间未及详定。对德、对奥，以宣战期浅、战事上又无直接关系，提案方针国人不甚置重。而多数人民所希望者，悉缘美总统威尔逊十四项宣言而起，冀于和议缔约时保障远东和平，恢复我国权利。种种论议，其中以破除各国在华势力范围为最要点。俄乱以后，东清铁路形势已变。日德宣战，日本占据胶州并及胶济铁路。中德续战，胶澳租借，胶济合同已归无效，权利根据情形变更。日军队西越潍县以后，胶济路之占领久为中国对日提出抗议之端。二十一款胁迫交涉以后，胶州湾之交还又有日本宣言未必践履之虑。种种纠葛早露端倪。苟能破除势力范围，则一切租借地铁路以及其他之特殊权利根本解决，远东自得永保和平。是为当时讨论和会问题及外交方针者一般之意见。陆徵祥君既行，徐大总统特于府中置外交委员会，派汪大燮君为委员长。七年十二月中旬委员会成立，汪大燮、熊希龄二君即提案为赴欧各专使出席和会主张之备。案分五大纲，首列破除势力范围、分目数项，有收回租借地及铁路附属地等目，统一铁路其第三目也。铁路统一办法则置重于行政运输事宜，遵守中国法律，由交通部指挥云云。案经讨论审查，至八年一月六日委员会一致议决。汪大燮君与余亲呈大总统，奉命交院。翌日，余谒总理钱能训君，面致之。又翌日，得院消息，已电致巴黎各专使。所谓一月八日院电是也。时陆徵祥君方抵法，越三日和会开始矣。今摘铁路统一原案一项如下：

丙　凡以外资外债建造已成或未成或已订合同而尚未开工之各铁路，概统一之。其资本及债务合为一总债，以各路为共同抵押品。由中国政府延用外国专门家辅助中国人员经理之，俟中国还清该总债之日为止。各路行政及运输事宜仍须遵守中国法律，概由交通部指挥之。

院电既发,各使覆电研究进行。越一月,国务院中忽有交通当局反对之事。院复电致专使,令其缓提,一面函知委员会。委员会复呈大总统,解释破除势力范围之用意。呈文如下:

呈为统一铁路关系国家存亡,谨将利害缕析上陈,仰祈钧鉴事。窃查,本年一月六日,外交委员会对于巴黎议和大会提案,曾蒙大总统采择,并发电令在欧全权委员及时提议在案。兹将第一条丙项"统一铁路一端"其中主旨所在、利害所关为我大总统缕析陈之。查吾国铁路虽大都成于外资,而其中大别有三:一曰借款铁路,二曰合办铁路,三曰他有铁路。借款铁路之小别亦有三:一曰单纯借款铁路,二曰混合借款铁路,三曰附属借款铁路。概言之,则商业性质与政治性质二者而已矣。商业性质之路不生何种变化,不过管路权之轻重而已,无土地主权之关系,无后患者也。其变化最大而速者,莫如合办铁路,俄然而变为他有矣,俄然而发生无算之附属借款铁路矣。何以故?曰:有根据故俄之东清铁路,南首根据旅顺,北首根据西伯利亚;法之滇越铁路根据于越南,德之胶济铁路根据于青岛。先据一不拔之基,而后从而伸张之。故虽名为合办,瞬息而占有之矣。英欲根据九龙而建广九铁路,然不为合办路,而为借款路,故久而未为他有。法欲根据广湾建一铁路,以其根据单弱、路线不定,故久而未成。凡此数者,其变迁之形势悉以其最初之设心为衡。幸其国距我远,其用心纷,故其伸张难而且人得而夺之耳。然由此发生战祸,日俄之役、英日德之役,世之人岂忘之耶?其为附属借款路而变为混合借款路者则有津浦一路。德欲由济南伸张权力北达天津,南达浦口,因英国力争遂成南北分段,而有混合之性。于是德谋遂破。德知所图之难逞也，不特不注意于津浦，并所索之高徐、顺济两路，亦弃之。此往事也。今东三省之东清南段更名为南满矣。名从主人，定其名而主人之义斯确。改旅顺之名曰"关东"，编安东、青岛之衢巷谓之"町"，无他，此物此志而已。就奉天言，其所伸张者有新奉焉，有吉长焉，有安奉焉，有四郑焉，有郑洮焉，有开海焉，有吉会焉，有长洮焉，有洮热焉，有锦洮焉。其根据则不独旅顺一隅，安奉、吉会皆与朝鲜相连，锦洮则又得一口岸，其根据至固也。就山东言，其所伸张者有高徐焉，有济顺焉。论其根据，一青岛而已足。然而北至热河，南至顺德，燕京首都已如物之在钳。其足以抚我之背，扼我之吭，已无待智者辨之矣。况顺德已与京汉相接，热河可与京张相通；席卷之势已成，抵拒难期有效，此有心人所为痛哭流涕长太息者也。故大燮等以为借款铁路可为，合办铁路、他有铁路不可为也。单纯借款可为，混合借款可为，附属借款不可为也。何以言之？曰：政治性质与商业性质而已，有根据地无根据地而已。至管路权之轻重，固于营业上、经济上大有出入，自宜审慎研究，以臻完美。但极其量不过债权关系耳。多则三十年，少则二十年，路债一清，路即属我，所谓无土地主权之关系、无后患者也。若因循不改而存此政治性质之路，窃恐不及十年，其势力之所至，吾国即随之去矣。此次外交委员会之提案，荷蒙大总统采择者共五条。其第一条实以破除势力范围为纲，而铁路及租借地两者为重要之目。设若去此存彼，则全条尽属具文。现我全权委员报告国际联合会草案第二十二款内载：缔约各国议定承认本约即作为取消一切彼此间有与本约条件不能相容之义务等语。是在人既与我以出死入生之机，在我即当有坚固不摇之志。总之，本会提案主旨在改变政治性质之路为商业性质之路。改变一国单独垄断之政策，为本国完全治理之基础。能改则存，不改则亡。用敢胪举利害，附图上陈，恭候明训，无任悚惶迫切待命之至。

再外交委员会关于巴黎提案第一条丙项统一铁路一事，业经具呈申说，仰祈大总统鉴核在案。大燮等尚有未尽之意，谨再为大总统缕析陈之。此次巴黎大会所以首先以国际同盟为急务者，实鉴于战祸之酷烈，欲预防战祸之发生也。既防其发生，不得不将世界现有之祸源划而除之。而各国所视为祸源者有二，曰"近东"，曰"远东"。近东者巴尔干半岛之争点，即此次欧战所由生也。远东者即吾国各租借地、附属地及合办各铁路与夫其附属之借款各铁路是也。前此之防闲近东、尽心竭力而卒至焦头烂额如此。故后此之防闲远东，不得不出于曲突徙薪之一途。其理至浅而易明耳。夫铁路不至为祸源也。所以为祸源者，则以先有根据地而旋以政治性质经营之。俄之于旅顺、东清，德之于青岛、胶济皆是也。其始夺之于我，而有政治性质者也。唯其然，故日本得从而夺之。甲可以夺，乙可以夺，则丙、丁、戊、己谁不可夺者。各国所以视为祸源者在此。本会呈文所谓合办铁路、他有铁路不可为，附属借款铁路不可为者，亦在此。此而不去，则祸源不绝。曲突徙薪之谋不成，国际同盟何为者。姑无论野心国之所为有进无已，不至于亡人国不止。即不然，而我以因循之故，贻万国以百夺不餍之祸源，人其谓我何？战祸固为交战国之所苦，而当地之人民为尤苦。今有此自拔之机，而故纵之，贻后世之戚，后之人其谓我何？此本会提案第一条所以必以破除势力范围为纲，而甲、丙两项必以收租借地及改变铁路性质为重要之目也。至于提案之后事之成与不成，惟视国际同盟之成不成而已。国际同盟而不成，是强权依旧、公理无存、封豕长蛇将有不可言者矣。国际同盟而成，则违反同盟原则之事项势不能完全存在，可断言也。至于统一之际，所有取益防损之举自当详细斟酌，非无办法者也。即有不能尽如人意者，亦系肌肤之疾，而非腹心之患。若以办法为难，而将此根本大计完全推翻，则本末倒置。大燮等以为断断不可。谨迫切上陈，伏祈钧鉴。

呈上，大总统批交院议，时二月十七日也。外交委员会关于本案之主张，全在破除势力范围。而原案丙项统括外资、外债已成、未成或未造各路而言，呈文乃专就属于政治性质各路立论。详略之间非有歧异，盖欲收回政治各路亦须另借外债，非举全国各路根本改革，外人必不投资，政治各路所属之国必不我应。非照原案总债办法贯彻到底不可。此事势所必然，呈文释义但详言其根本之用意耳。

第四　反对论之发端及反对论中各家之变化

当赴欧各使出发之前后、外交委员会成立之前，时论研究巴黎和会我国应提之件即有铁路统一问题之酝酿。同时有持反对论者梁士诒、叶恭绰诸君，所谓旧交通系一辈人是也。论点全在管理权限，尤致意于运输一事、虑统一办法、外国资本家过事要求，致妨我国行政之权。其说恒较量于津浦、沪宁各路借款条件轻重之间。盖中国铁路外债合同最宽者津浦、最严者沪宁也。旧交通系议论皆属枝节问题。难之者则曰：铁路行政当然权操诸我，借款条件当然应求妥善。统一之议根本用意实欲破除势力范围。苟根本用意无可异同，则研究详细办法自是题中应有之义。旧交通系等知势无可抗，时叶恭绰君亦有欧洲之游，濒行颇露失望之意，与其同系谋设法调查赞成派之心理，预备对付而已。京汉局长王景春君随叶欧行，颇持调停之说，谓不能抵抗，则当利用。赞成收回东清、南满各路，先从边境各线统一入手，而现在所称国有各路，可以仍旧办理。王君亦知破除势力范围之说不可抗也，然卒为同系所攻讦。此种议论皆在外交委员会提案以前。及委员会提案，叶、王已行，委员会亦再三注意于我国交通行政之权，恐予反对者口实。故原案特慎重声明行政运输事宜遵守中国法律，由交通部指挥云云。案呈大总统，大总统亦询及办法。汪大燮君即极陈外交利害，谓反对者但恐有损行政权而已，今如此规定自无流弊。故大总统面准交院也。自本年一月八日院电发出后，一月之间国中绝无异议。外交委员会委员本合各派之人所组织，议决此案，前后咸经出席，一时极有一致之象。至二月初旬，交通总长曹汝霖君忽持异同，谓交通当局尚待研究。国务院乃电各专使缓提。外交委员陆宗舆至是亦自称在会，本不赞成原案。陆、曹同系，所谓新交通系是也。旧系反对在委员会提案一月以前，乃铁路统一问题酝酿未成之日，新系反对在委员会提案一月以后，正巴黎和会代表搏〔樽〕俎折冲之时，此其反对时期之不同也。旧系反对已成强弩之末，及新系出，其军乃张。两系相轧已久，旧系于此将弃其反对铁路统一之本意以相讦乎，抑藉此为交欢之介耶？当时颇多推测。然梁士诒君竟与曹、陆合，两系议论卒成一致。一日，梁士诒君尝对余言："我之反对统一，实本吾良心也。"余实不能窥见梁君之良心，至无以答之。惟此案发生异议以后，余与梁君晤面数次。二月十八日，晤梁君于春藕斋会议席上。梁君谓外交委员会主张根本上实甚赞成。及铁路协会发致巴黎各专使马电，梁君领袖署名，则有所谓破除势力范围者在列强均欲尝鼎一脔，故虑有势力范围而不得均沾。然我国以无力御侮之故，而赖均势以图存，其利害适相反云云。是明明以均势为利，明明以破除势力范围为害，明明为根本之反对矣。梁君直不知"均势"二字作何解释。德奥同盟、英法协商，协商、同盟对抗，是为均势。均势结果，至于破裂。德奥既败，均势安存？今日吾国境内若更有所谓均势者，则日本与英美之对抗耳。吾国果利其对抗耶？且利其对抗而期待其再破裂如欧战耶？更期待其破裂如欧战爆发于我境内耶？此等见解殊为未察外交形势。二月二十三日，余再晤梁君于中央公园社国民外交协会演说席上。余演说铁路统一问题毕，梁君向余握手，曰："我实未尝反对外交委员会主义。"余以人众未及多与辩论，旋与梁君同赴国际联盟同志会，乃询以铁路协会之马电何以根本反对？梁君云："此稿非我所拟，昨铁路协会交与润田者。"余云："我辈根本主张既无大异，不应有此马电之言。"梁君云："我前日在铁路协会演说不是如此说法。"越数日，梁君有第二次、第三次演说，直谓铁路统一为外人没收。词旨益不衷于事实。三月七日，春藕斋第二次会议，梁、曹二君拟案，乃并收回政治性质各路亦主不提，谋完全推翻外交委员会原案矣。此梁士诒君前后言说之不符也。曹汝霖君于春藕斋第一次会议亦谓根本赞成，第二次会议又有根本推翻之拟案。陆宗舆君于委员会最初出席并不表示反对，至春藕斋第一次会议又有否认前案之来函。此皆其变化之显著者也。

第五　春藕斋第一次会议及会议后之形势

曹、梁合力反对外交委员会原案，汪大燮、熊希龄诸君益与相持。总理钱能训君乃函订赞否两方人集议。二月十八日，会于春藕斋。到者曹汝霖、梁士诒、周自齐、陈籙、汪大燮、熊希龄诸君及余七人。钱总理主席，提出委员会原案呈文交众阅后，曹汝霖君首先发言，谓照此呈文本员所赞同也。惟外间传说委员会原案用意并非如此，乃就交通部外国顾问贝克拟案指出有损行政权之点加以驳斥。贝克私人拟案时有三说，曰"万国铁路团"，曰"国际合资铁路公司"，曰"万国委员部"。所拟条件以第一说为最严重，由英、法、日、美及中国各派代表，各食其本国薪俸组织铁路团。梁、曹执是以为共同管理之证。陆宗舆君未至，来函声明反对，并举中英公司梅尔思之案以为口实。梅案有各国各置委员若干人之说，与贝克案相似。熊、汪声说贝克梅尔思私案，何足为据？委员会原呈、原案具在，何尝一字涉及共同管理？曹复转陈三事，一运输，二金融，三国内军务，恐以统一路债之故受人操持。熊希龄君云："此等皆系商订条件时所当注意，今日但问根本主议是否赞同耳。"曹云："原案凡以外资、外债建造已成，或未成已订合同而尚未开工之路概统一之，似不能包括呈文中所指政治性质各路。"汪大燮君及余皆言委员会原案以破除势力范围为纲，当然包括政治性质各路。余复说明原案有两义：一面收回政治各路，一面更有积极办法力谋将来全国交通发展。梁士诒君极表赞成之意。讨论结果由钱总理声明："今日会议既无根本不同之点，至其办法应再详细拟议。"汪君乃推曹、梁拟草，以备再议。此春藕斋第一次会议之情形也。会议后越两日，报纸中发见《春藕斋会议纪事》一则。曹汝霖君反对之金融运输国内军务三理由忽变为七项，曰"行政权之侵害"，曰"国防路线之无从发展"，曰"运输之不自由将滞国货"，曰"铁路收入之存款悉入外国银行将窒金融"，曰"国内运兵运械之受制将滋内乱"，曰"本国人材将为所摈，第一流位置终属外人"，曰"购买材料将为垄断，使一切价值无可权衡"，所传为曹氏之七理由是也。纪事之末叙述外交委员会原文，偏阙各路行政及运输事宜遵守中国法律概由交通部指挥数语，以实其七种理由之有根据，并以混其所谓没收、所谓共同管理者与委员会原案为一谈也。二月二十三日，适有国民外交协会讲演大会，余乃历述本案经过情形，并力说统一铁路之利，针对七理由立论，且声明报纸纪载之失实也。于是铁路问题世间渐有明其真相者。然反对之论日益急激。梁士诒君三次演说于铁路协会。第一次历叙统一案之缘起，直谓英、美两国主张列强协同管理，美其名统一，质言之即全数没收而已。局外之人每多不察，误于破除势力范围之说，竟为所动云云。其后乃复承认三说：(一)政治性质各路应照普通借债各路办理。(二)外债已成之路无庸外人借箸；(三)未筑各路应向国际联盟提议不分地点借债兴筑。其词尚委婉也。第二次则谓英人以借给中国路款较多，故欲掌握中国铁路全权。质言之即欲仿照总税务司而为中国总铁路司也。铁路若在外人之手，则协定运价、操纵金融、遏抑人材，中国人生命从此断绝。外人对我决非美意，以破除势力范围为言，中国有何势力范围之可言？此不过一种欺世空言云云。其语气较前为激矣！第三次则谓各国欲没收吾铁路，不仅亡吾国而已，直欲将吾四万万同胞灭绝，万不可轻视；又谓外人设立一万国统理铁路委员会，吾辈甘为奴隶耶？政府方面鄙人与曹总长出力做去，诸君尽可放心。外人方面如有秘密文件，可以尽情揭发。国亡在即，不能再言道德信义条约云云。其说纯取感情，纯用臆造，颇不类梁君平日口气。论者谓非是不足以结新交通系之欢，其然耶！然第一次演说，反对方面确有疑燕孙不可靠者，余亦亲闻之。梁氏三演说、曹氏七理由皆为当时反对论之中坚。都下各报馆除少数两三家外，一时风靡抨击余辈。《顺天时报》尤得风气之先，往往早播消息，而发其凡也。铁路协会马电亦于是时发致巴黎各专使。其文如下：

  巴黎中国使馆胡公使转陆、顾、王、施、魏各专使鉴：闻英、美等国藉新银行团之名，欲收中国各铁路为共同管理，藉口破除列强在中国之势力范围云云。此项问题关系我国存亡。现在我国铁路虽因借款关系仰人鼻息,然管理之权仍操之自我。若一经国际共同管理,则必由外人监督财政,进而干涉内务。就以铁路论,人才被其遏抑、材料被其垄断、工程设计莫由参预、款项调拨不由自主、国防军队不能秘密征调、内地土货不得廉价运输。在在皆关系国脉,已足制我之死命而有余。况巩固边防必须修通铁路。若以利害冲突之故,藉赔损为名阻我进行,他资本家又不得接洽,是与断我手足何异?危险殊甚。英、美之为此计画,名虽愤某国年来借经济以攘路权,提倡公义,实则阴图利己。盖路权在一国之下犹可休养生息,徐图补救;若共同管理,遇事无所比较,无所竞争,其吃亏仍在我国,于我又何择?且所谓破除势力范围者,在列强均欲尝鼎一脔,故虑有势力范围而不得均沾。然我国以无力御侮之故,向赖均势以求存,其利害适相反。近我人士有部分拟利用此项计划,以收回主权已失之南满、东清、滇越等路,故佯作赞成者。彼英、美人亦尝为此甘言以诱我。彼不过慷他人之慨。久有其利者果能拱手授人耶?既不能办到而苟同之,徒增国际上恶感,非外交所宜也。利害所在,国命随之。心所谓危,难安缄默。和议席上如有提议,务乞痛驳拒绝,以保主权。幸甚,感甚!

铁路协会梁士诒、关赓麟等同叩　马

右电即前节梁士诒君所诿为铁路协会交与润田者也。川粤汉铁路工程师詹天佑亦举人材沉抑、材料糜费、投标偏倚诸说,并摭拾其川粤汉本路数国牵掣事实以为反对统一之理由,电陈各专使。至是,反对论甚嚣尘上之势乃极其壮观矣。陆徵祥专使覆电到京,都下又盛传外交方面亦与同调。及检电文,则剖析至明,谓共同管理并无是说,一月八日之院电非共同管理也。其电如下:

梁燕老转诸君鉴：

马电祗悉。此事先准一月八日国务院来电，拟定统一铁路办法，凡外资、外债建造已成或未成或已订合同尚未开工之各铁路概统一之，其资本及债务合为一总债，以各路为共同抵押品。由中国政府延用外国专门家辅助中国人员经理之，俟中国还清总债之日为止。各路行政及运输事宜仍须遵守中国法律，概由交通部指挥之等因。此项办法现在尚未提出，尊电所云外国愿收中国各铁路为共同管理等因，此间毫无所闻。此次大会分股中，列入海口及水陆交通一股，专为研究经过二国以上之各水陆交通共通管理法等。迭次讨论各国并无此种论调。此后如有所闻，遵当痛驳。

祥等　一日

右电"痛驳"两字，电码不明。有译为"转告"者。然即云痛驳所驳者共同管理之说，而院电全文悉转载以相示者，使明原案之真相耳。其实原案真相国中早经揭载，即反对者夫岂不知之，知之而故为极言竭论，逞臆说以惊人。曰"某国某国主张没收，主张总铁路司，主张共同管理"，曰"外交委员会之统一案即共同管理案、即没收案"者，盖有心破坏之。而陆使未之知也，因此反动。春藕斋第一次会议后，本案停顿者二十日。

第六　春藕斋第二次会议与梁、曹拟案之要点

第一次会议后事既停顿。汪大燮君颇愤慨，假休沐赴汤山，且露辞委员长意。三月七日，春藕斋第二次会议。先两日，钱总理再遣使赴汤山约汪。汪荐王宠惠、沈瑞麟二君自代，皆外交委员。审

查铁路统一原案者六日。余亦亲赴汤山趣汪君归京。会议之日到者，汪、王、沈、梁、周、曹、陆诸君及余八人。钱总理主席。曹、梁提出草案大要有方针三、办法八。曰破除势力范围必尽举以前不平等条约，主为无条件之取消。曰旧商业借款各路应由交通部另拟标准合同。曰统一路债不能同意。此三方针也。其办法一，曰收回他有各路，由各国投资分购。二，曰保持已成路，照旧办理。三，曰取消他有各路之附属路，或筹款或借款建筑。四，曰声明破除势力范围。五，曰限期催交已订合同未付之款。六，曰规划新路线以自营之银公司揽办。七，曰组织银公司由中国银行发起。八，曰抵制五国银行团总揽实业借款。此八办法也。其归着点有一，曰为慎重之计，莫若仍勿自行发议。余在席上窥曹、梁意，在乎破坏原案而已，不欲多与辩论。先发问："银公司有办法乎？"梁曰："向者中、英银公司资本不过二十五万镑，而承揽吾国路债至数千万。吾国中、交两行为政府垫款最多之时如四五千万，吾何遽无力自营耶？"呜呼梁氏之言，殊为不揣其本矣！两行垫款最多之时，果何时耶？五年之变，政府意在提取存款，遽下停止兑现之令。其后度支益绌，每月政费恃两行补助者年余，月恒数百万。此数百万何物？各户存储者一部分，其多数则空币耳。印刷未行之纸，悉数以供政府。愈不兑现则愈不加限制。吾人尚记忆，当时政府发俸，其纸币恒连号整叠而不乱，则银行新交原纸未动者也。以此自诩垫款之多，多则多矣，果足征其资力之厚耶？现在政府业以公债偿还垫款矣。而票价未复，兑现无期。京师总行之地已失信用，纸币涨落等诸百货，此种银行谓能承揽巨债，举办全国交通，其谁信之？又况银公司性质本属媒介，其信用全在后盾。今吾银公司之后盾安在？发行公债承揽者不过经手销售。销售畅滞又视国民经济状况与夫此项债票提保如何，以不能兑现之银行组织银团承办兹事，其售票之市盖可知矣。

梁说未毕，曹云："银公司以吾国资本家为主体，可以联合外资。"汪君云："外国银行肯加入耶？"梁指陆宗舆君云："汇业当然可以加入，其余亦可。徐徐引致。"呜呼！兴办实业，建筑铁路，谓必纯用外国资本，吾国民绝无投资机会。不可也！谓外国银行团承揽吾国事业，吾国资本不能加入，尤不可也。然必用梁、曹诸君之办法，必以吾国银行为主体以号召世界资本家以引致外国投资者，是则全在实力与信用。吾不知此银公司之实力与信用如何也。使外国资本不应吾号召，不为吾所引致，则此银公司遂能承揽全国铁路之债耶？姑无论将来之发展，即就已成、未成之路线计算，债额已逾四万万。此银公司益以陆氏之汇业能共任之耶？铁路营业利在间接。路之股东本无厚利，吾国资本之竭蹶。益以此信用未孚之承揽者，夫谁应之？其结果将使吾国资本无从加入而已，吾国资本今能加入，汇业则以日本各银行为后盾，或以发展东方势力之故可以任艰巨。当是之时，设有其他之力出与抗者，远东之局面如何？设有其他之力出与抗者，吾国之地位又如何？我国民不可不深长思也。其后吾闻之梁氏之言矣，曰银公司之组织盼吾国各银行皆赞成也。赞成者可以分担股本，股本全额一千万可以不用，仍分存之各本行，但使银公司有此资额而已。用此资额信用便能承揽各实业、发行各债券也。此三月十一日梁君邀集各银行组织银公司时之发议，余在座亲闻之也。此梁君引致本国资本之术也。至其所谓三方针、八办法者，质言之，要点有六：统一外债不可行也。外债已成之路须仍旧也。破除势力范围，须举一切不平等之条约同时取消也。收回政治各路，虽应要求，仍勿由我发议也。未成及已订合同未开工各路，仍照原合同分向债权国续催交款也。以自营之银公司抵制银行团也。余以初次开会后久延未决，不欲多所争论，但与分为三段，速求解决。一，政治性质各路既欲收回，不能不由我发议。二，外债已成之路，听其仍旧办理。三，未成、未开工各路另谋统一办法。至于银公司之组织如何、用意如何、结果如何，不欲过事深求也。梁、曹诸君亦乐于吾辈之迁就，遂定办法电致巴黎各专使。电文如左：

铁路统一问题前由院电缓提。兹经交通当局及外交委员会各员会商，决定办法与一月八日院电关于破除势力范围之丙项异同之点详述如下：丙项有外资、外债建造已成或未成或已订合同而尚未开工之铁路概统一之云云。现决定分别办理有政治性质之路。拟由中国借募总债赎回，照商业路一律自行管理。此系酌拟计划，且各路情形又有不同，应如何分别之处仍俟将来酌定。其余国有已成各路，拟完全照旧自办。已订合同已开工、未开工各路，拟由交通部另拟标准合同，一面组织银行团，为偿还旧债废止旧合同之准备。该团应由本国各银行发起，邀同各国银行加入。兹仅粗拟大略，详情续定。惟政治性质各路与租借地极有关系，必须审慎办理。能否提出大会，提出程度如何，以及提出有无弊害，均应预筹及之。希酌察情形，随时电院核办。至组织银行团系我自定计划，自可勿庸提出。再现在中国之少数英美人民颇倡共同管理铁道之议如果在欧发布，务宜设法销弭。统希查照。

右电由余起草、越数日始由国务院拍发。中间"必须审慎办理""有无弊害""自可勿庸提出"等语，皆余原草所无，其后国务院发电续行增入者也。本案结束，是为一段落。余竟迁就至此。时论颇有责备者，谓外交委员会无力坚持原议，余负委员会矣。兹择录京、沪两报之论如下，志吾过也。

《北京晨报》云：数旬以来，道路喧传之铁路统一案至近日已告一段落矣。阅者诸君当忆之,本报前数日曾两次纪及春藕斋第二次会议,已将此事议决,但一时未探得其内容。兹得消息,谓是日之会,列席者有钱总理及旧交通系首领梁士诒,新交通系首领曹汝霖、陆宗舆,外交委员会委员长汪大燮(各报曾纪汪氏是日未出席实属不确),委员林长民、周自齐、沈瑞麟、王宠惠等。会议约四小时,由梁、曹二氏提出所拟办法,并有极强硬之主张。遂决定四项如下:

(一)含有政治性质借款之路,如南满、东清、滇越、胶济、吉长、安奉等路,由中国政府另向外国资本团借总债赎回。

(二)借外债建筑已成之路,如京奉、沪宁、津浦等暂不提出。

(三)借外债未开工之路或已开工而未修成之路,由中国资本家发起资本团请外国资本家加入,由交通部定一标准合同,统一路债,另发新票。

(四)其将来预备扩张之线如何办法,此时尚未决定。

会议结果即将此四项致电陆专使,请其相机提出。但此案与外交委员会原提者不同。盖原案为全部的统一,此案则为局部的统一。所谓京奉、沪宁、津浦等暂时不提,其用意安在,不问自明。总之,国家利益可以牺牲,而一派一系之势力范围则决不能牺牲也。此案能否提出,尚不敢知。即使提出,各国势力范围互有深浅之不同,能否完全通过亦属问题。然在我国内则固已糊涂了结矣。

《上海平和日刊》云:铁路统一案哄闹经月,舆论界及一般国民均不甚措意。此等原因复杂,且近于专门之事件,吾国人向乏细密清晰之头脑,不耐详究。故只能就其最简单之部份(如国际共同管理一句话)略谓表示反对,旋即寂然。其实,国际共管一说本系反对者所特造之谣,欲藉以引起多数同情,而谋是案之根本推翻。不幸多数国民悉坠其奸计,致此案有非常不圆满且极无聊之结束。中国事之不可为，大率类是。先是，此事本发议于外交委员会。该会原案系着眼于打破各国势力范围一层，而于国际共同管理并无一字提及。一月初旬即经国务院电致巴黎，预备提出。乃事隔一月，巴黎专使提出山东问题。小幡公使来访外交部后，同时国中乃有反对铁路统一之论。所谓山东问题者，关于青岛交还一层。本易解决所难解决者即胶济铁路及其延长线耳。此事自与铁路统一案有密切关系。反对论之发端实始于《顺天时报》。此中真相，不问可知。惟反对论中最有力量者（非指其反对之理由而言，乃专就反对者之势力而言），厥惟交通系。彼之反对无非恐打破其一党一系之势力范围而已。所可笑者，铁路统一即系因欲打破人家之势力范围而不料人家尚未来反对，而自家人恐其势力范围之打破，竟自先来反对。自家既因势力范围之故不惮来作反对先锋，则人家之势力范围自然落得一个安稳，捻须微笑，得意万分。此真可哀之至也！夫原案既未尝提及共同管理，而反对者无端蒙头盖面白昼见鬼，专就此点高唱谭调，而一般国民从而附且和之焉。于是反对者乃大告成功焉。天下怪事宁有过是？春藕斋会议二次，反对派肆其袭击。彼外交委员会本系邾吕小邦。忽来秦、楚两大之包围，自难抗敌，卒与迁就。遂成此不澈底之统一案。其大致法系东清、南满、胶济、滇越诸路提议赎回。其余外债各路已成者仍旧。未成、未造者另由中国资本团支配，集合外赀发行新债偿还旧债，另作统一办法，与原案所谓统一之精神全然不同。此等滑稽的结束，使各国尽属聋瞶，尽属童骏，或有望也。彼反对者原亦知此事结束太近滑稽。彼之原意本欲藉此滑稽，俾原案根本归于无效。只要彼之一党一系势力范围可以不破，即其献俘告庙之时，外交委员会自审抵敌不住，遂亦不得不自安聋瞶，听彼盗铃。本月十一日本报所载外交委员会取消当初主张，赞成曹汝霖等所主张，尚非事实。因委员会无力坚持原议，不得不出于迁就之举。中国之事向来如此。其始则甲一主张，乙一主张。乙则恐其不利，亦出一主张以抵制之其结果。经各方面之调停，甲、乙主张均酌留其一部分，而成为一不三不四、有躯壳无灵魂之一种滑稽无聊之主张焉。观于最近铁路统一案之结束，可以见矣。嘻！私意之足以亡人国者，如是如是！

案《晨报》所纪，与春藕斋议决之案略有出入，暂不提出云云，殊非真相。春藕斋之议已成各路完全照旧，较《晨报》，所纪为尤甚也。

第七　外交委员长汪大燮君之辞职

春藕斋第二次会议余以欲求速决，迁就成案。汪君在席上颇愤慨。然以当日情形，交通当局及交通系之反对，日以共管没收等说惑众听，不与迁就，更无结果也。余起草时，汪君不发一语，及出告余曰："此案不能达吾望，远东大局、终不可问耳。"翌日即提出辞呈，略谓铁路统一问题与当局政见不同，迁就成文，首尾不能相应，原案精神全失。将来远东大局、恐益纠纷。呈上，大总统即却下，前后四遣使往慰留。汪君告使者："余虽老朽，他日尚有自效之地，今则政见枘凿，虽欲致力亦无从也。"旋传见。大总统面致倚重之意，汪君仍不愿就、复上呈文如左：

大总统钧鉴：

敬禀者，大燮不才，猥蒙知遇，待罪于外交委员会。曾无尺寸之效，恳辞者再，叠荷慰留。大燮何人，能无感动？所以不能已者，实以政见背驰，欲自效而无从耳。夫治国若治病然。头痛医头，脚痛医脚，无济也。或施之以不龟手之药，辄应手而愈者，能探其原而施之有术也。吾国近数十年来经济不能发展,外交时形棘手者,莫不由于条约之束缚。而束缚之最困难、最危险者,尤莫如无量数之势力范围。有实际之势力范围,有虚悬之势力范围。甲国与乙国之冲突由于此,我国、他国之冲突亦由于此。故自对德宣战以来,大燮恒语人曰:"战事终结,必当以破除势力范围为修正条约之入手办法。"忽忽年余而其时至矣。于是有外交委员会之提案,于是有破除势力范围之条文,于是有铁路统一之款项。以为此乃吾国人人心理之同。而不意波谲云诡,抨击纷来,一至于此。斥之曰"卖国",断之曰"亡国",无论矣。曰"没收",曰"共同管理",条款中有此语乎?有此意乎?岂惟无之,不明明大书特书曰"遵守中国法律",曰"由交通部指挥之"乎?乃播之报纸,断章取义,掩其半而著其半。此何解欤?如出于二月十八日以前,或犹未见全文也。乃发表于春藕斋会议传观之后,而故为此,此何解欤?第一次之会议不特传观提案,且披阅呈文,甲曰"赞同",乙亦曰"赞同",所谓疑问,只在办法耳。推举起草,职此之由,乃第二次春藕斋会议起草员之提案大致分为三类。千回百折,而归结于毋庸提议。是满篇推波助澜之文字,可尽作虚空粉碎观矣。三类中最有理想之一节为自组银行团,而使东西资本家入股。如果能包罗万有,入吾彀中,其于计亦良得。乃曰:"此本梦话,但汇业可为同调。汇业来,则美之资本或可诱致也。惟欲诱之,不宜打草惊蛇,故以不提为妙耳。"顾银行团之说习闻之矣,非一日矣,其始谋果为铁路乎?兹既变其词曰"注重铁路"矣。姑就表面言之,亦可也。国家决一策,行一政,昭之以信,犹惧不济,而顾可以诱致为乎?亦不过姑为此说而已。固自知其不行也。其对于政治性质各路不能置之不论,则曰"举债赎之"。世倘有如此轻而易举之事,亦无待今日矣。曰:"吾固知其难也,且各路情形不同，中有牢不可拔者，故更以不提为是。"而不知此正症结也。谓为难，而侵地不必问，政治障碍不必计，来日战祸不必除，束手待毙求庇而已，又何责焉？谓为情形不同，岂无分解之法，在寒蝉噤口，斯无望耳，如曰"牢不可拔"，则国际间牢莫牢于条约。世之因战后而变更条约者不知凡几，成例山积，不胜枚举也。即吾国人不尝曰"解除《辛丑和约》"乎？以《辛丑和约》与《二十一款》较，孰轻孰重，孰是孰非，往事可征，无待赘言。多数国之条约可解除，少数国之条约独不可解除，曲在己之条约可解除，理直气壮之条约独不可解除。斯固窃所未喻矣！曰"此于日本有不便，将疑为假甲以抑乙也"。然此等政治性质之路，甲有之，乙亦有之，丙丁皆有之。吾今为同等之要求，有何彼此？有何宾主？谓之假甲抑乙可，则谓之假乙抑甲又奚不可？况于日本之便不便，实未尝有精确之衡量也。侵略不可能，而后有亲善之说。假亲善以行侵略，亦未尝不试之而有效。然收效之程度如何，不可知。今而后必非其时矣。协和投资则安固，政治竞进则抵触。安危之判，在我固然。在彼何独不然？顽石虽顽，犹当点首，自诩先进而顾察不及此乎？且英、法之铁路投资未必不多于日本，未成之路不知几何。与其画地自限，何如合资并营，较短絜长，已有不可道里计者。况乎铁路之赢利微，而商息之赢利厚。以增进铁路者，增进物产之运输。远隔重洋之欧美，又何能与接壤之日本较？设为此打通后壁之言，一一而权之，自诩先进之日本未必终无觉悟也。彼不自觉，犹当觉之，此实亲善之正义也，何惧何疑？而常若有不可告人之隐，相忍为国以与此终古乎？然则此政治性质之路可以收回也。起草员之提案虽不计其成否，亦欲举债备赎也。无量数之未成铁路可以合资营造，无虑没收，亦无惧于共同管理也。起草员之提案如是也。所期期以为不可者,独此借款造成之有数铁路,不得不保持现状耳。为他人保之乎,抑为我保之乎?为私人保之乎,抑为国保之乎?如其实为我,实为国也,政性各路不保者几何年?有机可图,何为弃之耶?未成之路之合资与已成之路之合资,其不同者安在?彼与此无可区别也。已成各路,今之资本,外人之资本,其管理未尝无外人也。合资之后,亦无非外人资本,其管理亦不过有外人而止也。前与后亦无可区别者也。所以必断断而争,而曰"不提为妙"者,一言商性各路不免牵及于政性之路,将不能保持现状也。动于色而言曰"此有伤亲善之本旨"。国人何幸而享此神化之亲善也?为我耶非耶!一言政性各路,不免牵及于商性之路,将不能保持现状也。穷于词,而遁曰"此吾良心之主张"。生民何辜,而产此诪张之良心也!为国耶?非耶!可以辨矣,可以辨矣!社鼠城狐,终于不可说不可说而已矣。大总统手谕有云:"彼此辩论,真理自出。"此兼旬以来所谓真理也,而今已矣。真理不必言矣。请更详其利害。愿我大总统终听之亦不过毕其辞而已矣。吾国之丧权失地自甲午始。台湾无论矣,从此多故。一蹶不振者,事莫大于割辽。辽不割,虽至今无事可也。有割辽之事,而后有三国之执言,而后有归辽之举,而后启俄人之窥伺,而开租借之新例,而后有威海卫、有九龙、有广州湾,迭启循生之让地。而后有胶州湾之役,谓为多故,诚多故矣。租借之例开,不仅租借一海湾而已也,继之以东清干路焉,继之以东清支路焉,继之以九广铁路焉,继之以滇越铁路焉,又继之以议而未成之高钦至某一地之路线焉,继之以胶济铁路焉,纵横捭阖,纷至沓来,更不可谓非多故矣。不特此也,俄人踞辽之后野心勃发,乘我庚子之变,于是举兵南下,于是有限期签字十二款之要求，于是有北京大和议之停顿，于是撤废十二款，而有三期撤兵之约。于是肇日俄之战争，于是有让渡之条件，于是有设警移民种种纠纷、汹涌澎湃而至之事，于是有满、蒙五路之预约，于是有二十一款之压迫，于是有九十九年之展期。迹其行动，较之俄人十二款之图谋有过之矣。德人踞胶之后，筑垒建坞，布置未完，而欧战已起。于是有日德之战，于是踞胶，踞路，乘我丙辰政变而有招兵窝匪之事，于是有民政署之设置。按之事实，比之德人占胶二十年之陈迹，又过之矣。曾几何年，奉天之遭兵革者。山东之遭兵革者再，今则山东又一东三省矣。犹未已也，俄而胶济有合办之换文，俄而有高徐顺济之延长路线之换文，俄而有满、蒙四路延长路线之换文。饥鹰砺吻之客、渴骥奔泉之势，今而后其遂能戛然而止乎？一国之豕突狼奔固可虑，列国之争先恐后亦可虑。设后之视今，亦犹今视昔，则我自处之余地盖已鲜矣。此但就外交言也。时至今日，我不能利外人之投资。然欧战四年兵费之巨，绝后空前。英、法无论矣。美自参战一载有奇，综其成数，实等于开国以来一百二十七年之国用。岂能有无限余力以助我发展？然彼既负如此重大之亏累，不于实业谋发展，更有何术以为填补之计？横览五洲，其天产之富、市场之广，尚有如吾国者乎？不于吾国谋发展，更有何地以求挹注之资？其难如此，其急如彼，则其不能袖手旁观，势也。我不自谋，必将有不可思议者矣。铁路者，实业之前驱，而在我则更为政治之枢轴也。近数十年各国实业之盛衰，恒视铁路之盛衰为衡。譬之奕〔弈〕棋，非有界画之楸枰，则落子几无有准则，其便于运输者犹其次也。则其重视铁路必以此为投资之权舆，又势也。吾自有绝大之计划以范驰驱，人又何乐而为无益之竞争？即吾国一切工商诸事亦不难裁云剪月，成花团锦簇之观。不然，则毁杅折轴之时期，恐亦不能甚远也。协和投资则安固，政治竞进则抵触，前已言之，正谓此耳。或者曰："外交委员会之拟案终必出于此途，我不自为，人将代我为之。"大燮窃以为不然。发之自我，发自他人，其利害可不论。惟在我自为计，不得不以此为嚆矢。而人则可于政治上多方以达其志，何必更为我计？事若至此，其所难堪我耳。从前损失权利不自今始，得寸得尺，犹可俟诸异时。但来日之政治竞争，能否戛然而止任我安枕，此不可不深长思也。吾国民穷财尽，群盗如毛，不于实业拓生计，无以安插数千万流离转徙之民。欲拓生计，亦不能不借助于外资。铁路之计划不定，不但投资难期，而群雄角逐之纷来，且将应付之不暇，更有何暇为斯民谋出水火、登衽席之计？百尺楼台奠于一础，基础不固则东倾西塌，扶不胜扶。今日之财政状况实即彰往察来，最显著之殷鉴也，亦不可不深长思也。哀莫哀于心死，乞开可以立国，波兰可以复国，即亡国千载之犹太今已有自立之望，心不死耳。要知犹太人不服异教，不轻与他族通婚姻，其城门聚哭之典千年如一日。此不可磨灭之精神，固自有足多者。得有今日，非偶然也。至于各国情势不同，各路情形不同，自各有进行方法，非楮墨所能察也。五六年、三四年期其底于成而已。外交政策、内治方针果有一定办法，则前途几许困难，律以匹夫有责之义，犹当投袂而起，矧荷我大总统如此拳拳者乎！不然，以北辙南辕，终无由以自效，惟乞大总统恕之而已。纸短心长，言不尽意。

右呈封递，此最近数日事。汪君素性和易，独于此案持之甚坚，委员会呈文及前后辞呈皆亲自撰拟也。

第八　外论

本案发生由于研究巴黎和会应提何议而起，本我国人之自动。最初反对由于旧交通系之较量利害，亦我国人之自动。自巴黎和会提出山东问题，胶济铁路为纷议之一，其他密约复关涉满蒙各路，经手签约之新交系又出而反对，于是有疑反对论之内幕有涉外人者。中英公司梅尔思交通顾问贝克拟案发见，持反对论者亦据为口实。梁士诒君累次演说，竟直指为英国、美国主张共同管理，欲没收吾铁路，欲设总铁路司矣。使馆宴会餐后谈话，往往提及铁路问题。英、美方面每声明贝克梅尔思等私人拟案之无涉，而对于中国交通前途希望吾人之能发展，并为远东大局计、为商业发达计，不能不从统一铁路入手也。兹纪二月二十六日驻京一使馆之谈话如下：

某使于上月廿六晚宴请梁燕孙、汪伯唐、曹润田、周子廙、熊秉三、陆闰生及余。席后某使先谓："中国今后应行整顿之事甚多，而财力短绌恐不能不借重借款发展实业。然为债权者安心投资起见，抵押之物既须确定，且须殷实。年来中国各种利权大都抵押数四，将来于此等处应须注意。"于是议论渐移到铁路身上。某使便谓："铁路统一之后，其管理运输事宜当然属诸中国政府。第于统一路债大举借款时，为资本家安心投资计，在中国政府交通部之下，须用外国人为稽核耳。用人一节亦应先用中国人。即为工程师及其他总管等，一时中国人才不足须用外人，到债务还清时中国人才亦可接手。材料购买及建筑等事，应以公平方法投标。中国材料倘有可用，自然更见合宜。至铁路收入以中国银行存贮最为无碍，惟求此种帐目稽核可靠，使无他虑。铁路统一乃使各国资本家利害共同，合力以谋发展。无向来此疆彼界互相牵制之嫌，岂不甚善？"语至此，汪伯唐君答言:"鄙意此事应分三部分:(一)资本团权限仅能及于投资确实本利有着二者,其他各事不能过问。(二)执行部执行之权当完全归在中国政府,他国不得过问。(三)为使资本家安心起见,可设立评议部,以便稽核或建议改良。"曹润田君言:"适才公使之言,但云由中国用外人为稽核而已。"汪伯唐言:"鄙意亦系如此,但引伸之耳。"梁燕孙云:"现在中国铁路多系外债建筑,各国分办各路,虽有流弊,然其势力不过分布各区。若照公使议论,是使分布之各势力团结为大势力以监督中央,岂不再滋流弊?"言时,周君子廙代梁君传译英语,闻此即摇首云:"非也非也,适才并无此说话,不可误解。"某使遂询问周君,问梁何语?周君遂译其大意。某使便云:"鄙人并无团结各势力以监督中央之语。"梁燕孙君复难云:"铁路统一原以谋交通之发展耳,而以粤汉铁路先例,转因四国资本关系彼此牵掣,至今尚在停顿。若各路概行统一,将各国资本汇为一处,其牵掣不益甚于川粤汉乎?"某使云:"川粤、粤汉铁路所以不能进行者,正坐不能统一之弊故。若以川粤、粤汉铁路相例,则益可证明中国铁路统一之不可缓。盖川、粤、汉四国资本并未统一,彼此分段建筑,此疆彼界,自为办法,各谋利便,遂至全路受牵掣之弊。今兹所设统一办法,正要破此疆界,使利害共同,安有川粤汉之弊?"梁君闻语乃转询曹润田君。曹君云:"川、粤、汉实系分段。"梁遂无语。少顷,又问:"如果铁路统一之后,南满、东清、山东、滇越各路中国能否完全收回?"某使云:"此系贵国极重要之事,非余之所能言。"曹润田云:"若统一后将来资本团中中国亦应加入,最好即由中国各银行发起。"某使云:"此极佳事,中国资本自然可用。"最后,熊秉三君云:"现在中国方面意见尚未一致,外国方面各国亦未尽同。大家尚须继续交换意见,再图接洽。"某使云:"甚善!"继又声明,外人梅尔思贝克拟案纯系私人意见,非公使馆之意。近日外间每言外人没收及共同管理等，未免故甚其说云云。

次纪又一使馆之谈话。

三月十二日，某公使约同汪伯唐、曹润田、梁燕孙、周子廙、陆闰生、王亮俦、叶叔衡诸君及余晚餐。餐后谈及铁路统一之事。某使谓："中国造路至今二十余年，所成之路不过六千英里。以人口之众、地域之广，如此交通太不便利。为商业发达起见，为内治起见，皆须扩张。数年之内至少须添筑一万英里。中国如自有资本最妥，敝国等但求商业发达，极愿中国能以本国资本，能用本国人材造路。至外国资本家现时并不以投资造路为大利，所希望者贸易耳。而中国人民颇不愿投资。欧战后浦信铁路欲在中国募债三百万，其结果只得十万元。此资本问题颇难解决。"梁燕孙云："如何解决，一时难言。现在所拟办法，政治性质之路另借总债赎回。其他已成之国有各路，仍旧办理。未成及已订合同未造各路，由中国资本家发起银公司请外人加入承办，条件拟照津浦。"某使云："照此办法赎回政治性质各路，关系各国未必能允。至津浦合同只利息五厘一层，现在赀本缺乏，用处甚多，恐无人愿应者。"梁云："利息自可增高。若共同管理，即有投资，亦所不受。若统一而非共同管理，可以商量。"某使云："并无共同管理之说。"周子廙云："梅尔思贝克有此拟案。其说为国际共同管理。"某使云："彼系私人意见，何足为凭？彼不能提出于巴黎和会。此次欧洲各国大战之后欲以公理解决世界问题，和会之中决无提出妨碍何国主权之事，敝国更无欲管理中国铁路之议。惟中国为铁路发达计，须有妥善办法方能引入外资耳。须知统一铁路办法在外国资本家视之，纯属一种解决经济上困难问题之方法，并无政治上目的，何至有共同管理之事？至于梁君所云收回政治性质各路，兹事在中国今日情势甚为重要。盖政治性质之路蔓延境内，实足酿成分裂之机，引起国际争端。三十年已累见战事，果使铁路政策不改，势力范围更加巩固，不十年又必一战。惟欲收回各路，须从三方面着想：一，中国方面希望收回。二，关系之国能否抛弃其既得权。三，资本家愿否投资。若有公平办法，在中国能破除势力范围，在关系各国从远大处观察，或可同意，资本家或愿出资。惟现在问题是中国有何良法。梁君所云殊无具体办法。"梁云："战后金融渐复，彼资本家但求利息耳。现在比国资本家正催进行。"某使云："比国善后全待各国接济，能谓其将在中国投资，颇为可异。"

余是日赴宴已与王君亮俦私议：关于铁路问题，不愿发言。盖春藕斋二次会议业经迁就决定，此时何苦再于外国使馆自相辩论。然见梁君问答不能自圆其说，而我辈实有贯彻之主张，不能绝无所表示。乃云："法国因恐德、奥之报复，至希望国际军队驻于法境，不以为嫌。中国赀力薄弱，希望国际资本援助，更不以为嫌。美总统主张国际联盟，而受上院之反对。其反对论亦公诸世界。中国人对于铁路统一内部意见不同，亦不妨公诸世论。鄙意远东问题，战后将甚重大。势力范围不破，远东问题不能解决，世界终不能永保和平。故我国人有统一铁路之议，将已成、未成及已订合同而未造者皆统一之，汇为总债，作一大计划办理。中间包罗三部分：一、政治性质之路。二、外债已成之路。三、未成未造之路。皆用总债收回或改良扩张之。如此，则政治性质各路之关系者或可承诺，全国之路亦可改善。资本家或乐于此大规模之计划而奋于投资。不幸有反对者，结果遂分作三种办法：一、政治之路以总债赎回。二、已成之路仍旧。三、未成未造之路由中国资本家发起资本团，邀同外国资本家承办之。如照此办法可以达到统一目的固好，但已成之路大都经过繁盛之地，如京、津、汉、沪等处。苟此等处悉作例外，不在统一之列，恐外国资本未必肯来承办，并至收回政治各路亦办不到。则势力范围不破，终为远东祸源。余意但求能达破除势力范围目的。倘因设此例外，不能达我目的，无宁恢复原案一概统一之。梁君之意所与余异者，即在此处分界。梁君但求将已成各路作为例外。即使因此不能收回政治各路亦所不惜，而听任势力范围不破，听任远东纠葛不能解决，听任中国将来再有战事。此余与梁君意见之不同也。余意但使路政在中国政府管理之下，则只求三条件：（一）将来路线以发展富源为主。（二）养成中国交通专材，以备完全自行管理。（三）本利偿还方法务能速清债累。其他详细条件均可放松。"某使云："林君之论甚当。此三条件中，计算本利须问专家，当可办到。其他二条亦皆甚有理由。"

曹润田君云："公使之意，铁路须如何办法方可投资？"某使云："余非铁路专家，但体察现在情形，外人必不轻易投资，必须有稳当之担保耳。"曹云："政治性质各路如在和会提出，是否可望收回？"某使云："是不敢知，但统一办法如属完善，当有希望。中国亦无他法可以收回各路。"曹云："租借地与政治性质各路相关，如仅收回各路，则终点尚在外人手中。两项并提，有无希望？"某使云："二者自属相连。"曹云："若两项并提，则统一铁路办法自可考量。"

以上谈话但纪大略。最后，陆闰生君力辨山东济顺、高徐两路并非政治性质之路。又言："中国系弱国，以甲国抵制乙国，以乙国抵制甲国，甚属危险。李鸿章联俄抵日终归失败，是为殷鉴。"余颇驳正之，谓："铁路统一案岂是以甲抵乙，以乙抵甲之案？"余话尚多，不及备记也。

其余使馆对于此案意见若何，余之所闻尚少，不敢臆断也。惟又一使馆馆员曾问余："铁路统一案关系交通政策，何以不令交通当局闻之？"余曰："此曹汝霖氏反对之理由。最初原案呈府交院。交院以后电致巴黎。交通当局何以不闻，非余之所知也。"某馆员又云：

"此案关系重大，似宜考量。梁燕孙意见到底如何，看他演说，末段似不一定。"余曰："此更不知。"盖指梁氏第一次演说而言也。其后春藕斋二次会议，馆员以电话询余情形而已。惟极可注意者，二月二十七日《顺天时报》所载东京路透电一段，题为"国际管理案与日本"，其文如左：

> 日本外务省币原次官对于贵族院关于中国铁道国际管理问题之质问，其答辩曰："一部分华人虽有抱此种思想者，但尚未讲求何种手段。中国为独立国，故日本在中国已得之权利无因国际联盟受其侵害或取消之。日本在中国已得之权利及人种问题，实为平和会议终期考虑之事云。"（东京二十五日路透电）

若据此消息，则币原次官竟指国际共管为我国一部分人之意见矣，认铁路统一问题与日本有权利冲突之点矣，更谓日本在中国已得之权利非国际联盟所能过问矣；又明明尊重中国独立，谓权利让与为中国自由之意志，而自忘二十一款交涉时先犯我自由之意志矣。彼所谓已得之权利者，南满无论矣。二十一款九十九年之展期，东部内蒙之优先权，胶济之换文，济顺、高徐暨满蒙五路之垫款合同，皆其所恃以为根据者。是非曲直姑置不论，兹事之利害关系实以日本为最切。我主张吾权利，彼亦执一说以相持。盖事势之无可逃，亦事实之不必讳者。此《顺天时报》之所以著论最多，而反对亦最力也。兹录外报论说对勘如下：

二月二十一日北京路透电云：统一铁路一案，至今犹为中国政界中最可注目之事。外交委员会暨多数政府中人均赞斯议。而曹汝霖、陆宗舆等受日本指使，极力反对，谓中国铁路若分属于各国势力范围之下，易望补救；若归中央统一机关管辖，则与割让无异。

虽然日本当局承认山东、奉天两省不久将成合并管理之局，中国铁路若真统一，是不啻将瞬入外人管理之两省由中国恢复之也。交通系为其徒党私利之故，乃亦赞助日本之计划。

二月二十三日《字林报》通信员电云：统一铁路一事为北京日来争论最烈之案。反对、赞成两方面激战甚豪，而阁员中之赞助日本者乃处于反对之地位。

二月二十五日北京路透电云：星期日，国民外交协会开会，将统一铁路案之全文揭露如下：（中略）建议者冀以此项计划，谋打破势力范围，实行开放门户主义。其目的非谋将中国铁路由国际管理或共同管理，如反对者所捏造也。据中国某当局称，此项议案中在中国方面观察毫无可反对之处，故曹汝霖一派之反对当为他项原因所鼓动，而非为铁路之利益计也。此种原因之主要者约略如下：（一）维持日本势力范围，保护一切违法之铁路合同。（二）保持各铁路为交通系之私产，其收入得任其挥霍。（三）使一般人不注意于若辈拟订山东、满蒙各铁路正式合同之谋及军事军械等密约。盖此等事件一旦揭穿，则曹汝霖一派之地位必不能巩固也。

三月一日东文大坂《每日新闻》云：中国人以夷制夷远交近攻之政策已成为举国之信条，牢不可破。是故，一方虽以日华亲善唇齿辅车同种同文等语相标榜，而一方却在北京、广东、上海、金山、纽约、华盛顿、巴黎等地大张其亲美排日之气焰。（中略）唐绍仪氏自归国之后即抛却其亲日之招牌，而复其亲美排日之本来面目。而唐氏手下之亲美主义少年外交家王正廷、顾维钧二氏，亦竟奉命与排日主义之健将美人密勒氏同赴巴黎，突然利用威尔逊主义而大倡排斥秘密外交以期暴露日华间数种协约，盖欲借美国之力而效瓦釜之雷鸣也。夫彼等以美人为德，初非无故。惟北京政府对于彼等之行动不肯放纵，频频去电训戒；乃非徒无效，而且反受损失，此则未免滑稽之甚耳。中国既命美人密勒氏为讲和顾问，复任美人贝克氏为交通部顾问。之二氏者固尝赞成将中东、南满两路委诸国际共同管理，以夺日、俄在满洲之权利者也。即最近主张将中国全国铁路归国际共同管理，并乘列国战争疲弊之余，美国急投巨资将交通机关收归掌握，以遂行其事实的征略，亦该二氏所画策者也。虽幸梁士诒、曹汝霖等知其计谋，然彼等反客为主，终恐无如之何也。（中略）由是观之，则中国人之亲美排日不可谓非妄见。吾辈固尽忠于门户开放机会均等主义者，故对于美人之正当经营不稍加以排斥。虽然吾人为维持日本之优越地位计，不能不破中国人之迷梦。此固吾人之权利，抑亦吾人之义务也。

观于以上两种外论，彼赞成吾统一案者必斥吾国人之反对者为日本所指使。反对吾统一案者，乃咎吾专使之言论为亲美以排日。孰是真相，其言之皆误，自有察者。虽然优越地位，果何语哉！

第九　余之铁路统一论及国际潮流之观察

余为赞成铁路统一者，不独赞成之，且主张之也。余之赞成而且主张之者，理由有三：（一）鉴于境内铁路之形势，应以统一办法收回他有各路，破除势力范围，消弭远东战祸。（二）鉴于铁路负债之重、营业之亏，应以统一路债办法，举新债，偿旧债，从根本上整理，以免积耗，驯至破产。（三）鉴于吾国资力之不足、铁路之不发达、产业之阻滞，应从统一路债入手，多输外资、发展路线、增益富源，即铁路营业亦受其利。不幸此种理由中，当前难关便有利害极不相容者。第一，收回他有各路、破除势力范围影响者俄之东清、法之滇越、日本之南满及目下已生纷议之胶济。此政治性质之显然者也。吉长、新奉、四郑、长洮、洮热、洮锦、开海、吉海、四洮、济顺、高徐等线以及二十一款中之东部内蒙优先借债类，皆避政治性质之形式，而以振兴实业等名目投资或订约者，亦无不蒙吾统一案之影响。俄乱未已，东清一路形势已殊。法人仅据滇越一线。国际情形變〔变〕迁，久已改其东方进取之度。故其保持此路也，利害或不甚切。然则利害最切、与我统一案最不能相容者，实惟我亲善之日本。第二，统一路债，整理路政，受影响者办理铁路之人，质言之，交通系是也。实际上，即今整顿路政，于办理路政人员未必遂生变动。然习于旧染，安于窳陋，但闻革新，便惧失所，此亦人情之常。而为之代表者，则梁士诒及铁路协会诸君也。惟其利害关系与日本有不相容，故日本币原次官于贵族院有已得权利不受侵害之宣言；日本各报纸有攻击我专使之论；更有表同情于梁士诒、曹汝霖二君者。又惟其利害关系，适足引起交通系之疑惧，若甚不相容者。故铁路协会有累次之开会，梁士诒君有迭次反对之演说。日本人自为其国，可以明白宣示其反对之理由，曰"统一案"有害于我日本之权利也。我国人之反对，其理由适与国家利害相反，则不能不别别理由，谓统一案之如何如何有害我国家之利益矣。曰"没收"，曰"共同管理"，"统一原案"，绝不相干。而且为原案之所防止者，必摭拾之，捏造之，以达其破坏统一案之目的。此其用心较日本为苦者也。曹汝霖、陆宗舆二君者，向办东邻外交。近年以来，凡与日本关涉事件几无一不经其手。关于铁路者，胶济之换文，满蒙五路、济顺、高徐之垫款，皆为二君承揽之事。而是数路者，又适与统一案破除势力范围利害冲突。山东问题、宣布密约问题、中日两国于巴黎所主张者，适以胶济、满蒙各路为题中极关紧要之件。铁路统一案发生于一月六日。国务院发电于一月八日，乃事隔一月，曹君始反对之。其反对之时期，又适在中日两国于巴黎发生异议、小幡公使来访外部之后，其距离不过数日。京中报纸发端反对，又适为日本人之《顺天时报》开其先河。于是国人乃致疑于曹陆二君，盖会逢其适，天下事之凑合乃有如是之巧者。国内国外，同时反对，必谓其有连属之关系焉，吾固不能为是深文也。虽然春藕斋第一次会议，梁曹二君对于收回政性各路、破除势力范围之议，明明赞成矣。既赞成之，宜多方设法以求达此目的而后可。迨第二次会议，二君拟案则又根本推翻，曰破除势力范围，必以取消不平等诸约为同时并举之条件；曰统一路债，必以外债已成诸路为例外；曰输入外资，必以自办银公司为主体。千回百转，必使全案破裂、不成片段，不能提出，即提出必归于无效而后已。所谓赞成者乃如是耶？吾虽不能为深文，吾敢断言曹梁二君实反对之也。

反对之理安在？据其所发表于外者，不过曹氏之七理由梁氏之三演说而已。梁之三说，一谓英美两国主张列强协同管理没收吾铁路，二谓英人欲设总铁路司，三谓外人设立万国统理铁路委员会，将以没收吾铁路，亡吾国、灭绝吾同胞，其说全无事实者也。曹氏之七理由，曰行政权之侵害，曰国防线无从发展，曰运输之不自由将滞国货，曰收入悉存外国银行将窒金融，曰国内运兵运械之受制将滋内乱，曰人材之遏抑，曰材料购买之垄断。此其说在枝节上皆可辨〔辩〕论者也。行政权之不可犯，运输之自主，吾统一原案已确定之。用人购料存款诸端，此在商议借款条件时自应斟酌尽善、详细规定，使无流弊，非于根本办法上有所冲突者也。至于国内运兵运械及国防线发展两端，曹君之说殊无理由，呜呼，所谓国防线者何耶？在北方者蒙古纵横两线；在西北者，新疆线、兰州拉萨线；在西方者，成都拉萨线。试问近十年二十年内，我国能有赀力及此否？曹君之意，统一路债，则国防线无从发展；一若不统一路债，便可自由兴筑者。吾意此种荒陬长路，惟有统一路债之后，通盘筹划，尚有开拓之望。曹君所虑正相反也。至于东北国防路线有重要逾于东清、南满、东部内蒙、吉林、长春、洮南、热河、安东、奉天、开原、海龙者乎。西南国防则为滇越、滇缅、钦渝诸路。凡此各线，或为已成、或为已订合同之路，其关系者皆已凭之有素。曹君以为统一铁路则无以筹国防？然则苟不统一铁路，曹君果有何术以筹办以上诸线之国防耶。吾以为，惟欲收回国防路，故须亟谋统一耳。且国防意义在乎防敌。若论防敌，应防何人？卧榻之旁久已听人鼾睡。即曹君在此数年当国之间，从君手以断送者，纵横涂辙，无虑数千哩。至今日乃始为国防计耶？此国防线之说之不可通也。至于国内军务运兵运械一说，实为不祥之言。若谓防遏土匪，何至以统一铁路之故受人操持。若其私人逞欲，致启分崩，即铁路未经统一，国际责言当局实已自召。两年以来，南北交哄；运兵运械，本极自由。是非姑置不论，军事成绩所奏若何？今日以后，曹君更将以是为祷祝耶？为祓禳耶？此国内用兵之说之不可通也。

故反对论中，梁之演说为不符事实之言。曹之理由有绝对不能成立者，有为统一原案所已规定者，有为将来应商之条件不足以抗统一案之根本主义者。当春藕斋第一次会议时，曹梁二君明明赞成原案之根本主义矣。赞成之，而又多方设计以破坏之者，其故安在？其为私耶？为公耶？为本国耶？为外国耶？吾不好为深论。吾今将让一步，推论反对统一者为公、为国之心理。吾闻之梁士诒君之言矣，曰："国际联盟不可迷信者也。近则五年，迟则十年，终当再见战祸耳。"又曰："国际联盟之运命，系乎美总统威尔逊一人之身。倘威氏总统地位能更继续，则国际联盟之运命或当较长。"此梁君在某使馆公言之者也。梁君之意，盖谓国际联盟既不可恃，则所谓破除势力范围、消弭远东战祸者，皆属空想，一切尽可不提也。吾又闻之陆宗舆君之言矣，曰："济顺、高徐非政治性质之路，所订垫款合同实为商业性质。"又曰："李鸿章联俄排日终于失败，国际关系联甲国以排乙，联乙国以排甲不可也。"此陆君在某使馆公言之也。

陆君之意，盖谓铁路统一案为联英、美以排日之案。联英、美以排日将归于失败，于吾国为不利。收回政治性质各路，乃并非政治性质之济顺、高徐亦欲收回之，排日之甚者也。吾又闻之曹汝霖君之言矣，曰："日本未可侮也。收回权利亦当得其同意，不能以英美之力而强迫之也。"此曹君亲告余者也。曹君之意，亦以铁路统一案为藉英美以抑日之案也。呜呼！此其说当分别以辟之者也。第一，铁路统一案绝对非联英、美之案，更绝对非藉英、美以排日之案。以日本眼前有利害不能相容之点，彼不能了然于利害之前途毅然于政策之改造者，遂误以为吾排日耳。英、美两国政策接近，表面上美国为国际联盟倡导者。吾国将于国际联盟之下谋恢复国权，彼更误以为吾联英、美以排日耳。此应辟者一。第二，我国自对德、奥宣战以来，所期待者战后之和会。和会之中，吾与德、奥直接应议之件不过数端耳。根本解决，恢复国权，自在永久和平之保障。威氏十四条主义，炳若日星。国际潮流既随德、奥帝国主义失败而变动，运会所趋乃有国际联盟之发轫。其发展顺序，几有自然原则为之支配。故吾人深信国际联盟之必成功。我举国之人近数月来之奔走呼号，求返吾国权、复我平等者，绝对非无意识之举，更绝对非侥幸于一试之举。如梁君意国际联盟不可恃，破除势力案不必提，将来战祸无可免，然则吾国将束手以待他人之决斗于境上耶？抑将因循苟且，或更推波助澜，以促其战祸之速发，使加烈耶？此应辟者二。即曹君日本未可侮之说，吾人何尝有侮之之意？吾人何尝有侮之之举动？吾人之铁路统一案预备提出于和会，盖预备提出于和会与会诸国之前。同意、不同意或同意之办法如何，日本为五强国之一，自有可否之权。彼此自非以善意互商不可。吾代表岂能豪夺而巧取之耶？即英、美及论同盟国，岂能专听我一面之主张而强制日本耶？余以为，吾国人苟自安于委靡，不谋自振，不谋自去祸乱，不谋为世界划除祸乱原因则已；如有自求振拔之意，其造福于世界者，不独英、美及联盟国，即日本眼前小有所牺牲，亦将出其诚心以赞助我，决不断断焉。拥护其一时之小利，以与我抗，以逆世界之潮流，以期侥幸于一逞，以终于失败。使七十二战战无不胜之西楚霸王，而卒自厄于乌江，一蹶而不可振也。余尝闻之日本人先觉之议论矣，近来颇有主张自行抛弃特殊地位优越权利者。彼日本之自爱其国，夫岂漫然为是论，自甘巨大之损失耶？然其深忧远虑，惟抛弃此特殊地位、优越权利，然后日本在国际上方可泯猜嫌，然后日本于我国方可悉涤前愆而复我感情，然后日本在东方方有和平发展之地。其利实倍蓰于特殊优越之虚名也。且不独虚名而已，其结果非引起东方战争不可。胜败之数决非蒲骚之役所可狃。德意志前车且归覆败，矧日本哉。故余且信日本，终必赞成吾破除势力范围案，必赞成吾铁路统一案也。虽然日本之利害，日本人岂不自明之？胡为此先觉之言论不能行？而其现政府之方针及其一般之论调尚与我异，巴黎和会乃先发其端，而至于冲突耶。余以为此惰力耳。三十年来，日本立国政策所规划者，着着进步，着着成功。逮于欧战，东方大陆无佛称尊，大隈威胁，寺内亲善，皆为屠门大嚼，踌躇满志。时代战事遽了，胜败得失情形忽殊，此非日本之所预期。即预期之，而大轴旋转，无可如何者也。德、奥覆败，外交风候划然变动。而数十年来悬崖坠石之日本外交方针，欲令其一旦中止，甚欲变其急下直转之势而顺应于新潮，则安得无激湍？激湍者，坠石惰力之使然，非更有加力焉者也。彼现内阁之方针、一般之报纸议论，皆在此惰力进行之中。不幸我家子弟曹汝霖、梁士诒、陆宗舆诸人亦惶惑于他山堕石之惰力，反自疑吾家之不可振耳。以日本人国际之知识、政治之能力，固必有沉机运策谋划。然而更其态度者，如不知之则短视也，如不能之则弱志也。吾料日本人不久将有所表示也。

虽然屡战屡胜之大和魂，果能移其勇于战斗者而勇于改过乎？假令惰力进行，更有推波助澜者，则十年之内大亚细亚主义，日本大陆国主义，日本优越、权利特殊地位主义，帝国主义，军国主义，有一能免于国际之冲突，有一能免为远东大战之原因者哉？苟出于战，日本人之善战，吾闻之矣。日本人有相当之战备，吾又闻之矣。日本人在东方得地利，占先着，吾又闻之而知之矣。虽然金若何，铁若何，米若何，人口若何，我国民对彼之为友、为敌感想若何，世界之同情若何，胜耶？败耶？吾亲爱吾邻国，胜败之数不忍言也。吾亲爱吾邻国，胜败决定之后，更不忍问其究竟也。吾亲爱吾邻国，胜败决定于外，其国内政情如何，尤不忍为之设想也。德、奥力战，何尝一衂，然其结果如何？日本之视德、奥更如何耶？苟不幸而至此，我亲善之日本不免自贻伊戚。使我国人若梁士诒、曹汝霖、陆宗舆诸君，又仗其苟且姑息之心理，或更有不可问者。以误国是、将见不能为比利时之抗节，必且苟合于利害最近之一方。其结果至无以自拔，非与丧败者同其运命焉不可。然后我国人噬脐其何及矣？苟不幸而至此，梁士诒、曹汝霖、陆宗舆诸君何以谢国人耶？虽然日本固未必终于出此，苟其态度一变，转表同意吾破除势力范围之主张，吾更不知梁士诒、曹汝霖、陆宗舆诸君将随人而变其态度耶？抑坚持到底，并日本亦反对之耶？更彷徨于中日亲善之间，而不知所措耶？哀哉！

假令日本一旦变其态度，赞助我破除势力范围，余以为不独吾国之利，即日本亦大利也。泯欧美之猜嫌，一也。复我国之感情，二也。撤其势力范围而非范围之地亦得投资造路，三也。以平和主义与欧美同发展其经济于东方大陆，四也。以互利主义援助我国，使我国经济得以发展，而彼亦将得我援助，五也。以地利之便，人情文语之相近，与我关系将较欧美为亲密，六也。即南满各路归诸统一，而资本变为新债，实质无所变更。管理较熟，仍得受统一机关之委任，无所谓损失也。二十一款之约废不废尚不可知，苟归无效，则十余年后亦届期满，本在可赎之列。彼时不能禁吾国人之不借他债以购回也。胶济问题且得圆满解决，更不为损失也。呜呼，吾知日本人之必有以较量于祸福得失之间矣！

当陆宗舆之论联甲排乙、联乙排甲也，余尝诘之矣。余前者于国民外交协会演说，早斥纵横捭阖之非，并历数吾国外交之失败矣。何待陆君言之耶？更何至如陆君之所虑，煽国人勾欧美以排日耶？余之赞成统一案，余固为吾国谋，为世界谋，而且为日本谋也。至如春藕斋第二次之案不贯澈，不公平，不条理，余实不欲过事纷议，姑如其意而允之。如其能达吾破除势力范围之目的，余又何求焉？如其不能，则余仍愿再复原案以完全统一办法，谋交通完全之发达也。至于铁路破产之危机，本书第二节已详纪之。循此以往，吾更不知交通当局与交通系诸君将何以策其后也。余敢问，吾国路政办理是否不善？今后应行改进者如何规划？在今日因循穷窘状态之下，诸君有良法可以规划改进。未成、未造诸路，各国肯否继续投资？如不投资，是否诸君所组织之银公司可以担任？银公司不能担任，是否仍向陆君之汇业银行商借？汇业或汇业之后盾能独任之耶？果独任之，其反响又若何？如无反响，吾全国之交通机关将尽属诸此债权者？吾国之景象更如何耶？已成诸路即有营业余利，将举以偿他路之本息，其结果使已成之路无力保固、无力增修，是否终于毁败而后已？谁为为之？而今至此，诸君固不必悉任其咎。然交通系多年盘踞路政，究何以对我国人耶？呜呼，梁士诒、曹汝霖、陆宗舆诸君乎！诸君反对铁路统一案，人或有疑君别有用意者，吾不为深文。吾但谓统一案苟终破坏于诸君之手，将驯至于路政不可救，国权不可复，战祸不可免。诸君即无别项用意，诸君贻误大局之罪实无可逭也！梁君素称仆为公平人，仆承奖勖仆甚荣幸。今仆特向诸君下一针砭，不敢有负梁君公平之誉。曹君最进〔近〕言论亦颇了解破除势力范围之意义，且有租借地一并收回之语，甚透彻也。改过不吝，诸君勉旃。我问诸君无恙。吾愿与诸君共说法于国民之前也。

外交警报敬告国民

昨得梁任公先生巴黎来电,略谓青岛问题,因日使力争,结果英、法颇为所动,闻将直接交于日本云云。

呜呼!此非我举国之人所奔走呼号,求恢复国权,主张应请德国直接交还我国,日本无承继德国掠夺所得之权利者耶?我政府、我专使,非代表我举国人民之意见,以定议于内,折冲于外者耶?今果至此,则胶州亡矣,山东亡矣,国不国矣!

此恶耗前两日仆即闻之。今得任公电乃征实矣。闻前次四国会议时,本已决定德人在远东所得权利,交由五国商量处置,惟须得关系国之同意。我国所要求者,再由五国交还我国而已。不知因何一变其形势也。更闻日本力争之理由无他,但执千九百十五年之二十一款,及千九百十八年之胶济换文,及诸铁路草约为口实。呜呼!二十一款出于胁逼,胶济换文以该路所属确定为前提,不得径为应属日本之据;济顺、高徐草约,为预备合同,尚未正式订定。此皆我国民所不能承认者也。国亡无日,愿合我四万万众,誓死图之!

自请罢免以谢日本人

林长民请辞外交委员上大总统呈云：

敬陈者长民，待罪外交委员会者五阅月矣。该会仰备顾问陈力就列职责较微。自初次议决一案，由国务院电致专使。经月之后，当局意见忽生纷歧，虽经再三迁就，枝节横生，久已不能开会。长民兼任事务，无事可任。本应早辞，徒以荷我大总统之眷，厕于幕僚之列，非寻常居官。有所谓去就者，故亦迁延以至今日。今者日本公使小幡酉吉君有正式公文致我外部，颇以长民所任之职与发表之言论来相诘问。长民愤于外交之败，发其爱国之愚，前者曾经发布论文，有"山东亡矣，国不国矣，愿合四万万众，誓死图之"等语，激励国民，奋于图存，天经地义，不自知其非也。但无加危害于日本人之据，彼日本人绝无可以抗议之理由。且有国者不讳亡，长民措语未为过甚。胶州租借于德国者廿年，当时实为暴力所屈。今日乃高唱人道之世，尚有袭德国之政略，继承其所得者，我犹甘之，是我承认其举动为正义、为人道也，非亡而何？藉曰交还，然择肥而噬，得步进步。满洲前事二十一款，前事能无寒心！势力侵凌，利权日失，空拥领土，所存几何？山东亡矣，国不国矣，长民尚欲日讨国民而告之也。若谓职任外交委员便应结舌于外交失败之下，此何说也！闻阁议后曾将日使原文送呈钧座，用意所在，得无以公府人员难于议处，无以谢邻国而修睦谊乎？长民上辱我大总统之知，究不敢凭恃府职，予当局以为难，兹谨沥情上陈，务乞大总统准予开去外交委员暨事务主任兼差，俾得束身司败，以全邦交。不胜迫切，待命之至。抑长民更有所欲言者，日本人发表关系山东问题之言论，彼为其国，等于长民之为吾民国，或有加甚者，兹特列举于后，未谂政府曾否训令驻使向彼政府质问，望我大总统加察之。

肃请钧安！

林长民谨呈

五月二十五日

附：

日本人关于山东问题之言论：

五月二日，《国民新闻》载法学博士高桥作术议论，略云青岛不还附乃原则也，租借地即为让渡。前者还附之宣言为日本之好意，中国既不解此好意，应依原则不还。

附之按，高桥博士前为大隈内阁之法制局长，现任贵族院议员，乃倡此极端之论调，非侵略主义而何？

四月二十九日，东京《朝日新闻》载某将官谈话，有山东绝对为日本禁物之语，并谓非徒胶州问题，非徒山东问题，实日本存立问题。

案，"禁物"应作如何解释，非有领土野心之据耶？山东问题何以为日本存立问题，较之长民"山东亡矣，国不国矣"等语，轻重如何？

四月三十日，东京《朝日新闻》又载文学博士建部遁吾议论，略谓此次巴黎和会议及山东问题，侵害日本之既得权，为国际之过激派紊乱世界之秩序。

以上所举，但就一两种报纸中节录之，其他危言耸听者不胜枚举。我驻使不能不注意也。

告日本人

自山东问题发生，吾国在巴黎和会有外交失败之耗。国民愤激力争，余亦有所论列。日本旧交，时有过访，各以国家利害，反复辩论。余之所言，不独为一二日本旧交告也。余愿以至诚恳之意，敬告日本全国之国民。

第一，日本主张条约之尊严与国际之信义，谓关系山东条约，吾国早经签字，不能翻异也。呜呼！山东条约，果以何种形式、何种手段而成立耶？余前告日本某君，称为手枪威吓，迫定家产让渡之契约也。苟有机会，可以诉吾警胁者，安得禁止吾人之主张！若云信义，日本攻取青岛，当时有交还吾国之宣言，并未附以条件也。民国四年，交涉发生，从无条件之交还。因为有条件矣，所谓信义者安在？日本攻取青岛之时，吾国固中立也，划龙口为日兵登陆之界，划潍县以东为日德交战之区。此在中立国已有万不得已者。未几而日兵越界占领潍县以西铁路矣，所谓信义者安在？日军既占胶济全路，济南交涉重案，遂层见叠出。而日本更设民政署矣。所谓信义者安在？余今不必溯及过去二十余年间两国之历史，但就山东而论国际信义，乃复尔尔。愿我亲爱之日本人速自反也。

第二，日本主张山东权利得自德国，非取之于我中国。德国侵略逾二十年，中国不之抗。独至日本人之手，而靳之何也？呜呼！中德交战条约消灭日本继承关系全无根据矣。若谓占领，在先事实，未容没却。吾国人、吾专使之所争，乃对德媾和条约之关系，尚未涉及事实也。至于德国侵略，吾国人隐忍者二十年。此二十年间，为暴力即正义之世界。吾国人除养成武力相抗外，无可主张也。假令当时有容我主张正义人道之机会，吾之对德又何以异于对日？民国六年，对德宣战。吾人又不屑举胶州侵略之迹，以复仇修怨为言者，为正义人道而战，非吾一国之私。但有正义人道昌明之日，吾领土、吾主权之劫夺于暴力者，将与世界一时受侮之国家同跻光复之运，自然得返其旧物，示大公也。即吾亲爱之日本人，对德宣战，又何尝不以正义人道为标榜。正义人道，一涉本身利害问题，便设许多例外。吾不能不为正义人道哀！此当向世界各国今日所号称强国者进一忠言：勿为伪善。尤望亲爱之日本人毋自欺以欺人。而吾国人则始终确信，正义人道之可恃不少渝也。

第三，日本主张日德宣战，日本有实际之牺牲，不能不有报酬。夫希望报酬，决非日本对德宣战之本旨。假令日本先有交还青岛之事实，吾国感惠言报，自应有吾相当之偿。若以交还相要求，附以伸缩自如之条件，而欲责吾人以良心之信赖，对国人惩前毖后，实有不能无疑者。曰专管租界之指定，曰一切交还手续之协定，又其他如山东开埠之协商，沿海岛屿不租让之换文，完全欲置吾山东于其势力范围之下，凭据要隘，伸张各路，谓吾山东不为欧洲第二焉，不可也。谓无领土之野心，即吾满洲今日何尝为日本之领土。而其侵害主权、扩张势力者，领土野心之有无，究竟有何区别？以此言报，报者倦矣！吾不知比利时之报英法又当若何。愿吾亲爱之日本人为吾人设身处地而思之也。

第四，日本主张国际竞争，出于自卫。此其说则涉及于过去二十余年间中日之战、日俄之战，及日韩合并之事之范围，一若所有进取政策，皆出于不得已者。吾固不欲深论，但自卫意义应有定界。若以版图狭小之故，必携人所有以自存，则世界小邦无数，非恃蚕食无以立国耶？君等自卫，吾辈若何！然则朝鲜自属国而变为独立，复独立而变为保护，更由保护而径入君等之版图。惟君等之自卫故，满洲权利日增无已，旅大租借沿袭德式，变为九十九年。

亦惟君等之自卫故，满洲各路、东部内众种种要约。亦惟君等之自卫故，今乃自卫范围更欲扩充，而入于吾神圣生地、京邑门户之山东耶？愿吾亲爱之日本人为吾设身处地而思之也。

第五，日本主张黄白异种，欧美与吾亚洲分界。美有门罗主义，吾亚洲亦当蹈此主义。亚洲问题，吾亚洲之国家自决之，不能诉之于各国。中日问题，中日自定之，不必谋之于他人也。呜呼！今日世界有色人种之被压，吾岂不知之！求平等于外而调和于内，则凡吾黄种者，应如何自警，如何互让？日本自诩为开关以后之先进国，责任宁不重大？甲午之役，警醒吾国人，吾国人固已视为药石。日本在足跻于世界万国之林。日俄之役，力摈强邻，义声所树，尤足多矣，顾以义始而以利终。骎骎之势，先予同种之难堪，谓无论如何，咸当顺受，以靳于将来对外不可必得之平等，则吾人之所大惑也。至若门罗主义，彼其历史，如何强同？使吾亚洲有一信义可倚之国家，其实力又真足为盟主者，则其主义未尝不可移植。若日日剚刀于吾同洲之腹，有机可乘便图进取，力有不逮，更远引不同洲之强邻以为保证，以增殖其利益，而巩固其地位，其毋重诬门罗乎？以信义言，则虞诈未泯；以实力言，则毛羽未丰。孰是盟主，孰为表率，君有雄心，我宁多让。相持不下，转启外衅，此吾人之所不敢附和者！谓中日问题，中日自定，何以巴黎开会以后，发见此两年来日英、日法、日意之密约？前岁蓝辛换文，吾人早滋疑惧。今日所见，益征君等之深心。四方埋伏，胁以相谋，亲善之诚，乃若是耶？特殊利益，优越地位，果作何等解释？曰"对于第三国言之也"，曰"日本在吾中国之利益，在吾国之地位，较之第三国为特殊、为优越耳"，果依此说，吾人有两疑问焉。第一，所谓利益、所谓地位者，与吾中国有无不能相容之点？第二，所谓特殊、所谓优越者，果用何物为标准而较量之？第一疑问，征诸事实：历年交涉，种种条约得尺得寸，两国利害无不相反矣。君等虽对第三国言之，而其所言之内容尽属我国之事，尽属我国伤心之事，能禁我之不平耶？第二疑问，解之者曰："特殊""优越"，衡量标准为天然的、为历史的、为地理的。同文同种，境土相接，较之第三国固不同也。夫既为自然之殊异，何待他人之保证？君等对英、对法、对意、对美密约换文，究何为耶？果循自然之轨以求亲善，必矫揉造作加以人为。至于如此，婚姻之约，有待良媒；至若兄弟，天然结合，岂必立契证明，六亲互保，始生血统关系。君等既欲以此曲解，自文其攘夺之谋，则所有国际之行为皆属颠倒错乱。又况权利冲突，君固日日斫丧其天然上、历史上、地理上本来之情谊矣。是则愿我亲爱之日本人速自审也。

吾今敢正告日本人曰：吾国人之对君等，实有不可讳言之痛矣。除极少数之人外，不论阶级高下、知识浅深、思想新旧，观察纵有异同，饮恨几于一致。经一度事变，便增一分怨毒，毋谓吾人爱国无持久性也。假令事变之生，继续不已，君等怙过，〈迄〉无悛心。相激相荡，终有不堪设想者。若在强权之世，君等固有一日之优。虽然，今何时矣，无论潮流变迁，未容君等悉奏长技，即令人袖手恣君所为，吾辈有世界五分一以上之民族文化智能，又有牢不可拔之根抵〔柢〕，一战而霸，遂足为君等贺耶？吾民族遂永戴君等而易其宾主之位耶？此种根本见解，吾固深信君等必有彻底觉悟者。顾以前事惰力，国谓矜张，改过未勇，吾不能不为君等之有势位者惜之。万一因此迁延，蓄憝益甚，竟演成万劫莫复之惨剧，君等在东亚、在世界应负何等责任，愿君等深长思之也。

至于同洲自保主义、同种相亲主义，根本用意非不甚善，而实行之方法与选择途径，君等所为几无一不错误，其结果乃与其所预期者绝对相反。君等至今宁未悟耶？吾去岁两游东京。君之朝野人士，吾亲接其言论者不下数百人。披襟深谈，出示肝胆，未尝不太息痛恨于君等政府。历年对华方针之谬，其最著者为民国四年之交涉与投资之非其道。吾之表示，但愿亲善出之以诚，君等当亦记忆之也。至今日事势纠纷，君等所极力拥护者，乃犹是向时太息痛恨谬误方针之出产物，殊可异矣。以夷制夷，远交近攻，君等所举以指摘我者，处处疑吾辈相见之不诚。究竟以夷制夷，远交近攻，吾辈有何实迹？而君等诸种密约，以及换文情形转先暴露。君之所以者何人，君之所制者何人，君之所交者何人，君之所攻者又何人？本是同根，相煎太急，吾尤不能不为君等心痛也！至若威尔逊主权，强权之国，或有违其本心。吾若辈权衡利害，欲缩其百年发愤之图，思乘大势变迁，而早收其效，此固人情之常。呼号奔走，谋得直于正义人道之前，无所谓以夷制夷，无所谓远交近攻也。且吾之所陈者，岂特一端而已，又岂特对君等之国家而已！不幸首先应难，遽见阋墙，孰造兹因，君当审之矣。兄弟固亲，朋友之间，缓急亦可呼吁。吾国今日对内对外种种困顿，君之所知也。善意之援，吾之所冀，不必讳言也。有同情于我者，朋友兄弟不暇择也。苟有互助之诚，则骨肉自亲于友谊。所谓天然的、历史的、地理的者，吾国人固一一省识之，无待君等之哓哓也。愿吾等痛下决心，一涤前愆。苟知其误，勿事迁延。果有以恢复吾全国最大多数之人之情感，且予之以可信者，百年之计，自然之利，岂在今日所得之下。君等尤不能不较量于利害得失之间也。迫切奉告，翘盼好音。东望长大，颂君福祉。所言未尽万一，幸明察之。

巴黎和议记 十四续

一　德国签字前后情形

协约国于六月十八日（一说十六日）对德答案复文交与德代表。当时礼式颇为单简。四件公文由德代表西芒书明收到日时，付还收据。所限五日签字期间，即由交付之时起计算。德代表等立即乘车返国。德代表既归，巴黎方面传说不一。有谓彼等一致劝告内阁不可承认者。谢致孟内阁于十九日召集国会会议，巴黎又传德国态度强硬，阁员决定全部拒绝。同时亦有奥国不愿签字之信。协约国乃为最后威胁之备。陆军方面由协约国共同任之，海军则专由英国负责。所谓和会最高会议者，亦即日开会。威总统，克总理，英、意外相及法国佛司上将皆出席。解决联防办法，仍由佛司将军统率一切。如德国廿三日拒绝签字，即实行进攻。英国飞机装置机关炮炸弹，由伦敦出发作备战之巡游，飞行德国海滨。德人被胁，各城镇有反抗者，无如何也。德国政局是时以签约问题遂生变动。谢致孟内阁辞职，巴威尔出任国务总理。新内阁阁员如左：

　　总理巴威尔
　　外交部长苗礼尔
　　财政部长爱斯伯葛
　　内务部长达弼
　　陆军部长那司克
　　经济部长魏萨鲁
　　交通部长葛拉斯伯
　　劳动部长辛哲那

工事部长师理克

殖民部长伯鲁

国库部长麦意华亨兰

督粮部长萨密陆

新任总理巴威尔年四十九,生于普鲁士东部。千九百八年出任营业委员会委员,佐爱般脱总统从事社会主义之运动,工界盛称誉之。千九百十二年社会党举为国会代表,千九百十八年国会委任为新设之劳动事务局总裁。是年十一月,于签押停战条约之夕,与全体阁员连带辞职,旋又充管理劳动部副委员。本年二月,谢氏内阁成立,留其继任斯职。巴氏与新陆军部长那司克、新财政部长爱斯伯葛诸氏向持反对签字之论。此次出任内阁,世论以为德国仍将拒约也。然谢氏、巴氏咸为社会党中之平和者。假令拒绝签字,外受联军之迫,国内剧变,政权将移于共产党,其势更为险恶。于是,新内阁不得已主张忍痛签字。国会开会数次,卒以多数通过赞成政府签约,但要求政府勿得交出负战事责任之军官,使受协约国审判。新政府因即咨复协约国,先声明签字,惟附带条件,希冀不惩办德国将领而已。时六月二十二日,距签字期限只一日矣。协约国得此公文后,当晚即召集四国紧急会议,九时方散。十时,由克列曼索致德委员书云:协约及联合各国已考察德国来文,以为无考虑之余地。今致其答覆文如下:

德国政府必须决定签字和约。今所余之时间不及二十四钟矣。协约国及联合国之政府对于德国和约之意见,已经极审慎之考查,让步至于无可再让。德国此次提出公文实无可注意。协约国及联合国政府不得不宣告停止讨论。凡一切德国对于和约之修正，一概不听不受。德国代表惟有签字一途。签字以后协约国及联合国政府当负极力执行之义务。

右文发出，德国委员知无可再抗。翌日，德政府即训令致文和会，声明签约，并声明新总代表爱斯伯葛将于二十五日抵巴黎。巴黎全市张灯放炮，举行庆祝。克列曼索喜形于色，访威总统于其寓所，至谓："普法战争以来四十九年，今乃及见此盛会也。"德国新代表旋复派定外交部长胡鲁礼及殖民部长伯鲁二氏（又一说交通部长葛拉斯伯），程期少延，廿七晚始抵巴黎。二十八日午后三时，协约各国及联合国各代表与德代表咸集威尔萨优离宫。和约文甚多，计四百余页。为省略诵读故，由克列曼索会长以议会名义致书德代表，申明本日提出签字之约与前次秘书长杜本斯太氏所交付之件实无二致。德代表遂行签字。当时列席者，各国代表外，法国重要人物有佛司上将及参代两院委员会委员、战时四总理、阿尔萨斯罗兰二州法国大使云。代议院议决，以四十万佛郎为七月十四日举祝典之费。协约各国谋督促德国履行议和条件。定自签约之日起，十五日以内开设各种委员会，如国境问题、兵备问题、行政监督、债金保障、战事责任处分各问题，均决定细目，使德国逐一履行。而德国方面对于偿金及战事责任处罚问题，于履行时或尚有多少争点。国境委员，德出一人。委员会成立，德委员难保无所争议。加入联盟与否，亦为未定问题。故和约虽签字，协约方面尚多顾虑也。德国签约实为不得已之屈服。德政府通告承认签约之公文，略谓德意志共和政府知协约国决计纯用武力，强迫德国承认此等和议条件，以为剥夺德人之荣誉。然无实际上关系，而德人之荣誉亦不为强暴之行为所毁。德人经近数年来苦况后，已竭其防护荣誉之力。德政府虽屈服于强压之武力，然其心理中莫不以和议条件为亘古未有之不公。兹宣告彼等现已准备承认签押协约国所提出之条约云云，全国震动，显露复仇之意。和会最高会议于七月四日通告德人，俟条约批准，即行开放各港口。一面则组织监视委员会，曰"德、奥实行缩小兵备监视委员"，曰"国境确定监视委员"。（对于德、奥、匈及巴尔干。）曰"强制总投票监视委员"。（对于丹麦、希腊、波兰。）曰"铁道监视委员"。（对于罗马尼亚、南斯拉夫。）

二　中国不签字之经过

巴黎和会议及山东问题，自五月一日三领袖会议形势一变后（见本《旬刊》第十二期），我国代表于五月六日在会宣言，要求保留签字。保留者签字和约时，声明关系山东问题以后当得提议。易言之，即除不承认山东条款外，其余条款皆同意也。是月二十六日，复以正式文书通告和会。事经一月，国内人民主张一致：非山东权利完全争回，勿得签字。警电络绎，督责各代表。而政府方面怵于国论、人民呼吁，当局答复之语皆极含混。盖欲侥幸保留之议得见纳于和会，藉以塞众谤。其意见倾向，实则无论保留与否，皆愿签字也。时有传其训令代表径行签约者。各代表中意见虽不尽同，而国民警电日至，亦有不能不坚持之势。

对德和约全文中，关于山东问题者凡三款，其文如下左：

第一五六款

德国须将一八九八年三月六日《中德条约》所订，及以其他关于山东之合同所获之特别权利，完全奉与日本国。关于胶洲湾及铁路、矿产、海底电线之特别权利，尤属重要。凡关于胶济铁路及其枝路之特别权利与其所属之产业，车站、栈房、车辆、不动产、矿山及开掘矿山之材料、设备，须由日本国占领而保有之。

日本亦须获有关于青岛至上海及青岛至烟台海底电线之特别权利及其一切产业,免付赔偿或价值,并不加以任何限制。

第一五七款

德国政府在胶洲租借地内所有之动产、不动产与在该租借地内由德国直接或间接所营之改良事业及工程,又德国因其所投资本而理应享有之其他特别权利,皆须日本占领而保有之,免付赔偿或价值,并不加以任何限制。

第一五八款

德国须于和约施行三个月内将各种关于胶洲租借地军事、财政、司法之文牍、契据、公文完全奉与日本国,并须在同一期限内将关于上记两款所述各种特别权利之约文与其他文件,亦完全奉与日本国。

照此条文,则我国山东权利前为德人所劫夺者,此次宣战结果不但不能收回,而日本更以封豕长蛇之势伸张势力,完全承继德人权利,以与彼多年经营之满洲势力相为叫应。我代表在巴黎奔走呼吁终归无效。至六月二十八日德代表既签约,各国代表相继签字。依次及于我国,而我代表缺席未署。议场颇为震动。是日代表电告政府,并引咎自请罢斥。其文如左:

和约签字,我国对于山东问题自五月二十六日正式通知大会。依据五月六日祥在会中所宣言,维持保留去后,迭向各方竭力进行,迭经电呈在案。此事我国节节退让,最初主张注入约内，不允；改在约后，又不允；改在约外，又不允；改为仅用声明、不用保留字样，又不允；不得已，改为临时分函，声明不能因签字而有妨将来之提请重议云云。岂知直至今日午时完全被拒。此事于我国领土完全及前途安危关系至巨。祥等所以始终不敢放弃者，因欲使此问题留一线生机，亦免使所提他项希望条件生不祥影响。不料大会专横至此，竟不稍顾我国几微体面，曷胜愤慨！弱国交涉，始争终让，几成惯例。此次若再隐忍签字，我国前途更无外交之可言。内省既觉不安，即征诸外人论调，亦群谓中国决无可以轻于签字之理。详审商榷，不得已当时不往签字。当即备函通知会长，声明保存我政府于德约最后决定之权利等语，姑留余地。窃以祥等猥以菲材，谬膺重任。来欧半载，事与愿违。内疚神明，外惭清议。自此以往，利害得失尚难逆睹。要皆由祥等之奉职无状，贻我政府主座及举国之忧。乞即明令开去祥外交部长委员长及廷、钧、组等差缺，一并交付惩戒；并一面迅即另简大员，筹办对于《德奥和约》补救事宜，不胜待罪之至。

祥、廷、钧、组二十八日

右电为我代表陆徵祥、王正廷、顾维钧、魏宸组署名。代表五人，尚有施肇基一人先期已返驻英任所，故未与也。我代表缺席并未通知和会，但有宣言声明：拒绝签字之原因，为《对德和约》中关于山东条款之不公允，拒绝签字之责任在缔结此项条款之和平会议；并说明：山东问题之解决方法有碍中国国本及东亚和平云。是为我国外交史上极有关系之事，于巴黎和会中完全失败矣。一时欧美舆论颇为称许，谓不签字足睹吾民志。美上院至有通过和约时反对关系山东条文之议。陆徵祥等复电告国人，谓保留山东三条直至今日，穷尽方法，卒归无效。祥等因此次和会当谋世界永久和平，论是非不论强弱，故不畏强御，提此主张。不幸事势中变，难遂所期。然吾国仍不能迁就，致成自杀。祥等已拒绝签字云云。是又我国外交不甘迁就之新纪元也。《对德和约》既未签字，我国在和会中尚有应行准备之事，对奥签字，加入联盟及别与德国媾和诸端。而山东问题遂成今后世界绝大事件矣。

《欧战全史》序

人类何为而有战争？必有相持不下之势，无他术足以解决之，乃诉之于武力，以武力之胜败为判也。武力何以有胜败，其故又不尽在乎武力之强弱，必有其他之因果为之左右，或增而或杀之也。"得道者多助，失道者寡助"，此其说人人类能言之。然则战争非不祥之事，不独可以解决一时之纷扰，且将于其胜败之际，推勘事理，而得一真是非焉，足为人类从违之准，杜绝后来无数争端。以一时一地之牺牲，为永久平和之偿价，《泰誓》所谓"立定厥功，以克永世"是已。夫既为立功克永之业，宜古今中外战争之祸，不能数见。前事后师，知所鉴戒。而最近乃丁亘古未有之浩劫，愈演愈烈，其范围亦愈益扩大。至举全世界之国，无一不受影响者，止戈之义，果安在耶？果有止之之道，何为而有今日耶？吾于是推原其故，得三义焉。第一，根于人类之善忘。事过境迁，身历者不知悛悔；非身历者不知借鉴，或乃效尤加厉，惟受罪浮于桀。挞伐之事，不能不再见矣。第二，根于人心之作伪。托名义以号召，判仁暴于一时，劫取人心，遂其大欲。逮于挞触，受者愤之。问罪之师，更迭起矣。第三，根于胜败之数，始终未底于决算之日。譬诸计数，日计月计，乃至于岁计或更展长焉。一时之损益，未必遂为决算之赢绌也。一款一项之出纳，更不足以明决算书之全部也。旷日持久，两败俱伤，不得已而罢兵者有之。小大、强弱、众寡情势悬殊，不得〈已〉而屈服者有之。天时、地利、人和，机会之偶合偶不合，而得丧分焉者有之。又譬诸医术，毒疡刳剖，时有一奏不能收效者。至于累试而求其病之务去，拙者或竟斫丧元气，更引他患，终于杀人而后已。然则战争之无已时，固从古至今未有真胜败也。善忘作伪，患在人

作于一九一九年九月。刊于梁敬镗、林凯著《欧战全史》。署名林长民。

心。胜败未分，则时势之使然，亦人心苟且，姑息不求。所以彻悟其原，而改造此时势，期于永奠有以致之。循此不已，人类终灭。战争之不祥，宁待说耶？今日世界，亘古未有之大战已罢兵矣。德奥为败，其他之对德奥宣战者为胜。世间所据，以分两造者也。开战之始，德奥亦有口实矣。曰为自卫，曰为同盟国，曰为戕杀皇储而战争也。其名义之真伪、正不正，不必更置一词。但问其军国主义是否为人类团体之害，固已无从讳饰。对德奥宣战者之口实，则曰为公法、为正义、为人道，诚正大而光明矣。德奥困于内外之时势，遽至城下受盟。贺战胜之词，则曰公法、正义、人道战胜。言之若甚，有左证也者。而老悖顽固之政治家，则复苟且诡秘，比周图利，尺寸不肯舍置。稍持公道者，虽始作风唠，而杂于群鸢之中，亦杀其毛翰，不敢更鸣以去。至吾国秽德彰闻之执政，随声附和之国民亦腼然自居于战胜国之林，以乞怜于老悖顽固者之侧，一面且护其过，昧其途，更将自投于无可振拔之阱，暴其枯骨，以供饿虎，为未来十百倍蓰之祸阶。吾不知所谓公法、所谓正义、所谓人道者，其真谛果如是解释；战胜战败之数，果以是为终结耶？军国主义败矣。彼以反抗军国主义为口实者，对于人类之平等、民族之自由、经济之开放，是否真有履行之意与毅然断行之力，以终操胜算耶？军国主义者，杀人之具。不平等、不自由，其结果之杀人，且不止乎军国主义之烈！今日所号称为战胜国者，不可不知也。善忘、作伪、苟且之习中于人心，吾不能不为世界人类痛矣！梁子敬锌、林子凯著《欧战全史》上卷，既脱稿，吾取而读之。知二子之有深意，不仅为叙其战迹而已。剖示因果，昭若日星。死伤之惨，生计之穷，造兹孽者，无一不根于平时各国之政略。乃至一二轶事，亦关世运。读是书者，能无惧哉？若夫记述战略，铺叙武功，特是书应有之笔，非教人以杀人之术，则又不可以误会也。名为战史，不载和议。而梁子近数月来尤究心于巴黎和会之事，异日若更编辑成书，以供国人浏览，则合两书而推勘之。厥鉴不远，在彼夏王。吾知世人之益警悟，善忘作伪、苟且之病或可瘳也。吾惫矣。参战之议，吾奔走而与闻之。几经挫折，乃有六年八月十四日之布告，吾起草副署而宣布者也。当时所期之结果，固冀一翻历史之局，以此一战为世界劫运之终，为人类幸福之始。何图世事诪张，至今日所发见者，犹是一善忘、作伪、苟且，本来传统之心理。吾国人之有力者，且变本加厉焉。谓吾罪乎？吾固未尝比于若辈也。谓吾无罪乎？彼假是名义以毒螫吾国民、以贻祸于世宇者，追原其故，吾不能不分谤也。读二子之书，倘有兴起，更造未来之真平和，而一涤夙秽者。吾虽疲敝，尚愿执鞭以随其后，庶几得赎吾前愆也欤。

    民国八年九月下旬　林长民序于京寓双栝庐

在"法尔奈斯的公牛"明信片上的题记

　　石刻高二丈，方广六丈余，为整石刻成。第二世纪间置诸罗马 Caracalla 浴堂中。其蓝本取之希腊铜制，可谓伟大矣。今移至那波里博物院* 那不勒斯国家考古博物馆。

十年四月卅日　长民记

在陈博生明信片上的题记

　　日奈佛 * 今译日内瓦。开会五日，后脱离喧嚣，到湖东头小住。昨复乘山路电车更历一湖，所过胜处，多是去年曾游之地。此图为齿峰 * 今译雅芒峰，瑞士山峰。之一，记前游，飞云逐车，幻境若梦。顷住峒湖北岸一小旅社，我所最喜处，山渌湖光，若饮醇醪，使人长醉。自晨至暮，不闻语声，真幽绝矣。寄与博生吾兄。

　　　　　　　　　六月十二日　长民

作于一九二一年。此文据手迹刊印。陈博生，民国著名报人。

太平洋会议我观

归国旬日，与旧时朋辈晤语，所叩颇多。而区区游迹所历，二年间见见闻闻，与夫感想所及，未先尽述。讲义录、信札、剪切报纸，乃至公私报告，可资编纂者外贮箧笥，无暇后译，杂谈苦无机轴。《时事新报》以五千号纪念索文字，以充编幅。略记关于太平洋会议意见如下。词旨简率，但所其事可为吾国人考鉴者，聊报殷意，不足言论载也。

太平洋会议，今日正在进行。余离欧之日，正欧洲各国选择代表之际。对于会事，类无具体主张。其结果如何，更无人能预料者。裁减军备，为人人胸中所希冀。究竟裁减程度如何，二三强国能否廓然相见，为世界造真和平，殊不敢去，即军备范围亦难确定。科学发达，其造作法之有平时为普通工业之用，而战时即成利器者。此种纷议，想无标准可以衡量。海陆空军备问题，现在一切并提，实则此会动机，起于海军者为多。列强赴会，现在列席之国颇多，实则最初只因英美海军之争衡、日美之冲突点与英日同盟之续否而发起。故英、日、美三国为此会之机括，其后乃推及于他国耳。吾国地位却为此会极大关键。盖英美、英日、美日关系，与我利害皆极密切。故此会议虽谓为英、美、中、日会议可也。七月间英日同盟问题续订与否，时期将届。而美总统忽有太平洋会议之提议。英首相乔治则先于国会中露出续盟与否，应待中国、美国答复之意。然则其先事商略可知也。日本则仓卒闻信，颇怪同盟国之不预告。乔治语快，其在国会流露之言，翌日乃不见之于议事录。而各报宣布，已不及掩矣。余在伦敦，适晤日本某新闻记者，愤愤于英政府之不诚，欲诘余吾国与英是否早已密商，且闻顾使与英当局之交际，余谢不知也。吾国与此会关系如此,据近日消息,正议及远东问题。吾代表亦正奋斗于坛坫间,其效虽未可知。而国际间之公义,决无人悍然肆其淫威,敢于干犯者,此固于我为大利。但议决之际,到底有无具体办法,抑但出之以空泛之词,则专视吾国人是否有真觉悟耳。余于八月间,曾从英伦电致政府及京沪诸报,谓此会胜算不在外交,在内政。裁兵统一,理财开源,有切实办法,然后对外有词。当时远在欧土,以为联省之说,可以早见事实。趁此时机,亟图自振,以互助之精神,博友邦之援助,实千载一时也。不期国内纷纭,今且益甚。及今不悟,更待何时?生死绝续之交,吾滋惧矣。吾之所惧,在此会议关系远东问题,无实在之方案,但定轮廓。曰领土保全,曰尊重主权,曰门户开放,而既得者种种设以例外。所谓开放门户者,则又为曲说以解之。吾代表争无可争,乃辗转而迁就之。吾国民但事矜张,不加研究,或乃愤激之下,空拳奋勇,愈失同情。对内则猜疑崩析,愈演愈歧;而外人曲解之词,将进而为越俎之事。然则今日之太平洋会议,不转造成祸阶耶? 此余之所大惧也。

一封情书

仲昭爱览：

　　前书计达。未及旬日，乃有不欲相告，而又不忍不使吾仲昭一闻之讯，虽此事关吾生死，吾今无恙。昭读此万勿忧惶，忧惶重吾痛，昭为吾忍之。中旬别后，昭返常熟，吾以闽垣来电，再四受地方父老兄弟之托，勉任代表。当时苟令吾昭知之，必以人心向背尚属一斗讧时代，不欲我遽冒艰险。然迫促上道，我亦未及商之吾昭，遂与地方来者同行赴宁，车行竟日，未得一饱。入夜抵下关，微月映雪，眼底缤纷碎玉有薄光。倏忽间人影杂遝，则乱兵也。下车步数武，对面弹发。我方急避，其人追我，连发未中，但觉耳际顶上，飞火若箭。我昏，扑地有顷，兵亦群集，讯我姓名。我呼捕狙击者，而刺客亦至，出上海新将军捕状，指我为敌探，遂绳系我送致城内军令部。因车轹雪，别有声响。二十里间，瘦马鞭曳，车重路难。我不自痛，转怜兹畜；盖同乘者五六人，露刃夹我，载量实过马力。寒甚，我已破裘淋湿，通体欲僵。只有一念吾昭，心头若有炽火，为增温度。夜半抵营门，立候传令。又经时许，门开，引入一厅事，曰是军法庭。数手齐下，解余衣搜索，次乃问供。我不自忆夹袋中带有多少信件，但见堂上一一翻阅。问曰黄可权何人，答曰吾友，河南代表，分道赴武昌矣。又曰昭何人，我闻昭名，神魂几荡，盖自立候营门后至此约二时间，念昭之意，已被逻骑盘问，军吏搜索，层层遮断。今忽闻之，一若久别再晤，惊喜交迸。少迟未答，咤叱随，则曰亦吾友。曰黄函叙述事迹，尚无疑窦，昭函语气模糊，保无勾煽情事？再三诘问，我正告之曰，昭吾女友，吾情人，吾生死交，吾来生妻。函中约我相见于深山绝巘中，不欲令世间浊物闻知，无怪麾下致疑之。今若以此两函故碟我，较之中弹而死，重于泰山矣；三弹不中，而死于一封书，仇我之弹，不足亡我，忧我之书，乃能为我遂解脱，吾甘之也！

此房闻我怒骂，乃微笑曰，好风流！听候明日再审。于是押送我一小室中，有褐无被，油灯向尽，烟气熏人。我困极饿极，和衣躺下。一阖眼间，窗纸已白。默祝有梦，偏偏不来。忽念世事，觉得人类自家建设，自家破坏，吾勇吾智，吾仁人爱物之性，尽属枉然。此是吾平生第一次作悲观语。自分是日再审，必将处决，但愿昭函发还，使我于断脰前有暇，尚能高声一朗读之。于是从头记忆，前后凌乱，不能成章，懊恢起步，不觉顿足。室外监卒突入，喝问何事，不守肃静。彼去我复喃喃，得背诵什八九，喜不自胜。呜呼吾昭！昭平日责我书生习气，与昭竞文思，偏不相下，今则使我倾全部心力，默记千百余字，乱茧抽绪之书，一读一叫绝，不足以偿吾过耶？吾昭，吾昭！昭闻此不当释然耶？有顷求监卒假我纸笔，居然得请。然吮墨濡写，不能成文。自笑丈夫稍有受挫折，失态至此！计时已促，所感实多，一一缩其章句，为书三通。一致吾党二三子，一致老父，一致昭也。正欲再请，乞取封面，窗外枪发，人影喧阗。问何事，监者答云，兵变。复有人驰至，曰："总司令有令，传林某人。"书不及封，随之而去。至一广庭，绕廊而过，候室外。有人出，则夜来审问者，揖余曰："先生殆矣！"余曰："即决乎？"曰："否，今已无事，昨夕危耳。"入则酒肉狼藉，有人以杯酒劝饮。我问谁为总司令，曰："我便是。"我问到底何事，彼云："英士糊涂，几成大错。"我知事已解。总司令且任根究，英士上海将军字也。

呜呼吾昭！此时情境，恨不与昭共见之，将来或能别成一段稗史，吾才实所未逮。昭近状恐益多难堪事，我乃刺刺自述所遇，无乃为己过甚？此间事解，我已决辞所任，盼旬日内能脱身造常，与昭相见，再定大计，并请前此未及就商之罪。苍苍者留我余生，将以为昭，抑将使我更历事变苦厄，为吾两人来生幸福代价耶？旬日期近，以秒计且数十万，我心怔动，如何可支。我吻昭肌，略拟一二，亦作镇剂，望昭察之。

苣苳书
千九百十一年十二月二十四日
时在宁过第二夜，新从监室移住招待所附：

《一封情书》按语

　　看中国二十四史乏味，看西洋传记有趣的一个理由，是中国史家只注重一个人的"立德立言立功"，而略过他的情感最集中的恋爱经验。也许我们的祖宗们并不知道这回事，除了狎妓。即使有，在个人本身，也是讳莫如深的。立志不要吃冷猪肉的，能有几个？现在时代换样，反动到了；在青年人看来，事业是虚荣，功利是虚荣，文章是虚荣，人生里真的只有一件事——恋爱。结果副刊的来稿，除了骂人，就是谈恋爱；随你当主笔的怎样当心选稿，永远拿"不要诱惑青年"一句话当作标准，结果总还是离不了"性，性，再来还是性"！明白人看了是不会生气的，至多笑笑，要不然叹一口气，本来是这么回事。近来常有人责问我，为什么好好的篇幅不登些正经文章，老是这恋爱长恋爱短什么意思？因此我愈觉得有"开风气"的必要。

　　闲话少说，下面一篇我题名叫《一封情书》的，是新近在关外乱军中身亡的林宗孟先生写给我的一封信。这话得解释。分明是写给他情人的，怎么会给我呢？我的答话是：我就是他的情人。听我说这段逸话。四年前我在康桥时，宗孟在伦敦，有一次我们说着玩，商量彼此装假通书记。我们设想一个情节，我算是女的，一个有夫之妇。他装男的，也是有妇之夫。在这双方不自由的境遇下彼此虚设的通信讲恋爱。好在彼此同感"万种风情无地着"的情调，这假惺惺未始不是一种心理学家叫做"升华"。下面印的是他给我最长的一封（实际上我们各写各的，情节并不对准，否则凑起倒也成一篇有趣的小说）。宗孟先生在民国元年在南京当代表遭险是实事，他这里说的他那心里的一团火实有背景与否，他始终不曾明说过。不论怎样，他这篇文章写得有声有色，真不错。在我看是可传的；至少比手订的《中华民国大宪法》有趣味有意义甚至有价值得多。将来《双栝斋文集》印出时，我

刊于一九二六年二月四日《晨报副刊》"星期画报"专版《林长民遗墨》。署名志摩。此文系作者遇难后，徐志摩披露其遗作《一封情书》时所作的按语。

林长民集　　　　　　　　　　　　　　　　　　　　　　　　　　148

敢保这封情书，如其收入的话，是最可诵的一篇。中古世纪政治史上多大的事情我们都忘了，单只一个尼姑与一个和尚的情书（Love letters of Heloise and Abelard）到今天还放着异彩。十五、十六世纪间多大的事情都变了灰，但一个葡萄牙小尼姑写给一个薄情的法国军官的情书，到今天还有使我们掉泪的力量。谁敢断定奉直战争一类事实的寿命一定会比看来漫不相干情书类的文章长久？

记得曾经有人拿"恋爱大家"的徽号给林宗孟。这也是有来历的。

早三年他从欧洲回京时，曾经标恋爱的题目公开讲演过。据说议论极彻透。我盼望过天有机会发表他的原稿（他对我说过他有原稿，但须改作）。我们要记得宗孟先生不是少年，他是鬓苍苍的五十老翁。但他的头脑可不是腐败名士派的头脑，他写的也不是香奁体一派的滥调。别看他老，他念的何尝不是蔼理士、马利施笃普司，以及巴尔沙克《结婚的生理学》一类的书？听他讲才痛快哪！他的心是不老的。

他文章里有几句话竟与他这回惨死的情形有相印处。"微月映雪，眼底缤纷碎玉有薄光，倏忽间人影杂遝，则乱兵也。下车步数武，对面弹发……"上次脱了险，这回脱不了，（掉一句古文调说）其命也欤！认识他非常才调的，不能不觉着惨。

志摩记
二月四日

顾颉刚：关于《林宗孟先生的情书》

志摩先生：

前旬偶然翻到一本《忏慧词》。这本词集是浙江石门徐自华女士做的。里面有两首词似乎和林宗孟先生给仲昭的情书有些关系；录在下面，给先生瞧瞧。

水调歌头（和苣苓子观菊）

冷雨疏烟候，秋意淡如斯。流光惊省，一瞬又放傲霜枝，莫怪花中偏爱；别有孤标高格，偕隐总相宜。对影怜卿瘦，吟癖笑侬痴。

餐佳色，谁送酒，就东篱？ 西风帘卷，倚声愧乏易安词。只恐明年秋暮，人在海天何处；沉醉且休辞！ 试向黄花问，千古几心知？

浪淘沙（和苣苓子忆旧感事词）

久客倦东游，海外归舟。爱花解语为花留，岂比五陵游侠子，名士风流。

秋水剪双眸，颦笑温柔。花前一醉暂忘忧。多少壮怀无限感，且付歌喉。

《水调歌头》一阕中，如"偕隐总相宜"，"西风帘卷，倚声愧乏易安词"，说得太亲密了，很使人起疑。我想，这或者便是仲昭吧？ 或不是仲昭，而与她处同一地位的吧？

徐女士事实，据陈巢南先生（去病）序，说她嫁梅君，丧夫后归于家，自更字曰寄尘，将奉亲守节以终其身。本书出版期，是民国前四年之冬。

顾颉刚上

十五，四，十

> 顾颉刚读《一封情书》，投书《晨报副刊》。徐志摩将其刊于一九二六年《晨报副刊》。

徐志摩:《关于〈林宗孟先生的情书〉》附识

颉刚先生真细心,这一节小小索隐,在与宗孟相识的人看了一定觉得有味。我记得我当初也曾问过宗孟,他所谓"仲昭"也者究竟是谁。他第一次只是笑而不言。又一次说起,他笑着说:"事情是有的,但对方却是一个不通文墨的有夫之妇;我当时在难中想着她也是有的,但交情却并没有我信上写的那样深。"我关于"仲昭",所知止此。宗孟在时最爱闲谈风月,他一生的风流踪迹,他差不多都对我讲过。他曾经原原本本的对我演说过他的"性恋历史",从少年期起直到白头时。他算是供给我写小说材料。我在《努力》上登过一篇《春痕》,主人翁"逸"就是他。他却不曾提起过徐自华女士。但这回经颉刚先生提起以后,我倒也有点疑心,因为宗孟的老太爷林孝恂公在石门做知县年份很久(他也做过我们海宁的父母官),徐女士是石门人,他们有机会接近是很可能的。但我却不敢下断语,我想宗孟先生的近亲李释戡先生等应该知道他的事迹比我更清切些。不知他们看了颉刚这段索隐有什么发明没有。

四月十日深夜炮声如春雷时

童子军之历史及其意义

清华学校童子军演戏，我受队团委托，对着大家来客面前致一个开会词，不但是很体面，实在是好兴会的事，自己也忘记了是多大年纪的人。

"童子军"三个字，大家听见这个名目，就知道是小孩儿们合成的军队。但是这军队很有来历，很有意思，很有纪律，很有用处的。大家来客，虽多半是成年的大人，中间却是好些个小孩子。我今天说话，都要让咱们这些小朋友们知道知道，就是成年的大人在这个地方，也该当觉得自己很是年轻，和这童子军的朋友一样的，也愿意听我老少年来讲一段故事。

童子军在外国本来叫做"小孩儿侦探队"，就因为是一千八百九十九年至千九百零二年间，英国在南非洲地与波牙人打了三四年的仗，那战时用过好些个小孩子来当侦探，侦探敌人的动静，那小孩儿们很是干得了的，显了个好些本领，替英国军队建了不少的功劳。于是乎英国人知道了小孩儿的用处、小孩儿的能耐、小孩儿的聪明，到打仗完了就发起了这童子军的办法，先由英国办起，随后推广到各国。现在几几乎没有一国没有这童子军的团体，是世界上很大的团体，差不多可以比得上个青年会了。这是童子军的来历。

他们有了这童子军的组织，却不一定是叫小孩子们专学那打仗侦探的本事。就是平时没有打仗，凡是人人应当懂的、会的、做的事情，譬如吃的、住的、穿的、用的，都要叫他们练习练习预备着。有的时候，一个人不能靠着别人，或是来不及靠着别人来帮忙的时候，提起手来，动起脚来，用起心思来，自己都会一点，都能够支持得过去——搭起棚帐来便住，煮起饭来、宰起肉来便吃，拿

刊于一九二二年一月十三日《晨报》。此文系作者一月二日在真光电影院清华童子军游艺展览会上的讲演。胡竟铭笔记。

起针线来便缝，提起斧头家伙来硬做活。这种种的本事和手工，是叫做独立的本事，自助的手工。这些本事和手工，是要平时练习成的，那儿像那些小孩儿一点事也不会，到了长大，到了老头儿，一辈子要靠着别人。若是一时靠不着的，就要坐而待毙，就是坐着等死的呢！

  小孩儿们平时都是在家里头过活的，家里过惯了活，一旦叫他们在外头，或是乡下，或是深山大泽行动，或是遇着什么危险的事，他们就没有主意了。童子军要训练他们成一种极勇敢、不怕死、不怕事的人，这种勇气，要平日养成的。遇着事情能够不慌不忙，极明白的担当过去，受得住，干得下。所以童子军的操练，要在户外演习，差不多是打仗行军办法，就是体力骨干也能够磨练出来。

  有了手工，有了胆量聪明，小孩儿们还要一种极要紧的精神，这精神是什么呢？就是爱的精神。爱国，爱人类，乃至于爱畜类。凡是国家的任务，都要尽忠去做；凡是人类，都是朋友弟兄，把爱敬父母弟兄的情谊，推扩出去；凡是生类，无故不去伤害他。童子军的全体法律，都是从这精神发挥出来的。

  那爱的精神，不但是存在心里头，而且还要本事去做出来的，人人都要有些学问、技能、体力，替国家、人类效力，是过〔遇〕着别人有水险、火灾、病痛、危难，都有本事来救护他，这本事也是在童子军中一件一件学起、练起的。咱们的小孩儿朋友们！你想，这童子军的小孩，既有手工本事，又有勇气，又有好心眼儿，是不是极可爱、极可敬的呢？现在世界上，童子军已经布满各国，无论那一国都有这小孩的军队，我们中国也有好些的团体，他那军队里也有将军，也有兵士，也有司令，也有支队，也有种种的训练，并且有种种的章程规矩。这些训练，不但是当兵的预备，实在是养成好国民的基础。今天要演的两出戏，就是清华学校的童子军演出种种童子军的本色，给大家看看。大家要知道，这童子军不是从前八股时代考秀才的童子军，也不是现在无数抗枪害了咱们好百姓的丘八爷。

记者附识：

  林先生这篇讲辞，对于童子军之意义，发挥无遗。阅者请勿为童子军这个"军"字误解，遂把童子军当作一种军事训练的组织。要知道，童子军乃一种完全发达三育的少年团结。林先生最末后一句话说的最明显，就是"大家要知道，这童子军不是从前八股时代考秀才的童子军，也不是现在无数抗枪害了咱们好百姓的丘八爷"。

把目击的英爱纠纷与吾国南北来对照

<small>刊于一九二二年一月二十五日、二十六日、二十七日《晨报》。此文系作者在清华学校政治学研究会上的讲演。</small>

清华学校诸君：

今日我承诸君招待，来到贵校讲演是极为荣幸的。但是这演题偏要把人家国内的纷扰，来向诸君陈述，似乎是一篇不关痛痒之谈。我却以为这英国同爱尔兰的纷争、破裂、暴动、用兵，以迄于谈判、解决，他们种种的经过，是很可以供给我们国民一段活现的历史，使我们反观参照的。我们国民对于世界历史，本来没有仔细研究的工夫。英、爱两小岛，在世界地图上，只有那么大的位置，任凭他们闹到天翻地覆，于我们不是有切肤之痛，所以便没有人去考究他们的是非得失。我此次游历欧洲的时候，在英国担搁最久，天天看报读书，看他们两方面人人感得苦乐，人人论其得失，人人要拼个生死，不知不觉之间，也跟着人家来起哄了。不但是跟着人家起哄的，我因为想着英爱问题，是他们内乱的问题，又不免时时联想到我们国内连年纷扰的事情了。一有联想，再加上个起哄，就发生一种趣味。这趣味不是别的，一方面要去研究他，一方面就生出同情。对于甲方一有同情，对于乙方惚恍就有憎恶的心理。这个是咱们读史读小说的常态。譬如看《三国演义》的时候，个个小孩子，都是帮着刘先主，帮着蜀汉，很不愿意那曹瞒打胜仗的。我个人那时候也是含着这赤子之心，总觉得爱尔兰受了压迫要求独立，要求自治，是个天经地义，那站在上风的宗主民族，恍惚是个魏武或是魏文一流，那爱尔兰人民暴动的，就是杀人放火，也觉得是情有可原。若是英政府施其镇压手段，用军队力量来杀戮他，我见了新闻，便有种种不平的意思，乃至于为了议论不合，常常同我同居的英国人抬起杠来。他英国人多半是憎恶爱尔兰人的。

这个同情，究竟是一种极粗浅的心理，也许是一时误听了肤受之诉。我于是乎就想非细细研究他不可。为什么爱尔兰要独立？为什么他两口子仇隙如此之深？为什么他要求独立，得用那杀人放火种种暴烈的手段？为什么他从前只要自治，到后来自治还不满意，要价偏要如此之高？他的人民是怎样？他的土地是怎样？他的宗旨是怎样？他的历史是怎样？这一派昆仑山水源，不能不从头溯起。我后来越研究越明白了。

我既下了工夫去研究他，越研究，越想到我们国内的情事，就要把一件一件的来做个比拟。我常常与英国人见面，又常常听见我国人与英国人谈论。英国人一提起吾国的事，便要问到南北问题。吾国人有的是解嘲的，开口就答道我们有南北问题，你们也有英爱问题。有的是张大的，就说你们有爱尔兰对于英国要求独立，我们也有南方对于北方种种的抵抗；你们有英爱两政府、两国会，我们也有南北两政府、两国会。他说得五花八门，把英人堵得不能望下再问。这一类说法，诸君想想，到底对不对，把他们的英爱，比拟起我们南北来，到底像不像，一样不一样呢？以区区看来，实在是迥然不同的。我从来对英国人说话，不敢借此来解嘲，更不敢把南北相持的情形来张大的。

诸君，今天我来此地，不是来演英爱历史的讲义，但是要明白我们与他们的事情，来相比拟，来下个判别，不能不先将爱尔兰与英国关系的事迹，略略叙述一遍。这一段故事，却也很有意思的。太远的历史现在可以不提。当欧洲北部民族侵入英格兰的时候，爱尔兰也同时被扰了，爱尔兰的民族，名叫塞尔特（Celt），受北方邓（Danes）的侵害，时时不得安宁。十二世纪时候，英王亨利第二，借口说爱尔兰信奉宗教不诚，得了罗马教皇的许可，侵入爱尔兰，其后又借口说爱尔兰贩卖奴隶，再征略之，助爱尔兰连司忒废王，使之复位，为他傀儡。英国法律习惯，于是乎渐渐行之于爱尔兰。英人占领爱土者，设栅为界，不叫陌尔（Pale），然而英人始终不能全部征服他，爱尔兰人时时驱逐英人，也终不能全行屏绝了他。彼此相持几二百年。到十四世纪中，英人在陌尔颁行法典，禁止英爱通婚，禁止英人沿用爱尔兰人姓名，禁同服制，于是彼此仇隙更深了。十四世纪末叶，英王理查德二世（Richard）两次入爱，都不能成大功。十五世纪中，英人改变方针，选择贵族中贤能者，使管辖爱尔兰领土，希望能收罗爱尔兰人心，然而也不能收效。十五世纪末叶，亨利七世用了苦心，渐渐容许爱尔兰人的习惯，想去怀柔他。到了十六世纪，亨利八世就大反其父之所为了，要纯用英国法律习惯来统治他。这时候最大的变化，就是土地所有权。那爱尔兰的土地，本来是个共有制度，与近来共产主义却颇相同，而与英人地主制度，绝对不相容的。亨利八世先把他共有的土地，分界他的各部酋长，再由酋长手中夺取来，给与英国贵族。中间有称做王邑、后邑者。这是爱尔兰人所受最大的困苦。

中间又发生了宗教的歧异。诸君当记得才刚我开头说的，是亨利二世借口说爱尔兰信教不笃，假了罗马教皇的威权，来征略他。那知道这亨利八世，自己倒为了离婚的问题，被那时代的教皇处罚，乃自称为教会首领，与教皇脱离关系，独立为英格兰国教。从此以后，那指为信教不笃的爱尔兰，反守着罗马旧教，与英国教会发生了无数的冲突。那爱尔兰共有的土地，已经被夺于酋长，被夺于英国贵族，到了宗教冲突，更被夺于新教会了，或是征收，或是没收，爱尔兰多数人民，几几变成了寸土无存的百姓。当时反抗最力的暹奥涅尔（Shane O. noill）等，打败了仗，以身殉国，到于今爱尔兰人犹崇拜他若神明。罗马教皇，和旧教的国度西班牙，都来援助他，都打了败仗。爱尔兰人几陷入万劫不复之地了。十七世纪初年，哲姆斯一世（James I）又立了宗教皈依法和土地没收法。千六百十年极有名的北爱移殖制度（The Plantation of Uister）颁行了，把从前设栅为界之陌尔，汇于北部爱尔兰阿尔斯忒地方，移英格兰及苏格兰人民以实之。这是南北爱分疆仇视之始。爱尔兰疆域至今还分做四部，这阿尔斯忒称为北爱。他的实业、文化都很发达，与南方三部常常反对。英国人就往往指为爱尔兰人民之不一致。其实自从那北爱移殖制度颁行以后，这阿尔斯忒享了特权，换了民族，只能算为英苏区域，何尝是爱尔兰呢。那真正爱尔兰北部的旧主人，老早赶到贫瘠地方，或是死亡了。

十七世纪中叶英国大政变时代，那可怜的爱尔兰又受了无妄之灾。英王查尔斯一世要反抗他的议会，乃利用爱尔兰人组织军队，做他的先锋。查尔斯败，爱尔兰因此受了处分。那著名的克伦威尔率了战胜军队，征讨爱尔兰。克伦威尔回至英国后，驻留将吏，恣其荼毒，把全部爱尔兰的土地拍卖净尽，买主全是英人。到后来英国人的地主住在英国，坐享爱土的出产。爱尔兰人除农奴外，没有能生存者。那克伦威尔的罚则分做无数等级，爱人不但失地，其处死刑、受禁锢者，不可胜数。如此惨劫，爱尔兰人到了今日，经数百年，还是切齿腐心的。

十七世纪末叶，哲姆斯二世又奉了旧教，与爱尔兰却是同教，待爱人稍稍宽大。哲姆斯败后逃到爱尔兰，威廉三世又兴了问罪之师。法国和英国是个世仇，与爱尔兰同属旧教，来援助他，又打了一个败仗。自十二世纪以后，这一块弹丸似的爱尔兰，经了多少变故，如入地狱，越陷越深了。十七世纪末年以后，经过百年，爱土稍稍平静。其实何尝是平静，简直没有力量来抵抗，慴伏于英人地主和政治上宗主威权之下，做农奴，做被征服的民族而已。而这百年里，英国为自保商业计，禁爱尔兰输出诸货于英国各地，禁渔业，锁诸港，不得与他国通商，那爱尔兰人的穷况，读史的人，可以想见了。

到了十八世纪后半期，爱尔兰却得了好机会。美国独立，法兰西革命，都是平等自由主义的发展，那爱尔兰自然是乘机而起。于是乎有爱尔兰人统一会的组织。英国讨伐他，其结果爱尔兰复归失败，拿破仑也曾经援助过他一阵，也不能胜利。然多年纷扰，英国人也想求一解决的方法。十九世纪初年，乃有英爱合并的一段结束。当时爱尔兰人已经早有了议会。那议会本来是英国人的方案，借一种代表的机关来为虎作伥的。其内容完全是英人地主指派，或是买收的议员所组成，办理选举机关，多半属之于新教会，就是所谓英国教者，那大多数爱尔兰人遵奉旧教的，自然不得当选。自有议会以来，那议会政治的腐败情形，自可想见。到了英爱合并问题发生，英国人之第一方案，自然要把这个合并案通过于爱议会，一面也要通过于英本国的议会。爱议员一一贿买，或是金钱，或爵位，如得饱其欲望。于是乎这一番假统一文章，居然做了完卷。诸君，我们去年不是曾经也抄袭过这篇墨卷，一时衮衮诸公都额手称庆吗？那英爱合并的条件，重要的有三：（一）爱尔兰选出议员于英议会，下院百零三人，上院三十二人。（二）爱尔〈兰〉得自由通商。（三）爱尔兰纳岁贡于英政府，担负英全国岁出十五分之二。这一段落合并的解决，居然维持了百余年，到最近，英议会中尚有爱尔兰代表的议席。但是他们中间也颇有变化。最初旧教人不得当选，其后有旧教宽宥议案，旧教徒也有当选者。

自英爱合并后，这百余年中，有三件重大事情可以叙述的：（一）土地改良法案的经过；（二）自治案的经过；（三）即最近独立的运动与其解决的事实。

什么叫做土地改良法案呢？诸君应当记得刚才我所说爱尔兰土

地的情形，从本来共有的制度变成了酋长的私有，又变成了英国地主的所有。经了没收掠夺，即爱尔兰人都变成农奴了。诸君又当记得我才刚又说爱尔兰分做南北部，那北部完全为英苏人的移殖，不能算为爱尔兰了。那爱尔兰的农奴，都住着爱的南方三部。那北部的土地，虽然有地主有农民，他们地主与农民的关系较为平等。凡是农民用力改良的土地，其出产增出之额，地主不得收为己利，并且佣雇期限内，地主不得自由解雇。于是乎农民自为利益，勤于耕作，土地亦渐渐改良成了沃壤。那南部就不然了。农奴是爱尔兰人，是旧教徒；地主是英人，是苏格兰人，是英国教教徒。地主与农奴完全是主奴的关系。凡土地收获所得，无论多少，都归主人。那农奴自然不愿去改良他。于是乎全南部土地，都成了瘠土。农奴所得，不是余利，是地主于他所有土地中画出一小区，为农奴自食其力的农区。农奴替主人耕牧了，剩下余力，再谋自耕，然而地小不足自活，只得耕种白薯。据农业专家的研究，白薯的发育力非常之大。那吃白薯的农奴偏偏多生育。人口愈多，食粮愈不足，那农奴的家族，简直是半饿过日子的。白薯又容易发生虫病，往往闹荒。千八百四十六年至四十八年，两三长年间，爱尔兰南部白薯荒年，至于一根不长。农奴死者至二百万人。其余有逃至美洲者，当其初荒，饥民还要努力耕牧以奉地主，耕牧所得，地主还恐怕他截留麦畜，以充饥账，至派了军队来爱押收。诸君想想，那数百万饥民，饿到人相食的时候，一面还要捆载谷食牛羊出门，供给异族主人酣饱，这是何等景象。这一段事实，是英爱关系中第一痛史。经过这一段痛史之后，英人也渐渐懊悔了。于是乎有土地改良案通过议会，把他爱尔兰土地的制度来谋个改良，改了雇佣的契约，又准许爱尔兰人自购土地，其后爱人才有生路。这个是土地改良案的经过。

那爱尔兰自治问题，也是很长的历史。自从英爱合并，英议会中有爱议员百余人。除了北部代表少数外，余皆属于爱尔兰国民党，都是要求爱尔兰自治的。英国内两大党对峙，那爱尔兰议员常得自由党的同情。十九世纪中叶，更有运动废止合并者，然终归失败。至于院内的形势，爱尔兰议员常立于政府反对党的地位。千八百七十年前后，乃有自治案之院外运动。运动了十数年，他们不得提出。那英国极著名的政治家自由党首领格兰斯顿，以爱尔兰自治案得名的，当初还持反对的态度，就因为当时他看得未明白，以为爱尔兰人并不一致的。其后过了数年，至千八百八十六年格兰斯顿乃毅然决然提出爱尔兰自治案于国会。照着案之内容，爱尔兰自立议会，分上下院，仍受治于英政府。此案若在今日，在爱尔兰人视之，决不能满足的。然在当日实行了合并数十年，自英人视之，直同极左党的主张。即在爱尔兰人，亦未始不欢喜过望。格氏之案，到底通不过。不但通不过，其党内发生破裂，有名的政治家张伯伦卒因此脱党了，格氏内阁因此失败了。千八百九十二年，格兰斯顿再出组阁，再提爱尔兰自治案。但是这个案与前案略有变更了。爱尔兰自立议会，一面仍得选代表列席于英议会。这个第二案，通过于下院，移到上院，又否决了。自是之后，经过二十余年，爱尔兰自治问题，老在院外运动。那爱尔兰国民党议员，老立在政府反对地位。无论何党组阁，一日自治案未通过，他们都跟着在野党反对政府。到了千九百十四年，欧战开始的前后，自由党总理爱斯撲司又提出第三案，与第二案的内容大略相同的，得通过于两院。那向来反对爱南部的爱尔兰北部，大起反抗，秣马厉兵，准备着实行自治的时候与南部决裂。这北部向来是享有特别利益的，若是和南部合成一个议会，其势必定少数，而且宗教人民和南部迥然不同，所以拼着死命来反抗他。英政府又因着欧战开始，外患方亟，不敢毅然实行，惹起内乱，就迁延下去，直到大战以后，发生了极大的变更。

这个是爱尔兰自治问题的经过。

至于最近独立的运动,和他解决的办法,是个兔起鹘落的状态,也是极有趣味的。那爱尔兰闹了自治问题将及一世纪。到自治案通过,照常理测来,爱尔兰人民应当要自相庆幸的。那北部本是个别有怀抱的民族,准备着抵死相抗,倒也不必去管他。而那南三部二十六郡的爱人,不数年间,起了轩然大波,也把那数十年来爱尔兰国民党及那些爱国者所苦心经营幸而通过的自治案,给他一个猛烈的打击,自治不榖,倒要独立起来。这个到底是什么一回事呢?一说起来,倒也没甚希奇。诸君,要知道凡群众的运动,本是个放火一般,不早些消防,是要越烧越大的。爱尔兰人本是个富于感情的民族,与英格兰人冷性的绝对不同。他数百年的仇敌、怨愤,单要求一个自治,本是不很满足,不过于强族威权之下,无可奈何,降格要求而已。当自治案运动的时候,那爱尔兰国民党之外,本有了一个极端派,名叫新芬(Srim Feiners)。在欧战以前他并没有什么势力。到了自治案通过,北爱反抗,加上了大战期内种种的戟刺,他们潜势力一天长过一天。新芬党本是反对宣战,开战以后,种种运动,攻击英政府。千九百十六年,爱都大生纷扰,新芬党宣告共和。欧战方罢,千九百十八年之末,英国总选举中,爱尔兰的选举形势,忽然三变,把国民党的议员,从前届八十三之数,减到七个。新芬当选者至七十三人之多。这是极端党得势的明征。他们选举尽管得势,但是不出席于英国会。自十八年总选举后,英国会中,爱议员的议席,除北爱外始终空着。为什么呢? 他们一面当选,一面为独立运动,得议席而不列,表示爱人多数已属新芬而已。十九年七月,南北爱开始攻击,南爱骚然,对于英政府所置爱尔兰官吏,也公然反抗,正式宣告独立。自设政府,自选议会,自置总统,一切狱讼不赴英法廷,自设法官判决诉讼,甚且格杀警吏,狙击英人及反对党，完全是个革命状态了。十九年九月，英国军队入爱，大施镇压，宣告四郡戒严。那四郡是较为骚动的。英人又时时峒〔恫〕吓他，说是要把戒严令完全施行于二十六郡。一面英政府又于议会中提出修正自治案，不叫爱尔兰政府组织案，希望借此可以和缓爱人的反抗。这组织案于二十年十一月通过了两院。爱尔兰的反抗还是不能少戢〔戬〕。焚杀捕掳，新芬党人益张其焰。英政府无法镇压，乃暗助新芬反对党，以退职军警组成一派，名叫"黑团"，与新芬为法外的对抗，互相戕杀至于不可收拾。这个状态，直经过两年余。我旅游住在英国伦敦的时候，正是千九百二十年、二十一年，他们黑团、新芬闹得兴高采烈，忽而官军巷战，忽而党团私斗，忽而政府表示严重的态度，施行猛烈的讨伐，忽而议会中反〈对〉党提出质问，自治案大兴波澜。一出十八扯，使人看着应接不暇。其中最不可思议的，是有两段极微妙的事实。一段是那北部阿尔斯忒的变相。诸君当记得，阿尔斯忒不是极端反对自治案，准备着与南部宣战么？到了新芬奋起，南爱独立，那后于时世的自治案经了修改，南爱鄙弃他不加一顾，而这老大的阿尔斯忒倒翻了面孔，来欢迎他。为什么呢？为的是北爱要与南方分离，想趁着南爱纷扰的时候，自成一个自治体，不至随着南爱来纷扰，更从此可免除了爱尔兰多数原种族的报复。那自治案改成爱尔兰政府案，于千九百二十年十一月通过后，他就准备选举，准备组织自治政府议会。一出悲剧，霎时间变成了喜剧。二十一年六月北爱议会举行开院式。英皇亲莅其都，柏尔法思德（Belfast）典礼，极其隆重。一本戏出，真是唱得热闹。这是第一段的事实。那第二段就是急转直下的爱尔兰和英政府的平和谈判。自从英政府派兵来爱，断行了镇压手段，他们的政策经过两年未曾变过。议会中反对党离时提出质问，他政府的答复都是极其强硬。当二十一年五月中，我曾经到了议会旁听，还亲眼看着，亲耳听着，自由党首领、前任首相爱斯揆司和首相鲁意乔治大起舌战。英政府党总说是爱尔兰暴动，完全是个乱党，非用武力压制不可，而且除了武力，更无别的解决方法。直到了是年六月，英皇亲莅北爱，举行开院式的时候，英国会中政府的宣示，还是一毫没有变动。一两日间，英皇返英，而英政府忽然大变政策，正式提议，向那从来认为乱党——报戮逮捕的爱尔兰共和党人下了请帖，约他们来英开始谈判。那党人多半是下了狱，或是在逮捕中。他们的第一条件，先要把这些人释放，然后方可谈判。英政府却一一答应，中间只保留一人，说是已经定了罪案，不能开释。爱党持之甚坚，英政府也就应允了。在爱尔兰方面，他的大总统德斐利拉也下了休战的命令，停止一切攻击。迄七月以后，英政府与爱尔兰代表经了多次晤面会议，中间屡濒破裂，十月后乃渐渐就绪。爱之新芬党又分出两派：一则主张绝对独立；一则允就英政府提议的范围内，保持爱尔兰自主之权，与加拿大、澳洲新丝纶（新西兰）同一地位。大概的条件如下：(一)爱尔兰享有财政上之自由权。(二)得自设军队，但陆军限于保守疆土为止。(三)英海军得置诸爱岛环境。(四)航空交通，英管辖之。(五)帝国征兵，爱尔兰不得禁止志愿应募者。(六)爱尔兰不得施行保护贸易政策，抵制英货。(七)帝国债务，爱尔兰仍须分担。此外还有两事经过郑重声明者：(一)爱尔兰仍保其忠顺，为英帝国之一部。(二)南北爱问题，由南北爱人民自决之。此种条件，自是眼前不得不然的趋势。若是绝对的独立，在两国衣带一水，日有危机，彼此之间，均有不利。且爱之实力，海军、航空两部还未萌芽，一旦对外有事，也恐怕不能自保。我此次离开欧洲的时候，他们的谈判正在千钧一发。然而我当时即料到爱尔兰果能得到内政自由，与加拿大、澳洲同一地位，自应及此机会谋个收束。若是他要长此巷战过日，相持到底，未必有利的。况且英国的殖民地政府对于帝国，政治上实在很自由的。我想起爱尔兰人民一定会就妥协的。最近所得消息，英爱果然是妥协了。英议会业已通过此案。爱议会虽少有波折，也多数通过了。总统德斐利拉辞了职，以谢那极端独立党人。大体上这八百年来英爱纠纷的问题，算是解决了。这急转直下的解决，英政府于去年六月间截然变了政策，正当着英皇英后从北爱返英的时候。有的风说，说是英皇有所训示，所以英政府改其方针。其后英皇及英政府皆遵据宪法上英皇不干政的信条，否认此事。然而事实上政府政策变化得太骤，那风说似也不为无因的。

诸君听着我独唱这全本爱尔兰的悲喜剧，不觉得太冗长讨厌么？但是咱们既明白了他的历史，试想想看到底咱们的南北问题和他比拟起来像不像呢？咱们的南北！这名称到底是从何处得来的呢？在我们历史上，有南朝北朝、南宋北宋，那不过是朝代建都的名称，南北宋本是一家，为了金人侵扰迁徙临安，就分作两段，和那西周东周、前汉后汉，是一样的。至于南北朝之称，也是私家窃据疆土，称王，称帝，一时不能统一，历史家遂将地理上的区域，来做他们一个标识。其实这有何等意义呢？那北朝的朝代，东魏、西魏、北齐、周，和那南朝的宋、齐、梁、陈，遥遥对峙，究竟除了他们那些篡窃之徒，称孤道寡，雄长一方以外，那南北两方多数的人民，到底有何畛域可分的呢？这是从前的史迹，咱们今日倒也不必去管他。咱们今日同在这光天化日之下，为什么也要把这不伦不类的名称，而且极不祥的用语，人人口中不知不觉的都去称道他，承认他？既是承认他了，简直是人人自己都承认做个分崩离析的国民。这个真是无意识的。若说是地理上的区别，那是属于天然界的。南北方气候，南北方风气，南人北人的体格、性情，乃至于跟着天然的变化，方言，文采，容有异同之点。至于政制，本是个大一统的，为什么偏要去分划他呢？

我平日对着咱们国民常要痛痛快快下个针砭的，却有两点。第一是要有区别力，凡是大国民，人人都要自己的判断，万不可以随着无意识的论调，人云亦云，把真是非，完全泪没了。第二是要有记忆力，凡遇着国家大事，都要寻其过去之迹，找个来源，察其趋势，然后方有应付的方案。远者今且不必更提，但从民国成立以后，我国民为了善忘，为了无区别性，不知道误了多少国家大计。今日把这南北的名称，来下一个正当的纠正，也要咱们国民有记忆力，和区别性的。民国以后，这南北的名称，到底是从何创起，以区区所记忆的，"是从辛亥革命时代"，不数月间发生了出来。武昌发难，不及两月，响应者十四省。那十四省在地理上，多半属于南方，一时急欲得一联合机关，为革命军的干部，于是有代表团的组织。其实那革命的思想、潮流，乃至于革命的事实，何尝是限于南方？北省近畿，革命军着手较难，也较晚。这是时间的问题。何尝南北趋向，有所异同，况且那十四省中也有好几省属于北方的呢？到了袁氏任为总理，挟他的兵力，与革命军来开谈判，于是乎有南北议和的名称。到袁氏个人满足了条件，任为总统，合了革命军，倒了清室，于是乎有南北统一的名称。至今那谈判妥协的日子，犹为国民纪念日。究竟这是关系南北甚事呢？难道那议和是北方人民的公意，与南方人民来商议，难道那袁氏是代表了北方人民的公意，来与南方人民商议么？这不通的南北名称，居然被当时野心家窃盗了来利用，经过十年，还没有人发觉着，岂不可笑？其后民国二年又沿用了一次，明明是革命的余波，与中央政局，再决一个胜负。他们偏偏要借着南北来打彼此的旗号。民国四年袁氏称帝，蔡松坡潜入云南，首倡义声，反抗伪号。在袁氏势焰之下，中原腹地，不能着手，云南边远，又为松坡旧部所驻，所以他要从此发难。至于反对帝制的心理，国民多数从同。南北省的人，并没有异致的。这一段历史，当时虽没有用着南北的名称；然而一般论调，又往往露了分南分北的口吻。若说是北方赞成了帝制，南方反对了，那么民国五年各省催促袁氏退职的时候，偏偏一位冯华甫，坐镇了江南，一个独立脱离中央的表示，费了咱们国民许多的力量去运动他，竟运动不出来。难道当时江南的人民都赞成了洪宪么？由此说来这数年间，民国的大事记，只能把某件事、某个人来叙述他，万不能分做什么南北了。

  最近南北的问题，尤其闹得怪诞离奇了。诸君要知道，这一次那些人拿着民国元年、二年、四年曾经演过的题目，来翻个花样，改了节目，重演一套的南北脚本，到底是怎么一回事呢？说他开幕，是从民国六年湖南零陵独立闹起。其后广西老绿林的陆部加入。其后中央派兵。其后冯佰暗斗。其后两方前线通款。其后北人将领败走。其后湖北震动。其后广东军政府成立。其后段系之安福部，把持政权。其后冯段两系变成了皖直的名称。其后广东军政府中又分了粤桂两系的名目。其后皖直冲突日甚。其后粤桂也不相容。其后粤系又与举国不齿之安福系，即皖系连衡，桂系也与各直系督军合纵。其后皖直斗于京津，粤桂也打起架来。皖系败于京津之间，那联络皖系的粤系，倒打了胜仗。直系吴佩孚、曹锟打平了安福派，那与直系各督军合从的桂系，以绿林豪客，盗窃政权，盘踞了广西地盘数十年，一旦倒成了众叛亲离，一败涂地，还他一个赤条条的汉子。其后直系打架赢了的头目，又与关外一个头子，来分个你大我大，到今日又要打起架来。那粤系的两头大，却能暂时顾着面子，还没有到肉薄打架的程度。倒是兴高采烈，一个头子要做起兵马大元帅，翻个跟斗与北京新华门里头的人分个真悟空假悟空。诸君知道《西游记》中孙行者的典故么？近来又有种种风说，说是那前年所演的合从连横，今日四方面又要咱们倒个好字，叫他们再唱一出。

什么叫做四方面呢？关外，洛阳，广州，桂林，关外和洛阳……广州和桂林……掉过头来又是关外和桂林……洛阳和广州……谁是黑的，谁是白的，谁的法魔高，谁是法魔低？若光是玩耍他们的把戏，咱们倒也不必去管。但是咱们国民实在为了他们的胡纠，闹得没有一天安宁，弄到民穷财匮了。他们这些个东西，本是不成个东西，如何算得是南北呢？诸君想想，自从民国元年到了于今，这南北两字，被人冒充了多少年。那几十个兴波作浪的头子，那一个是为着咱们南方咱们北方多数的人民谋利益的呢？不但是南北两字，不能让他们冒充的，就是那"皖""直""粤""桂"那儿是安徽的人民、直隶的人民、广东的人民、广西的人民的利害冲突呢？就是现在的洛阳、关外、广州、桂林，和那些南北朝的"拓跋""宇文""高""刘""萧""陈"诸私家的赌输赢有何区别，难道有那一方面的国民和其他的一方面非拚个生死存亡不可，那一方面的民族肆了威权，凭了势力，来征服或压制其他的方面么？我个人是个南人，今天站在此地讲演。在座诸位当有北人，那一位是与我有世仇，非拚个生死不可的呢？诸君中更有南人北人今日坐在一处，到底是朋友是兄弟抑是仇敌呢？推而广之，咱们今日组织成了中华民国的各省区，在地理上可分做南北东西，任凭咱们生长或是居住在那一个区域之内，都是弟兄，都是朋友，为什么要随着这无意识的名称人云亦云，替那拓跋、宇文、高、刘、萧、陈，一班不是个东西的东西分个无所谓南北的南北呢？今天这两段的历史一是英爱，一是我们南北。那英爱的纠纷，是根于历史上八百年来的仇恨，他们的种族，他们的宗教，他们的土地制度，他们政治上的关系，他们各殖民的比较，乃至于他们固有的文学，处处显出异同，处处有不能相容之点，那是非拚个生死存亡不可的。我们南北人民的种族是一是二，有无宗教的仇敌，有无地主农奴的制度，有无政治上公权的轩轻，有无一处民地与其他处民地的比较，有无文学的异源？况且南北疆域本是没有定准的。是否长江南北岸为南北确定的疆界，与他们英爱海峡同一分割，那江苏、安徽、江西、湖北、四川各省长江流域分布的地方到底是南是北呢？——考究起来与他们英爱做个比较，真是不成为名词的。他们是分的。我们是整的。我们是整个的一个国家，为了少数野心家强盗，为啸聚了一群的滥军队来分个疆界，与他们民族和民族的奋斗，是绝对不同的。为什么要拿他们的事情，来解嘲、来张大呢？诸君呀！我们国民呀！今日以后万万不可再为人愚弄，把南北来分家啰。我们今日互相研究了英爱的历史，和他们最近的解决，区区还有一句话要促起诸君注意的。就是看着英国政府，能够把数百年纠纷的问题，一旦毅然决然，求一和平的解决，每日逮捕声讨的党人，马上可与相见于樽俎之间，共辟一条新出路，是何等的度量，何等的手腕。那爱尔兰人民，也能够把极端独立的主张抛弃了，愿全着双方的利害，毅然决然应允了条件，取得一个自主的地位，是又何等的度量，何等的魄力。那英首相鲁意乔治年来政权，是仗着保守党的大部分来支柱他的，一旦能够折服了这向来与爱尔兰人最不相容的保守党人，而行他的大政策，那爱总统德斐利拉以新芬首领主持大计，到了谈判紧要关头，能够转了风势，让一步，来作个收束。党中分派政见不一，德斐利拉更自引咎辞职以谢之，是何等敏腕，何等大度，何等磊落，何等公忠。大国民气概，固应如此。我们中华民国的大国民，人人负了谋图的责任，不应当奋起，来维持、来发展我们本来完整无缺的大中华民国么？

华盛顿会议后国民应持之态度

呜呼！我国困处慑伏于强权之下，丧失领土、主权、利益，几几不国者，盖百年矣。帝国主义云者，实掠夺盗窃之别名。风会所届，盗窃掠夺之徒，乃敢鸱义相高，公然以取乱侮亡自文其罪。此百年来之趋势，弱小侵寻至于亡，自无如何也。

大战以后，忽有正义人道之声。正义人道，本伪造耳。当时倡者，未必遂有真意，即间有之，其和之者口奉心违，犹逞其战胜之威，肆其分赃之欲，分赃不足，乃割取战胜国中弱者之肉，以增益之。此在巴黎和约中，有万无可掩之迹，我山东即其例已。

虽然，彼心违之，而口犹不能不奉之者，伪造之正义人道，亦挟有威灵也。造者赝，但世间之物，凡有一赝本，同时必有其真迹存焉。此威灵不属赝本而属真迹。真迹安在？在乎世界多数之人心。盖大战以后，人心厌乱，欲一举从前弱肉强食之鸱义，凡可以为将来之乱阶者，悉荡涤之，此为真正义，真人道，此为樽俎折冲以外之正义人道。彼心违之，而口犹不能不奉之；口奉之，而心不能终违之者，则正义人道之威灵为有赫也。巴黎和会以后，种种之国际会议、最高机关会议，整理财政规划，减少延缓德国赔款，以及对俄通商，饥馑救济诸案，皆其例已。

华盛顿会议者，补巴黎和会之陷阙，践国际联盟之志事，特定一二重大切要事项，求得其解决，以防止无穷之祸患者也。所揭橥不必如巴黎和会之张大，所包罗不必如国际联盟之广漠，落落数端，咸举其实，三月之间，一一就绪，诚始事之所不料，其成功为空前矣。军备之限制，四国之协定，九国之联约，罗脱之宣言，我山东问题之调停，不能不谓为定乱之良图，而正义人道之威灵，实护持之。向者伪，而今者真。今即未必果真，而视向时之揭櫫，为较坚实而有力，则彰彰焉。

我国何幸，席百年来丧权鬻国之后，不费一矢，不折一兵，仗正义人道呐喊之声威，列于战胜，位于坛坫，诉其困苦，申其主张，乃晏然而有今日。我国又何不幸，值亘古未有之运会，有举世倚重，可以大展厥猷，平衡区宇之国基，而内省多疚，自顾未遑，但凭外交词令之周旋，国人虚矫之后援，与夫强邻自櫻之世忌，乘时赴诉，乞得同情，乃仅仅而有今日。由前之说，为大幸；由后之说，为大不幸。其大幸，实天予之，人助之，举世心理之变迁从而激扬之，非吾功也。其大不幸，乃吾自致之，吾自安之，吾国民之无力无能，不能自尽吾职，自涤吾瑕秽，一振国纲，然后国贼乃鬻其奸谋，以国为市，岛帅乃张其凶焰，为乱之阶，实吾罪也。念天幸之偶邀，与本职之未尽，吾国人能不怵然哉？

今者华会将完毕矣。其关于吾国之议案，详情虽未尽悉，据电报所传，及外交部所发表者，参以访闻，大约如下——

一、罗脱所提四大原则。尊重主权与独立，及领土、行政之完整。予吾国以机会发展并维持有力政府，维持机会均等，不乘今日形势以营谋特别利益。

又续增一条：各国不得彼此间单独或联合与会外一国或多国订立条约，或合同，或协议，或接洽，妨害前项原则。

二、领事裁判权。于闭会三月后，列席各政府各派代表一人组织委员会，考察现在中国领事裁判实行情形，及中国法律并司法制度、司法行政，报告各国，俾逐渐或立时放弃其领事裁判权。

三、客邮。在中国有邮局之四国，允于一千九百二十三年一月一日取消各局。

四、无线电。根据《辛丑条约》者，以收发官电为限。依据条约或让与者，以该条约或让与所定为限。未经允许者，中国交通部实能接办时偿价收回。

五、撤退军警。指《辛丑条约》以外之外国军警。此项经我国提案，各国允设代表会，调查情形。复经我国抗议，乃改为各国外交代表于中国要求会派中国代表时，秉公调查报告。

六、关税。立时修正现行进口税，实行值百抽五，附加税二、五。组织特别委员会，筹备裁厘，得增至值百抽七、五。奢侈品可增至值百抽十。裁厘后可增至十二、五。

七、成约。各国与中国所订，及彼此间所订有关中国之约章换文，各国人民与中国政府或地方所订各种合同，均交大会秘书厅存案。

八、势力范围。各国对于彼此人民间在中国划分势力范围暨指定区域，独享权利各约，均不予以赞助。

九、中立。中国声明以后如有战事，中国为局外中立时，无论何国不得侵犯之。

十、希望裁兵。各国鉴于中国历年国内之不靖，与商业之不安，又因世界缩减军备之倾向，希望中国裁减军队，免滋内乱。

十一、山东问题。其节目大概如下——

1. 收回胶澳租界，由中国开为商埠，允外人自由居住，营合法之业。日本不设专管或公共居留地。

2. 收回海关管辖。

3. 日本放弃德人在山东所得之优先权。

4. 公产原属中德者，无偿收回。日本占领时所获得或建造者，酌给原价数成收回。

5. 济顺、高徐路归国际资本团承借。烟潍路由中国自建，若用外资，亦由国际资本团承借。

6.胶济沿路军队宪兵，俟中国派警接防时即撤，至迟不得过六个月。

7.青烟、青沪海线，除日本移用一部充青岛佐世保海线外，均交还中国。青岛及济南之无线电台于撤兵日交还，由中日秉公给价。

8.淄川、坊子、金岭镇三矿，交由中国政府特许之公司承办，该公司之日本资本不得过于中国资本之额。

9.青岛盐场中国备价赎回。

10.胶济铁路估价约日金三千万，中国用国库支付券赎回，分十五年清偿，五年后得一次付清。用日人一人为车务长，中日各一人为会计长，至付清支付券为止。车务长、会计长归局长统辖，局长用中国人。

综观各案，察其经过，吾国人为已足乎？盖未能满志也。为未足乎？以吾国人事前之庸暗自误，得此效果，在大体言之，不得云非幸也。友邦援我之诚，主持之公，吾国人不能不感激也。即日本多数国民，与其政府，鉴于其前此之失，与吾国人之仇视，复惩于国内之多故，国际之猜疑，敛手回顾，以悔祸之意，示其退让，冀于吾两国间，得开一新道路，以恢复吾旧好，此亦事实上显然不可没也。势力范围破矣，特殊利益、特别权利，实际上或未尽除，而名义上已万无容假，今后之国交，将渐有坦途矣。虽然，邀天幸者非吾功，自今以往，吾国人果能趁此运会，涮涤前愆，以图发展乎？其发展之度，与得此天幸之能否享受，尚当一一以吾国民之自奋力为准据。彼司法制度之考察，关税增加之筹备，特衡量吾国人程度之一二端。即山东问题，种种估价，处处接收，其关乎国人出资之力，与夫技术之能率者，今日以后，乃为平和谈判之肉薄，当见真分量，不能以虚声相恫喝矣。

希望裁兵是何等事，养兵祸国，成为分崩离析之局，至无一业可振，无一事可行，疾苦颠连之民，日穷蹙而未有所届者，吾国人宁不知之？我知之，而不能裁之，至劳友邦之仅念，宁不愧之？苟希望而终无以相副，即令友邦永矢不涉内政之诚，而群盗柄政，益肆其毒，国中鼎沸，受祸者将无可计数，无可计年。以东方大国，为万邦商旅之所萃，为世界平和之所系，闭门戕杀，彼能默然耶？故今后吾国民之所处，第一须移其对外奋斗之精神以对内。对内奋斗，首在以全国民之结合，主张裁兵，有反抗者，为吾国民之公敌，吾国民当群起而锄之。

其次须明国际间之义务。今世界人类，与夫削弱贫苦之民族，陵夷衰微之国家，其受天时人事之不幸，颠连无告，或延颈以待救者，不知凡几。吾国人得天之厚，生聚之众，从来资产分配之不甚悬殊，与祖宗传来慈惠平和之教训，苟出其力，以起衰废，将为世界第一望国。即不然，得随二三强国，助其济弱扶倾之业，亦不失为国际间能负重任之一员。此吾国民所当勉，而有可以自勉之基者。若乃自甘暴弃，辜此天禀，一逢时会，始终凭借其攀援呼号之惯技，以哭诉冤抑于列强，而待其判决；或则事事失察，日寻其家奴贿卖之迹，而逞其谴呵，其又成何国民耶？至于外交大事，吾国人更当以精密之识，主持其间，断断非一二私人所能假为武器，以资攻讦，而图自卸者。吾国人尤宜明辨之。

国际生命

诸君：

今天所讲演的题目，是国际生命。这个名词恐怕是我杜撰的。我因为着中国文字的意义不很明了，要用英语来翻译他，那英语是International life。生命是生活的意思，国际生命是国与国之间互相生活的意思。人类的关系到组织完密的时候，他们的生活，互相依赖的事情也日渐密切了。要说一个人不能单独生活也未尝不可，这是经济学上极普通的一个道理，那生产、消费、分配、交换各节，都有人与人相互的关系。那分工的意义，是人人各职一业，各尽其长，互相为用，以达他们生活的目的。人与人的关系如此，国与国的关系也何尝不如此。古初的人群，或是全未进化的民族，聚族而居，生长食息在山林之中，或是栖止在某地域之内，绝不与其他的种族接触，也许能过他们的生活。就像一个人流落到深山穷谷之中，或是漂流到无人岛，也许茹毛饮血，能与鸟兽争存。但是这一种的生活状态，决不是咱们今日进化的生活。若是人群与人群一旦发生了关系，从此便不能隔绝的。远的事例不必征引，但看着我国自古以来各民族迁徙侵略之迹，很可以明白的。凡是一种民族，与我们接触以后，或是通商、互市，或是举兵内扰，或是入据中夏，或是被我们征服了、同化了，种种的形式，容有不同，而为了发生关系，彼此不能脱离，不能隔绝，大概是一样的。在我们历史上，自然有夷夏文野的界限，其实那边境的人民与那蛮族接壤的，彼此贸易，彼此通款，也是不可掩的事实，他们那蛮族为什么要侵扰我们，为什么要与我们通款，完全是为了接触着比他们较进化的生活，要找个机会来发展的。这是自然的趋势。

国家本是人群的组织，一个人群与他人群发生了关系便不能断绝，那么有组织的人群，与其他有组织的人群，发生了关系以后，更是不能断绝了。

我国近数百年来，算是统一的国家。各省、各区域间，关于交通、商贾、人文，彼此相互的事业，我们习焉不察，就不觉得有什么彼此关系的痕迹。若是溯到春秋战国，或是其他封建及分划疆土时代，这种种关系，就算是国际往来了。那产米的地方，产盐的地方，产丝的地方，产五金的地方，以及各地方特种的货物，特长的工艺学术，彼此交换，彼此流通，也算是国际生活。但是同在一个统一国家之内，不名为国际就是了。

到了最近数十年间，我国民挨了几次战败，开了国门，与欧洲各国通商，其后乃推而至于寰球。这国际的意义，自然是扩充了范围。就是他们欧洲，用了这个名称，当初的范围，也就不过限于他们的一隅，到了今日，这国际的范围差不多就是个世界。

我们挨了几次的败仗，博得一个通商，与各国通商的约章，自然有种种的失着，种种的损害主权。而就大体论之，这通商的关系，到底是个损失或是利益，我今天却要说一句公平话、老实话，实在是个利益。我就不知道，数十年来，我们国人无论那一种，有学识、无学识的，都有一句口头禅，说是"利权外溢"，是什么意义。

从前我们祖宗所见不到的东西，我们近数十年间见得到了。我们祖宗所享用不到的东西，我们也享用了。我们祖宗所卖不出多少价格的东西，我们也卖得出了。乃至我们祖宗所听不到、梦想不到的理论，我们也吸收了，应用了。我们祖宗所发展不出、宣传不出的教义，我们也可以发挥出去了。这些们不是利益是什么？所谓"利权"者，到底解剖起来是什么东西？我们姑且不必去咬文嚼字，但就他们所谓利权外溢的意思去着想，或者就是利益。若是说到利益，那么我们不能不承认一句说话，凡世间事事物物，有增加积累的谓之为"得"，减少或是消灭的谓之为"失"，有增加积累的谓之为"益"，减少或是消灭的谓之为"损"。所谓得、所谓失、所谓益、所谓损的计算，就可惜我们数十年来还没统计，无从算出确实的数字，无从比出确实的盈亏。但是确数虽然无从知得，那大概的现象，是咱们人人看得见，举得出的。

以职业而论，自从通商以后，为了洋货进口，向来制造粗品的手工人，因此失业了不少。然数十年间转移习艺，到了今日，不能谓之失业，乃是自然而然的趋势，前两三辈所执之业，现在不去再攒故纸，已经渐渐泯了痕迹。那数十年间新添出来的事业，造船的、造路的、开矿的、炼铁的、开埠的、修马路的、制纸的、印刷的、纺绩的、运搬的、建筑的，以及种种新技艺、新制造，都是前两三代所未见的事业，现在已经添了若干人。其关于智力或高等的职业，当技师的、当教员的、当学者、当议员、当官吏、当律师的，以及其余职业，从事于公司的股东、店伙、买办、书记等类，或是从前所无，而近数十年间才发生的，或是前此本有，近数十年间变其性质、进其能率、加其数目的，不知凡几。诸如此类，到底是增，是减，是得，是失，是益，是损，就是没有确实的统计，也不能不承认他是有了增进的。

以物质而论，那是更不能以外溢来发不平了。这数十年间所输出的，若棉，若丝，若茶，若五金，若谷类，若牲口六畜，若药材，若颜料，若皮革，若木材，若美术品，若种种原料，那一件不博得利市回来？有的是本来出产丰富，得有出路，生产者不至于弃货于地。有的是因为有了出路，愈加生产。试翻海关黄皮书，比较数十年间出口的货物表，无不年增一年；千八百七十年起，至于今日，差不多增至七倍；即最近十年间，也增至四分之一。当我们国内纷扰、百业不振的时候尚且如此，倘是政治有了新气象，加以整理发展,那进步更是无限的。至于输入的货物,除消耗品外,其加增了我们的国富,若铁路,若矿山,若码头,若船坞,若港口,若河川,若船只,若工厂,若机器,若建筑物,若图书,若粗造品变成了精制,都明明是"得"不是"失"了,是"益"不是"损"了。乃至于无形的增加,若地皮之涨价,若吾人日间享用之较利便、较精美,也完全是个利益,不是个损失,是数十年前我们先辈所没有,而我们今日所获得而享有的。

但是有一个驳论,说得是很象有些道理,而且是我们国民人人心中所有的观念。他们说:通商的利益与损失,不能不比较出入,若是输出超过了输入,都是我们的利市多,他们的利市少;若是输入超过了输出,那是我们的利市少,而他们的利市多。利益与损失完全在乎这个关键。试观历年的海关黄皮书,无论那一年都是输入超过了输出,这是明明我们卖出去的东西少,而买了他们东西多,不是损失是什么?然则自从我们与外国通商以后,年年损失,是极有凭据的。

这一种见解,恐怕是谬误的。现在我要指出两个要点如下 ——

第一是他们不知道国际通商的性质。国际通商者,就是个人与个人间交换的扩大。其生长发达,完全是与分工的性质一样。个人之间,国际之间,同是把一个人或一国家较大的能率,去各自生产,或是制造货物,或是去干事业,以相交换,而得其他之物品或事业,不必一一由自己制造,由自己生产,由自己去干的。一国家或一个人,因他们所生产或所制造的物品,去交换他们所不能生产,或是不能制造的物品,或是交换生产费较便宜的物品,这种利益是较易明白的。但是有时一国家、一个人,也许能自生产、能自制造某种物品,而且能以较便宜的生产费去生产、去制造,而偏偏不自生产、不自制造,偏偏要与他国家、他个人去交换这物品,这就不能很明白他们的利益是安在了，恐怕是有损失的。这个实在是世间很有的事情。就因为着他们所交换的物品，本来原是自己可以生产、可以制造，而且成本可以较轻于所换来的，但是他们还能够用着那资本、那劳工去生产别的物品，而更为有利，那利益的分量，比那因交换而损失的分量更大。由此看来，从经济方面着想，那国际通商的性质，明明是两利的，并不是买卖价格上争着贵贱，有所谓损失与利益的区别。若是撇开了价格的问题，但就买卖性质而论，以其所有，易其所无，也本是个两利的关系。

第二是他们不知道输出与输入平衡的道理。凡国际间每一个国家，与他国家的贸易，所有的输入与输出，向来是平衡的。譬如甲国输入了乙国的货物，合着多少的价格，那乙国或是把这个价格，买了甲国的货物，从甲国输出以输入于乙的本国，或是辗转输入于丙国、丁国，在丙国、丁国卸卖了，再买了丙国、丁国的货物以输入于本国，或是本国一时需用现金，便将那现金从甲国输出，以输入于本国。（这现金也算是一种物品，但是此种场合不是常有的，大半是买卖物品，两方输出入，以博利市。）甲国对于乙国如此，对于丙、丁等国也如此；乙国对于甲、丙、丁等国亦复如此；丙、丁等国也是一样的办法。循环之间，无不平衡。其间周转流通都是用着国际汇兑，彼此划付。那关系是极其复杂，甲、乙、丙、丁如此，乃推而至于无数国都是如此，所以他们平衡的实况不容易看见，更不容易理解的。

那输入增加的国家，一定输出也要增加。输入增加，自然是这国民的购买力增加了。他们的购买力何以会增加，自然是他们自己的生产力先增加了。生产力增加，自然也增加了输出。增加了输出，自然是有力量去增加输入。所以输入、输出两项，不应当有背道而驰的道理。

这个地方我还要补上一段来说明的。就是有时国家有非常的变故，如欧战时代，世界商情的乱调。如美国，如日本，吸收了现金，在现金方面观察，仿佛是增了富力，其实为了对于输入的国家，战时无货可以输出，不得已而吸取了现金，那现金也算是货物。自金融流转言之，欧洲各国因此失其周转，致形竭蹶。而吸收了现金的国家，因此金贱物贵，生计转艰，也是受这个乱调的影响。但就那输入输出观察，现金抵货，还是一个平衡。

从来我国人——不但是我国人，就是欧美，都常有一种观念，说是现金输入得多，货物输出得多，是通商的利益，于是乎国家的政策务必向着吸收现金方面去发展。这种错误，我以上的说明，当可以解释明白了。即以现金而论，我们最近数年间的输出入，何尝是输出的多过输入呢？今特列表如下。

年度		输出入生金合银两数		输出入生银
一九一八	输入	四〇八，九五五	输入	二二，六二九，一七五
	输出	二，二六四，〇八一	输出	五，四五七，四五二
一九一九	输入	三二，九一〇，四九三	输入	四九，〇一四，五四七
	输出	四，九六六，二七六	输出	一，九九〇，五九二
一九二〇	输入	二三，〇二一，五二二	输入	一〇〇，六〇二，七九五
	输出	三五，二二八，一五一	输出	一〇，〇一五，八三六
年度		输出入金钱		输出入银钱
一九一八	输入	八一九，三八七	输入	一三，四九五，〇五四
	输出	一七，五七八	输出	七，一七一，八五〇
一九一九	输入	一八，一六八，一五〇	输入	一三，〇七九，一六〇
	输出	四，九三〇，一五三	输出	六，九七七，八二六
一九二〇	输入	二七，九四四，七二八	输入	二五，七五一，六〇三
	输出	三三，二四一，二〇九	输出	二三，六九九，五七四

把以上两表来比较，于近三年间，很可以看出金银出入的状况，多半是输入多于输出。其实现金银的输入输出，于通商情况上并没有什么关系。若照那错误的见解来说明，岂不是要说是我们的利益么？我们海关黄皮书上，每年全部的输出入，比较起来，都是输入之数过于输出之数，往往显不出平衡的状况来。这是什么缘故呢？实在是因为着彼此交换的，不一定是以货易货。国际间经济的关系，本是极其复杂，货入货出之外，还有许多应偿应付的款目，彼此留用、抵销，遂将输出入的平衡掩蔽过去。其主要的款目大约有九项——

一，种种事务之偿付，如船舶、运输等等。例如甲国输出货物于乙国，在乙国国内还有运输等项用费；或是用了乙国船舶，抵偿了一部分的售价。

二，由输出国购买输入国的公债。

三，输出国支付前债利息于输入国。

四，输出国人民旅行于输入国，汇兑旅费，即用之于输入国。

五，一国住民赠与品，送致于他一国的住民。

六，公债之偿还。

七，国际赔款。

八，输出国人民纳付地租于其地主，而地主适住在输入国者。

九，工资、俸给，输出国发给于其人民驻在输入国者。

有以上种种的关系，往往输入输出的平衡，不能够一一显出于每年统计的表面。

国际通商是两利的关系，输入输出是平衡的。我国民应当要放开眼光，来谋相互的利益了。

但是我国自从开关通商以后，实在是为了政治的问题，处处丧权、失地，惹起我国民敌忾的心理。更因着他们列强彼此之间有了妒忌，都向着我国划分了彼此的势力范围，把我们的独立、我们的主权完全蔑视了。又为着我们从前的法律不合情理，不完全，不能适用之于他们的人民，于是乎有了领事裁判权。他们更欺了我国民、我政府，定出不平等的关税制度，使我们不能不发生疾视的意见。此种原因，完全不是国际通商的常理。若单从国际经济方面观察，那通商的本题，实在是无可憎恶的。

即以关税制度而论，我们之所以不平者，实在是为着损失国家自主之权，与不合国际平等之义。若单为着国家收入上，要增加值百抽几抽几，犹其小焉者。而我们国民还有一部分的误解，谓关税若能自由制定，还可以行起保护贸易的政策来。我现在对于这个误点，还要略加说明。

保护贸易政策，实在是个无用而且有害的政策。他那主张保护贸易的根本错误，在乎国家与国家之间，先有一种互相敌视的心理，也是跟着政治上的冲突索引出来的。他们又误会了爱国的意义，以为爱国不光是爱着自己的国家，还要仇视着他人的国家。他们要把输入的外国某种货物，课以重税，使他加重了价格，不得销行，使自己的同种货物，有发达的机会。殊不知输出入本是个平衡，减少了一分的外货，同时自己的输出也就减少了一分，而且那减少的外货，必定是工廉价省的，方用着这保护政策去课他重税。一旦保护了自己，限制了他们，非使自己国内的同业者投资于生产费较贵之地，以制造此品不可，是不啻自损的政策。保护了自己国内的某业，往往那同业者乘机结合，成了一种专卖垄断性质，高抬物价，使一般购买者或消费者购买贵货，暗受无穷的损失。纵使不能结合成为专卖，而成本较贵，比之购买外货，也不免多费，是受害者为多数的人民，而得利者不过少数的营业。自国家观之，实是得不偿失。此种议论在欧洲颇盛，而为英国自由党向来主持的政策，久已见诸实行。

　　近来欧洲更有一种政略,名为丹平(Dumping)。例如甲国要将某种货物尽量销售于乙国,特意加以补助,减其价格,以充斥于乙国市场,使乙国之同业者不能与之竞争,那乙国的营业自然受此损害。于是乎乙国为保护自己商人起见,乃起而抵制之。就是英国自由贸易的国家,也有所谓反丹平(Anti-dumping)的税则,加他一个重税。那商人之受保护者,自然是可以自存。而一般的国民受了丹平的利益,得享用了极贱价的货物,转因着反丹平的税则蒙了损失。自由党的议论,和那一般人民的意思,倒觉着他们政府不免失策。

　　由此看来,我们国民从来为了关税的问题,向外交方面去尽力主持,要增加关税,实在也没有什么意味,不过为国家多争每年几千万收入而已。若能争到关税自主,那么以后要行那一种贸易制度,完全由我自定,则自主权所在,争之尚是大处落墨。若但为了关税增加不增加的问题,只能算为财政的计划,还不必用着国民全体的运动。要说到彻底的主义,使国家能够寻出别种较好的收入,我们还要主张自由贸易。自由贸易,实在是国民全体的利益,实在是国际生活上一个彼此互利的政策。

　　北美合众国是行保护贸易的国家,他们商业日盛,国富日增,并不见得保护贸易的短处,这个事实,即是一件很大的疑点。但是他们那商业日盛、国富日增的原因是很复杂的,决不是为着保护贸易的政策,始克发达。假使他们最初即采用了自由贸易主义,或许他们的富力,还比今日更加雄厚也未可知。并且保护贸易实在是为着少数的资本家营业者增加他们的势力,并不是为着全体多数的国民谋便利的。美国是资本主义最发达的国家。而且那资本家们还有托拉斯专卖等等极雄大的规模。国家的政策,实际上为他们所左右了。物价之贵，生活程度之高，未始不因此而起，那多数的国民实受其弊。我们今日读书论事，不能不觑破此种症结。

照以上所说明的，国际互利的原理，我们可以明其大概了。不但是我国为了政治的问题，对于外国人往往生出一种敌忾的心理，而误用了政策。然是他们欧洲各国，也时常误用政策，转给自己一个不利益的结果。欧战中间到战后，欧洲大陆到处缺乏煤炭。法国产煤之区被毁于德国者多处，加以战役中百工停滞，到了战后，供求益不相应了。英国以产煤最富之国，一时重价输出，大得利市。巴黎缔结和约以后，德国听受处分。赔偿总额最初定为一百十万万金镑有奇，其后经过德国累次求减，各国累次会议，减为六十万万有奇，约合吾国庚子赔款一百倍。就是把德国人来敲骨吃髓，也是绞不出汁浆来的。在法国仇恨未泯，自然要使德国一蹶之后，不能再振。在英国为了协约的关系，不能不帮助法国，来催迫那战败国。德国为协约国，兵扼要隘，日日可以制他死命，自然是要俯首听命的。他们第一次勉强交款，悉竭现金，贡于上国。此外则现货现抵，煤炭出矿悉输于法。两三年间，无煤过活的法国一旦得此供给，不徒可以自用，而且充销于邻境，把英国的煤炭市场完全压倒了。英煤利市，一落千丈，而国内矿主乃想起减少工价，又酿出罢工的大风潮，数月不得平静。就是法国得了煤炭的利益，而德国现货抵偿，转使本国的种种工业无从发展。北欧〔而〕俄国，南而德国，迄于中欧、南欧，从来多是英法市场者，战后纷乱，人民失其购买力，兼以封锁俄国政策实行两三年，所有商业全行停滞，战后欧洲经济状况大概如此。战败者固陷绝境，即战胜诸国，也几几绝其生机。经济组织本极繁密，若一人生理上通身纤维细管，随便伤了一处，全身皆受痛苦。就是法国近来也略有觉悟。英人则处处想挽回，而受了种种的牵掣，随时还亮着眼睛走错路。去年英俄通商之约，却是英人要想于无形中援助俄国，恢复元气，为他们将来的主顾。如此情况，但说个大概，也可以晓然于国际生活的关系，并不是甲国挤倒了乙国，就算是甲国的好处，也不是乙国挤倒丙国，就算是乙国的好处。那损人利己的心眼儿，实在是要天下人个个猛省的，便是损人也何尝是利己呢？

　　反观我国，我今日却大声疾呼，告诉吾国民说，我们的国家，我们的民族，自今以往，在世界上万无被人挤倒的危险了。我国人爱国的热心，是极可宝贵的。但是见解上万一有了错误，反把那极可宝贵的爱国心误用了，徒然增着国民的疲敝，失了国际的利益，使国家凡百的进步，无论物质、精神，都生了障碍，加了纠纷，对着国家，对着社会，对着我们的子孙，我们实在是有难逃的责任。

　　自从开关到了今日，为了我国在国际上状况，有了政治的危机，如战争、分割、割让土地、租借地、划分势力范围、缔结不平等条约等等，我们的爱国者不能不披其抵死不忍屈服的热诚，或见诸行动，或形诸口舌笔墨，以振起全体国民的志气，求得当可以一振，那是极可宝贵的精神。就令有了激烈的行动，如义和团者，在我们历史上还算一种光彩。到底这一种爱国的精神，于现在或将来还适用不适用？那精神自然是不可以消灭，但是发挥或实行这精神的方法，和所要发挥所要实行的方面，是否要换个方针，抑是还守着数十年来老方案去下药呢？我以为是要更换方针，改方药，断断不能用着那惰性的力量去进行旧方法的。

　　在巴黎和会，战胜的诸强国仗了正义人道的名义来处分世界，而没有一事可以厌了众望。他们还是我虞尔诈不能开诚。而且会中发见了战争期内种种密约，使我们和世界上受压迫的民族不能不越生惊疑了。我们不得已只有一个消极的抵制，把不签字换得一虚悬无寄的正义，给世界上有耳目、有灵魂的人类一种新闻见、新智识，使他们知道这世界上还有不可磨灭的精气,这个也算是一种消极的成功。那消极抵制,不但是为了山东问题而发的,更为了公理而发的。其后我们所主张的不直接交涉,也是跟着这精神来的,并不是说山东问题始终不要经过一度交涉。而我们的国民,还是惰气漫漫,始终不察时势,拖了一个口调,与懒和尚念佛一样,"不交涉不交涉不签字不签字",连我们代表在华盛顿的开议也要群起反对,这个真是无意识的举动了。

现在华盛顿会议已经闭会了。这一次会议不能不谓为空前的大成功。巴黎和会的虚愿及缺憾,一个裁减军备问题,一个太平洋沿岸的列国关系,都是要惹起将来无穷的后患,一一都得了相当的结果。就是我个人在欧洲时候,还是挟了一惊疑的心理,预料他不能得着什么好解决,到于今也算是幸而吾言不中了。无论如何,即令吾人现在还没有满足,而世界将来军力膨胀的趋势,我们至少也有了可以免除冲突的希望,与达此希望相当的凭据,至少也要说比巴黎和会是大有进步了,至少也要说巴黎和会中正义人道的口头禅,可以有实现的根据了。即就我国而论,山东问题已经有大体的结束了,胶济铁路看我们集款的能力与五年后赎回国库券的迟速,将完全为我有了;势力范围今后列强不能更用为一种名义来侵犯我们主人,而争持各个的利益了;租借地有几部分可以光复旧物了;二十一款要求已经有了一部分的撤销,一部分的当然消灭,其余更有保留提议之权了,加关税,撤领事裁判权,旧案重提,也有相当进行的机会了。其余种种,不必列举。我国民为已足乎?未足也。我们国际上的地位,国际上的保障,经此一度,有所增进乎?实不能不承认有增进了。然则今日以后,我国民无论对于何国,那政治的侵略,实在可以放心了一大半。而自持的方针,与顺应世界的政策,不能更仗着消极抵制的精神,处处想关门,日日闹鬼,自相惊扰了。处处要谋发展，事事要积极进行。区区的见解，窃以为咱们自今日起要自画一个新纪元啰。

门户开放本是对于势力范围而言，并不是开埠通商之谓。若是开埠通商，那是早已不成问题了。对于势力范围，此疆彼界的任意分画，所以我们要把门户开放政策来破坏他。说无有例外，是对于列强尚有持着特别关系，来保留某疆某土作为例外的口实，我们要拒绝他的这种措词，我以为并没有什么流弊。而近来我们国民的误解，又生出种种推测了。我国民实在是惊弓之鸟，此种惊疑的推测，其势非把国际关系完全割断了不能解释的。如果我们今日以后能够复到前百年的闭关主义，乃至更反到民老死不相往来的状况，那么到也成了片段，否则若迎若拒、若推若就之间，到底要成为何等态度，我实在不能无疑的。

国际生活是两利关系的生活。那原理、原则，我们国民是要彻头彻尾了解的。现在我还要我国民明白而且准备着四个大要件。

第一要明白我们在国际团体中，是何等的身分，与居何等的地位。我们是一个独立庄严、与他国同等的国家。我们是一个国际团体以内的国家。我们是这国际团体内有资格、有能力来与世界各国共同筹画、共同解决世界上难问题，以消弭将来世界的祸患，发展将来人类的幸福的国家。我们不是站在团体以外，或是位在那一个或那几个强国之下，遇着机会，只看见着自己的利害，只嚷着自己的宽抑，持着白状，来上法庭，听人家裁判，望人家伸雪的。果然有了法律的问题发生，那国际法庭已经成立了，我们也有了席次，自然可提请解决，不是等着那些个国际会议的时候专门来擂堂鼓，听候提讯的。现在如国际联盟、国际财政会议、各种国际会议，都有了我们很重要的位置，何尝不可发挥我们的主义呢？

第二要明白我们在国际团体中，是负着何种的义务。我们对内是负着自己整理内政、维持治安、保持统一、自谋发展各事业的义务，免致友邦为我担忧，受我损害，或至进一步为托辞之干涉。我们还要使各友邦对我有相倚重的希望。对外，凡世界内有困苦的民族、困苦的国家，一时不能渡过难关，或政治压迫的旧染，向他们尚在进行的，我们要有实力，要有好手腕、好人才去援助他。或是在国际团体中我们能主张公正有力的议论，使那困苦的民族或国家得沐吾恩惠。我们不是一个无责任的国家、无负担的国家，关了大门，只顾自己，对于世界人类痛痒漠不关心的；更不是连自己都顾不了，或者人人不去管事，听着家奴纷扰，弄得分崩离析，倒要劳着友邦随时瞪眼，种种觖望的国家。例如俄国之饥馑、波兰之纠纷、中欧之穷困、上部西利西亚之分配不公、土耳其对于异族之残杀，果使我们有了力量，都应当去救济他们，去主持公道的。

  第三要明白世界的大势，与各国内部激荡的潮流，外部维系的方策及我们自己与那大势潮流有何等的关系，有何等的异同，然后方可以顺应时势，不至受他们的恶影响，也不至言从抄袭，成为无意识的举动，更可以察着他们的病根所在，借以反观，使我们有预防的方法。例如爱尔兰问题之过去、现在、未来的观察，及该问题与英美的关系，与各国的同情关系；埃及之内治与英国的关系；英美、英法、英日、日美种种的勾心斗角，与此次太平洋会议之因果；劳动问题之趋势，社会主义之趋势，其影响于我东方者如何，其所以酿成今日之现象者原因安在，我国是否与他们一样已经种了恶因，今日以后对于资本家势力之消长如何立法，如何限制，使不至酿成大冲突；劳动者之要求与劳动主义之发扬，今后如何使他们不受摧抑，致激成大革命，都是我们现在所应当着眼、应当细察、应当顺应的。

  第四要明白自己的需要，自己的赢余，自己的要害所在。何者可以开放，不必以国交上敌忾去拒绝他人；何者不能开放，可以等着自己的实力充足的时候再去发展；何者可以开放与人，不必以遏籴的心理看着他人坐困而不加周〔赒〕恤，如米谷之输出，如外资之输入，及其输入之条件，如矿山、如铁路之如何发展，需用外资之条件如何，如各种机器、各种技术、各种人才，如何采取他人之长以增益我之不能，都要种种准备，放开手腕，放开度量，练习增进我们的能率，以与人周旋。果能操之得法，外资的输入、人才的借用，只有益处。政治上侵略已经祛除了，经济的侵略，只看条件如何，我们自占的地位如何，我们防止资本家专横的方法如何，大有可以高据群巅，驾驭一切的机会。

  以上四节，我们国民今日都要平心静气去体会的，以现今的趋势，决不是一味排外的心理，排外的虚声，一时的兴奋感情可以应付的。"利权外溢"四字，我们是不承认的。国际的生活是两利的。果然可以关上大门，拒绝一切，也未尝不可。但是国际关系发生以后，要关门是不可能了。况且关门政策，自古以来，循了人群进化的常轨，本是未曾实行过，本是不能实行的。到了今日，不过范围较广而已。而我们国人偏要拖着那排外的惰力去抵当，实在是大大的失策，误时机，误国是，误我们子孙事业的基础了。大度量，大胆量，大眼光，细细心，平平气，冷冷头脑，是我们今日所要求的。

恋爱与婚姻

> 此文系一九二二年作者在高等师范学校的讲演。
> 刊于《中国妇女问题讨论集》第四册，署名林长民。

诸君：

我今日蒙诸君招待来此讲演，所选的演题在现在我们社会上或者认为一种极可诧异的题目。这是表现我们社会不爱说亮话的一种心理。我们的祖宗、我们的先辈，本是要说亮话、不爱遮掩的。《中庸》里说："君子之道，造端乎夫妇。"孟子说："食色性也。"又古人说："饮食男女，人之大欲存焉。"凡此说法，都是要把男女的天性来发挥的。但是那个时代的人，对于凡百的学问，还没有解剖的能力和讲求彻底解决的意思，所以只留下这吉光片羽极简单的议论，给我们后人去悬揣他，实在是很可惜的。

近年吾国青年的思想，已经渐向自由方面去发展。不但是发展，而且因发展的结果，他们渐渐能辟出一条新道路了。今日看了我的演题的青年诸君，必定以为是要有兴味、极为新颖的一篇演说，乃至于要当做写情的小说来读。殊不知这一段情文，在演者实觉得非常艰苦，要字字下得适当精切，处处要从学问着想，要把全社会人安顿个极幸福、极耐久、极和乐、极平淡、极真挚的社会基础之上，使他们享受着无限的快乐，然后方能尽着开导风气的重任。演者不自揣量，要自己持着学者的态度，来惨淡经营；要不是作写情的文章，更不是弄娱情的笔墨。这一节是要诸君注意的。

现在，姑且先把那古人所说的几句简单话，提出几个问题。我自己也姑且附个答案，来与诸君研究研究。第一，"君子之道，造端乎夫妇"。什么叫做君子之道？诸君要知道，《中庸》一部，说理极为平易近情。孔子一生学问的本领，全在"现实"两个字，与各派宗教偏要强不知以为知，说来说去总说不出一个真实结论来的迥然不同。这君子之道,细译〔绎〕本书前后篇的意旨与本章上下文的语气,并不是说君子的道理,是说君子所研究的道理;也不是说君子所研究、所已得其源委的道理,是说君子所要研究而不能尽的道理。他所要研究的道理实在繁赜、广大、深微、不可穷诘。如宇宙之发生,星辰日月之运行,世界之创始,人类众生之起源与其构造。即在今日,吾人知识比之于二千余年前之贤圣已经较为发达,犹且不能道出其所以然,况在二千余年前的时候,他们如何能知道呢?故曰:"费而隐。"又曰:"及其至也,虽圣人有所不知,有所不能。"又曰:"语大,天下莫能载;语小,天下莫能破焉。"又引《诗经》道:"'鸢飞戾天,鱼跃于渊',言其上下察也。"这鸢飞鱼跃并不是寓言,实际上是要略举一二例,以考究物情物性。并且"天""渊"是穷极高处、低处两端,"察"字明明是观察之义。这个道理是客观的道理,不是主观的道理。这是我的第一解。

第二,什么叫做"造端"?"端"字是姑〔始〕字之义,"造"字是速作之义,"造端"是开始的意义。宇宙间事事物物,极为深奥繁赜。开始研究,应从夫妇的道理研究起。诸君要知道,孔氏说法,都是现世法,多半是讲伦理学。他的政治、文学、哲学,都收纳在伦理之内。那伦理学的实践法,就是当时所称为伦常。那伦常中最重夫妇,其他的伦常都从夫妇之伦推演出去。他是说士君子要研究宇宙间事事物物的道理,那还是研究不尽的,不如先就伦常日用切近的道理,讲求个明白较有实际。所谓"庸德之行,庸言之谨",就是这个意义。那伦常日用切近的道理,自然是要把夫妇之伦看做要最先研究的一伦。他下文说"及其至也,察乎天地"。当时所谓天地,就是宇宙万有之义,但是用语还没有精到。所谓"察乎天地"者,是说学问的范围,要到穷极处,则宇宙万有皆吾人所应当研究。这个是两端的意义。这一端极切近的是日用伦理,是我们马上可以研究、可以实践的。那一端极辽远的是宇宙万有，是可以研究而研究不能尽的。如此说来，其意义本是个极平实的，那些个后儒偏要附会其说，硬把孔子当做一个神秘不可思议的、超乎人类以外的人，说他的道可以经纶宇宙，弥满六合。这经纶、弥满，岂不是个狂妄之误，厚诬了古人么？这是我的第二解。

  第三，什么叫做夫妇？这个疑问发得太奇了。天下岂有不知道"夫妇"二字是何种意义的人么？然而从学问方面着想，那么任凭何事，都有解剖和研究的价值。但是这一个答案，恐怕将来是有狠多聚讼，若是按着近世极端的思想，他们要说夫妇的关系就是男女阴阳两性的关系，此外并没有别的意味。这个男女两性的关系，我们自然是要承认他的，不过这个是实质上的关系。此外，我们更不能不承认一个形式上的关系。那形式上的关系，就是婚姻。婚姻的形式固然有种种不同，但是无论如何，总要拿一种制度来限制那一概男女两性的关系。我们所最抱憾的是，从来我们的古训、我们的社会教育，偏只重视那形式，把实质的关系，不敢多说，不肯说，或是不许说，于是乎把夫妇关系的真意味也泪没了一半，和那极端的思想只承认自由恋爱、不承认婚姻的，是依样葫芦。而且那极端的思想，要说是因为了这一方面的极端激动出来也未尝不可。现在我的答案要说夫妇是男女两性的结合，而加以某种形式为之保证、为之限制的关系。那孔子所说"君子之道，造端乎夫妇"的"夫妇"，自然是指这实质形式两方面而言。这是我的第三解。

  照这样说来，我们人类生存条件中如此重要的关系，就是孔子时代也曾经发愿要考究的。何况我们今日思想自由时代，不应当来细细讨论么？以上所说的，不过是声明我们今日所以要讲演这个题目的理由。现在我要说到本论来了。第一说恋爱的意义与其效力；第二说婚姻的意义与其弊害；第三说救济弊害的方法。

恋爱是什么意义呢？这问题若是简单明了的答复，我要说恋爱就是男女阴阳两性交感所发生的情的作用。这个交感的情窦，是天然的，若水之有源，若山之有脉，有的时候隐起来，有的时候发出来，在一个人或个个人身体上、生理上，显得他们无限神通。当他们显神通的时候，又仿佛有鬼物作祟，能够使人家喜；能够使人家怒；能够使人家乐；能够使人家悲；能够使人家笑；能够使人家哭；能够使人家缠绵抑郁，好像是在病中呻吟；又能够使人家立刻变做壮士，有万夫不当之勇，向极艰难险阻的关头来奋斗；能够使人家真病；能够使人家即刻病好；能够使人家做一个极凶险的人，去杀人、放火、打劫、诈欺，无所不至；又能够使人家做一个极严正、极慈悲的人，去修身行善，乃至有牺牲的精神，以践履他的正道。这种种的变幻，不是魔鬼是什么？其实要说他是极离奇变幻，自然是像个魔鬼；要说他是很平淡、很确实的，却也无甚奥妙。这个不妨就公然由认他是性欲的作用。现在我又要把性字来下个解释。《中庸》第一篇开口便说："天命之谓性，率性之谓道，修道之谓教。"朱熹所注释的说："性即理也。天以阴阳五行化生万物，气以成形，理亦赋焉。"阴阳五行是模糊语，但是成形赋理，朱熹都承认了，可见得性字是形体的作用。我们身上的官能，耳目口舌以及百骸都包括在内。男女性之性也是这成形赋理的一种。率性谓道，是说循种种官能自然动作的常道。但是自然循的去常道，恐走到太极端、太远了，所以要加以限制，那限制就是"修道谓教"的意义。

这男女的性欲，和耳目口舌的欲望是一样的。耳要听，目要视，口舌要尝味，那男女的性根也有欲望，也要求个满足的。现在要问，人人身上何以有官便有能，不性根便有欲望？这是创造者的神秘，人类无从知得的。我们今日只觉得造物构造我们，有不可思议的欠缺。无论一个男，一个女，总不能单独去干人类生生不已的本职。

无论一个男，一个女，总不能单独去享人类完全美满的快乐。因为了这个欠缺，男子对于女子发生了唯一的心愿，女子对于男子也发生了相对待的心愿。这心愿就是爱情。爱情无论已达未达，也无论从心愿发生起至于达到他的心愿止，其间时候的长短，或是已经达到心愿之后，经过多少期间都是一样的。那事前的用情，仿佛是早起准备去赏花，就是足迹还没有涉到花园，已经觉得眼底有了春色，鼻底下有了清香。那事后的用情，仿佛是饮过醇酒，醉里觉得梦境迷离，浑身都有温和舒畅的气象，又仿佛是念过好诗歌，背诵了几百回，越含咏越有味道，有时便忘记了诗句，感触了什么情境，胸中更有无限的诗意。这种种用情缠绵婉转处，叫做情结。或是断的，或是续的，都算是爱情。若是对于特定的某一个人发的情结，就是对于某某的爱情。更有时不必有特定的某人，我们也会发生一种情结。这是《诗经》所说的"有女怀春"，和《孟子》所说的"知好色则慕少艾"的意义。

那女子所怀的春，与吉士所慕的少艾，不一定是眼底心中有实在的人物。但是这种情绪，不能谓之恋爱，但能谓之恋爱郁在心里发生的冲动。我记得二十余年前，我有一个诗句说，"万种风情无地着"。当时自以为是个名句，其实是少年普通的情境。我有一位朋友有一个恋爱者。他们两个人远别了。那恋爱者送别的时候对他说："你是不能不远行的，我心中自是苦痛。但一想到在我们这世界中有一个爱我的人，无论他是在天涯海角，我便是悬心万仞，那万仞上悬着我的心，总觉得任凭惊风怒涛也震他不动的。"这是何等神力！究竟这神力不是凌空的，完全是从造物构造的男女性所欠缺的实体发生出来的。不过是因着世间作伪的心理、作伪的学问、作伪的文字语言，把他们的真实汩没了。一半也因着这神力似的情绪偏具着许多变相，带着许多的颜料，随着各人的境遇、年时、性癖，把他的生命染上了种种色彩。于是乎见者论者，都道这情结是无形的变化。诸君要知道，我们在世界固然有无形无迹能够发生出力量的东西，那形迹是我们没有瞧见，不能说他是"无"。至于人类的爱情，就是父母子女的关系、兄弟的关系、朋友的关系，都是明明有个实体的联属，因他们联属关系的程度，分个亲疏厚薄。若说到男女性的联属，自然是亲之又亲，厚之又厚。不过因为他有人为选择的余地，所以又与父母兄弟天然的关系不同。那实体的关系，实在彰明较著，无论何人不能否认的。我还记得英人女医玛利史脱卜的著书中间论情欲一章说，"少年男女有时尽管否认他们的真动机，或是隐讳了，然而他们跃跃欲动的情态，不期然而然会暴露他们的底蕴。那接吻，那握手，俨然是个奋兴剂，把通身血脉都鼓动了。两者之间同唱歌、同奏乐，那音响一声声都与他两个人的脉搏相和。两者相对的时候，直把两性一切真美通通收纳在彼此眼珠里。"究竟他们的吻、他们的手、他们的脉搏、他们的眼珠，都是他们两性的奴仆、他们两性的职工，供他们指挥，受他们管辖的。

以上所说本是今天形容不完的，不过要诸君知道恋爱的原动力，不必去隐蔽他就是了。

其次我要说恋爱发展的时期。据普通生理学者的说法，都是说男子十六岁，女子十四岁，身体发育的时候，算是春情发动期。这个固然是确实有据，人人所公认的。但是那人间极薄弱、极幼稚的爱情，两个异性的爱好、亲近，是从极早极早时代就有了，要说是与生俱来也无不可。以我个人的回顾，证之以闻见，至少要说从五六岁起，就有了萌芽，总觉得异性的比同性好些，也不知道是什么缘故。近来我在欧洲读了《一少女的日记》。那少女从十一岁起至十四岁止叙述他自己的爱慕。发行此书的意思，是供给人研究心理学的材料。这书本是德文，后翻成英文。买书者非持有医生、律师、心理学教授的名刺证明，在书铺中不能买得的。其实那个书也很平平无奇。我们若把人生的天性来考究，实在这不完全幼稚的情绪，在十一岁以前早已发芽了。欧洲的名称也有叫他做"幻影的恋爱"。这幻影的恋爱就是年龄过了十五六，已经身体发育了，还有未明白彻解的人。他心中有爱的人，自己也不知道是为了何事。可怜那早婚的习惯，往往倒把这恋爱发生的萌芽摧残了，岂不是人间一个绝大的憾事么？

我今天即要补上一段落来说明恋爱的晚景。我刚才不曾说过事后的用情若醉醇酒，若背诵诗歌么？由此情境推演下去，世间尽有老年的和老年的恋爱。乃至于有一生一死的交情，历久感念愈笃的。这个虽不能谓为恋爱，也算是恋爱的回甘。我曾经被人驳难过，说是恋爱果然全仗着两性实际的关系，才能发生，何以有老年的爱情和那生死的交情？我便反问他道，那老年的、生死的，如果不是仗着前此某时期内有了两性实际的关系，何从有他们突如其来的情爱和感念？人与人的关系，情爱感念自然包含着种种意思。但是一男一女的情爱感念，不能撇开那两性的关系，来说他们是不为"这个"。陆放翁诗，"梦断香消四十年，沈园柳老不吹绵。此身行作稽山土，尤子〔犹吊〕遗踪一泫然。"他们四十年前赶走了的妻，死了已久，而且自己也是到了要就土的年时，还动此无限的伤感。他的心理也未必自己明白是为了什么，为了他们两个从前的境遇，为了当前触着的景物，其实要解剖到根源所在，自然有个不消说的理由。对于诗人的诗意，原可以不消说了之。若是论到恋爱的心理，是不能不说的。即就这陆放翁诗而论，那"梦断""香消"等字何等意义，是很明白的。世间又有一种名称叫做柏拉顿食恋爱* 原文如此，此处似指柏拉图式恋爱。——编注 这是离去性欲的爱情，是恋爱者中间自己要超然物外，故设为这种名称来标榜，以为是一个极清高的情境。其实是一个极不自然的关系，不能算为人道的常轨。

照以上所说的，这恋爱的意义，应当是明白了。我现在望下要说明婚姻的意义。

婚姻到底是什么意义呢？我前头所说的夫妇是含有两种的关系。一为实质，一为形式。恋爱是实质的关系，婚姻是形式的关系。除了自由恋爱的学说完全否认形式以外，世界人类男女之间，无论取何种形式，都要用结婚的制度来作恋爱关系的证明，或是来加恋爱关系的限制。恋爱是天然的，婚姻是人为的，文明和野蛮的区别，多半是在乎人为与天然之间。那文明的民族往往用人为的力量来限制天然。但是限制的程度，随着习俗学说往往有异同。就是近世所称为蛮族的，多少也从他原人时代已经有了进化。式以他们也有他们的婚姻制度。我记得前月《晨报》上所载《人类婚姻史》的译本，那蛮人于每年一定时期内，举行祭典，男女混乱，其后也有婚姻制度。那婚姻的起原，本是从混乱的风俗自然进化的。我国苗族现在还有以跳舞的形式来订婚。欧洲进化的民族都是本着男女自由的意思，加以宗教上的典礼、法律上的手续。我国古礼则完全不管男女本人的意思，用"父母之命，媒妁之言"来定，到结婚的时候乃有种种的礼节。各种制度那个好，那个不好，是另一问题。其为人类成形赋理，各率其性，至于混乱。混乱之极，将启杀报，争夺种种的弊端，不能不求一个方法来做个限制，做个保证，是同一的用意。那《中庸》所谓"修道之谓教"就是这个意义。我前段说恋爱的神通和魔力，实在是伟大奇妙，不可思议的。若从别一方面观察，又似是一种极危险的动机。所以古来中外的先觉都要设法来防堵他。防堵的方法，又有繁简，最不近情理的是我们的制度。那"父母之命，媒妁之言"与夫"男女授受不亲""内言不出，外言不入"的教训惹起近来世间的非难，虽是起周公、孔子而问之，他们那制礼的用意，和那"修道谓教"所修的程度，无乃太甚，想是周公、孔子到了今日也不能辩护的。

虽然，诸君，我们今日发见了我们婚姻制度的弊害，往往要把欧美的制度当做无上的良法。其实他们也何曾得了自由呢？第一是财产制度的弊害与经济的压迫。欧美人的结婚在表面上自然是说恋爱神圣，然而男女交际场中，那一个不是炫着他的财力来掀动的？一般女子的虚荣心最强，到了定婚约的时候，就说他是为了恋爱。其实那女子的夹袋里常常有较惬意的男子，为了财力不如那一个人便落选的。这种失恋的男子，不知有多少。我亲眼目击的就有了好几个。有的日日计算他的长亲死后，他们可以得多少遗产，可以博得那恋爱者的欢喜。有的老年娶少妇，当着贺客说："新娘何曾是嫁与我，乃嫁与我的财产。"我闻之毛发森然。法国的风俗尤其背谬。女子出嫁，他父母一定得有相当的财产送他出门，往往女子心中已经有了人，为着父母没有嫁赔的财力，不但是父母不能答应，就是女子自己也为习俗所染，觉得嫁人没有相当的嫁资，是绝大的缺憾，也不愿意出门。至于生计的压迫，尤其显然易见者，眼前生活仅仅博得每礼拜中多少工资来维持的，自然是没有力量来养活妻子，于是乎不敢娶亲。他们心中大概都有恋爱者，不得已只在公园、道路，或站在他人门首来接吻言情。这种情态，我倒不把什么风纪的见地来批评他，但觉得这种男女有无限怨旷的气象，不能好好的成了夫妇，来达他们的心愿，如此种种到底自由不自由呢？

其次是阶级制度的弊害。（这阶级是指爵位而言，若是资产阶级，上一段已经说过。）这弊害在有帝皇贵族的国家较盛。现在战后帝王贵族的国家消灭了好几国，那从前的习惯一时虽是没有尽除，应当要渐渐减少的。在英国还是阶级制度，极为严极〔格〕的。大略贵族子女必定要找个贵族来配，那范围自然是甚狭的。倘或在他阶级以外发生了恋爱，那便成为困难的问题。当英女皇维多利亚时代，有个皇族恋爱了一个女优，照英国皇族制度，皇族子女结婚须经英皇裁可，也有须得议会通过的。那皇族与女优的恋爱，终不能得女皇的许可。

那皇族实在是一个肯为情牺牲的好男子，不为法律上的结婚，卒忤了女皇的意旨，准备着夺爵。其后爵位虽是没有削夺，那结婚始终不能成为法律上的夫妇。这是一段很有趣味的故事。欧洲各国历代多是彼此帝室王公互结姻好的。法国从前的皇族与各国多半是亲戚，自从改为共和国后，与各帝国的亲戚关系渐渐没有了。现在帝国的数，减少了许多，恐怕孑遗一二帝皇家择婿娶媳妇，更是无所取材了。当今英国皇太子声望相貌为举国所钦仰，又正在结婚极成熟的年龄。去年丹麦王女随着王后来英游聘。英人的推测，都说是良缘天定，其后也不成了事实。近日报传英太子游历印度，颇有与印度某王女定婚的消息。此在英国或是别有政策，到底成为事实与否，我却不敢断定。但是皇族结婚之难，取材范围之狭，实在日见支绌的。风气所趋，皇族贵族如此，即中级社会也有他们的范围。此范围自然是一时不得不然的形势，我也不敢非难他。但是，根本上是这种种的阶级不应当分画的。这固然是另一问题。而婚姻上受此束缚，总是人类的一个缺憾。

再其次离婚的趋势，与宗教上婚姻制度异同之点，我也要略举一二来说明。

离婚本是为不满意的结婚求谋个救济的方法。各国改良社会的政策，一面不能不准他们离婚，一面又要设法去减少他。减少他的方法，实在是无从图谋起。欧洲战后与战前的统计，离婚事件战后倍于战前。其原因多半是因为战时男子不在家，服务行伍间，女子不胜寂寞，或是受了外诱，另外发生恋爱关系的。英国自去年起离婚的数目渐渐减少，恢复战前的状态。美国所受欧战的影响较小，时间也较短，而离婚的数目也大增加了。而且增加之后逐年有进。这不是能尽怪男子出征的缘故。但是战后经济的状况大形膨胀，大约为了纵侈的结果，致成了夫妇的离异。其趋势还不知伊于何底。防止是无可防止，在立法上又不能加上不合理的限制。这个全属社会道德问题，我辈既然承认了婚姻制度为不可少的，那离婚的许可也是不可无的。既然承认了婚姻制度为较好于自由恋爱、较好于男女混乱的，那离婚的事件自然是希望他愈少愈妙。美国的民性较之欧洲人是易动的，那离婚的趋势恐怕还是日多。法国人及其他罗马旧教的国家则又变本加厉了。罗马旧教是不许人离婚的。法律上虽许人离婚，而宗教的力量对于婚姻的制裁至今还凌驾过国法。为什么呢？他们结婚的习惯非在教堂不可，若是离婚过的男女，不能再到教堂结婚。教堂簿上还是写着他们旧夫妇的名姓。我在欧洲亲见着旧教中人明明有正当可以离婚的理由，实际上他的妻已经另有一个男子，那本夫还要顾着宗教的面子，苦苦的来撑持他的家族关系，岂不怪可怜么？

我们旧日婚姻制度固然是极武断，不近情理，但是比之欧洲种种的缺憾，他们倒也有别方面的苦痛。那阶级财产的不平，我们也许有的，但是比起来还算轻些，就是"父母之命，媒妁之言"，今日在略有知识的人家里，父母也渐渐知道这权柄不是可以久弄的，早已预备让步了。他们并不敢挟着圣经贤传来与儿女宣战的。我倒是要提出种种问题，来问青年男女。第一，"父母之命，媒妁之言"是不行了，我们今后要用那一种方法来替代他？第二，说外国的方法较好，较好诚然较好，那跳舞会、公共的音乐厅和那社交上种种的机会，我们全国才有几个，除了倚靠外国人的设备外，我们自己有了设备没有？第三，说向来的习惯不许女子出头露脸的，现是渐渐有了女子的场面,究竟那女子们是否能自由或是敢于发挥他们的才调和姿态,不怕一般不相干的非议? 第四,那社会上无意识的非议,往往向着青年男女来造谈资,究竟交际场中就有了恋爱的痕迹,干他们大家甚事,此种论调我常看着号称开通风气的报纸来推波助澜,到底现在我们青年男女有无自相矛盾的心理? 第五,女子在生理上是有特别任务,以平均数而论,他们身体天然的组织,是较男子弱些,男子对于女子,是应当诚心尊敬,小心保护的,到底我们青年男子,已经有了这尊敬和保护的诚意,与训练纯然的行为没有?

以上五个问题但就与定婚求婚机会有关系的事情提出,还没有提到关系婚姻全体的问题,那些问题是更为繁重的。

求婚的机会既没有人替公众去制造,那知识不发达的家庭,还守着从前的老习惯,还是用着"父母之命,媒妁之言"来替儿女效劳,不好尽管不好,不得已只好说他倒成一个片段。至于略有新知识的人家真成个青黄不接的景象。那父母们死看不破,偏偏爱着儿女,要想替他们择配,又不敢完全做主。那儿女又找不到机会来自己选择。倘或父母硬做了主,那是一定发生风潮的。有的父母找了一两家好子女,到了商量要成熟的时候,来取得他自己儿女的同意,或是做个介绍,约他们两口儿见一见。他儿女们实在也莫名其妙。到底那对偶者是何等样的性情,何等样的人物,一两次见面如何能知道呢? 就此定下,这算是顶进步的办法了。究竟这种承诺,这种约见,还是个掩耳盗铃。

儿女婚姻与父母的关系,就在欧美各国,也是很有商量的。虽是法律上达了某年龄的男女可以自主,其实有父母或是长亲的总要博得一家欢喜,取个同意,那同意不必有什么形式的。但是他们也时常发生问题。往往是儿女有了意中人而父母觉得不满足,想出种种方法打消他的意思,这个正与我国近时的情形相反。我国往往是父母先为儿女选有了人，那儿女不答应的。要论起彼此长短来，自然是我国的父母太多事了。然而儿女们缺乏交际的机会，实在也有给父母不得不多事的理由。

我个人是很替世间儿女担忧的，但是我个人却不愿意多事。我但愿世间儿女自己要造机会，并且须合起来替公众多造机会！

我时常看报纸上载着社会新闻，偏都是儿女反对父母替他定亲，又用着什么不自由、什么家庭的压制等等重大的题目，来掀风作浪。我看见了实在心痛。要说那父母大〔太〕多事则可，一定要说有多大的压制未免太冤枉了。多半近日父母的短处是对着儿女看不破，要多事的，碰着钉子也是无可奈何。这种定婚事件儿女若是反对，大约是不能压制了。若是儿女实在不满意，为了父母的意思，去迁就他，那是儿女们自己的错处。大概报上所载的是学生的新闻居多，往往又加上了材料，说他们因为不依了父母去定婚，他父母连学费也不接济。到底父母担任儿女的学费，是否一种绝对的义务？到了可以结婚的年龄，大半是大学专门的教育。这大学专门的教育是否还要责问父母？有钱的人家还可以说得过去。若是生活情况所不能许的，又将奈何？定婚不定婚是一事，有钱留学没有钱留学又是一事，奈何并做一谈？况且既是儿女申张起自由来，为什么不许父母们自由呢？我这话不是主张父母要替儿女定婚，是说儿女们要自己造机会，要谋自立。报纸主持风气，也要向积极方面鼓吹，不可专向消极方面谩骂，替世间儿女长骄惰，把世间父母个个要给他们一个罪名。这似乎并非社会之平。那父母要定的婚约不承认就不承认了，那有多大的关系？

我前面所说的青黄不接的景象，和那些个问题，现在要何种方法来救济来解决呢？

第一，要公开。男女交际公开，这个风气近来已经渐渐发端了。

但是旧习惯上还有人云亦云、不确定、无意义的名称，什么叫做礼教来拘束我们。我们青年男女要有勇气、胆量，不去理会他。究竟礼教到底是何物？若是要把古代礼经的教训或是曹大家的《女诫》来做信条，无论何人早也已经不能遵守了。今日社会上子遗了一二位老先生们，他们口中说礼教。他们的家庭、男女，就是他们的本身、他的父母，祖宗时代男女不同椸枷，不同巾栉，不亲受授，嫂叔不通问么？真是内言不出，外言不入么？这不适用的礼教早经一步一步的弃了，到了今日实是片甲无存。既是无所谓礼教，我们何必如此害怕这瓦砾残缺的信条。我常听者，好人家的青年男女交际的时候说是"怕人家说话"。我就不知道人家说什么话。我们实在是怕什么。不过一方面要青年男女有勇气、有胆量，一方面也要社会上发议论的人不可以来妄加批评他。那公园道路，处处遇着公然接吻言情的一对一对男女，行人过者若无所睹，从来不去回顾的，我倒以为这是极好的态度，不妄管人家的是非。

至于公开上的设备，凡有力者都应当多造机会。无论中外习惯，或是多建公共游戏所、音乐厅，或是私人请茶、请园游、弹棋、击剑、打球、跳舞、唱歌、论文，都应当尽力提倡。近来高等学校多实行男女同班，这个风气不但为了学问上教育男女要平等，就是为了交际的便利，给他们多造机会，多所取材，也是很有益的方法。

第二，要训练。我前头所说，恋爱的力量是那么大。到了恋爱冲动的时候，无论男女，都有失他们理性的危险。那不适用的礼教本来失了效力，若是硬拿来做堤防，是堤防不住的。若是任他冲动，任他发挥，任他混乱，到底于个人于社会是否有害？我却要说是有害的。并且我已经承认了婚姻制度，是不得已的一种节制。若论人类本来的天性，是个兽道。一个男子不能满足着一个女子，一个女子也不能满足着一个男子。若是听他们去混乱，恐怕这社会是要灭绝的。防范的方法固然要靠婚姻，但是专靠着婚姻的仪式还是不足，非使结婚的，或是要结婚的男女，人人有身心的训练不可。一面既是开放了，不采用从前那禁锢的法子去束缚他们，一面又要使他不乱，自然是难能的事情。虽然难能，尽管难能，到了有训练的时候，那节制的力量是较有真际。

所谓训练者，到底要把何种主义来做信条呢？这是极重要一个问题。诸君负有师范的责任，这问题是应当着实研究的。我今天姑且悬个答案来与诸君商榷了。我的意思先要把"尊重彼此的人格""不苟且一时的快乐"一语来做信条。此外或有应当增加的，还请诸君和国中有心人再来研究。果然人人有了训练，那男女的交际恋爱、求婚、结婚，无一事不合正轨。所谓"《关雎》乐而不淫"，岂不甚美。

但是照此说法，又将起了驳难。反对吾说的人一定要问，人人有了训练，自然交际公开是无弊的，现在青年男女安得人人有了训练，如何就可以公开呢？这个疑问我却要明白答复他说，有了公开的机会，然后方可以说训练。尊重人格，不苟且，都是要从实践方面去努力。若是先说训练，然后公开，那就不知道何年何月方见训练的真际，恐怕是俟黄河之清的。并且我要问从前那禁锢的法子，现在既已自然而然毁弃了、失败了，实在与已经死了，现在不用公开的训练更用何物？纵使眼前我们青年男女训练的工夫未到，或者失检了，这是病家的传经，经过某时期，一定要发见某种病象，专看他的元气心脏保得住保不住。这信条就是元气，就是心脏。我们要把全社会当作一病家来医治。即有一部分失检的人，总有一部分保持着信条的。若是渐渐得了多数守着信条，有了训练，那病象自然要日减的。这才算得真礼教。平情而论，欧美的男女节制的力量实在比我们大些。他们全是为着公开训练的机会。父兄教育子弟，要养成他一种自己的好心性，自己的好见解，不是纯用束缚可以收效的。此说虽在古时也有发明者，就是孔子修道谓教的意思。何尝一定要束缚人到如此田地呢？人人心中有了信条，然后男女更要各自训练如何彼此爱护、体贴、敬爱的方法。训练烂熟了，一到交际场中，就不必有恋爱，也觉得愉快温厚，与春风和煦一样，与音乐合拍一样。这是社会上吉祥的气象。至于结婚之后，更要靠着训练的工夫，来维持两口子的爱情。各男女的个性，做配偶的都有体贴的义务。女子的性情尤其沉郁微妙，非得男人去细心体贴，顶容易发生波澜的。就是男子也时常有困苦说不出的心事。若是女人会体贴他，也就平稳和悦过去；而不然者，诟谇发生，越纠越紧，便成离异的问题，或是终身要过不幸福的日子了。这体贴的作用，好像是个调琴，无论何种乐器都有他的特性，好乐工或是音乐家都要找着他的乐器的短处，去弥缝他。习武器的，写字用笔的，也是如此。那夫妻两口子的关系，更是轻脆精微，不可不格外当心的。这体贴的心机、手腕，全靠着训练的工夫。便是床笫之间有所规劝，比事父母几谏是更要细心的。

　　第三，要人人保持发育自己健全的身体。这健全不但从生理方面着想，乃至人间审美的观念，非健康不能达到美满的目的。蓝公武君新近才有一篇论文说"病"，力辟我国人以病为美的谬解。我很佩服他的议论。他所举以病为美的证据是个铁案。大约我国古代诗歌文词，都是此种谬误。我看见了希腊罗马的古雕刻、古画图，男子的美，都是筋肉弥满，骨格开张。女子的美，也是广胸高乳，标格玉立。他们从来没有状那娉婷羸弱的态度。他们就是写出美人烈士穷途凄凉的境地，也是极其悲壮，从没有以楚楚可怜的情状来动人的。我又看了一张名画，题为《战胜》。一美人裸立岩阿，两手高举，张口而呼，想见当时勇士归自敌场，得此壮丽之恋爱者来欢迎他，是何等兴会！我自己到欧洲时候，最大的缺憾，觉得我身体的发达乃在水平以下，欧美人审美的观念，多半胚胎于古雕刻、古图画。近来种种技击、种种游戏，都受此影响，借以联系躯干，使他发育健全。剧场蹈舞、海水浴，多半是男女自炫他们的真美。我有一回经同朋友约赴海边游览，我便不敢答应他，实在为了骨瘦如柴，脱了浴衣，未免出丑，所以不敢自暴于其见之地。我前头所说恋爱的真意义，完全由于成形赋理的原则，以求达男女的心愿。然则身体健全的程度，自然最与达到心头的快乐的程度为正比例。这审美的观念，更是来为快乐作色采的。

更从生理方面着想、血统方面着想，身体健全实在是人生第一幸福。保持发育健全的身体，是人生第一义务。最美满的恋爱，在乎最健全的身体。玛利史脱卜谓，男女恋爱，以能保持长久者为恋爱之极点。此不纯是德义的问题，而且属于生理的问题。能延寿命，能生育结实雄伟的子孙，自然是幸福的。

明乎此理，研究生理学的工夫是不可少的。不但是普通的生理学，那生殖机能的生理学是要特别研究的。研究有得，然后方能得到真快乐。对于花柳病传染病的危险，人人晓得如何防备，如何检束心身，不至陷入迷途，并且晓得如何去消灭他。乃至于人口问题，到底多生子女是为社会的贡献呢？抑是应当限制生育呢？对于那马尔沙士《人口论》第一版和第六版的说法不同之点，印证之以实际上的统计，吾人应当取何方策去应付他，临时自己也有把握。所以研究生理，保全健康，发育身体，也是恋爱与婚姻问题中的要件，更是人类社会上我们要下工夫的。男女生理的关系本是结婚的要件，但结婚之前无从知得，这是近世生理学界、医学界中一个大难题。德国人种卫生学会曾经为了奖励人口加增的问题，发表一论文。他主张男女结婚之两方的健康证书应为义务的交换。这种政策似乎可以采用。倘能再进一步，不但证明健康，更加以种种说明，责成男女医生发给未婚男女一种证书，或者更为有益。

  以上所述三种主张，是特别对于我国青年男女恋爱婚姻问题谋改进的方法，我们非竭力提倡不可。诸君多是师范学生，将来有教导社会的重任，务望大加鼓吹，非把我们全国青年男女，乃至将来无量数的青年男女，一个个安顿在极幸福、极耐久、极和乐、极平淡、极真挚的社会基础之上，算是我们今天惠了他们的。至于婚姻问题，关系社会经济的状况、财产的制度，也极重大。全世界上的青年男女也多在苦海中间，那是另一问题。将来的理想非达到经济制度、财产制度大革命、大成功的时候，这恋爱和婚姻的问题，不能得无上圆满的解决。我今天所说的还是目前应急的办法。"食色性也"，望诸君放着大胆去研究他。

临《兰亭序》跋

较之覃溪所摹缩本犹大,诸城所谓年少眼明者,吾望之真却步矣。

壬戌六月,阴雨经旬竟日。闷坐斋中,写《兰亭》数十过,聊以自遣。然案头积椟,应理未理,愿耽此为耶。

长民记

覃溪缩本精拓于乙卯年,得三本,分遗徽女及诸甥。今此纸亦付徽姑,与覃溪一较大小可也。若论优劣,则吾岂敢。

再记于双栝庐

作于一九二二年七月。此文据手迹刊印。

临《兰亭序》赠林暄跋

近写小字《兰亭》分畀诸儿。暄儿才三岁，亦绕吾膝，求得一分以与哥哥、姊姊较。后为作此付之。

壬戌六月，双栝老人记

余家所藏《兰亭》写本皆非佳本。独思古斋诸摹为较胜耳。余亦不爱临摹，往往以意为之。

双栝老人记

嫁王氏大姊和姊夫熙农先生五十双庆寿序

自年来，四方谋食的萃于北京，或求学的负笈而来，我家亲戚也团聚于此。我同祖兄弟任公职者三人，读书天津时时来往者两人，同胞姊妹四人，全体随着姊妹夫移家北来各家子女统计不下数十。每逢春秋佳节、忌日、生辰，必相宴集，在客中俨成一个大家族，常常叙我们天伦的乐事。若论高曾以下，其数更属不少。王熙农姊夫和大姊年岁较大，大家都称他们为族长。今年，这两位族长五十双寿，合成百岁。我兄弟、姊妹、子侄们都该替他们称觞庆祝。而当此时事多艰、民生凋敝的时候，不敢过于铺张，两族长尤不喜欢侈靡，故但就他们家中略微点缀。我年岁次于族长，自称亚父，来做拜寿的领班。

这位领班偏偏富于情感，想到儿时姊弟的友爱、父母生前疾病艰苦的情况、家庭种种的琐事和戚好的关系，历历在目，随时抽绪而出都有诗意。今要演述一二，使儿辈知家乘中逼真的事迹。且晓然于这两位族长，实在至性过人，今日博得大家敬爱，并不是偶然的。至于领班自己，早岁本是翩翩，如今鬓发也变苍了，齿牙也动摇了，不免发生感慨；而借此机会描写童年情事，仿佛还有几分生气。

大姊长我三岁。我小的时候身体极弱。五岁入学，爹嬷不忍使我读书太苦，每日入塾不过二三点钟，课本和识字片都交给姊料理。我出塾时，急得卸却书包，奔腾返舍，像个归槽之马。书塾通过廊下，纸片书页往往散失其处，捡不着时，大姊就要替我受过。爹别就人家教读，每年所入不过数十千制钱。家计贫苦，嬷多病，二妹三妹已生，嬷扶病操作。家中只用一女仆，姊八九岁相帮诸务。嬷又好读书，一手好笔札、好针线，事事督姊，所以姊也就多能了。

作于一九二二年九月。据手迹刊印。

爹出门归，偶买梨栗饼饵，我和姊妹群集爹身边。嬷切梨一个，我们各分一小片。大姊往往分得梨心近核酸涩处，甜脆的让与弟妹。我又馋甚，最喜枣馅饼。一日，尽唊筐中数饼。父问姊，姊自认。我不敢作声。及今回想这段故事，自愧不如华盛顿砍了庭树，不欺乃父。而姊之爱弟真挚已极了。大姊读书的理解比我差些，然勤苦可怜。有一岁冬天奇寒，姊病足冻结成疮。余府巷旧宅有楼，楼为我姊妹兄弟书室。姊日日跛行扶级而上，几个月不敢缀学。光绪辛巳，四妹生。丙戌、丁亥，五妹、天民弟生。己丑，思聪弟生。聪生十一月而殇。这数年中，嬷病体更羸。姊侍左右，兼做了保母，助嬷看护弟妹。五妹病头疽，几死。姊裹药褓抱，日夜无间，妹才得活。自己丑至癸巳，爹应朝殿试，改知县候选，多离家。嬷积年心脏病，一发冷厥，危在顷刻。延医主治，我跟姊都负了重任。爹本能医，姊也稍稍记得方案，有时能与医者商量增减一二。尝夜深不及请医，姊弟涕泣，捡旧方选药，给嬷服之。姊守药炉，我按嬷脉，至于通晓。其后举家随宦浙江。爹历任繁剧，不遑顾及家务。前后十余年，嬷日在病中。爹晚年患胆石症，痛楚万状，也时时辗转床褥。大姊与诸妹侍奉更苦。当时姊已出嫁，为了病亲，仍多留侍外家。我二十五岁出门游学，又二年赴日本，三十五岁才毕业。这十年里，虽年年归省，而无日不在忧惶梦想中，仿佛大故即临者。实在赖有贤姊妹，使我能勉就学问之途，略习当世之务。而大姊在我林家尤有功劳，我不能不感激的。辛亥，嬷病殁杭州，爹移居上海。正当革命时候，我在南京被人狙击未中，爹闻讯惊惶，又是姊妹在旁慰藉。民国三年，我在京迎养老人。不及三月，爹又见背了。两次丧事，以及摒挡转徙，扶掖老幼，我虽稍稍躬任，无不靠着大姊大大的赞襄。

　　姊夫家也是儒素，桢臣太亲家是一个循吏，死在山西大宁县任内,身后萧然,几几不能归骨。熙农仁厚孝谨,本于家训。他生平最不可及处,是义利分明,丝毫不苟。两家成亲了,熙农也多在爹的任所。爹历任海宁、石门、仁和各州县,所有丁漕征解、公私出入诸账目,无一不经其手,未尝取得分外一钱。民国以后,我任众议院、参政院秘书长,会计一科也是偏劳了这位不要钱的长者。经手出纳至数百万,他自己却是清贫如故。若论人生操守,本不算什么奇节,而在这狗偷鼠窃、赃贿公开的社会,真是难能可贵的人格。

当初,这两位族长将要定亲的时候,本是两家父母主意。大姊那时才十六七岁。我只听着人家说:"王家子弟,循谨朴实,煞是靠得住。"有一天,大姊忽背地告诉我说:"我听见红哥爱管杂务。那媒人唧唧哝哝的,也有闲话。""红哥"是熙农的乳号。大姊这一句话却有几分主意。而我实在莫名其妙,也便不理会他。到他们定亲了几年,乃至于大姊刚过了门,我渐渐解得世故,颇替他们担心。那知道他们成了夫妇,却一天好过一天。而爱管杂务、循谨朴实的红哥,就是凭着这循谨朴实、爱管杂务的好根性发挥出来,造成了难能可贵的人格。当时大姊年少,或有几分爱慕才华的意思。到了成家,却悟得百年配偶第一是靠着彼此的德性,所以能和好来到白头。我不知道大姊还记忆从前背地的说话没有,更不知道他曾把这句话告诉红哥没有。我今日替他们发表出来,一则要博他们老夫妇的一笑;二则要使天下人知道,旧式婚约,虽在从前儿女们绝对服从了父母之命,大概背地里都有话说,何况今日。红哥和大姊却是天幸,成了嘉偶,真算有福气的。

大姊出嫁后,虽是多住娘家,中间回到福州侍奉婆婆一两年,也极其孝敬。婆婆过去也尽了妇道。婆也极其慈爱的。现在这两位族长的家庭极为和乐,教养子女,兼有亲爱的精神、整齐的规矩。他们的儿女——我们的外甥,男的名英,才十三岁,读书渐有好成绩；两个女儿已经长成了，名叫孟瑜、次亮。瑜真是瑜，亮真是亮。这瑜、亮却是相得，并不像那诸葛和姓周的，彼此不能相容。又通，又俊，又和婉，又端庄。在培华女学校中为高材生，人都称他姊妹为社会之花。亮是妹妹，已出嫁。姑爷李直士，也是品学兼优，思想尤其高尚，和亮的爱情自然是不消说的。族长洪福，佳儿、佳婿，真是可人儿呀！

七月廿八日，姊的生日；九月廿九日，姊夫的生日。一个是早秋，一个是晚秋。早秋天刚凉，晚秋花更好，都是我们客中团聚的好时节。族长公、族长婆，祝你再过五十年，一人一个整百岁，看得人人幸福，家家安乐，天下真太平。

中华民国十一年，岁在壬戌，
阴历七月廿八日，弟长民撰并书，和亲戚男女同拜祝

裁兵运动之国庆日

国庆日是何等欢乐的时节？我国民何事偏要把举国庆贺的机会来做一种极严的示威，极愤激的宣传？我是参加这个运动、发表这种言论的一人，不是无意识来凑热闹，却是彻头彻尾把这国庆日裁兵运动的意义详细着想过了，才来加入的。

国庆日是前清末年武昌革命军首义之日，是中华民国由此产生之第一日。那革命的时候，也曾经用了武力，来推倒满洲政府。十一年前的今日，正是炮火连天，血肉狼藉。从那个今日起，数月之间，到处响应，几于无人不有杀机，无地不有兵气。直到了第二年，民国纪元，三四月间始渐渐回复了平和的气象。要说是纪念，倒是纪念那用兵的日子。我国民要知道，中外历史凡是国庆，都是从惨淡肃煞中产生出来的。然则何以要庆贺，何以全国国民于是日都要欢声雷动呢？就因为是这种惨淡肃煞的气象，于一国历史相当的时期内，数百年，或百年，只可以一见，不可以再见或屡见。那最初动了兵气、起了杀机的人，算是不得已用了猛剂。经此一度杀伐之后，便应当培养元气，巩固国本。元气培养了，国本巩固了，自然是要庆贺，庆贺是一种不忘痛苦的表示。腾欢是记着别人之痛苦，博得今日之幸福，觉得这幸福是真有价值，不是那迎神赛会的用意。

试问我中华民国，自从那第一日杀伐之后至于今日，经过几次杀伐？除了第一次杀伐是我们国人的公意不得已而用兵之外，其余的杀伐到底有何意义，有何必要，又果是国民的公意，抑系私人的争斗，戕贼了国家，伤害了人民？元气培养没有？国本巩固没有？唉！我们的兄弟！我们的姊妹！咱们今日到底庆贺什么？

我们今日且慢庆贺！我们今日应该先替明年的今日预备一个

刊于一九二二年十月十日《晨报》。署名林长民。

真真可以庆贺的日子！如何预备？唯一的着手方法，就是裁兵运动。这极严重的示威，极愤激的宣传，要把我们全国唤醒了，使人人来做同一的运动。便是当兵的也明白了，不去替少数私人拼死，争他们的地盘，保他们的富贵，助他们的强盗行为，以戕贼国家，伤害人民，那就是我们今日运动大大的结果。明年今日一定要大庆贺的！！

裁兵到底是谁的任务？

兵多为害。国家的政务一切败坏了。到处骚扰，到处戕杀争夺，弄到民不聊生了。这是人人痛心疾首的。于是乎人人言裁兵，于是乎人人希望裁兵，人人要裁兵。就是现在拥兵自卫的大军阀，也声声口口主张裁兵。乃至华府会议，我政府也拟了裁兵的计划。到了时局变动，奉直战后，自暂上〔上自暂〕行职权的黎总统，下至各省督军巡阅使，也文电往来，拟了许多裁兵的方案，发了许多裁兵的议论。究竟这些们兵权政权在握的头目，实行了他们的说话没有？这些们头目若是真心诚意顾着国家的利害，说裁便裁有何难事？便是不能全裁，依着他们自己所拟的方案，逐渐裁去，到了今日也应当有了几分成绩。再不然把他们的军队划个限度，不去添募，那渐渐溃散自然淘汰的数目，也就不少了。谁知道他们的计划、他们的言论、他们的文电，全是骗人的。不但不去裁减，而且到处添募。我们人人有关系的国家，我们全国民所负担的财政，已经陷到山穷水尽的绝境。我们的生机也被他们斲丧净尽了。我们为什么受他们的欺骗，受他们的戕害，个个要束手待毙？他们才有几个大人？任凭那些下级军官通通并在大巡阅、大督军里计算，才有多少头数？任凭那抗〔扛〕枪的军队通通计算在内，才有我们全体国民的数目几分之几？以极少数的蟊贼，把我们最大多数的安宁幸福完全灭绝了，而我们最大多数的人民，竟说是无可奈何，岂不是人间的怪事？

与虎谋皮，人人知道是无益的事。打死了老虎，剥了他的皮，岂不直截痛快？究竟这裁兵的任务，是在何人身上？我们既是主张裁兵，为什么这样没有志气、没骨头、没魄力，偏要去希望他们，哀求他们？为什么不直截痛快的去裁了他们的兵？不供给他钱，不供给他饷，不供给他们种种的物料，不供给他们种种的劳力，罢了市，停了工，歇了业，看他们如何拥兵？如何自卫？再积极一步，便是与他们肉薄，看他们能杀得我们干干净净否？看他们到底有无觉悟，能否放下枪来，与我们同做好好的百姓？诸君！诸君！你看这个大任务到底是在谁的身上？我的答案却不敢不切切实实说是在我们大家身上，在我们一个人一个人的身上。我们要裁兵便裁兵，不必去与虎谋皮的。

中华民国宪法草案总说明书

第十三　增加生计章之理由

　　本章所规定，为几乎国民经济生活之事。生活一语，含义至广，冠以经济，则所指之范围较确。然经济释义，又有新旧之不同。生计本与经济之新释同义，且可包括而言，实与经济生活运缀之词完全一致，故委员会采用之。各委员提案，有用民生者，有用国民经济制度者，有用资产制度者，有用劳工互助者，咸不如生计一语之明确完密而又典重也。

　　本章条文，多半采取德意志新宪法中关于经济生活之规定，即谓德宪为本法案之渊源，固无不可。然国民生计，本为吾国古来政治学说之所置重。孔氏所谓"有国者，不患寡而患不均，不患贫而患不安。盖均无贫，和无寡，安无倾"，直为近世社会主义之根本义。《孟子》一书，全以"发政施仁"为职志。发政施仁之真际，则在使民皆有"恒产"。所谓制民之产，必使仰足以事父母，俯足以畜妻子，乐岁终身饱，凶岁免于死亡是也。至若五亩之宅，百亩之田，墙下之树桑，鸡豚狗彘之不失时，皆其制产之细则。根据此种学说，以制定本章诸条，决非袭取外物，鹜为新奇者。若德宪之精神，谓为实行社会主义，固无不可。实则德宪与社会主义为两物，特用以和缓社会主义之激进，完全范之于法律轨道以内。若导川之浚泄，使不至于决堤溃防耳。妙哉其当有弹性，无条不富有伸缩余地，无处不留活着也。本章采取德宪，亦为缓和社会剧变之意。

　　何谓缓和社会之剧变？自近世百余年间，世界各国工商政策发展以来，资产阶级日益强盛，劳动者日益困苦陵夷，贫富之隔愈悬

刊于一九二三年四月二十二日、二十四日、二十五日、二十六日、二十七日、二十八日、二十九日、五月一日、二日、四日、五日、七日《晨报》。"说明书"由多人合作，各自撰写。此系林长民所撰部分。

殊，不均之患可谓极矣。土地兼并者，则自数世纪以来，席世传之业，坐领万顷千顷，为大地主，而赤贫者至无立锥。不平之气，自足激成社会革命，此社会主义与劳动问题之所以日激荡而不可遏也。自十八世纪后期，美国独立，法国革命，当时大奏厥功之个人自由主义，又适足以增长资产阶级而加以保障。十八世纪末年以降，迄于十九世纪之末，一世纪间完全为个人自由伸张时代，即完全为资产阶级继长增高时代，盖所凭者厚，则自由竞争之力益雄，所获亦益丰，而宪法又为之保障也。故十九世纪之宪法，为个人自由之宪法，即为资产阶级之宪法。

方今社会主义之派别至繁，自极端左党，至于右党之和平者，大别分属于第二国际党与第三国际党。第二国际党为和平派，第三国际党为共产主义，为激烈派，两党行动，大约可分为革命的与非革命的。假令各国宪法皆有关于国计民生之规定，皆有伸缩之余地，则一切法制可以随时改进，无论何种派别，不必更为革命的行动矣。吾国制宪，幸值世界改造之运，将拒绝此不可抗力之潮流，留待他年之革命，以推翻宪法乎？抑容许之，使有渐进之序，一切纳之于宪法轨道，他日者即有左右党之分，亦但于普通立法上，争其疾徐缓急耶？

但就英国而论，英、苏、爱合计战前职业组合者总数二百万人，战后据千九百二十一年之调查，已达八百余万。同盟罢工之事，亦称此加繁，其有一时一地一事件之或挫或宽缓焉，皆不足以为退却之证。盖长流奔放，中间未必绝无回湍奔放之势，终于汇海而后止也，是谓不可抗力之潮流。

难者又曰，社会主义在欧美各国为不可抗力之潮流，而在吾国则否。就事势言之，工商未盛，无大资本家，无大工场，无多数集聚工作之劳动者，其散处而劳动者，决无形成阶级之自觉心。无大地主，无多数之农奴，故劳动问题，举凡同盟罢工，主张分益，要求待遇条件等，不至如欧美各国劳动问题之急切而危险。即间有之，亦易遏也。就学说之传播言之，少数学子浅袭外论，互相矜奇，决不如欧洲各国之硕儒钜子，诠发真义，按切时世，抉摘病根，而又潜伏数十年间，深入人心，一旦暴发，则风靡一世。然则吾人固无不可抗力之社会主义与劳动问题也，若调和于疲敝不振之资本家，与蚩蚩无识之劳动者间，或更进而为孱弱者之有产阶级与无产阶级，求所谓均与安者，其事至易，固无劳国家根本大法为之厘定。又况吾国之贫，由于实业之不振，对于工商各业，方奖励之不暇，对于资本家，方保护之不暇，能限制之，削弱之，使举国之人益陷于贫乏乎？呜呼，为此说者，似亦持之有故，言之成理，然其所谓工商未盛，无大资本家，无大工场，无多数集聚工作之劳动者，散处劳动者无形成阶级之自觉心，无大地主，无多数之农奴者，皆与欧美各国比较言之，非绝无之事也。比年以来，工商业之渐兴，资本家之奋起，工场之建设，与集聚工作劳工者之加多，劳动阶级之不平，其影响波及于各地，即散处者亦渐有戒心，皆事实也。在历史上虽无大地主与农奴，有比年垦荒之风气渐开，凡领垦立案，以及画地占有，或经营森林牧畜者，多强有力富而且暴之军阀，或与一二大贾勾结为之，大地主之发生，农奴之发生，又事实也。即在内地，坐拥数万亩膏腴之田，或地连数县者，亦往往有之。

奖励工商，保护资本家，谓为发展个人自由，发展帝国主义之政策，则可谓为救贫则惑也。盖"均无贫"，今日社会贫乏之多，即由于奖励保护之非道，世界各国百年来勃兴之工商业，强盛之资本家，皆为制造社会之具。盖私人工商业与资本主义致多数人于贫乏，实社会之病。救贫之计在兴业，兴业不必奖励私人之工商，今后大规模之企业，应归诸国有或公有者，其趋势不得不然矣。特资本主义之消长，在国民生计中最重大问题，今日制定大法，既不容绝对发展个人之自由，则对于此问题，最小限度，亦不宜继长增高，转移资本家以无穷之祸。此即所以保护之，而调和于贫富之间者也。

第十四　生计章条项释义

草案本章第一条　国民生计以适合正义，使各得相当之生活为原则，个人之生计自由，在此范围内应受保障。

　　本章草案计分七条，第一条规定人生基本权利，即生存权利是也。人类秉天之赋，自然有维持或平流共进其生存条件之道，以享其幸福，以终其天年。其不能生存者，使非残废暴弃，必有人焉直接剥夺侵占或妨害之，使不得生存也。本条总括全章精神，以明国民生计秩序，要使人人各得享有适当之生活，乃至全社会中无颠连无告之穷民，是为适合正义。个人生计自由，如殖产兴业等，固为国法所保障，但必以不背此种正义为范围。设因个人产业过剩，致社会上有不能生存，或不能享有适当生活之人，其自由便为逾越分际。逾越分际应用何法防止，本条文中不为明定者。因此条为总挈纲领，其细目应让之于下文，一面保障个人自由，一面示以自由之限界，意义极为明了。德宪百五十一条亦同此规定。

草案本章第二条　国家于财产营业及私人契约之立法，应依左列各规定。

　　（一）国家为保护农民恒产及防止土地之滥用或兼并，对于土地之享有权，得设限制，其不因自力经营而增高价格之土地，得以累进法定其税率。

（二）利用天然源富之营业，以国有或地方公有为原则，其特许及其他营业属于独占者，国家或地方得限制或征收之。

（三）财产之承继，国家得依其价值及承继者之亲等或关系加以限制，其税率以累进法定之。

（四）重利借贷及不动产使用之重租，禁止之。

第二条标出各种立法事项，与前条所定生存权利有密切关系者，一土地，二企业，三遗产，四收益。对于此等事项，国家立法得分别加以限制。或课以累进税，或征收，或禁止之也。土地、企业、遗产、收益何以与前条所定之生存权利有密切关系，盖此四者在生计秩序中为极重要事项。资产劳工之不平，贫富之悬隔，乃至人类一部分有不能生存，或不能享有人道生活者，皆缘此等事项之制度不良而起。故欲实现前条之精神，必此四项之立法，有公平之规定，及有随时改进之余地，然后全社会之生计乃能适合正义。至如何限制、如何课税、如何征收、如何禁止，在宪法中不能有具体条文，皆当让之于立法政策。立法政策，得随时代变迁而定其限度。

土地为生人所资以为生者，自以公有为最善，古代授田、井田取其均，亦公有之意也。今之私有制度积重难反，骤改之必甚扰乱。且在吾国土地分配为比较的平均，一时亦无亟亟改革旧制之必要。其所以比较平均者，即食吾古先哲王之赐。迨乎孔墨荀孟诸儒，为阐扬古制，而思复其盛，自今尚有余泽也。累世革命，封地采邑之制，又久广而不得复活，亦分配较均之一原因。然谓为较均则可，谓绝无兼并之事则不可。自世界有大规模之殖产兴业以后，农业森林之经营，土地之收买，房屋之建造，与从前之耕凿营造迥异。此种情形，在吾国近来亦正方兴未艾。吾上文所指为大地之发生者也。假令不加限制，则其滥用或兼并之结果（滥用者使用土地而防害他人之使用，与兼并意义微有异同）。必有一部分之人，因是而饥寒暴露者。本条于防止滥用兼并之上，更有保护恒产之文，明乎农民享有土地，于相当限度内，为宪法所保护。一保护，一防止，益显出所以限制之精神。"恒产"一语，尤富有弹性，其语源出自《孟子》，即指明君制民之产而言。他日者因社会经济状况之变迁，恒产限界自然随之而异，随时则界立法者以保护之标准。是则视德宪百五十五条第一二两项为较赅括（德宪条文详后），而涵义更为深厚。盖"恒产""兼并"等字，为吾国数千年前之发明品，可以一语包括深长之释义，于宪法中最适用之，欧洲人所无也。

不因自力经营而增高价格之土地，即为不用劳力及资本而增价之地。凡因市府之设置，道路之加便，码头之建筑，地价腾贵至十倍百倍或更适之。此种增价，地主果何德何能而享受之？自应特别课税。至于累进之率，法律随时可以改定。德宪规定"应用之以达公众之利益"，盖指所增之价而言。本条文所定课税，则指增价之地而言，用意原无二致。以达公众利益云云，或较泛耳。

波兰宪法第九十九条："土地不得为无限制流通之目的物。"又云："土地政策以开拓正当生产之农业，与私有财产制为基础，法律得定限度，强制买收，及限其权利移转。"德宪百五十五条："土地之分配及利用，应由国家按以下二目的监督之，第一防土地权之滥用，第二使德国人各有卫生之家宅……"二项云："为供住宅之需要，为移民之发展，为农业之发达，可将私人土地所有权征收之。"其百五十三条又云："私有财产受宪法之保护，其内容、其制限依法律所定。"又云："公用征收，限于发达公共幸福，有法律根据时，方得行之。"德宪中往往有交互之文，似矛盾，实相参照而妙其用。其余如葡萄牙宪法第二十五条，捷克斯拉华宪法第百零八、百零九，皆概言私有财产权，不专指土地。又皆云"非依法律不得制限"或"不背法律应享有保护"。"非依法律""不背法律"云云，则法律之可以制限无容疑矣。于此吾人尤不能不注意者。民国六年宪法草案已经通过二读者，第十二条云："中华民国人民之财产所有权不受侵犯，但公益上必要之处分，依法律所定。"不受侵犯云云，似与本章抵触，然其但书曰公益必要之处分，曰依法律所定，则与本章适互相为用，绝非抵触，特前后起草，条文散见各章，不如德宪之整齐，于国民权利义务章，不参加财产之规定耳。但书云云，当时起草者或亦不过采取各国宪法通语，至今日转觉极有意义。事虽偶然，实吾国民之大幸也。

企业独占，有天然为之别。属于天然者，如水力、铁道、特种矿业之类，有一经营者，则他人无从与之竞争。属于人为者，如烟酒专卖、盐专卖之类，国家特许之，不容他人竞争。又如大资本之生产机关，因竞争之结果，小资本者咸归失败是也。人为独占为极不合理、极不公平之事，无待深论。即天然独占，因偶然许与一私人或一公司之故，彼一私人、一公司者，遂独享其利，其为不合理、不公平，亦与人为独占相等。故凡属于独占性质之企业，应加限制或征收之也，此外更有利用天然富源之企业，不必属于独占者，如矿业、电汽、森林、航业等，同时虽许他人为同种类之经营，或与之竞争，究竟此经营或竞争者，终限于少数之私人。天然富源，本人人所能利用，断非少数者得而私之。况私之不已，更从而攫取多数人之财，以厚其封殖哉。解之者曰，此等富源，不加经营，不能效用，经营者之劳不可以不酬。然经营亦公共之所当有事，何故何加于某私人或某公司？况今日此类生产机关，其直接经营之者，果为多数之劳工，抑少数之企业。对于公众曰：某业某业者，吾经营之；对于实际之经营者（即劳工），又明目张胆掠取其成绩，而据为己有，此不公平、不合理之甚者。故利用天然富源之营业，当属诸国有或公有。盖此种天然富源之所有权，惟公众能取得之也。本条第二款但示以原则者，稍留伸缩之地。有早经特许之业，其既得权已属之私人，能收回国有或公有者，则征收之；不能征收者，则加以限制。征收为原则，限制为例外也。

德宪第百五十五条第四项："土地宝藏及可利用之天然力，立于国家监督之下；私人矿业特权，依立法上规定，移让于国。"第百五十六条："宗国予人以赔偿，并将公用征收法为合理的应用时，得将适于社会所有之私人营业，收为公有财产。"二项云："国家可令各邦或地方团体参与此类营业之管理，或以其他方法保有一定之势力。"德宪用意，重在依法征收。彼为经济企业已甚发达之国，故注重于征收已营之业。若我国则藏富尚多，与其竭蹶于事后之征收，不如致慎于事前之特许。故本条文首先标明国有公有之原则，明今后不容特许于私人也。波兰宪法，处处表现其尊重私有财产权之精神，然其宪法第九十九条第二项，关于水力、矿业及其他自然富源之规定，亦容许法律之限制。是可以觇世界大势矣。

遗产制度亦社会不平之一，奖励不劳而获之最甚者也。贫富之不均，在拥护企业家者，独可以智力能率之悬殊为口实。著遗产之承继者，则丝毫不关有其己身之智力与能率，无端得享钜资，此何说哉！或曰，人性亲亲，惟遗产之有托，与所亲者之有赖，乃足以勖其劬苦而节其纵侈。然"托"与"赖"亦有其限度，苟过焉，以公共之福利言之，不能不与以裁抑。吾国习惯，分产较均，几无累代豪富之家。欧洲各国去封建较近，世传之业亦较丰。日本长子相续，其法更凉。三井、岩崎、安田诸氏至富拟王侯，多财善贾，又有国法为保障，益以家宪之持盈，其积累且未可量。然其国之私法学者，于二十年前已有深致疑者，吾尝亲闻之。自社会政策倡导以后，即欧美、日本，亦多取遗产重税主义。欧洲各国课税之率，视其亲等或关系，有百取六十者，即是则再传将悉入于公家。普通税率，均在百分之十以上。德宪百五十四条第二项，则定为"承继财产内国家之名分，依法律所规定行之"。国家名分云云，视课税为更进。谓承继财产内有属于国家之部分。今吾宪草定，但累进课税，以古国遗产习惯，本为较均，法制不妨从宽。且税率之重轻，法律随时可改订也。

禁止重租重利，所以防奸商之盘剥，与地主之居奇，尤属吾国从来保护贫弱之政策。若在绝对排斥资本主义，与实行土地公有之国，尽不必有此规定。惟吾宪草未有确定之主义，未采极端之学说，此种设防，实不容已。所谓去其泰甚者，重之标准如何判定，仍让之于法律。德宪百五十二条亦禁止重利。吾国近年百业阻滞，极受重利之害，尤应声明禁例。重租之禁，为德宪所无，本已包括于滥用土地之中。但限制滥用，系概括之词，重租为滥用之一特例，故复加以规定。吾农国所宜置重也。

草案本章第三条　国民有不背善良风俗，为精神上或体力上劳动之义务。老弱残废不能劳动者，国家或地方应救恤之。有劳动能力、非因怠惰过失而失业者，国家或地方应予以劳动之机会，或协助之。

第三条以下至第六条，规定关于劳动及各种职业（即各种劳动者）之集会、结社事项。劳动神圣之说，在今世已大昌明，而吾国自古已然。"凿井而饮，耕田而食，帝力何有于我。"当时社会经济之组织，至简而朴，固不足以语于今世。然人人自食其力之义，虽历亿万祀不敝焉，崇为神圣，古今宁有二致。自食其力，即本草案所称国民有劳动之义务也。

德宪百六十三条可谓善于说辞，曰："凡德国人，虽人人享有人身自由，然人人各有德义上之义务，使其精神体力之活动，合于公共幸福所要求。"本草案采其辞义，即遵吾古昔"使民不倦"之训，目的亦在尽人皆出于劳心劳力之途。"不背善良风俗"，为民法上私人契约之通则，用以为劳动准备，用意更为周密。

　　劳动既为国民之义务，因劳动以为生，即为国民之权利。依生存权之原则，与公共福利之义，有不能享此权利者，除自甘暴弃外，非老弱残废，即因天时人事之不幸，而至于失所，国家或地方自应负救恤、协助或绍介职业之义务。第三条第二、第三两项，所定至为明了。"已饥已溺"在君主之世，为圣君贤相之责任心；在民治之世，则公众之所富有事，不仅为慈善事业而已。救恤、协助，即以公众之余力为之。《礼运》曰："力恶其不出于身也，不必为己。"凡自食其力者，人人皆有其"不必为己"之余力，留待国家或地方调剂，以贡献于公共之福利，故曰"老有所终，壮有所用，幼有所长，矜、寡、孤、独、废、疾者皆有所养也"。

草案本章第四条　劳工受国家保护，凡关于劳工之立法，应尊重国际正式劳工会议议决之原则。

　　劳工受国家保护，所以大书特书之者：（一）明从来倾向资本主义之政制，不可以不变。（二）关于国际立法，凡在国际团体之中，不能独异。（三）吾国近来劳动问题亦甚急切也。

　　劳动无国界，自千八百四十八年《共产党宣言》（马克思起草），唤起万国劳动者之团结，千八百六十四年第一国际党成立后，劳动界之为国际的运动，有由来矣。欧战之局，初濒破裂，国际劳动结合，大为主战各政府之梗。当时战祸几获消弭，各政府惮之，故千九百十九年巴黎和会结束战局。和约中，不能不涉及劳动问题。首于国际联盟约文第二十三条规定国际劳工之机关；次于《凡尔赛条约》订立劳动专章，标明九大主义；又次每年开会著为定例；又次制定国际劳动会议协约；又次推广劳工范围而及于农业，推广保护女工之范围而及于商业，并拟定各草案。此其大略也。

国际劳工事务局根据《国际联盟协约》二十三条之规定而设立，置于联盟所在地（瑞士日奈佛），为调查各国劳动状况，筹备每届大会，准备提案，并督促各国实行大会议决事件之机关。每年开会，各有决案，至去年十一月，已历四届。第一届会议于华盛顿举行，制定协约，所议劳动时间、妇女、幼年劳工诸问题最关重要。二届以后，开会于欧洲。第二届专议水上劳工。第三届专议农业劳工。第四届议事尚无详报，电传消息，则督促各国劳工协约之履行。各国代表，每国四人，二人代表政府，一人代表资本家，一人代表劳动者。有无资本、劳动代表之国，然极少数。劳动状况有特别情形者，设特别国股，吾国即属于特别国，而又无劳资代表者（详情见后）。此国际劳工事务局及国际劳工会议之大略也。

所谓国际劳工会议决之原则者，自以《凡尔赛条约》所标之九大主义为根据：（一）不得视劳动为交易之商品或货物。（二）佣工与佣主各有结合团体之权利。（三）工资足供劳工于其时、其地维持适当标准之生活。（四）劳动时间日八小时，或一星期四十八小时，未实行之处准行之。（五）每星期至小休息二十四小时。（六）废止幼年劳动，对于少年劳动者，确保教育之继续与身体之发达。（七）男女同一价值之劳动，应受同一之报酬。（八）各国法律所定劳动条件标准，关乎经济上公正之待遇，对于适法侨居其国之劳动者，应有适当之考量（不歧视之意）。（九）各国确保护劳工法令之实施，设监督制度，并使妇女参与之。次为千九百十九年第一届国际劳工会议所议决者，其大要如下：（一）列举工业之种类。（二）工作时间确定为日八小时，每星期四十八小时，并确定例外之限界，以防推诿。（三）幼年劳工最小年龄，并禁止十八岁以下之夜工。（四）妇女劳工产前产后六星期之休养与资助，并禁止妇女夜工。（五）妇女、幼年劳工妨害卫生之劝告，列举其事项。（六）白磷火柴制造之禁止。（七）设职业绍介所，并失业者保险制度。（八）各国实行以上各项之期限。凡此皆本草案所称为国际劳工会议议决之原则。二届以后，所议各案亦有极关重要者，如农业劳动诸案时。然则今后每年一届，将皆有议决之件。世界劳动问题愈急切，国际团体谋所以和缓之、救济之者，其案亦愈多，可推知也。

  尊重国际劳工会议议决之原则，为吾国劳工立法根据。以国际关系言之，实有应尽之义务。遵守盟约，主持人道，保护吾劳工，即对于世界之福祉有所贡献。尊重原则云者，体察吾国工商业未盛之情形，留为立法者考量之地，其间有必须遵守者，则万万不许诿卸，如幼工、妇工之待遇是也。虽然吾今有不能已于言，对吾政府、吾国民欲加以责难，且切望吾制宪同人之特别注意者。吾国自巴黎和会以后，关系劳工保护之事，国际上之义务丝毫未尽也。每届会议，只有代表政府之人敷衍列席，资本家、劳工无代表，劳资直接关系之利害，无从论列也。政府对于劳工所持之政策，因劳工立法以表现，今则一切无所制定，在国际会议中，不知其何所主持也。特别国另为设股，其用意任察各国特别之情形，于各案施行之程度，及其时期，稍分次第，非置诸不问。日本亦为特别国之一，然其劳动时间、幼年制限皆有具体办法，且《工厂法》早发布焉；吾国则一无准备，一无调查，一无报告也。《国际劳动协约》第十一条，明定"本协约不适用于中国、波斯、暹罗，但劳动时间问题于下届大会讨论之"，而第一届大会对于中国又明示其希望为幼工每星期四十八小时，成年六十小时，至今日开会已历四届，到底此四十八小时与六十小时是否可行，吾国劳资两方一无所表示也。第一届大会之希望，更有速定之《工厂法》，并于次届报告其准备之情形。又，雇用百人以上之工厂，当适用《工厂法》，以视日本《工厂法》之适用，自十五人减为十人以上者，已极宽大，而吾劳资两方又一无所闻睹也。第一届大会且表示好意，谓施行《工厂法》于租界地有困难时，愿任转向租界地各外国交涉。此种好意，吾政府又无所宣示，吾国人亦无所领略也。第四届开会即最近两三月前之事，我代表连电告急，述国际劳工事务局之责言，各国工党代表在大会中公然之诘问，直含有查办性质，谓中国对于此事毫不措意。而吾代表历届出席，应付之法，只有推诿，不曰版图寥廓，即曰工商幼稚，政府训令，亦只要代表对外之婉辞，坛坫受窘，又无救国人自甘于暴弃也。循此以往，今后大会，吾国人更有何面目以与诸友国比肩？果使国内劳工问题从未发生，犹可说也。而即此训令代表对外婉辞之政府，方日日对内肆其镇压之威，以与劳工为敌，谓世界各国充耳不闻，殊可异矣。本案用意，在乎一面以宪法激发国人对于国际关系之责任心，一面即以国际立法督促国内法规之进步，而随时又得酌量国内情形，以损益于国际立法之间。工业渐兴，劳动问题日趋于急激，已为吾国不可掩之事实。益以妇女幼年劳动之状况，穷日之力，救死须臾，终于伤生短折而后已，其影响将及于翌世之种族。今日犹有以劳工立法为可缓者，非丧心病狂哉？

德国宪法第百六十一条，规定劳动者保险制度；百六十二条，规定关系全世界劳动阶级之事，及劳动者依国际法规之法律关系。前者较本草案为具体，后者较本草案为扩大。依国际法规之法律关系云云，认国际法为国内法之一部也。俄宪不著劳工立法之文，根本上推翻资本制度，对于劳工，自不必特加保护。其宪法恒有"保持劳动者"云云，盖团结之以扑灭资产制度，与保护之义迥异。国际劳工立法事项，属于非革命的，与第三国际党不相容。故今日各国国法上有承认国际劳工会议，与有保护劳工之文者，皆不属于极端左党之国，不可不知也。

草案本章第五条　精神劳动之出版权、发明权、美术权受国家保护。

精神劳动，亦劳动之一种。在普通用语，劳动之义，若专属于劳力者。前条对于劳力既加保护，则对于劳心者，亦不能不有对等之重视。且劳动问题之倾向，劳力者将日益得势，苟对于劳心者无所保障，则社会上聪明优越之士，恐至于沉沦，社会进步转生障碍。补偏救敝，此本条文之微意也。又近来反对劳动神圣之说者，往往先有误解，以劳动阶级为群愚阶级，以智力能率为口实，极为聪明优越之士诉其不平。此说几成为一般浅俗者反社会主义之论调。今将保护精神劳动著为明文，正足以破其惑。德宪百五十八条第一项，词意与本草案相似，德为学术昌明之国，其宪法之社会化，又处于新旧思想冲击之间，不能不为此缜密周到之规定，是又所以别于俄宪者。俄宪所谓劳动，亦当然包括劳力劳心而言。但既对于全世界之资产阶级宣战，则凡不属于资产阶级者，无论何种劳动，皆其一体，正不必细为剖析，以求人人之谅解。故此条文在俄宪为不必设，在德宪与吾国宪为不可少，盖立足点不同耳。

草案本章第六条　为防护及发展生计之结社或集会，无论何人与何职业，除公共安宁有直接危害之行为外，法律不得限制。

集会结社自由，民国六年通过二读会之宪草，第九条已规定之。本章所称防护发展生计之结社或集会，似重复，而大别于第九条者：（一）专指生计；（二）非直接危害公共安宁，法律不得限制也。第九条云"非依法律不受制限"，谓惟法律得制限集会、结社之自由。此云"除有直接危害之行为外，法律不得限制"，谓惟直接危害公安之集会、结社，始得制限其自由。前者示自由之限界，后者示立法之限界，实意判然。

关于生计之结社，最显著者如职业组合、消费组合及其他联合、同盟或协会，是关乎生计之集会，最显著如罢工之运动是也。

不论何人与何职业云者，明生计上之结社、集会，范围至广，不限定于工人，如各工之技士、商业之雇员、官府之用人、学校之教职员、农地之耕夫牧竖，乃至于一切被佣者，无男女官私之别，苟因防护或发展其生计故，有所结合，皆适用本条之规定也。防护为消极抵制，如削减工资之否认，是发展为积极要求，如增资及其他条件之改善是也。

劳动神圣与保护劳动之旨，吾前文已详言之。夫天生人，人因天之力以为生，是为神圣。故凡自食其力者，其生存条件受损害或被压抑时，当然有自为防护与自谋发展之权。防护发展，既成为阶级之争，自非结合利害共通之人，以与损害之、压抑之者对抗不可。而现行制度，尚属资产阶级制度，难保立法者不利用法律以防害其结合，曰吾依据宪法第九条制限之也。果如是，则集会、结社之自由几同虚设。故本条文特为制限法律之制限。

职业组合在欧洲发源于英国。千八百三十四年，各种职业共起为全国结合之运动。数星期间，得会员七十余万人。然受法律严重惩创，不久即归瓦解。自此以后经十五六年，至千八百五十年始有技术组合，皆技术专家所组织，无兴于工人也，而政府犹监视、遏抑之，卒乃激成反动。至千八百七十一年，始有职业组合通过于议会。于今五十年间，组合之数逾千，组合员凡八百万，几于无业不有组合，无佣无工不有所隶属。其联合者，有以职业，有以地方，有全国组合协会，有地方组合协会，有某业某业同盟，又合国会议员之属于职业组合者，与全国协会之常任委员为总董事部，以指挥一切，美哉泱泱乎。至于集会，则运动同盟罢工，运动大企业公有，要求时间工资诸条件，更史不绝书。此英国生计上集会、结社之概况也。此外各国职业组合，虽不如英之盛，而法国之桑地嘉，于千八百八十四年以后为法律所认，四十年来发达虽不甚远，其主义则视英之组合为激。最近数年间，全国工人总会尤有所主张，为迭次大罢工之总机关。德国俾斯麦反社会主义诸律，保其威权者二十年。千八百九十一年职业组合与诸劳工运动，始为法律所许，发展以至欧战之时，革命以后又成一种新形势（详后）。俄则始终压制，迄乎革命，乃一发而全局为之震撼。政制之宽严，与反动力之疾徐轻重，其关系不更皦然哉。

德宪百五十九条"为保护发展劳动条件、生计条件之结社自由，一切人、一切职业得享有之一切约束，或规定有关制限，或防害此自由者，均为违法"与本草案异同之点：（一）不涉集会，盖德宪百二十三条（共同生活章内）已有"德国人平和的且不携武器，可不必通知并不必得特别许可，有集会权利"之规定。（二）涉及于一切约束及规定，本草案既定立法限界矣。对于私人间之约束或规定，当然不许违反此保障之精神，故不必涉及也。

草案本章第七条　全国生计会议依法律由全国各职业团体选出代表组织之。凡关系生计之行政立法事项，有左列之职权。

（一）建议政府；

（二）受政府之咨询；

（三）提出法案于政府时，政府须咨交国会，但生计会议得派代表出席，说明各地方生计会议之组织依各地方法律之所定。

生计会议制度为世界最近之新案，所以调和于议会职业代表之间者也。议会制无待说明，即近世立宪国之普通制度，承认国家主权说者也。职业代表制则否，以为无所谓主权，凡人与人之关系，皆处于互助之地位，无论个人团体，本各事其事，即各有其职业，而各职业者互相错综，互相维系，是为公共职业。故公法之根本观念，应从此公共职务之规律着眼。此种学说之具体的主张，即为职业代表制度。法之桑地嘉主义、英之基尔特社会主义皆源本于此。基尔特社会主义又从桑地嘉主义出，而较有贯彻之主张，使各种职业各为一团，各为生产机关之主体，又各出代表以组织一总机关，二者主张大略相同。基尔特社会主义所最反对者，为现在制度之议会政治，主张代以职业代表之总机关（即全国之基尔特）以达工业的民主所目的。其理由谓议会按区域选举，其之代表之民意，极不明了。真正之民意，必于各特定之职业表现。故惟各特定职业之所选举，始足以代表之。于是而议会代表制根本上已生动摇。其调剂于两种制度之间者，则以政治的议会，与生计的会议并行其代表之职务。而近日各国之趋向，尤多以政治的议会为主，以生计的会议为辅，如德国宪法百六十五条、奥国宪法第十一条之第二款、波兰宪法第六十八条皆是。

奥宪十一条二款，但言职业代表会议，属于联邦立法，其文最为简略。波宪六十八条列举各项生计会议与全国最高生计会议，并云"关于其经济生活共同之管理，及立法作用之范围，有须与国之机关相协力者，以法律定之"，视奥宪为较有办法，德宪百六十五条则更详矣。使劳动者及被佣者，与工主或企业者立于对等地位，参与工资及劳动条件诸规律，并协力于生产之发达，其要点一。劳动者及被佣者，与工主或企业者各得自由组织任何团体，即上文所举诸结社如职业组合等，其要点二。劳动者及被佣者方面，于自由结社以外，又有三种法定团体，于一工厂或一业务之中，有产业劳动者会议（即工务会议），于一地方中有地方劳动者会议，于全国中有全国劳动者会议，其要点三。劳动者及被佣者与工主或企业者之共同组织，更有法定两团体，即地方生计会议与全国生计会议，其要点四。地方生计会议与全国生计会议，以地方劳动会议、全国劳动会议及工主或企业者之团体为基础，须重要职业团体皆有代表，其要点五。生计会议之目的，在使劳动者会议得履行其生计职务，并与闻社会所有法律之实施，与工主或企业者协同尽力于经济全部之发展，其要点六。全国生计会议，关乎社会政策及经济政策，有参与政府之提案，并建议政府使提案于国议会之权，且得派员，代表其提案于国议会，其要点七。劳动会议、生计会议本身之组织法，由国议会制定，其要点八。总观以上八要点，知德宪之精神，保护劳动被佣，而亦保护工主企业者，使两方得保持均衡，采用职业代表制，而另附属之于议会制度之下，是二者又为要点中之要点。德国现已根据宪法百六十五条而制定者，有《工务会议法》（即《劳动会议法》），有《暂行全国生计会议法》。其所以为暂行者，地方劳动会议、全国劳动会议及地方生计会议等法尚未颁布，须俟生计会议选举上所需要之团体成立后，方得举行正式选举也。《工务会议法》尤繁密，可为劳动及被佣者一切组织中之单位。

俄苏维埃制度一切生产机关收为国有，非劳动者无选举权，政治之权悉操诸劳动者之手，以视德宪之劳动与资产对峙，生计的会议与政治的会议相从属者，大相径庭。而德宪百六十五条成立之经过，实出于调停。当时有要求采用俄制者，调停结果，乃追加此条文，彼独立社会党（德之急进派）固以为未足。今后能否以宪法免除纠纷，尚在试验之时，然于两大趋势中，别开一新路，不可谓非妙于调和者。

今吾草案本章第七条亦有生计会议规定，与德宪百六十五条同一精神。但吾国之劳动情形与德国自有程度之别。德之生计会议，完全以各职业团体及劳动会议为基础。其职业团体为数十年来早经生长之物，基础已固，所谓法制者，不过厘而订之。事非创造，施行自易。即工务会议，亦各厂、各生产机关本有之事实，因法律而加保障耳。吾国施行此制，非从根本上建设不可。事势或有难易，功效或有迟速。然议会制度，不足完全代表各部分之利益，已成真确之论。今参加以职业代表制度，无论参加程度如何，而较愈于单纯议会制，可断言也。况大势所趋，吾国有指定国宪之机会，尤万不可忽哉。

"依法律由全国各职业团体选出代表组织之"，此职业团体决不专指今日之所谓商会、农会等。今之商会、农会，几全为资本家或企业者之所组织。假令专以此种团体组织生计会议，不啻为资本家多设一立法机关，不独失却本条用意，且变本加厉焉，不可以不慎也。若云职业团体从未产生，而各地工厂繁兴，工会成立者，已日有所闻，经宪法之保障，免政府之摧残，于施行法施行期内，各职业之劳动被佣者，正有开结之余地，其发展亦正未可量，望吾国人之无自书也。故本草案之精神与德宪同，而施行与收效之时期，不必尽同。宪法者，国家永久之法，所期不专在目前也。

本草案生计会议之职权及其组织法与德宪略有不同。（一）建议与提出法案析而为二；德宪则并为一项。因吾国议会法规建议与法案本分，建议多属特定事件，法案则法律之案也。（二）受政府咨询，不加何种限定；德宪则社会政策及经济政策之法律案，其基本的限定，政府于提出国会以前，须征求生计会议之意见。所谓基本的规定者，颇难得其标准。且生计会议得提案于政府，政府不能不咨交国会。生计会议又得自派代表出席说明，则政府之咨询不咨询不必拘定也。（三）地方生计会议组织，依各地方法律所定；德宪则地方生计会议与全国生计会议组织法皆属国之立法。吾国交通不便，生计状况各地方至不同，地方立法调查较易也。

综上所说，本草案本章第一条定人生之基本权利，使人人得依正义而生存。第二条谋生计制度之公平，为不劳而获、侵害他人之生存者加以裁制。第三条标人人自食其力之义，为遭天时人事之不幸者补其缺憾。第四条保护劳工，以国法推行国际之公约。第五条奖励学术文艺，使智力能率之优者得保其价值。第六条保障自由，使人人得与利害共通者相结合以自卫。第七条损益议会政治，容纳各业代表制，以补分区选举之不备。本草案之弹性，自其左端除无治主义外，不论社会主义之任何派别；迄于右端，除绝对之个人自由主义外，不论资产限制之任何程度，皆能容之，且无时不可以改进。《易》称："天地之大德曰生，圣人之大宝曰位，何以守位，曰仁，何以聚人，曰财。"民国之宪典，国民之大宝也。仁人也，守位曰仁。得人者能守其位，惟协乎人道之宪典为可久也。聚人曰财，制产以聚人，人之聚产之均也。故曰："财者可以聚人守位，养成群生，奉顺天德。"然则本草案之精神，决非袭取欧洲新宪者，在吾本国固有极精深之根据矣。至若私产之弊，罔利之极，置全社会于赌博之场，胜负之间，出入生死，岂天之大德，人之本情，抑制度有以驱迫之使然耶。《汉书·货殖传》叙贫富之状，至为逼真，不均之弊，则归狱于法度。曰："富者木土被文锦，犬马余肉粟，贫者短褐不完，含菽饮水。其为编户齐民，同列而以财力相君，虽为仆虏，犹无愠色。故夫饰变诈为奸轨者，自足乎一世之间；守道循理者，不免于饥寒之患。其教自上兴，繇法度之无限也。"若今之赤贫者，岂特短褐含菽饮水而已，无衣无食转乎沟壑焉。又岂特夷为仆虏而已，乞丐盗贼逼于道路焉。饰诈为奸轨者，又岂特财力相君，自足于一世而已，穷奢极侈，发挥其兽性焉。是之谓人相食，人道其将灭绝矣！此本草案所以为法度之限，期以百年，或有以荡涤瑕秽，而养成群生，奉顺天德欤。望吾制宪同人共图之。

《法律评论》创刊题词

近十余年来，吾国人有新语曰："法治"。法治者，恃法以制治；盖不得已之事，亦商子错法之意，谓法明而民利之也。虽然，法治非吾国人所素习。吾国人所习者，数千年间有两极端：曰"道之以德，齐之以礼"，其右端也；曰"臣罪当诛，天王圣明"，其左端也。由右之说，法之外自有其无上之纲纪，可以正人心而敦风俗。由左之说，法之外更有其无上之权威，可以操予夺而擅生杀。二者皆不必依法以为治。此两端各张其势。而法家者言，与夫历朝刑名法律之书，皆为治之末，士君子不屑道之矣。清季政局骤变，时代思想亦骤变。革命之役，未有深厚根柢，又骤告成功。于是举国无"维"，舍法治外无足以相系者，遂袭取嘉名而蒙之。此吾之所谓不得已也。

袭取既易，其蒙之者又与其本来不相习，余身人人得而骩之，愚者昧焉。黠者从而弄之，弄之不已，则委曲以造之。前之所谓左右端者，"道德齐礼"，匪所准据，"圣明权威"，更无自产成。即其骩之、弄之、造之者，亦无坚固不倾之力以为之张，以维持于数年之短。日月转瞬之间，势力消长，而别有骩之、弄之、造之者，复从而蒙之。多数之愚者从此益昧。如环无端，周而复始，其紊至不可名。

司法制度亦式微矣。匪曰式微，盖自始即未尝一日巩其基也。攘于外人者百人几，委之行政官者百之几十，剥夺于军人、豪右、盗贼者又百分之几十，所谓真正之司法机关者，其所管辖曾有几何？有力之人处心积虑，更随时利用或摧残之。司法得自保其独立者实在无多。无多则无多，而在此不习法治、举国紊乱之日，亦有足贵者。民国六年，余长法部之时，于国务会议中，讨论收回领事裁判

刊于一九二三年七月一日《法律评论》创刊号。署名林长民。创刊题词有三，另二篇为梁启超、章宗祥作。

问题,曾对军事当局言:"吾且欲向君辈先收法权。"六年至今,其为进耶? 为退耶? 以吾之所闻见,独立之精神,益不堪问矣。

江翊云先生久历法官,近乃奋起而有《法律评论》之作,伟业也。其旨趣别经条举,无待赘述。要在保司法之尊严,图法治之改善,而溺职违法者,且将予以针砭,期于法治能举其实,司法独立,而后国家乃有法治之可言。法治非郅治,不得已而出于此途。既出于此途矣,则骪之、弄之、委曲以造之者,愿翊云与共事诸君子奋力排之。数年后,法、非法、良法、恶法,或得而区,多数人将不昧也。

对国会一种主张

六月十三日，京师军警肇祸，黄陂出亡以后，迄今月余，宪法会议流会已十九次。吾同人留京、离京者，数略相等。何去何从，果得大多数人一致决择，则国会开会地点本亦无关宏旨，然而相持不下，日渐睽离，解决时局、制定大法之唯一机关乃分裂矣。

民国之不统一已五六年。向者分裂，各立其法，各有其国会，以相颉颃。而《临时约法》之系统卒获胜利。然则并未分裂，特系统之争而已。今则一会两分，一法两系，是真分裂也。争持之点，乃在迁地不迁地之微，而彼此各挟有无穷之疑，以相逆亿。逆亿不已，背道而驰。本无顺逆之分，竟成参商之隔，是何现象？吾同人果何所为而必自画鸿沟耶！

夫国会之分裂，使仅属于国会问题，则亦无足深忧。而今日之祸患，决不止于国会分裂而已。第一，因国会之分裂，全国遂无一合法之机关以执政务而解纠纷，将陷于无政府。第二，与国会分裂相因果之（武力冲突），从此肉薄，国本益伤，民生益困，祸乱将益蔓延。第三，内乱愈亟，外侮乘之，将启干涉，至于不国。是三者，若自吾国会启之，则国会真负罪矣。

武力冲突何以与国会分裂为相因果？不有武力之外煽，国会不至于内扰；不有国会之内扰，武力亦无所挟持以相搏。彼武人之黠者，各袭历史上所谓（假窃名号）之故智，思挟国会以为重，乃从而利用之，吾同人当无不知者。知之而苟比之，吾人无论为甲、为乙，又无论引甲以排乙，与引乙以排甲，双方之兵连祸结，乃至因兵祸发生之结果，危国本，残民生，或且引起国际干涉，驯致不国。一切之责任，将与双方武人同负之。吾同人必不甘竟比之也。

刊于一九二三年八月五日、六日、七日《社会日报》。署名林长民。

一月以来，各报所载吾同人彼此宣言与夫信体之往来，累数万言。匪不持义正大，堂堂乎以整饬纲纪，力谋和平统一为辞。然而赣边告警，福厦之间海陆交绥，靖安兵舰因运械而独立，苏沪冲途因驻兵而惊扰，江浙主将各自枕戈，奉直旧仇增其戒备。处处危机，种种事实，与吾国会之分裂乃相因而起。即吾同人不甘比之，而彼之各有怀挟者，固明明以吾同人为奇货。彼迎国会，此尊法律，其军事行动乃无一不触发于迎国会、尊法律之声中。吾同人实有重大之嫌，不能不亟谋所以避之。不然，将何以自解于国民？且为国家计、为国会计，吾同人更有抗此潮流，消除武力冲突之义务。

　　国会既为国家之唯一合法机关，双方武人亦皆假此以为号召，虽拥兵数十万，不敢肆其威力遽加压抑，固彰彰也。假令我多数同人，不慑于外力，不惑于外诱，严阵以待，死生以之，则此一月之间，一二问题当可次第解决。制定全部宪法可也，议订施行附则可也，任举何人为总统可也，设临时委员制可也，组成有政策之内阁可也。彼觊觎高位者，敢以暴力相侵陵耶？果侵陵者，吾八百同人亦正合牺牲，以求最后之胜利。暴力终败，正义必胜，敢断言矣。

　　事至今日，关键仍在国会。南北地点应置缓议。留京同人，离京同人，不必急于引致或挽留来去议员，以求必不能足之法定人数；亦不必急于双方牵强迁就之成会；更不可有丝毫听候武力解决，或依赖武力解决之意。各提议题，举关系时局必要各事项，留京者尽留京之人共议之，离京者亦然。议有结果，然后协商之。协商既定，则去者可归，留者亦可去。国会以外之人，无论任何势力，可不问也。其关于实施细目，可留余地，以待各方之斟酌。如是则纲举目张，即理想与事实亦不至于两相抵滞，国会之威严立，国家之根本得以日巩，实吾同人唯一之权义也。今试举应议事项如下，参以区区一得之见，愿与吾同人商榷之。

一，修改大总统选举法，规定现役军人不得当选，大总统选举会另组之，应参加地方议会及各职业团体。

二，改造全部宪法，重行起草，限期提出大会。其纲要如下：（甲）省自定省宪法，中央政府径定为联省政府。（乙）国权一章大致可采现草案，及此次各团协商之件。（丙）关于军事之规定可用现草案。（丁）"生计""教育"两章可用现草案。（戊）宪法解释权属最高法院。（己）国务员应于国会中有议席，或规定议员得兼国务员。（庚）自由保障各条应更有确切之规定。（辛）国会解散权不必限制，与不信任投票对等规定。

三，设临时中央行政委员会，委员五人或七人，由国会选举，执行政务至大总统选出之日解职。

四，大总统选举会于民国十三年十月十日以前三个月内组织之，选举大总统、副总统。

五，设裁兵委员会，以军政财政上富经验、负重望、有实力者组织之，以中央行政委员一人为委员长。

六，克期由国会制定中央行政委员会及裁兵委员会组织法。

七，组织内阁，以负重望、通达中外治体之人当之，秉国会之方针，国会为之后盾。

八，宪法施行法由宪法起草委员于宪法全案提出后即行起草。关于宪法上立法事项，于宪法案提出后厘定项目，分期择要起草。

九，宪法施行法及宪法上立法事项，提出大会时，中央行政委员及裁兵委员得到会陈述意见。

十，修改现行众议院议员选举法，以法典股审查报告之案为根据，限十二年十二月三十一日以前公布之。

十一，根据新选举法办理众议院议员选举。

十二，现国会众议院议员任期延长一年。此一年中应将上举诸务一一办理，分期课功，或径改众议议院员任期为四年。

以上所举，特长民一人之心愿而已，然案之今日政局，似亦非此可解决者。条目容有出入，大体当无差失。但望吾同人能毅然任天下之重，了然于义利之辨，廓然忘尔我之形，举当前一切外障而空之，先求内巩，则世间无不破之坚，无不祛之祸。即少有障碍，示之以坚贞，感之以至诚，终当就我范围。若在我者先无定见，一一惟事实之顾虑，以日与迁就，则顾虑愈甚，迁就愈多；迁就愈多，后来之顾虑将更甚，终于一事不能举，一切与之俱毁而后已。吾同人当能熟思而审处之也。

抑长民更有不能已于言，且不惮重言以申明之者。今日政局，吾国会以外，固明明有两造之武力互相激荡，以吾国会为名号，以达其报复凤仇，掠取政权，扩张势力之目的。假令吾人听其所为，甚或依倚之，及其一造功成，此空有名号之国会，岂尚有自由讨论国家大计之余地？少忤意旨，毁弃随之。吾人亦何贵有名存实亡之国会，况并此虚名亦有时不能幸存耶！国会经十年来之屡挫，涣漫无纪，暮气已深。吾同人更有不堪入耳之誉，在全国国民心理中为好、为恶、为敬、为蔑，吾人实有不忍言者。特一时无有可代之物，故得幸存耳。任期延长之议，非有豫定之政策，期在必行，恐无以逃国人指摘。万一彼武人者他时更凭其战胜余威，转而利用国民心理，以众议院议员任期满为辞，而横加摧折，则此名号之不能终存，亦意中事也。

总之，今日吾国会同人欲求于国会以外得一奥援，无论为甲、为乙，其亡皆可立待。涤瑕荡秽，与天下更始，惟吾国会自身能自振，而自造运命。即有危难，困苦忍之须臾，国家可以长治久安，国会尊荣亦终古不敝矣。

长民自十一年八月国会恢复以后，迄于今年六月杪止。十一阅月间，宪法会议未尝旷席一次，宪法以外之问题，未提一案，未发一言，区区专谨之意，当为吾同人所共察。政变以后，不出席于国会者已月余日，忧愤之意，几谓一切绝望。然犹隐忍不敢遽出于辞职者，念议员任务之重，痛同人所趋之歧，尚欲竭其智能，在此国脉垂绝之日，再试一奋斗而已。身居北方，来往京津间，个人言论，公然发表者，对于北方军阀，曾无丝毫顾虑，自问尚非愞怯者。行将南下，对于彼方恐亦不能有恕词也。国会自立，同人自爱，有奋起者愿为执鞭。如不得请，吾其遁矣。数年之后，吾之主义当有发挥而光大之者。敬布肫诚，拱候垂教。

费四桥《璇闺四序图》跋

四桥先生以《璇闺四序图》索题。遍阅题咏，未详本事。余少年时，曾填《雨零玲》曲，有"罗带同心，妄指他年结"之语。友人以句相嘲云："雨零玲曲真堪听，罗带同心指阿谁？"余答云："罗带同心指阿谁？同心自有阿谁知。集中多少无题咏，强半诗词总为伊。"今欲以此质四桥。四桥答我，或无以异于我之答友人耶？二十年前事，思之惘然。

圣约翰大学校长卜先生六十寿言

余读龙门石刻造像诸文，见千百年间名迹荟萃，浩瀚无涘。又游意大利罗马、米朗诸都，瞻拜古刹，壮严雄丽。自十五世纪以来，其工至今未竣。于是叹人生事业，全在积累，积累不已，终乃灿然。一人之工作，一业之成就，大小隆替，与夫被人及物之广不广，亦罔不系乎积累分量之多少。凡夫村保，有恒课者，必有所成。若生而贤哲，复益之以积累，则所成者更大，所蓄者更厚，所及者更广，所垂者亦必悠久而无疆。余于圣约翰大学校长舫济卜先生之教泽，不能不钦迟而悦服也。

卜先生今者年六十矣。六十曰耆，未为迈老。然其远涉重瀛，来教吾中华之子弟，前后三十八年如一日，未尝稍懈。三十余年间掌教一校，不见异而思迁，则年月为甚永。其所积累与夫树人之成绩，若逾百年者，卜先生真大老矣。

先生，美洲纽约人。生于西历千八百六十四年二月二十二日，与缔造北美合众民主国之华盛顿同诞日，殆有夙因者。少喜文学，肄业于纽约之三一学校，寻转哥伦比亚大学，年十九受文学士学位。又习神学，二十二岁得纽约神学院神学士。先生天才，生而睿智。其治文学也，匪惟摛华，乃寻厥根，故复能致力于宗教神道，于是秉明德而通玄，葆贞期以应物，淑灵纯懿，遂树德表。虽在弱冠，堪人师焉。而吾中国何幸，乃获此年少文范之宗，远宣福音于兹大陆，挟其英迈之气，摅其湛深粹美之思，以善诱善导吾子弟。于数十年来世变最剧，凡百学术蹊径一新之日，使莘莘者咸得入其门、升其奥，有所造就，以应世务。而先生又专以是为其穷年毕世之业，自早岁以暨于兹也，懿欤休哉！先生既得神学士，是年即来

作于一九二四年二月。此文据手迹刊印。

林长民集　　　　　　　　　　　　　　246

吾华，时当光绪初叶，吾国士大夫正沉酣于科举制艺之末，鲜能以学术自振，尤无人窥见科学涯奥。先生之来，实传基督教旨，而圣约翰书院方创办于上海，传道之外，并授各科学，得先生主持之，体用兼备，规模渐立。人文风气，东南为最，东南名区，上海为最，上海新教育之权舆实基于此。草创之际，程度仅及中学，校舍亦颇简陋。先生坚苦卓绝，管理校务，且任教科，训练经营，悉有轨则。自千八百八十九年，先生长斯校以来，由中学而大学，而大学院，拾级而进，日以益隆。其大学之分科，则神学、医学、文科、理科、工科，教程秩然。其学舍，自教室、礼堂、图书馆、博物馆、实验室、体育室、交谊室、办公室以逮寝室，匪不备增。殖校产二百余万，拓校地二百余亩，毕业、肄业诸生逾万人，其有名于时，跻显位、任公职以宣力于国家者，所在皆有。欧美名宿来吾中国从事于教育事业，成绩之著，无逾是校。微卜先生贞固干事，与其渊懿之学问，恂恂焉博文约礼，诱掖后进之功，胡克臻此？先生湛于教理，平生致忠诚于教主基督，未尝有须臾之离，知化穷神接于人天之际。其诲人也，感动之力，若有冥助。故于宗教中亦显令闻。千九百年归，受三一学校名誉神学博士。后十年又归，赴苏格兰与于万国宣教大会，受爱丁堡大学名誉神学博士。在华之日尝为基督教育会会长，又被推为安徽省主教。虽因故未就，而其系重望于教友，可知其关乎教育者，尝为上海工部局教育委员长、皇家亚洲学会会员。前大总统黎公以先生乐育多士，有勋劳于我国家，授予三等嘉禾勋章。凡此皆足以征先生之劭德，足以服人，不独荣其身而章其名而已。所著有《基督本纪》《天国振兴记》《备立天国纪》《格致初桄》、英文《中国历史大纲》《中国危机》等书，或阐教理，或助教科，或以危言警时俗，或介中国史绩于欧洲人，皆有精切之义，中外学子多传诵之。习华语，通吾国文，能读六经、孔孟、佛老诸书，为文章时时引用以伸其义，祷上帝则亦偶用吾经说，以证通会之旨，聪颖博洽，吾于卜先生殆无间焉。昔鸠摩罗什博通诸经，从天竺原来于苻秦之世，不能有所发展，后秦姚氏迎至长安，受国师之遇，其道始光。立逍遥园，所授多贵显子弟，译经典三百八十余卷，为佛法东来最盛之业。真谛以唯识宗飞锡兹土，而遭逢梁武帝之难，往北齐，赴东魏，流离转徙二十年，译经二百七十八卷。二氏者皆佛国之法云，示性相之妙旨，凡涉经典，无不宗之。释氏、耶稣虽宗教不同，而传道之迹发启之多。卜先生与鸠摩、真谛之福荫吾国人，有可以后先辉映者。鸠摩真谛多得国家帝王之力，为之提倡，始显真际而获皈依。其后外国人士来此，凡吾史迹之所纪载略有功果者，若利玛窦，若南怀仁、汤若望，亦罔不仰恃一时世主之恩，其道与艺始得资以传世。若卜先生者，持平民主义，不倚势位，以行其志，又超越乎从来高僧、菩提、神父、教士诸伦者也。先生门徒既多才俊，应务求学，散处四方，几遍寰宇。居内地者且不具论，其在外国者，自欧美各邦，以至斐律滨、南洋群岛，咸有圣约翰大学同学踪迹。先生常以六年一归国作汗漫游，舟车所至，鞠跽道左，周旋晋接，执弟子礼惟谨者，皆曾沐先生之教而驰骋名都者也，可谓盛矣。千九百十三年，诸生庀金建图书馆，为先生掌教二十五周年纪念。今岁先生六十大庆，诸生谋所以寿先生者，征文于予。予惟先生之行谊，不待文而始传，然心仪其人，乃觉事业积累之效，得先生而益彰。所谓生贤哲而又加以积累者，所成、所蓄、所昭垂，自然博厚而悠久，美意延年。即先生之寿，亦将耄耋，以至期颐，为吾中华子弟、吾辈之孙子广培成，更续续灌溉之，使生长而蔚为良材。则予虽不文，亦欲捧觞昌言，为我卜先生晋山岳之祝也。

先生原配黄夫人，为吾中华淑女，娴旧礼法有才慧。圣约翰学生爱慕先生者，亦敬礼其家庭，于黄夫人之没，咸谋建设校舍以纪阃德。继室文夫人亦秉性温和，邃于学问，足为先生内助。子三，长威廉，次雅谷，三华德。女一。皆服务中国社会，著劳绩，惟先生之教有以率之，予于是几忘先生国籍之不同。若称颂吾国老，若追随吾乡先生，敬恭之意无敢少逾也。春和景明，先生康胜。

谨序

中华民国十三年，岁次甲子，即耶稣降生后千九百二十四年二月
前司法总长、闽侯林长民拜撰并书

题《洛神赋》扇面

其一

竺诗人观剧之翌日与梅郎晤语，极称美梅郎扮演、描写之工。问以音乐歌唱如何，则曰："如外国莅吾印土之人，初食芒果，不敢云知味也。"诗人极盼梅郎游印，以其艺术一饷印人。

> 汝障面兮予所欢，
> 障以予所未解之语言若峰峦，
> 予望如云蔽于水雾之濛濛。

甲子四月既望，梅郎畹华为天竺诗人泰谷尔演歌剧《洛神》，诗人极为叹赏，以其诗句书班歌里、英吉利两文赠畹华。略译其旨如右，惜不叶耳。

长民识

其二

泰谷尔先生来华，得汉字姓名。梁任公为之取姓竺，名曰震旦。以其国为氏，以吾国名名之也。外人来吾中土，以国为姓之例甚多，泰谷尔名字别有意义。曰日，曰雷，与震旦两字同释。而吾华之名震旦，又从印度之称谓，今转以畀印度之诗人，适与其本来名字之义相符，可谓称矣。诗人既得汉名，欲习汉字，先试毛笔书此团扇，可宝也。

长民再志

作于一九二四年四月。此文据手迹刊印。

《龙游余氏春晖堂画集》题记

辛酉岁余,老伯母褚太夫人六秩大寿。长民时远客欧洲,未及奉祝。越三岁,补题此册首,愿太夫人长康宁,当于七秩之年再奉觞也。

甲子七月　愚侄林长民恭记

作于一九二四年八月。此文据手迹刊印。余氏名绍宋,浙籍书画家。

《善后会议日刊》创刊祝词

自曹锟以贿乱天下，海内贤豪惧宠赂彰行，纲纪凌废，怒焉明伐罪之谊，树革新之图。合肥段公以三奠共和之元老，出任临时执政，于中华民国十三年十一月二十二日入居京师，首以招集善后国民两会议为建国方案，榜示有众，而革命政府于焉成立。长民数年以来所倡议革宪改造之政旨，至是乃亦初得发试新硎，躬参盛业。猗欤！此诚运化推寻之机，治乱递擅〔嬗〕之会，非偶然也。国家不幸，迭婴兵祸，军制之凌乱，财源之枯竭，民生之凋敝，辄随变故之次度而益肆其极。今之谋政者，孰不曰集收众益，策效群力。然就政象之现状，结已往之泯棼，则不可不有善后会议以治其标；定建国之大业，开未来之生面，则不可不有国民代表会议以奠其本。标本兼筹，次第递举，庶求治无太急之嫌，苏民无我后之怨，盖非得已也。论者或以方今外重之势，浸成积习；各省局势，尚在驳杂，颇置疑于善后会议之骛阔。或又以方今舆情，望治正切，收拾之局，亟应利导，颇置疑于善后会议之鹜远。然立国不能无统驭，施政未可无纲领。惟政象驳杂之亟待绥戢，而善后会议乃愈显其切要。惟舆情表现之亟求完固，而善后会议乃愈见其本能。善后会议以整划军制、统一财政暨筹议国民会议之产生为职责者以此。其足为建设方案之基础，收拾现局之准衡者亦以此。夫政制当张弛兴革之会，其斟酌损益，关于人民之福利祸害者，恒百十年而弗戢。故其发端造始，尤宜广征谠言，藉资考镜。《善后会议日刊》外介正确之政论，供会内之参酌；内宣建设之案程，予国人以公议，发扬民治，维系国基，胥觇于是。往岁巴黎和会、华府会议各国操政论者，每以会

刊于一九二五年一月十七日《善后会议日刊》。署名林长民。

中功程未尽公开，引为憾事。今兹日刊之设，其亦足补此阙，而为庶政公诸舆论实行先声也欤。长民不敏，谨濡笔祝《善后日刊》之发展，并卜善后会议之大成功焉。

日记

林长民集

旅欧日记

（一九二〇年）

> 一九二〇年春，林长民作为中国代表赴欧出席"国际联盟"世界大会，并考察第一次世界大战后西欧各国状况。此次林长民携女林徽因同行，借以开阔其眼界，助其成长。现存日记起于八月，止于十一月，系林长民、林徽因父女同游欧陆的实录。此前从未发表，本集据手迹刊印。

八月

七日 ‖ 由伦敦到欧洲大陆各国游览。晨七时起，与徽女*指林徽因。、和钧*梁敬錞，字和钧，与林长民同籍，林家世交。其时梁二十七岁，作林助手，随林赴欧参加国际联盟大会。后成为著名史学家。同自伦敦 Ormonde Gate*奥蒙德盖特，英国地名。寓所出发。八时自 Victoria*维多利亚，英国地名。车站开车，取道 Folkestone*福克斯通，英国地名。，十时半渡海峡，波平风静。今年两过此峡，皆不遇风。戏谓徽女："吾命险夷尽获也，此岂非甚幸？"十二时，抵 Boulogne*滨海布洛涅，法国地名。。一入法境，语言便生隔阂。登车先点午膳。同案英人亦不能作一语。和钧故示整暇，略呼酒浆，谓："到此，虽大不列颠人，亦不能不羡我矣。"其语虽谐，盖平时在英习见英人，其对人扞格之态，不能无介〔芥〕蒂也。

车自 Victoria 出发时，有一英人同座，询："君等自东京来乎？"和钧答云："吾辈非日本人，乃支那人也。"彼则再三道歉。旋则历述日本人贸易之不忠实。盖自山东问题，吾国不签德约后，欧人几无不知中日之失感者。一若以日本人称吾辈，为吾辈之所不欲闻，故道歉也。然欧人远东知识极浅，与谈东方之事，皆甚隔膜。独日本近年之发展，欧人知者较多，凡遇黄色种人，往往误为日人。

五时，车抵巴黎，郭节之、沈季鹤*本名沈贻九。二君出迎。同至 Suffren Saxe*叙弗朗·萨克斯，法国酒店名。旅馆。馆舍定后同出晚餐，夜十一时归。

濒行时，Miss Silk*西尔克小姐。为余制旅行程序表，竟忘却携带，颇为憾事。与节之商略游览地方先后，尚未决定。Madame Lacordaire*拉科代尔夫人。自

Loiret* 卢瓦雷省，法国地名。来函，约到其家一游。手书潦草漫漶，所指里程道路，殊不可识。吾东方人习西文程度尚浅，与西人通情款，在彼以为毫无难事者，而余辈视之，殊多抵滞。此种痛苦，到处皆然。与人谈话，一涉人名地名，便若读元代史书也。Lacordaire之函与和钧、徽女同加辨识，尚有未尽了解处，只得置之。余前致渠函，有来书，手迹颇类埃及古文之语，彼则故意难余。此书益多难字，殊为可恼。

八日 ‖ 晨，睡至九时，徽女叩户，始醒。早餐后欲访岳代使*即岳昭燏，字鞠如。外交官，曾任民国驻多国使节。节之至，与俱往。面托岳代使签办护照。余所拟游之地为德、瑞、意、比等国。岳云，先办瑞、德两处。盖瑞士为余所拟，首先游览者。自法境入，故须先行签照。由瑞而德，本可于到瑞后再办，然战后至今，德境稽查尚严，其边界犹留英、法、美、意各国委员。若在法签照，则是已经法外部认许。入德境时，各国委员不至留难，较之由瑞签照为便利。于此可想见，所谓四大国者之势力，犹是去年巴黎和会之余威也。岳君又述，驻法、德大使抵巴黎后，与吾使馆尚未往来。惟行旅护照时有关涉之事，则馆员彼此接洽而已。未签德约，惟此少留痕迹耳。奥约签字，其使到此，拜答酬酢如例。外交礼节其严如此。签照程序，视护照之种类而定。余所携者为外交护照，签准较易，经吾使馆签字后，转送在法之瑞、德使馆签字，两日可办。（若普通护照，则往往迟滞。）赴意赴比，姑俟游踪所至。案，照前程递签，不至留难云。

在岳处得见外部一通电，历述北京政变后所发如今安福党人一一名捕，皆数月前炙手可热者。朱深*民国法政官员，曾任大理院总检察长、内阁司法总长、京师警察总监等要职。抗战期间沦为汉奸。、姚震*民国法政官员，曾任大理院院长、司法总长等要职。不惜以司法权为虎作伥。去年岁杪，余与姚同席在总税司安格连家夜宴，曾苦口告姚："法官务宜守正。"并嘱转语朱深也。段芝泉*段祺瑞，字芝泉。于去年学生运动后，戮辱青年无所不至。春间梁任公*梁启超，字卓如，号任公。先生归国，曾为学生事谒段，至为所拒。梁鸿志*政坛活跃人物，抗战期间沦为汉奸，抗战胜利后被处决。在段幕府拟函复任公，语多讥讽，余愤极。时将欧行，于同人辞别席上晤梁鸿志，至与龃龉，气至可恶，乃痛斥之。及今数月，海外游人久不闻若辈姓字，忽又怅触旧绪，历历若在目前也。然九年政局变象若此，蹈覆辙者，岁月可稽，继安福者，更何人其能淑耶？

午饭与节之、和钧、徽女同赴 Lutétia*法国一酒店名。，两月前所住逆旅也。午后四时与节之分手，约晚间于 Café des Tourelles*托雷列斯咖啡馆。饭店相会。如时往，而节之不至。和钧、徽女及余三人各掺一二语，余云"Melon Langouste"*甜瓜拌龙虾。，徽云"Poulet"*鸡。，和钧云"Evian"*依云，即水。，于是有水有瓜有虾有鸡。一顿晚餐居然果腹。归步铁塔下河桥阑干〔栏杆〕，凭望灯火，景物颇丽。雇汽车，指寓所，几误，不复得路。卒出怀中纸笔，书示旅舍名，方获归。语言不谙，其苦至此。

九日 ‖ 八时起浴，徽觉头晕。节之、岳代使先后来谈。午饭仍在 Café des Tourelles。饭后到节之寓所，倦极思睡。徽女、和钧、节之三人往购车票，准备赴瑞。五时余醒，诸人未归，余留字，先返 Hotel Suffren Saxe。七时许，诸人亦至，同赴岳代使饭。江浙风味，颇佳。饭后岳谈欧战时事。千九百十四年九月初，巴黎危急，德军已迫境上，法政府迁 Bordeaux*波尔多，法国地名。，当日通知外交官，即夕愿从者备车与俱。时胡惟德使法，与各国使者同往。独美大使宣言不从，谓巴黎为美术荟萃之所，在世界上宜保全；即令德军入境，决不能毁坏。凡法政府及各国使馆重要档、物品，多寄存美馆，美馆且任保护。此在开战之始，美国已有仗义之忱。不待千九百十七年加入战团，始以义声为天下倡也。比加入战团，两三百万兵士陆续运欧，大西洋舳舻相望，一切供具无所不携，乃至车辆铁轨，皆其自备。欧人称为富室嫁女装〔妆〕奁。当时欧人欢迎无所不至。及战事稍定，便折中诋毁美人。故去岁威尔逊总统有不图法人对美感情变易如此其速之语。和会中所谓以威氏十四条宣言为基础者，其后至破坏无余。威氏一身转为美国全国众矢之的。甚矣，国际信义之不可恃，善人之不易为也！余等赴瑞护照已经使馆及法外部、瑞使馆签字，惟德馆未签，云由瑞入德，应在瑞办理。欧人办事，虽至小不肯迁就，于此可见。十时，由使馆步归。岳君及其戚谢君皆送余到旅馆始去。

是日，得桂龄〔林〕* 林长民续弦程桂林。六月廿九日来信。时京中乱事已将发，家人似一无闻知者。桂为诸童稚颇担忧。惠书中但详述暄儿* 即林暄，林长民、程桂林第四子。病后调养方法。

十日 ‖ 晨起无事。节之、季鹤来，同到 Bon marché* 法国巴黎的一家百货公司。购物。午饭仍在 Lutétia。原议往观战地，因时晚不果。改 Fontainbleaux* 疑为 Fontainebleau（枫丹白露）之误。，又不果。复定于四时五十分乘 Denfert* 法国车站名。火车至 Sceaux Robinson* 索镇罗宾逊火车站，在巴黎南郊。。该地有树杪饭馆，亦旅客应揽之胜。同行五人，沈、郭、梁及余父女。如时登车，行不及一站，至 Gentilly* 让蒂伊，法国法兰西岛大区瓦勒德马恩省的市镇。，车忽不进。前面有车颠覆梗道，不得前。乘客皆下，余等亦改乘电车返巴黎。是日游事蹉跎数回，卒无所览，殊为败兴。归市内，则勉逐俗尚，列坐肆外，茶话少顷。法人最好如此沿街茶肆，士女摩肩，其耗时废事，兼为诲客之诲，实社会之玷也。茶后到 Luxembourg 公园* 法国巴黎的一座公园。散步，看一画家方濡毫写园中景物。天日晴好，花草妍媚，画笔颇尽其妙。到节之寓所，后出晚饭，夜十一时归寓。

是日日晚，午后三时许方候车，与节之同入美术售品诸肆，有石膏石雕像数事，颇为精美。一刻丽人跪坐俯首，一手曲肱支其前额，一手向后帖掌于地，指节生动；全身肌肤若现腠理；侧面微露笑容，呼之若将仰首应声至者，真名制矣。路过一巷，有肆专为行客拭拂鞋履。视之，有一艳妆人高坐伸足，方就拂拭，见余等，则两手相招，呼曰："Mon Petit Chat.* 我的小猫，法语中的昵称。"余心知其意，未驻足，不获更闻其余。节之为余释之，谓："'我的小猫'，盖爱弄之义。繁华之地，到处皆然。"十余年前留学日本，曾读《夜之东京》一书，恍惚同此情境。回顾物质进步化，习俗随之侈靡。凡属名都廛市，多半供给妇女服御之品，力不足以致之，则以身为货，易得快乐，炫其丽都而已。然则物质之进步，不转为人类之害耶！

十一日 ‖ 午前九时，沈季鹤来，与俱至 Bon marché，购寒衣两袭，并为徽女购雨衣外氅，预备游山之用。午饭仍在 Lutétia，遇 Lacordaire 君，出示其妻函札，谓："其书之不易识，不独君等如此。"举座闻之皆笑。饭后与之分手，Lacordaire 君归 Vannes* 瓦讷，法国地名。，约余归路访之，并示余路程，从 Orléans* 奥尔良，法国地名。往，不过一点余钟汽车。午后二时，与力舒东同游 Bois Boulogne* 布劳涅森林，巴黎西部的一片森林。，在 Près de Catelan* 布劳涅森林附近的一家法国餐馆。茶馆草地少憩。五时，同谒节之。七时，舒东复宴余等于意大利饭馆。斗室之间，坐客凡数十席。法人建筑，室中喜张巨镜，灯光人影反映无穷，喧阗杂沓，殊不可耐。顾余等同席六人言笑尽欢，颇为隔座所属〔瞩〕目。饮意大利名酒 Astis* 阿斯蒂起泡酒。，有玫瑰葡萄香味。九时半，复与舒东同乘汽车至 Bois。林中静悄，方绕湖迅驶。皮轮裂不能前，舒东、和钧及余父女皆步行里许，始出阴林。憩一馆候车，十二时归寓。整装待发，明日南下赴里昂。

是日，得大姊六月廿七日由北京来信。Miss Silk、Miss Phillips* 菲利普丝小姐。皆有函，询旅游情况。

十二日 ‖ 早六时即起结装，八时离 Hotel Suffren et Saxe* 叙弗朗·萨克斯酒店。，由 Gare de Lyon* 巴黎里昂火车站。车站上车，同行者节之、和钧及余父女。季鹤送至车站，意颇款款。车行极速，往南方天气颇热，在车中殊不可耐。倦睡数时间，午后四时抵里昂，卸装 Hotel de Pare of Baudeaux* 巴黎波尔多酒店。。晚饭在一小饭馆，亦颇雅洁。饭后即归旅舍。里昂为法国大都市，繁盛稍亚巴黎。吾国人近有里昂大学之规划，颇得法政府之助。多送学生固好，亦视来者之素养如何，程度如何，及能否多数向学耳。办理管事者不可不注意也。

十三日 早六时起，六时半从里昂旅舍出发。火车行少顷便多山路。渐近瑞士国境，山洞长处，火车约行五六分钟。法里四五启罗迈当也。十时抵 Culoz*屈洛，法国地名。，少停，旋至 Bellegarde*贝勒加尔德，法国地名。，行李检查正严，关吏但询有无携带金钱出口。余等行李略启一二件便放行，知系游客，非贩夫也。法战后币价低落，与瑞佛郎本同价，今则法佛五十但值瑞佛二十一有奇。国中几无现币，其补助货，至以邮票通用。各省各市有种种小纸币，彼此不相通行，币法已渐紊乱。禁金出口，固其势使然，（余等抵瑞后，目见有人携法银货到瑞银行易瑞币，盖法纸币低落，银币少，可直易瑞币也。）逐一检查，直至十二时始开车。一时半抵 Genéve*日内瓦，瑞士地名。，瑞境湖山略见一角。游客到此后检视护照，颇感不便。弹丸之地，此疆彼界，思之亦良可笑。余等早行至此，饥肠辘辘作响矣。检毕，觅得旅舍 Hotel de la Metropole*大都会酒店。卸装后，节之及余父女出步，和钧病腹困顿，留旅馆中少息。余等三人复赁马车，绕湖缓辔而行。去市数里，略远嚣尘，未尽兴也。六时归，购瑞制名品小盒数事。八时，在客寓晚饭。饭后出游，沿湖畔行。隔岸灯火辉煌，馆舍鳞比，盖名区胜地、旅客辐辏之所。太繁盛处，客为湖山之玷。唤船欲渡，徽女惮涉，乃止。

Genéve 为瑞士商业最盛之区，战后欧洲各国货币汇价皆由此而定。盖自战时，交战各国交通断绝，瑞以中立绾其枢纽，遂成习惯也。此地又为历史上最有关系之所，红十字会、国际法学会、社会党，皆于此发源。国际联盟秘书处亦设立焉。余等揽辔巡湖时，御者为余指点其处，并能略道其缘起。直接民主政体之国民，真有过人者。

十四日 午前六时即起，出旅舍，散策看湖。八时归寓。十时，与同人冒雨复出，赴 Golay Stahl*世界著名手表品牌。，Leon Bader*世界著名手表品牌。两肆买时表数具。午后一时半，径上湖船，船名 Vevey*沃韦，瑞士地名。，湖边一集也。二时启艇〔碇〕，五时半抵 Lausanne（罗山）*此为林长民自注。今译洛桑市，瑞士地名。。凡十站，率十余分间一泊，村镇往来此亦交通设备之一，不独为游人用也。

湖周围□百□十□哩*　原稿如此，盖系数字待填未填。航行分南北两线。沿南岸行者，迤北而归。北岸迤南，一日数周。全湖形势两隅斜下，中曲，如菱。是日所过，仅其北岸三分之二。罗山名迹登陆少驻，雨湖烟雾向晚渐消。夕阳还山，岚气万变，其色青、绿、红、紫，深浅隐现，幻相无穷。积雪峰巅于迭嶂间，时露一二，晶莹如玉，赤者又类玛瑙红也。罗山茶寮，雨后来客绝少。余等憩 Hotel de Chardeaux*　酒店名。时许。松间设几，书邮片数纸，各寄所思。余片中有"远游念汝，湖波万迭；比我心事，不知孰为多少"之语。虽游，终觉踽踽少欢。七时归舟，改乘 Simplon。晚行较迅，云暗如山，霭绿于水，船窗玻璃染作深碧，天际尚有微明。膳后小饮。九时半始抵 Genéve 旅舍。

十五日　拟早行，沿湖南岸迤北，与昨游成一周。结束行囊少迟，不及登舟。改乘北岸船，仍与前游同一线路。过 Bellevue*　贝勒维，瑞士地名。，Vevsoix*　韦尔苏瓦，瑞士地名。，Coppet*　科佩，瑞士地名。，Celgny*　疑为 Celigny（塞利尼）之误，瑞士地名。，Nyon*　尼永，瑞士地名。，Rolle*　罗勒，瑞士地名。，St.Prox*　圣普雷，瑞士地名。，Morges*　莫尔日，瑞士地名。，Sulpice*　圣苏尔皮斯，瑞士地名。，Lausanne*　洛桑，瑞士地名。皆昨日曾经之地；其东则 Pully*　皮伊，瑞士地名。，Lutry*　吕特里，瑞士地名。，Cully*　居洛，瑞士地名。，Rivaz*　里瓦兹，瑞士地名。，Vevey*　沃韦，瑞士地名。，Clarens*　克拉于斯，瑞士地名。，Montreux*　蒙特鲁，瑞士地名。；至 Montreux，北岸尽矣。盖湖之东隅，自午前十时半开轮到此，凡四时间有奇。余等登岸，馆于 Hotel Splendid*　斯普莱迪，瑞士蒙特鲁市的一家酒店。。馆面湖背山，而湖自 Vevey 以东，对岸诸峰回合渐紧，故由楼窗望远，虽水天相接，而左右映带，岚翠若扉，扉半启右辟而左翕也。湖光如练，鹅鹤之属飞泳其上，其乐无极。四时半，同人出游，盘山而上。山稍稍凹处不见湖光。亭馆无数，多富人巨室别墅。行数里后，旷然面水，树木森蔚。略有松柏，针细而短，其枝横出，不若吾东方松干之夭矫。同游者梁、郭及余父女、沈贻九，自 Genéve 来结伴，于是五人。行至山半，和钧、贻九落后，节之与余父女候之不至，乃从别径绕下湖畔，归抵旅舍已七时。余失一杖，盖于山中候和钧、贻九时植置石栏侧，忘未及携也。复巡旧道寻杖，竟不可得。八时半始归。和钧、贻九亦至，述失道后复跻高处，达一所，有旅馆数间，皆据胜地。下山则乘电车而降，费时不过十余分钟。盖环湖诸峰，高者二千余尺，盘行有路，皆修治如砥。交通之具有电车、火车及水力缒索之车，汽车亦可径达。瑞以湖山游客为其国民经济之一财富源，故其设备如此之周。入夜灯火如昼，仰望群嶂，若屏山重迭，缀以火齐，固壮观也。然与吾东方骚人逸客之思、山林隐遁之迹，则迥乎不侔。以宋南渡后之西湖拟之，殆相近矣。自 Genéve 来时，船过 Nyon、Rolle 之间，有傍湖宏构两所，庭园甚丽，则法那破仑* 今译拿破仑。第三与奥废皇之别邸也。欧洲皇裔贵族，数世纪间纵侈无匹。失位亡虏犹得怡情山水，乐其余年，以视俄帝不得谓非幸。沿湖处处庭院，莳花种树，皆极修整艳丽，失其本真。草无蔓条，木不见干，剪削丛竹，使成一团，见之令人闷损。假令自由之说少广其义，草木其能默尔耶？余久厌都市，来此避嚣，湖山虽美，耳目所触，时时不免失望。

十六日 ‖ 晨起甚早。明窗对湖，独坐三时间始早膳。膳后与徽女同步，仍踏昨路，十二时归。觉湖光山渌，于人迹少处领略较多。偶见道旁破屋，篱落有鸡，颇似东方野意。忽记前岁山游也。午后少睡，二时半五人同乘缒索车上山，抵 Glion* 格里昂，瑞士地名。，天晴，略有暑气。回旋数家旅馆间，至 Hotel Rigi-Vaudois* 瑞士一酒店名。，树下设几，茗谈移时。傍晚下山，遇法乌利文主人之妻携其一子一女，与余父女谈，谓于两三年前在北京曾晤余者。其子女年约十四五，美秀可爱，能略操吾国语。七时归寓，饭后巡右岸略步。晚霞映水，又一景色。

十七日 ‖ 午前十时，乘电车上山。至 Glion 改乘火车，十一时三十八分抵 Rochers de Naye* 罗什德内峰，瑞士山峰。，高出海平二千零四十五密达，合吾国尺度约六千尺。登山火车、轮轴、铁轨别有构造。轮轨有齿，齿相错，转则前进，止则住焉。峰峦连接，车逶迤而上，若长蛇，曲径盘旋而前。时在山阳，时在山阴，时在涧底，时在木末。穿穴入洞，长者经四五分钟。半途过一名迹，亦旅客游人鳞萃之所，其名曰 Caux（皋）*此为林长民自注。今译科斯，瑞士地名。，距海平已千九十密达矣。余等未及下车，径赴 Rochers de Naye（尼衣）*此为林长民自注。今译罗什德内峰。自皋以上，所见益奇。齿峰（Dent de Jaman）*此为林长民自注。今译雅芒峰，瑞士山峰。峙处，天穹若䲵。谷中烟树，融以日影，其色苍紫，又之酿。飞云逐车，缭绕无迹。参天松柏，转瞬俯视，等诸丛卉。气候高处渐寒。抵尼衣后，旅舍（Grand Hotel）小憩。同人步赴岩巅，余少疲，未造极也。少顷午饭。饭后，和钧怜我失杖，购赠藤筇，遂步登数峰。节之、贻九及徽别赴对谷之巅，余与和钧攀其北崖。两峰相望，人小如豆，崖下白云似海。正凝眺间，徽已绕出吾后。忽闻语声，籁动云破。四时后乘火车，循旧道归。回望群山，势若万马奔腾，一纵尽逝。抵山下已五时半。晚饭后，节、贻和徽皆泛湖去，余留寓写邮片十数，寄与朋好。

十八日 ‖ 午前，略理行箧，到银行支款五十镑，易瑞币千八十五佛朗。旅游后已支用百镑矣。午后三时八分，离 Montreux。贻九先行，余等四时二十分抵罗山。十四日曾游之地，临湖茶馆，士女往来，余等亦盘桓二时许。六时二十分，复乘火车，与贻九会，赴 Berne（柏安）*此为林长民自注。今译伯尔尼，瑞士地名。，八时始到。沿途所过村落乡野，尽若家园。细草如茵，众叶争翠。布置树木，疏密深浅，皆有画理。其地为阿俾思山脉*今译阿尔卑斯山脉。，较平偃处，坡原相接，虽有高下，其势甚夷。落日西沉，树影卧地，晴霞施采，灿烂夺目。黄昏向黑，适过 Romont*罗蒙，瑞士地名。，Fribourg*弗里堡，瑞士地名。旧堡耸坨，拥树入云，又是一幅水墨画图矣。抵柏安，寓邮便旅馆（Hotel Post）*此为林长民自注。九时同至车站酒馆，冷食一饱。十一时归寝。

十九日 ‖ 午前与和钧同谒汪衮甫*汪荣宝，字衮甫、衮父。曾参与拟制《大清宪法草案》。民国著名外交官，时任驻瑞士公使。公使。甫坐谈，汪使转到和钧家电报，梁伯通*梁敬錞之父，林长民父林孝恂好友。先生病逝，和钧父也。和钧悲恸甚，郭、沈二君亦适至，乃与共送和钧归客寓，为之规画归国事。同人游山之兴顿为销减。伯通先生与吾父亦至交，余于此尤不能无感逝之戚也。和钧决计先返伦敦结束行李，即日归国。同人为之准备护照、车券等事。午后，汪使携子来谈，约明晚便饭。

二十日 ‖ 午前十时半，节之及余父女同乘电车至 Thun（峒）*此为林长民自注。今译图恩，瑞士地名。，十一时半抵湖畔，冒雨步行。峒之湖在瑞湖中为小泽。其东更有湖名蒲菱（Brienz）*布里恩茨，瑞士地名。。两湖间为 Interlaken*因特拉肯，瑞士地名。，亦瑞胜地。余等仅游其一湖耳。湖小，景物转丽。自车站南行，傍溪岸，再转，始见湖面。溪屈曲以注于湖，其流甚急。障以水栅，栅门通处，水上下约三四尺，奔泻若瀑，激湍里许。栅之上架木置栏，若桥若榭。余等往来探幽，一日之间四过此桥。溪旁密蒨，其荫若瓦。一二叉港，湍所不至者，停潦又静于池塘。芦苇萧疏，树枝低亚，不知港外有急流也。过桥俯视，其下澎湃如闻鼙雷，倏忽之间，静躁迥绝，使人别有妙悟。午饭于 Hotel Beau Rivage*布利瓦吉，瑞士日内瓦的一家酒店。。饭后小憩茶馆，沿湖信步，旋棹小舟。节之、徽女荡桨。所过湖堤水榭，处处入画。小雨初晴，天青山绿。树色水光，深黛浅碧，挹之欲醉。舟行，泛湖十里，至 Hilterfingen*希尔特芬根，瑞士地名。，凡三时间。对面来艇，不过一二。全湖风景若为吾辈所专有者，余于是有家专之意。四时半，舍舟赴 Kursaal*瑞士一度假胜地。，四时半*原稿如此。赴车站，少迟不及上车。辗转时许，乘六时十分列车，七时四十二分抵 Berne，与和钧遇，握手宽慰。和钧含泪在睫别去，约旬后余等返伦相见。晚，赴衮甫席，十一时始归寓。

二十一日 ‖ 午前无事。午后二时廿六分乘火车赴 Lucerne（间山）*此为林长民自注。今译卢塞恩，瑞士地名。。间有湖跨四省，名四省湖 Lac de Quatre Cantons*卢塞恩湖。。五时二十分抵间，沿途所见，平山低原，细草短树，浅溪碎石，清濑明沙。自 Schüpfheim 以上，迤东北行，溪回山转，环绕若带。曩见烟客青丝长卷,仿佛似之。抵间后住 Hotel Schwanen*瑞士酒店名。晚饭出步,略听音乐。湖边游客过多,转少清兴。是日,英、意首相,德外交总长皆止于间。湖山之游,或开政治。从者如云,旅舍喧嚣,真恼人矣。

二十二日 ‖ 午前十时五十分,自间山乘小火轮泛湖而东。湖周围四十三哩,其体势曲,两岸皆山,高者距海平二千密达。山麓斜出,若伸腕臂。合抱处,疑无路,转复豁然。风景颇似严滩。舟行二时许,经四五埠抵 Brunnen*瑞士酒店名,位于瑞士卢塞恩湖畔。少顷,即乘电车上山,至阿克珊斯泰茵(Axenstein)*此为林长民自注。瑞士地名。,舍于 Grand Hotel。阿克珊斯泰茵为间湖第一名胜。山湖错壤,面面皆成水湾。山欲破湖,湖欲穿山,绝处还通,断处复续,奇幽地也。所居为旅馆中最高之室,当窗山色水光,朝暮晴雨,变幻无穷。同人拟于此多勾留数日。五时后,略步山后,松桧数里,中有小径蜿蜒盘绕,又极清幽。晚饭后,略坐即寝。

二十三日 ‖ 晨起少迟。面窗写数邮片,寄叔均、实弟*即林天民。、智妹、籍亮侪、李择益及巴黎沈季鹤、Bern、汪衮父*即汪衮甫。。午后下山至 Brunnen,四时在湖旁茶馆小坐。五时泛湖,湖上得望所居旅舍。夕阳一角,疑非人寰。荡舟数里,水花沾衣,岚影扑面,真快游矣。七时归,还山。

二十四日 ‖ 天雨,满湖云翳,山居寒甚。想家人避乱奔走,正在盛夏,烈日中苦乐太殊矣。十二时,午膳。送贻九先行,同乘电车下山,至 Brunnen 换火车。贻九径赴 Bale*巴塞尔,仅次于日内瓦的瑞士第三大城市。,余与徽女、节之到间山下车少留,因至 Thomas Cook 公司取款七十镑。此行旅费至此已支用一百七十镑矣。复购赴德车票及卧车票。在茶馆小憩。六时半,乘小火轮 Schiller*席勒,小火轮名。,后返 Brunnen。九时到岸,九时六分改乘电车归 Axenstein。于是同游伴侣只剩三人。一日舟车犯雨,均在烟霭模糊中,别有一种"情景"(意境）。湖山胜处，真无所不宜也。

二十五日 ‖ 竟日天雨。午前十一时，节之冒雨下山，时许即归。山间寒气迫人，楼窗所向近山，右则 Rigi hochflue* 里吉霍赫弗卢山，瑞士山名。，左则 Seelisberg* 塞里斯贝格，瑞士乌里州村落，位于尼德邦山和奥博包恩山两山脚下，瑞士的德语区。，两山相合若玦，中通泓碧，则雨流以达于四省湖之中部，盖至 Urnersee（奶湖）* 此为林长民自注。今译琉森湖，瑞士著名湖泊。与四省湖之咽喉也。湖极西之 Pilatus* 皮拉图斯峰，瑞士山峰。高峰，得从玦口望见之。Seelisberg 迤西而北，则 Niederbauen* 尼德邦山，瑞士山名。、Oberbauen* 奥博包恩山，瑞士山名。、Wriotstock* 瑞士山名。、Gitschen* 瑞士山名。四峰，以次递远。高者二千九百余密达，低者亦千九百余密达。余等居此数日，所谓万古积雪者惟于晴昊深蓝时得亲见一二。其稍近者，则苍润欲滴。今日骤寒，而 Niederbauen、Oberbauen 两山峰头皆白，其雨雪耶？尔后大雨倾注，浓云四布，水天不能分界，Seelisberg 以外不见山矣。山下 Brunnen 一集依 Rigi hochflue 山阿为市。平日所睹树木屋宇，历历如在目前。雨中烟火入夜稀微，若向晓疏星也。节之、徽女及余三人闷坐，各书邮片数纸。余所寄者，梦旦* 高凤谦，字梦旦。商务印书馆董事，曾任商务印书馆编译所所长、出版部部长。、拔可* 李宣龚，字拔可，室名硕果亭。诗人。有《硕果亭诗》《李宣龚诗文集》传世。、叔通* 陈敬第，字叔通，以字行。清末翰林。辛亥革命后首届国会议员，曾任大总统秘书、国务院秘书长。中华人民共和国成立后曾任全国人大副委员长、全国政协副主席、全国工商联主任委员。及洞省十一叔* 林洞省。。

二十六日 ‖ 晨起，雨。少晴，与节之同下山。不乘电车，步松杉石径间，四十余分钟始抵 Brunnen。少顷，即归山上。午后，复与徽女、节之下山，泛湖至对岸 Seelisberg 山麓，迫视 Schiller 石刻。千八百五十五年所刊，年代并不湮远。石高数丈，自山上楼窗望之，特一拳耳。中流容与，暮色黯然始归。明日将去，不忍别此湖也。晚饭丰赡，主人知我且离瑞湖，意颇殷勤。

二十七日　　晨起，预备出发，作邮片分致诸戚友，实弟、叔均、李氏弟兄、醒弟*即林先民。、朴〔璞〕弟*即林肇民。、伯唐、伯强诸人，各得一二片，皆佳画。致叔均云："卿爱此否？我将离去，他时再至，决不舍汝独游也。"致伯唐云："今日在此，把湖山云树送与先生。"致伯强一函言事，因得其来书，述放园*刘放园，冰心表兄，研究系报纸《晨报》编辑。、朴生、品今诸人将来欧。放园有赴俄之议，余颇有疑点：一，放园体弱，不耐苦寒困劳。俄国战后行旅极不便也。二，放园欧洲文字一无素习，恐不能与人通情款。三，与其党人交，我无团体根据，恐不易携手。然此函到京，放园当已出发，只有俟其来时再与商量耳。将别湖山，偏费此极足留恋之时间作函札，书竟为之恼怅。十二时前十五分，先午膳。饭后匆匆下山，乘 Wni*轮船名。轮船赴间山。凡四省湖中所经之地，觉得处处可恋。四时抵间，五时后唤小舟与徽女、节之共泛。六时，至间山车站捡取行李，即在车站晚饭。八时开车，十时二十分抵瑞边 Basel*巴塞尔，瑞士地名。，改乘德一车辆。十时半，抵德境 Basel，验护照，检查行李。十一时半，乘德火车望德境北行。

此次勾留瑞士国境，前后二星期，所见只有湖山之美。至其风俗、政治，少所考察，殊为憾事。瑞为永久中立国，而颇修军备。万一有侵犯其中立者，固有自卫之力。比利时于此次战事之始，能力抗强德，卒使战局结果为之一变，亦有备也。吾国偷惰之气充塞宇内，闻之不当自振耶？瑞为直接民主政体，国有大事，以国民总投票决之，为世界最自由、最平等之国家。固其国小易治，然二十二 Canton*州，行政区。有二十二种宪法，军事、政事、外交、交通以外，如 Canton 为完全独立自主之邦。全国境土，近法国者，称法国瑞士；近意者，称意国瑞士；近德者，称德国瑞士。习俗、言语如同其邻，在表面上极不统一，乃至一会社之招牌、一事物之广告，必用三种文字。政府文告亦复如此。人民各以其近邻之关系，战时偏法、偏意、偏德，感情亦至不同。各 Canton 利害不一之处，又时有竞争。全国商旅辐辏关于交通之利便，管理亦至繁难。所有公园、学校、车站、图书馆、博物馆等建筑设备，规模宏大，不让大国。不能以简单之观念观察之也。法度修明，调节有道，则虽繁复而易治。否则，如丝之棼，虽弹丸之壤，施政亦难。以吾国今日之政制，今日之民趋，假令析县为国，小于瑞士，其能理耶？

　　瑞全国为阿卑斯山脉，皆高地石壤，不能产谷类。其粮食皆仰给于人。战时恐有交战国藉之接济，各国对之输入限制颇严。故其入境旅客，瑞政府亦不敢过事容纳，致使占其民食。今稍宽矣。余所过地，从法瑞至德瑞，沿途不见水田，惟园林牧畜，其牛羊肥腯为各国所无。园艺种植，乃至刈草之术皆极精审，几疑全国皆家园也。人民习于待遇旅客，对人亲切有礼，亦各国所未见。旅舍酒楼，烹饪精美。Genéve 有旅馆学校，养成管理、供伺旅舍人才，为世界有名之校。待客有礼，而人人有参政之权，故人人有自尊之态，虽馆役无鄙容。

二十八日　｜　晨七时八分，车抵 Frankfurt＊法兰克福，德国地名。。一夜卧车不能安睡。所带行李过多，入德境时，车中侍者招呼颇为亲切。余等无一人能操德语，与说英、法语，彼亦略解。七时四十分，由卧车改乘列车。十二时至 Beira＊瑞士第四大城市。，始购面包、啤酒、水果充饥。所经各站时刻不爽，车辆轨道整理亦极有序，不类战败国家气象。山川原隰不如瑞士之美，而田麦方收，耕不失时。沿途千里，满地多种松杉，已有二十三年长成之干，森林种植实有远图。稍稍繁盛之所，烟突无数，想见当时工业之发达。而现未停工尚有烟焰者，不过十之一二。战后资本、原料之缺乏，及军事制造无所需，势使然也。午后七时四十分抵柏林，沈贻九、来秋＊沈来秋，本名沈觐宜，字来秋，沈葆桢曾孙。其时留学德国，学习机械工程，兼学经济科。昆季，及何君超到站相迎，同至 Central Hotel（中央旅馆）＊此系林长民自注。。少顷李石久、李功范＊留德学生。亦至，聚谈十一时始散。

二十九日　｜　午前天雨，午后少晴。沈、何、李诸君皆至旅舍，共出观动物园。所见水底生物种类甚奇。战败之后，粮食缺乏。闻于千九百十八年秋间，德人已议宰园中动物可充食品者。其虎豹之属，日耗牛羊饲养之资更不能给，亦将杀之，俾无食人之食。旋以停战罢此议，至今尚得维持豢养。星期日游人足迹尚不少，亦足见其公共事业之不废也。夜，与同人饭于 Kurfürstendamm* 库达姆大街，也译为选帝侯大街，位于德国柏林。街一饭馆，酒浆鱼肉稍稍不备。

三十日 ‖ 竟日阴雨，坐困旅馆中。沈贻九兄弟及李、何诸君来谈。沈亚尼、李景枞* 字星五，留学德国、瑞士，学习机械专业，曾任民国政府交通部总务司司长。、沈成武* 留学奥地利，毕业于维也纳大学医科，于维也纳行医多年，后回国在上海开业行医。中华人民共和国成立后曾任同济大学医学院教授。、郑河先* 留德学生，习医，后成为著名医师。亦先后来访。皆同乡、戚好，多系学医、学工。李祖武、丁文渊* 留德学生，习医。后两度担任同济大学校长。午后亦至，颇不寂。李祖武，浙宁人，习电。丁，扬州人，习医，系在君* 丁文江，字在君。地质学家，编著有《梁启超年谱长编》。之弟，为中国留德学会会长。约于星期三晚在学会茶会。贻九是日先发，返巴黎，托带函件交和钧。和钧已得舱位，即日归国，余等不及送之。

三十一日 ‖ 仍雨。夏元瑮* 又名夏浮筠。物理学家、教育家，曾任北京大学理科学长。、羡锺洲、孟恕来访。夏，北京大学教习，此次来欧一年，娶德女子。羡，直隶人。孟恕，纯生之子。夏来专究战后科学之变迁，孟、羡皆新来留学。

十二时半，与李功范、丁文渊二君同至德名医 Bohn* 伯恩，德国名医。曾为林长民诊病。家诊视健康。余体弱，历年劳苦，颇不自支。每日必有数时头重心怯，舌干耳鸣，不耐说话，夜不安睡。Bohn 诊断有肺病征兆，心脏弱小，脉搏颇无力。用 X 光射线照视，肺右部尖略有模糊处。盖肺不透明，恐有病灶。惟无咳无痰，未经查验，不能断定为结核性细菌耳。心脏亦照见小于寻常人二分之一，动作甚微云。此体只有善摄，须海边多住，勿劳心身。为余处方，（Elarson* 一种药物。中含砒霜千分、板蓝之半分。）盖补剂也。余体不耐铁类药品。Bohn 亦不用此类峻药。余年方四十四，而羸弱至此，先天之遗传，后天之未保养，皆为致弱之原。闻吾国人经名医诊断者，极多肺病。其每百之比例，远过欧美国家。卫生之政、社会经济之状况，与人民对于生理、病理之常识，体育之讲求，少有注意者，足以致之也。

午后三时，与同人驱车直驰俾思麦街。松林处，夹道长百余里，可径抵Kaiserdam*_{柏林的一条街道}。过之如入大森林中，不知其为都肆也。晚宴李功范君家，得尝乡味。李君亲自烹饪。其主人Selma Köhler*_{李功范寓所主人}。姑娘能操英、法、德、意语，信口杂谈，夜迟始散。

九月

一日 ┃ 午前，曾照*留学德国，习医。君与李、沈诸君来谈。曾，常熟人，留德习医。午后，拟游 Potsdam*波茨坦，德国地名。皇宫。与同人乘火电至 Wansee*万湖，柏林施泰格利茨－采伦多夫区的下属区，位于柏林州西南部。欲泛河船往，天雨无船可渡，败兴归。徽女往观庭球赛技。是日，郑河先于庭球俱乐部中与德人选手决胜负，河先已占胜着，天晚未竟。徽女归寓已七时。饭后，同赴留德学生会茶会，会员到者颇众。余演说一时间，颇称许学会组织之善与会员之盛况。留德学生战后来者较多，皆青岛、上海战前德人所设学校学生。在中国已准备有素，故到此后德文、德语颇娴熟，各种普通学亦较完全。留学他国非有预备不可。所惜者，此等学校皆外国人所建设，吾国人对之不能无愧耳。余演说中极勖学生注意四点：一，须随时留心中国事。专科之外宜明国中政治、社会变迁之大势。新闻杂志不妨多备，要选择观之，不至为所蔽。二，宜多交德人，以资观摩。三，宜审察德人战后各种事业如何恢复，如何设施。四，宜注重体育。演说后杂谈少顷。捐助该会二千马克。十一时许，归寓。会中允抄送会员名单。

二日 ┃ 续游 Potsdam 皇宫。十时，乘火车径往。宫为千七百四十年时普王 Frederick*弗里德里希大帝，即弗里德里希二世。所建，规模不如 Versailles*凡尔赛宫。之伟，而构造精美。普王生时所用器物一一保存。有一时表，针止于二时二十分，而普王适于斯时薨逝，至今时表尚保其针度。殿外园庭甚广，同人略步。午后二时半始膳。膳时复骤雨。四时雨止，同人分道归。徽与李石玖、沈亚尼同乘车，便道续观赛球。余与节之、功范同渡 Havel 河*哈弗尔河。至 Wansee，改乘火车归寓。河长数十里，两岸丛树如山，风景虽不足比峒湖，而亭榭邸宅点缀洲渚，林荫之间时露飞甍。水流叉港，桥梁阑干〔栏杆〕，皆饶有致。离瑞士后，此亦快游矣。Potsdam 更有新宫，为威廉第二所建。中有一殿，宫壁梁柱悉嵌宝石珠玉，盖其极盛时所得各国赠品，用以为饰也。余等以时间过促，不及往观。夜，为周颂声*留学德国，获柏林洪堡大学医学博士学位。创办北京医学专门学校，并任校长。民国时期曾任北京协和医院生理学名誉教授。君招待，观 Opera*歌剧。悲剧，剧名 Tosca*《托斯卡》，G.普契尼创作的歌剧。，演一烈女，为其未婚夫复仇杀敌，竟以身殉。女优演艺颇善，但不美耳。剧场不如巴黎之丽。夜十时，演毕。柏林战后，一切酒楼剧场营业皆有禁令，不得逾十时，节纵侈也。周颂声君，北京医学专门学校教授，来德补习功课。观剧时得晤夏浮筠*即夏元瑮。夫妇及周君，皆为余解释德语。

三日 ‖ 早十时，杨公庶来谈。公庶，皙子*杨承瓒，字皙子；后改名杨度。杨公庶之父。子，原名士孝，字君叔。留德习化学，将满五年，已毕业，现在预备应博士考试。年不过二十四五岁，有志士也。余于民国四年冬间，曾晤于北京，时知其将远游，赠之白璧，颇奖勖之。一转瞬间，公庶已学成，更欲增进其业。余垂老蹉跎，遇诸海外。公庶对余款款，余则不能无所感触也。留德学会颇屏公庶。公庶略有恃才之意，新来学者颇多不满耳。余与公庶久别初见，不欲遽进忠言；他日有机会，当劝其稍谦抑也。公庶求学之意，谓外国凡大学毕业之生，或入工厂，或入化学试验所实地练习。工厂较浅，若化学试验所，则用所学理极深。渠欲学理深造，然后归国。余爱其才，初劝其早日回国，早图创业。公庶以为非极邃之学，不能创业，不足指挥。此志至可嘉许。公庶有弟，亦留学柏林，闻亦美材，惜余未及晤。

午后，整束行囊。六时后，到李功范君家。功范为余再治肴。膳至美。九时半出，步归寓。后乘十一时火车西发赴比。

四日 ‖ 晨八时，方兴。一夜寝台车，亦颇稳睡。十时半，抵德、比边界Cologne*科隆，德国地名。，照例查验护照、行李。改乘比国车，向比京前发。兹游滞柏林六七日，除旅馆居处仆役外，未与德人相接，其战后经营无从深察。但见其工作不辍，车辙往来，乘客赴厂归市，无车不满。都会交通，火车最盛。其中上等人士妇女，乃至手携黑面包、水浆于车中饮啖，刻苦奋励之状，使人感动。壮丁经久战缺食，营养不足之色，时见于面。以世界第一之都市，廛肆售品，凡服御侈靡之物，远不逮巴黎、伦敦，亦足观戒惧之意。车辆、机开车以逮马匹，强半为协国所征取。街衢负荷，驾车之驷，多微小不任重。而各铁路用车尚不甚缺。从前二厂有制造军用品者，如克虏伯之属，战后工作多制工业机械，尤致力于机开车之制造。最近报载，俄国向德定制二千部，德国于三月内居然足以应之。每日每厂至少能造成一部。克虏伯工人之数，战前四万二千人，现在乃四万六千人；不但无减，且有增也。将抵Cologne时，工厂尤盛，皆无停工，与从瑞入德之路所见迥不相同。学校教育以及诸试验所，自战时以来，未尝少缀。以如此精锐淬厉之国民，一时虽受挫折，十稔二十稔后必将复兴。海上贸易船只收复于协约国，其所余者，不过五十万吨。然闻其规画，将于三年内更造百万吨。为恢复航行之计，现在由荷兰、丹麦出口之货为多，南美通商亦盛云。

十一时，在Cologne换车后，车中所过，皆此次欧战德军最初占领之地。此虽抗德一战之后，德军所向，皆不得不屈服。故德人亦不遑其蹂躏。兵燹之迹，已不获多见。午后二时，车过Liège* 列日，比利时地名。，比国繁盛都市之一，节之留学处也。其南则为Spa* 比利时温泉小镇。，战时德皇驻焉。大本营即设于此。此次协约各国对德履行和约问题亦于是处会议。溪水萦回，略有山林之秀。五时抵比京Brussels* 布鲁塞尔，比利时首都。，饭于Hotel de Palace* 皇家酒店。。

五日 ‖ 午前十时，与节之、徽女同谒驻比公使魏注东* 外交官，时任驻比利时公使。。魏使留午膳，并出示汪伯唐、李木斋* 李盛铎，号木斋。清末翰林院编修，辛亥革命后曾任袁世凯顾问。藏书家。、王亮俦* 即王宠惠。本名王宠惠，字亮畴。民国初年曾任外交总长、司法总长、国务总理。诸君来电，知吾国国际联盟同志会已与他团体联合，为促进国际联盟联合会，并举定代表在欧与各国团体接洽，赴来月十二日意Milan* 米兰，意大利地名。第四次会议。诸代表姓名如下：林长民、张嘉森* 又名张君劢，政治家、哲学家。曾组织多个党派团体，参加起草《中华民国宪法》。、季宗孟* 留法博士，民国时期曾任重庆海关关长。、**廖世功**＊外交官，曾任驻法国巴黎总领事兼任驻比利时公使，当时系中国驻国际联盟代表。、**宋春舫**＊剧作家，戏剧理论家。曾任清华大学、北京大学教授。林长民身后，宋主持出版《林长民遗墨》。、朱文甫、梁龙。

国际联盟之议，在欧战初罢、和会未毕以前，极为世人所属〔瞩〕望，以为今后国际争端，皆得于联盟中解决，从此将永绝战祸。美总统威尔逊以全力主张并宣示其主旨于加入战团之时，即英、法、意各国，亦无不表示诚意之赞成。其后和会既开，各国利害问题仍断断不肯稍让，与主张国际联盟最初之意已相径庭。现在美国加入与否，尚不可知。英以各属如出代表若干人，实以一国占五六国以上之人数，此种联盟会犹是以强凌弱之制。其私人团体联合会号称促进国际和平，效果如何，目下未敢预期。特以吾国同志会之设，当时由余发起。此次余辈亦宜一赴大会，以副国内同人之托。魏使允为同行诸人筹垫旅费。

六日 ‖ 午前十一时三刻，与节之、徽女同赴 Anvers＊安特卫普，比利时地名。。十二时半抵该地。节之于欧战开始时曾滞于此，为余指点各迹颇详。饭后，游动物园。诸栏多虚，盖于德军逼境时，比人尽毙猛兽，恐逸出伤人也。园中人为言，补充诸动物均已购备；或得各国赠送，但未悉至耳。余所见比京及经过都市，几不知其为方经敌人占领者。区区一动物园，补葺整理，其皇皇如此，不能不羡人之善于建设矣。

三时，至钻石展览会。所陈多比属非洲钻矿所产，自出矿，纯质以迄制成妆饰品，逐段陈列，并图示标本，附以说明。初出矿质极粗，略露晶莹。其小者琢磨至不易。工人先镕铅揆成一团，趁其未凝，以钻石嵌其上，入冷水使缩；如是者数次，铅坚。然后磨钻工人揆铅，十指耐热，锻炼至几无触觉。盖为至苦之工作。娇姬妖冶，用以自炫。丽都不知其面面晶光，皆从水深火热中来也。

Anvers 为比境近北海之口岸，在欧洲为商务要地。战后，德之汉堡衰落，Anvers 有继起之势。五时半，余等复返比京。晚，刘飚生宴余等于 Hotel Metropole＊梅特波尔酒店，位于布鲁塞尔。飚生新得血疾，客中遇余，相见极欢。饭后略步，十一时始归。

七日 ‖ 午前，魏注东、聂云台*聂其杰，号云台，曾国藩外孙。实业家。曾任上海总商会会长、全国纱厂联合会副会长。与黄炎培一同创办中华职业教育社。先后来谈。云台为余详说此次游历北美及欧洲诸国所察工业情形。美国机器制造为世界之冠，其学理亦最精。次则德国，次则英国。若法国则逊矣。瑞士小邦，而工业学问之精审，有远迈诸国者。美国工业尺度能测计至二百万分英寸之一。以此科学应用之于诸种工业，终当以经济之力侵略全球。吾国今日尚有可为之机会。聂君近十年来致力于实业，颇有成效。此行抱负不小，据说，制铁、制机器以及玻璃制造诸业皆可着手。其言多乐观，闻之使人奋起。聂君颇欲招聘德人各种工程师，此意极与余合。但政府惮于协商〔约〕国，尚未允为德人发给护照。协商〔约〕国战后种种控制德人，使之无从发展，无从恢复。东方沃土乐国，尤其所注意也。聂君于是晚赴法，约于过英时相见。

午饭于驻比使馆。注东夫妇为主人。同席者驻葡萄牙代办郭秋屏*外交官，时任驻葡萄牙代办。君，为述葡萄牙革命后情形。其政府党派至今脆靦然，政权握于新党。特有旧党不平者，时试其反抗而已。若吾国，则国体已改者九年，而更唱迭和，于是前清阘茸之遗，视葡萄牙恐有不及处。

晚，陈补楼*外交官，时任驻比利时使馆秘书。请观剧。比京事事物物模仿巴黎，故有小巴黎之称。剧场建筑虽不及巴黎之Opera，亦颇绮丽。女优名Germaine*女演员人名。者，演喜剧有精彩，歌喉极润。吾国花旦偏用男优装扮，嗓子、身段总不自然。虽梅郎*指梅兰芳。犹病焉。补楼，任先*陈箓，外交官，驻法国全权公使。抗战期间变节投敌，被抗日人士刺杀身亡。之弟，在比馆为秘书。

八日 ‖ 午前，发邮片十数，致柏林诸生，谢过德时承其款待。十二时半，离比京赴法，所过皆当时战地。入法境后，毁于炮火者渐多矣。车中遇驻荷公使唐心畬君。晚八时，抵巴黎。下车即赴君劢所，未遇。馆于Hotel Suffren。十时，君劢来访，谈至夜深始去。君劢学哲理益邃，言稍切迫者，但以不相干答我，谈两三时间，"不相干"三字，前后闻之约十余次。君劢述和钧回国过法时，颇言余不能用苦功读书。和钧之言，其爱我耶？抑以余箴其读书过苦，若邮差之赶程，故为是反唇耶？一笑。

九日 ‖ 午前十一时，君劢复来，邀余父女同至 Prunier* 法国餐馆。饭馆。座满被拒，改至他所，又满座。后赴一小馆，适有一席，食后方理账。候之十分钟，仅得坐〔座〕六。欧人生活日食多在饭馆，家中类不举火，故其谚语谓："家庭者，向晚投宿之逆旅。家人，逆旅中之同舍郎耳。"午后，节之来谈，同赴使馆访岳鞠如* 岳昭燏，字鞠如。，未遇。晚，至意大利饭馆，复饮 Asti 酒。饭后过前次丽人刷鞋处，购皮折数事。归寓尚早。

十日 ‖ 午前十时，节之、季鹤来谈。余独出访君劢。君劢赁屋独处，日读书有定程，冥心哲学，高视世宇。谈次论余性格，谓到处发见极端性，并谓余不能处群。其言却有搔着痛痒处。与商榷同赴密郎* 林长民或写作米郎，今通译为米兰。事，君劢不欲往，勉强应余。余为略述归英伦后用功之准备，明年正、二月起，拟选择财政、经济、社会诸问题，聘请名师讲授。君劢极为赞成，述去年任公在法，亦曾延师讲演。

十二时归寓，与节之、徽女同出午饭，在 Café des Tourelles。饭后同往中法实业银行，汇比佛郎二千还魏注东，汇马克二千缴留德学生会捐款。节之复假余五十镑。此次旅中所用，前支一百七十镑外，尚欠节之百四十镑。

四时，余赴廖叙畴* 廖世功，号叙畴。领事处，略谈密郎会议代表赴会之事。归寓后，叙畴即来答拜。鞠如、君劢先后亦至，旋与君劢同到节之所晚饭。徽女、节之自烹饪豉油煮笋、红烧鸡，皆颇精美。徽女厨手两试，皆有好成绩。节之自诩炊米能事，君劢不敢，更说"不相干"矣。余即在饭桌作书三通，致顾少川* 顾维钧，字少川。著名外交家。曾代表中国政府出席巴黎和会，并拒签不平等条约。、魏注东、丁文渊。

十一日 与节之、季鹤约观战地。时间过促，只能赴近处。十二时十分，乘火车望 Soissons* 苏瓦松，法国地名。，前发距巴黎仅五十哩。车行极缓，三时间始达。此地本繁盛，战后往来其间者惟游客，专为观览战场耳。地势坡原起伏，固是兵家必争之形胜，夙为法都附近险要"垒堡"之一。德军攻法境，五年之间，最苦战者 Verdun* 凡尔登，法国地名。之役，其次则 Rheims* 兰斯，法国城市。、Soissons 也。千九百十五年，即开战之翌年二月，德军猛力攻击，卒占领之。其后，法人恢复而重失之。故炮火所经，不止一次。余等四人，自三时乘汽车历观诸战迹。周视数十哩内，不独屋宇无一完瓦，乃至树木、田土，摧陷匪余。政府出资招垦，非数十年不能复。旧时市内少有资力者，数年间强半迁徙，已有定所。其战后复归者，惟农民耳。政府出资为建临时木屋，以蔽风雨，还定安集，殊寥寥也。满地瓦砾，杂以炸铁。药弹所撒，土质悉变；垦地之效，自与寻常荒土不同。农民之黠者，毗邻土地幸不受弹，亦循例请资。此种弊端，自是不免。节之于茶肆中闻，其农民自相耳语，诧为奇事。然其政府、人民勤于兴复，固非吾国人所获梦见。南京都会，长发乱后，至今荒烟蔓草，满目萧条。视人又当如何！

战壕无数，铁网多已收去。地经畚锸，遗迹不易尽睹。有一壕尚完善，季鹤见之跃入，竟穿隧里许。余与节之、徽女亦随下。当时此壕设备极周，底护木板，两壁皆有铁网，上蔽草木，以防敌探。中宽约容两人并行，间有稍广处，深约七八尺，立不见顶而已。余等立壕中照一像，旋出。过 Fort de la Malmaison* 马尔梅松堡，法国地名。，旧垒甚固。三面环壕，亦战时要塞。五时半，日已向晚，至 Vailly* 瓦伊，法国地名。村，略有人家，皆战后来此，营小业，设肆供备水浆，以待游客者。其人导余等至一珈绯〔咖啡〕馆，馆毁于炮火者数处，略加修整，可容坐客，盖战前为极大一酒楼。窖中藏储陈酒颇富，德人据之，以为战时病院。珈绯〔咖啡〕馆侍女燃烛引余等入，指示某处为病室，某处为医室，某处为手术室，某处为停放死体之所。手术施后无生全之望者即纳其中。窖中门户重叠，愈入愈深，湿气极重。墙壁多护漆布，观之阴气逼人，亦想见德军临时设备之周。死体、病体皆有升降机昇之出纳。今机已无存矣。观毕已六时许，急乘汽车赴Soissons车站，七时上火车，九时返巴黎，晚行之车较速。

十二日 ‖ 早发两电，一致 Miss Phillips，一致 Lacordaire 夫妇。Lacordaire 住 Loiret，距巴黎两时间火车，一时间汽车，盖火车只抵 Orléans 而止，自 Orléans 至 Loiret 尚须一时间汽车也。余父女前过巴黎时，约造访未果。兹来不能更爽约。拟午后造彼，请其到 Crubrais* 法国街道。车站相接。Crubrais 者，Orléans 附近之站，由此径赴 Loiret 为便，省换车转入 Orléans 市内，多一周折。然非主镇。午后，余等自节之宴请 Prunier* 普律尼埃，人名。席上径赴 Quai d'Orsay * 奥赛码头，法国巴黎第七区的一段堤岸，位于塞纳河左岸。车站乘二时半火车望 Crubrais 前发，四时半到站。父女皆不娴法语，至则 Lacordaire 未来也。不得已，乃更进一站，赴 Orléans，投宿于最近车站之 Hotel Terminus* 酒店名，位于奥克兰。。发一电致 Lacordaire，报途中未遇怅歉之意，并告投宿处所，约于次晨相见，盼其来接。旋更发一电，盼来否先复。前电由旅馆发，后电欲于茶肆发出，时余适在茶肆也。茶肆人辞以英文电码不能代发。欧洲人咫尺之地，疆界分划如此；实则英码可发，茶肆人狃于战时德探，犹有余怖耳。余不得已，仍回旅馆发电，问旅馆人："能得一二稍通英语为余向导同出游览者否？"曰："无之，绝对无之。"余亦罄吾所记法文单语，手挥指画，究不能达意。出门觅一汽车，手作旋绕状，驱车者约会吾意，环全市一周，不过半时间。桥梁、道路、教堂、学校、公园、厅廨皆极整备。人口不过万余人，而设备如此，町村之政实一切政治之基础也。晚饭后，余父女复出步市廛，过 Jean d'Arc* 圣女贞德。铜像，夜色中不能读其款识。有小肆，虽星期日，尚有买卖。购此地出品，无一不镌 Jean d'Arc 小像。法之烈女，以身殉国。今岁新加号为 Saint* 圣徒。者，Orléans 人也。

十三日 ‖ 晨起，出绕街市一匝。天气晴朗，凉爽已有秋意。觉大陆气候与吾国秋时略相似也。少顷，归旅馆，候至十时，始得 Lacordaire 夫妇自 Loiret 来电话云："三电于今晨始到。昨星期日不送邮电。"约余等稍候即来面。十一时，相见至欢。Lacordaire 自驶汽车，其夫人及余父女并坐，约三刻钟。所过皆茂林丰草，时有屋宇宏构。抵其家，引见其母及诸亲戚。男女长幼见余，皆极敬礼。宰鸡烹时鲜，午膳一饱。其母年八十矣，而视听不衰。养生有道，固有寿者。饭后 Lacordaire 领余览其田园、牧畜、蔬菜、麦谷之属。一切皆自给，时出其余以易钱，日用资焉。Lacordaire 远宦吾国，为邮局官吏而长志此田舍宁静之生活，殊可异也。旋约余与牛庄税务司 Bochor 相见。四时半，Lacordaire 夫妇复送余等至 Orléans 车站别去。余父女返巴黎时已夜分，与君劢同饭于 Lutétia 饭馆，仍返 Suffren。

十四日 ‖ 早晨，稍整理行箧。午后一时，赴 Sir Barclony* 人名。席，宴于 Bedrvt Hotel* 酒店名。。Barclony，英人，节之聘为顾问，为国际法专家。前日节之招宴于 Prancer* 地名。者也。晚，余父女复约为此会，邀其友人女——比人 Brigade* 比利时人名。与余父女相见。女郎年约十八九，风度极好，操英语亦娴。Barclony 允为绍见英人学者。余拟于明岁听讲，特别选各种问题，延师来授也。

午后三时，与节之、季鹤同至 Lafayette* 巴黎老佛爷百货。购物，此店为巴黎最大市场，无物不备。来往者摩肩。五时归寓。夜，节之复来，助余修理箱箧，准备明晨出发。

前日于 Prunier 饭馆中晤 Barclony 时，告余将有密郎之行，赴 League of nations（各国联合会）* 此为林长民自注。也。彼答云："League of one or Two nations* 一两个国家的联合会。耳。"其言颇当，故附记于此。

十五日 ‖ 清晨，出旅馆，赴车站，乘八时半车，再返英伦。三渡 Boulogne 海峡，未曾遇风。此行未有他侣，为余父女第一次自管行李。途中为不失态，惟大件行李径寄伦敦者，其行李票但记 Boulogne。过 Boulogne 时，特托轮船公司人代取，再转伦敦耳。午后五时，抵伦敦旧寓。陈民耿由车站同归。计离英一月有余，所历四国，过眼若一残梦。到寓后阅信札数十，无重要之件。家人在京、津间，经政变后，亦无详函来报，殊为悯悯。

十六日 ‖ 竟日答复函件。寄梁君龙、宋君春舫，询其同赴密郎否。寄汇丰银行拨款七百镑，存入 County Bank *郡银行。作为活支。寄房东代理一信，付第二期屋租百二十二镑十七克。寄照相馆信，还款二十三镑。又寄节之、季鹤、刘跂生、陈补楼、岳鞠如诸位信。晚，到 Victoria 车站捡取行李。

十七日 ‖ 施植之 *施肇基，字植之。外交官，中国首任驻美大使。曾短期任民国交通总长、财政总长。公使来谈，自午后四时至六时始去。备述与驻美顾使对调之事，谓不知政府是何用意。顾使来电，言美政府已示欢迎施使之意。施复电，但云："此间数日内当能办妥。"据施言，顾以与一华侨女已嫁英人者恋爱关系，致此女与其夫离婚，旋即嫁顾，英政府颇不愿接待云。顾少川公使在吾国外交官中为美材，去年巴黎和会各专使日事私争，非顾使撑持门面于坛坫上，恐更出丑。此次英、美对调，将来国际联盟开会时，顾使或能不辱使命。施言果确耶？余实为之惋惜。英政府以此等事为口实，又何意耶？

民耿向晚来谈。夜，得梁龙君来函，约于明日相见。

十八日 ‖ 早九时半，梁龙、毛以亨 *留学法国，获政治学博士、文学博士双学位。来访。梁君决定同赴密郎，并携示第三次 Bruxelle 国际联盟各团会议录。毛以亨君本留学法国，此来为求补官费事，托画致范静生 *范源濂，字静生。曾任教育总长，参与创办南开大学、中华职业教育社。，余允之。静生复长教育矣。午后，聂云台、陈维城 *书法家。二君来访，余与畅谈实业前途与劳动问题之关系，谓："吾国劳动问题一时尚未甚炽，因资本家之未盛也。今日以后，凡经营实业者，眼光便须注到将来，勿使蹈各国资本家覆辙。劳动者利益须重视。"聂君颇然吾说。

十九日 ‖ 早九时半，余出乘地道车，访聂云台于 Portland* 波特兰，旅馆名。旅馆，余初到时寓处也。地道车到彼，经换车一次，一升一降，两过活动阶梯。余来英数月，是为第一次独出访人，而尤不爱升降。此梯令人神经不宁。在聂君处复谈时许。聂君谓："所观英国各工厂不逮美、德远甚。"与聂同行者，李耀邦* 物理学家。、黄樾培* 工程师，教育家黄炎培堂弟。，二君同时相晤。李习理科甚精。

旋自 Portland 旅馆出，顺道访施公使，未遇。其夫人出见。谈少顷，余辞归。午后，医生 Gibbon* 吉本，人名。来视余，Miss Silk 所荐也。约期明晨同赴 Dr. Scott* 斯科特大夫。处，重用 X 光线一验心肺。余示以 Bohn 方药，Gibbon 意颇亲切。

二十日 ‖ 午前，作信三缄，致君劢、春舫、节之。午后三时，与徽女到 St. Marys College* 圣玛丽学院。徽女考入此校也。晤其校长 Miss Powell* 鲍威尔小姐。，七十来岁，老寡女，极诚恳且健行。余观校舍，颇称许。徽女应考英文及他答案。校距余寓所约二哩有奇。例乘 Buss* 疑为 Bus 之误，公交车。到 Hyde Park* 海德公园。，步行穿过公园，出门便是。余与徽女初次出步略远之地。Buss 号数易淆，不敢搭，遂行抵校舍。归时，别雇汽车。徽女处处留心，记得 Buss 号数，预备日日常乘也。

二十一日 ‖ 雨甚。午前十时，冒雨至 Gibbon 医寓。少坐，同往 Scott 处。余先述衰弱之象及德医所诊断。旋用 X 光线洞见一方。两医皆言肺无病。心脏虽弱小，然亦不甚。其说与德医异。其诊断之精不精耶？抑服德医方药后病状遽消耶？复用 X 光线照像，约于星期五日示余像片。余即归寓。午后读欧战史数十页。晚，Miss Betty Phillips* 贝蒂·菲利普斯小姐。自 Northumberland* 诺森伯兰，英国地名。来，徽女冒雨亲至 King's Cross* 国王十字车站。车站接之。Phillips 本应余广告，来余寓授英语者。以余旅游彼亦归家，今始来也。其人颇朴直，到此即馆余寓，颇与徽女相得。是送徽女秋季学费二十二镑余。

二十二日 ‖ 晨起颇早，Phillips 为余先阅各报，选择重要新闻标出，使余读之，省时甚多。余于和钧书箧中检出前次顾少川公使所交之国际联盟各团会议录原译本，甚喜。因与国际联盟条文对照读之。午后，与徽女同出，租定 piano* 钢琴。，年十九基尼。徽女数月未习，指法已疏。校课完后得此常弹，从兹客中当较不寂。旋赴 Miss Rose* 罗斯小姐。家茶叙，与谈款款。得晤 Miss Juglis* 朱格丽丝小姐。，语音清脆。余英语程度未深，平时闻女子谈话，音响尖锐而速，多不甚解，惟 Juglis 喉舌足豁吾耳。其父海军军官，人驻吾国。此女喜谈吾国情事，身佩白玉亦得自吾国者。六时，余父女归寓。徽明日上课矣。

二十三日 ‖ 为徽女上学之第一日。早起晨餐后，余同徽女赴校，Miss Phillips 亦送徽女，三人步至 Sloane Court* 斯隆广场。，乘 Buss 车至 Hyde Park 门口。门口内复步穿园，径达至北门。出至校，同入礼拜堂祈祷。听经毕，入大讲堂。校长 Miss Powell 报告诸生班次及旧生考试成绩后，演说时许。列席者诸女生外，诸生家族〔属〕亦皆妇女，惟余为例外也。旋与校长立谈，少顷辞归。Phillips 先行，徽女留校上课，余仍步寻来路。入公园，满地落叶，秋意盈怀，忽有身世之感。早衰若余，平生志业，十年来但求速效，转使无一得达。今日以后，只有悬着远的，望之进行，及余之躬能至不能至，非所计也。兹来意在观察人家政治、社会诸状况，俾于归时有所论列，以饷吾国人。半载以来，所获亦仅，转不若小儿女日日赴学，尚有积累也。记昌黎* 韩愈，唐代文学家，世称韩昌黎。《秋怀》诗："我无汲汲志，何以有此憾。"为之憬然。

园中高建 Prince Consort Albert* 阿尔伯特亲王。纪念亭，亭中范铜像，女皇维多利亚夫也。立于千八百六十四年，落成于千八百七十一年，工费颇巨。国会议决支出五万镑，其余人民捐资及美术家献技不计也。当时图案，皆美术名家屡经易稿始行着手。而亭顶、亭柱，各色石材，施以金碧，殊不雅驯。英人至今视为园景之玷。可见天下事太着意时，殊多遗憾。亭基石壁雕刻，古今文豪、诗人诸像，极为精工。四旁竖石，所刻为欧、美、亚、非四洲风物，以表当时其国土可谓伟矣。余屡过此亭，多未停足。今日无事，可绕视数周。购画片归，书寄孟瑜※ 王孟瑜，王熙农、林泽民之女，林长民外甥女。、群玉二甥，言："送徽赴校归途，独步过此。秋晨落叶，感思无穷。万里远游，携徽到此，汝曹或当羡徽，吾尤盼徽勿忘此天伦乐事耳。"

十二时，归寓候徽，二时始饭。午后四时，梁犹聘、杨鼎甫来，与同赴英人国际联盟同志会，听美商会会员、国际和平促进会副会长 Mr. Filene※ 法林先生。演说中欧各国战后穷况及国际联盟之精意与英美之任务。所言却是本题应有尽有之义。然去年威氏十四条宣言，在巴黎和会中几无一能见诸实行。只余国际联盟二十余空文，犹是列强专擅之遗。吾恐各国政治家未必有悔祸之意。演说场中究是门面语为多。

二十四日 ‖ 早起，作函札数通。十时，赴 London County※ 伦敦郡银行。银行，兑还郭节之款英镑百镑、法佛二千五十。又支用百三十镑，王裴曾来借去九十镑。裴曾家久未寄款，此间学费不继，所用又较他留学生为多，恐非久计也。

旋余至 Mr. Gibbon 处，得 X 光线诊断报告，译如下：

心：大小与体格适合，脉搏善，大动脉大小适合。

肺：横膈膜动作适合，两方亦平均，气管腺与右肺根之纤维组织增长较厚，右肺底及尖有少许分立不透明之结点。

结论：从前必有某时曾患感冒，中于右肺之根，成为慢性，故有此现象。然不能指为 Tubercle（结核性菌）※ 此为林长民自注。今译肺结核结节。之征也。此现象现在亦并不为害。

得此报告，证明余无肺病。Gibbon 别授余方药，为培养心脏之剂。午后 Mr. Martin※ 马丁先生。来访，送与束脩五基尼。余此次旅游中 Martin 虽不授课，束脩亦照送。余因托为系考书报材料，关系战前战后欧洲各国领土之变动，及其种族分合；又战前战后各国财政之大概比较，及赔偿数目各国分摊之概数，其以实物作抵者，如敌船敌货，当时各国实得若干，俟余此次赴意开会回英时请其讲演。五时，陈民耿来谈。晚，作两长函，一致实弟，寄瑞士画片十二张；一致叔均。

二十五日 ‖ 午前，作一长函致李择益，报来札述京事甚详也。吴泽湘* 留学英国，习经济学。来此午饭，谈飞机概要时许。吴君学此专门，现在工厂实修。午后三时一刻，余与徽女同赴 Mrs. Sanford O. Cole* 桑福德·O.科尔，人名。茶会，自 Sloane Square 乘电车至 Ealing Broadway* 伊令，伦敦自治市。下车，行三十余分钟，盖伦敦之西也。Mr. Cole* 科尔先生。在站相候，步数里，乃至其家。Cole 夫妇及幼女野居，家庭极为清静。Cole 法学颇邃，为国际法学会会员。和钧前次赴会所识者，绍介于余，已数月矣。谈二时间，假余书数册，并指示读法。六时，送余父女到车站。七时抵寓。

二十六日 ‖ 星期，照例门前寂无车马。余亦静坐读 Versailles 条约一章。午后作书，寄放园，云：“自分手后，途中函片寄君独多，而到欧数月未接一字。且闻君亦来欧，又闻不果，又闻君病。今在何处，病体如何，极为悬念。”又为吴泽湘君寄书叶誉虎* 叶恭绰，字誉虎。政治家、书画家、收藏家。曾任民国交通部总长、财政部长、铁道部长。中华人民共和国成立后曾任中央文史馆副馆长、中国画院院长。，请求交通部特给官费。誉虎，新长部也。蒯女士来访徽女，在此久谈，茶后始去。

入夜，对窗见月，始记得今日中秋。吾家此月最足纪念。吾父初十生辰，吾母十四生辰，吾祖母十二忌日。此三日皆有家祭。父殁六年，母殁九年。吾兄弟姊妹居京师者，恒于是日集吾家寓，举行祭典。今岁余独远游，京居同胞于政变时亦皆迁徙，不知今已还定安辑否？思之悯然。因书各片，分寄诸人。实弟在闽，亦寄一片，选画得有月者，题云：“中秋夜坐，与汝相距地球三分之一，测候约有八时间之差。我方餐后，汝已夜半。汝与我共此明月耶？”又寄放园及醒、璞二弟各一书。

二十七日 ▎ 晨起，得瑜甥、放园、伯强、君劢诸书，喜极。放园自吾来此，方寄此一函。余即作长书报之。言："昨晚方寄君一小札，今日即得君书，吾诚实足感动天地。"

十一时，往访施公使，托办护照赴意，并向施使借款二百镑，先垫各代表赴会旅费。施允即送来。

午后三时，梁犹聘来，坐谈赴会预备提案事。梁意，联盟条文中第二十一条，国际如仲裁、裁判之类，及 regional understanding *区域理解。如门罗主义之类，皆不得视为与本约中任何条文有所抵触云云，所谓 regional understanding 者意义太欠明瞭〔了〕。余意当提议加一解释，不得涉及第三国云云。此事候到巴黎后讨论之。晚，寄和钧一函。

二十八日 ▎ 晨，得叔均、燕玉*林燕玉，林长民、程桂林之女。书。八月廿六日由北京所发，邮递极速。惟函中未言京事、何日已返京寓及此次避乱时情形。燕女初学，涂鸦满纸，墨气淋漓。旋复得叔均暨诸儿相片，见之大有还家之乐。

《晨报》自京中变起，在安福势力之下，被其停止刊行者半月。八月一日以后再行出版。今日接到八月十六日，逐日披阅，得详知当时政情。吴子玉*吴佩孚，字子玉。辈能为国人去恶，总算一时快事。胡适之、蒋梦麟*字兆贤，号孟邻，以字行。教育家。曾任教育部长、北京大学校长、民国政府行政院秘书长。等之自由宣言，梁任公之国民制宪主张，蒲止水*蒲殿俊，笔名止水。创办北京《晨报》，自任总编辑。误会民意之论说，皆应时而出，皆吾胸中所欲言。阅竟，为之起舞。

二十九日 ▎ 午前十时半，赴 Dr. Gibbon 所复诊。Gibbon 病，其他医生出为余诊。验余脉搏，谓少强。仍续服前方。余询以德医之方可否兼进。渠云："早晚可服两丸。"归途，至泰晤士图书俱乐部，选购数种。午后，施公使夫人来谈。晚缮一函致 Rose（娄斯）*此为林长民自注。今译罗斯。娄斯在北京英使馆，此次京津间火车冲突，渠适在车中，未受伤。特函贺之，并询北京近情。

三十日 ‖ 晨起,读欧洲战前地理十余页,阅《晨报》至八月廿五日止。中载译件有"德国科学之危机"一段,大意谓:战后德国原料缺少,交通输入之印刷品亦甚乏。无资参考,无力试验,于科学之进步恐大生障碍。实则此皆一时之现象。以余所见,德国数月来发展情形决不如也。

午饭于探花楼,广东学生詹文忠宴请聂云台,约余为陪客。饭后归寓。梁龙君拟密郎大会提案稿,携来商榷。晚,复应聂云台约至探花楼,与怡和公司代表Leo Smith* 利奥·史密斯,人名。及电器公司代表Herburt* 赫尔伯特,人名。相见。聂君与商购运机器事。

十月

一日 ‖ 午前读书，续阅战前地理。十一时出步。午饭后到 Swaine* 斯温，伦敦一家奢侈品商店。照相馆照相。

晚，宴罗文仲领事夫妇、聂云台及聂同伴黄、詹二君。宴后闲谈，夜十一时始散。罗夫人此次新从那威* 今译挪威。万国妇人会归。罗为中国妇人代表，此行吾亚洲诸国只罗一人，述会中情形颇详。远东唯一之代表，极为各国所重视。演说中有"在代表团为最年少而所代表者为最古国之一"数语，颇动一时听众云。

二日 ‖ 晨起阅报，得巴黎吾国学生所组国际平和促进会来函，并寄示此次提出密郎大会之案。密郎大会根据前次比京会议，每国只限一团代表。究竟国际平和促进会能否与余等所代表之北京总会并为一团，尚无把握。其来函有"对外一致"之语。余复云："对外一致即对内亦无不协衷。"盖徽闻该会颇有党派之见，果然亦太狭矣。

十一时，同徽女及 Phillips 至 Russels* 拉塞尔，照相馆名。照相馆照相。余到伦后累得照相馆来信，邀余往留一像，将以备报馆之用也。少顷，三人同到使馆，晤施使夫妇。施使调美已发表。施夫人对徽女颇为眷眷。午饭，三人同赴杏花楼。Phillips 初尝中国肴膳，颇称美。返寓已三时。星期六，徽女较暇，杂谈半日。晚得琛侄、群甥及叔均来函，皆八月中旬所发。叔均此信报家事颇详。

三日 ‖ 星期。早九时，与 Miss Phillips 同赴 Kew Garden* 邱园，英国著名植物园。。乘巴司车，半时间始到，而此园独星期日午前不开门。不得已绕道归，至寓已十一时半。饭后，独访仪仲新居。归又失路。四时，梁犹聘来访，谈国际联盟事。

四日　　准备行装。午后二时半，与徽女同至银行交付寓中用款。五时，犹聘迁来留住一日，仍谈密郎会提案。与之斟酌三案：一，山东问题。二，修正联盟条文第廿一条。三，关于联合会组织事。

五日　　晨六时即起，七时半出发。八时二分，由维多利亚车站开车，犹聘同行，徽女及斐理璞皆送余到车站。开车时刻一时误记较迟，一登车即开车。窗中不及与徽女多说数语，殊为惘惘。旋抵海岸，四渡布朗海峡，皆极平稳。四时四十分，到巴黎北站。君劢来接，共至淑福兰旋〔旅〕馆。夜，在君劢寓所晚膳。出访节之未遇，即归。在君劢处遇前驻俄参赞李毓华君，谈俄事颇详。

六日　　午前十时，复访节之，与之相左，归寓遇诸途。与犹聘、节之同出午膳。午后，在君劢处茶话，与平和促进会人谢东发*外交官、戴修骏*留学法国，学习经济、政治、法律，获博士学位。曾任民国中央大学法学院院长、首届立法委员。诸君商密郎会事。促进会允对外为一团，惟意见不一时保留其宣言之自由，至在大会投票仍属一人。兹事尚无十分分歧之点。该会代表，谢君及王世杰二人。
　　晚，与节之同到□□*原稿如此，剧场名空缺。剧场观剧。演俄人与鞑靼战事。间谍被执途中，复获一弱女寻亲，具见英雄侠烈之概。

七日　　午前，访廖叙畴领事，即在领馆料理赴会诸务。拟电复密郎总会，报告代表衔名，并补入顾少川公使及谢、王二君。顾公使新由北京加推也。午后，访岳代使未晤。晚，与节之同步 Mac-Mahon*麦克马洪，英国街道名。街。

八日　　午前，复至领馆，续发密郎一电，补叙吾会所举总务厅三人为宋、朱、梁。午饭，宴请各代表于吕德西亚。午后，至银行支款。四时，岳鞠如来访。夜，复至一剧场，裸体跳舞，公开卖座。近世文学史思潮所谓自然主义者，直逼蛮荒矣。图画雕刻，多以此为真美也。

九日 ‖ 午前，仍在领馆料理会务。致罗马王劼夫公使电，请借用朱英君。此行同人中惟宋春舫通意文，宋君临时有病不能来，拟以朱君代也。午饭为岳鞠如招待。明日国庆，鞠如特预为庆祝。午后三时，访法国国际联盟协会，坐办 Prudohmmaux 君及书记 Mattiws 女士。此行赴会，法协会为余等关照颇为亲切，故往谢之。旋赴君劢处谈观 Lenin* 列宁，革命家。及 Trotzky* 托洛茨基，革命家。像，畸士也。世界革命潮流不知结果如何，而有史以来，社会之组织至今日一切皆有瓦解之势矣。

晚，独步冥想，忽悟昨非。昨固非，今亦未是。奈何！奈何！

十日 ‖ 双十节。午前在领馆。午后使馆茶会。晚六时，诸代表会于 Suffren，八时出发 Gare Du Lyon（里昂车站）* 此为林长民自注。。

十一日 ‖ 早，过法、意交界 Modane* 莫达讷，法国瓦萨省的边境小镇。午后四时，抵米郎* 今译米兰。夜，代表会议。（车中晤法代表 Appel* 阿佩尔，人名。、Constant* 康斯坦特，人名。父子。）

十二日 ‖ 早，开 Council General* 总理事会。会。朱、谢往。余游米郎市。午后，开大会，听演说，及派定各段委员。晚，Sforza* 司福扎，人名。宴请于美术会。

十三日 ‖ 早，委员会。午后继续。余及朱任第一段。晚，报告。与会各国争地点。

十四日 ‖ 早，开大会，审查工段。午后，开大会，审查次一段。余未往地点勘察。

十五日 ‖ 早，Council 会，议六段事。赴 Varese*瓦雷泽，意大利地名。意协会招待宴后游山上。茶会余演说。

十六日 ‖ 开大会，审查三段、四段、五段诸件，六段不审查。午后，谢提山东问题。晚七时，散会。

十七日 ‖ 早，访 Euffini*人名。午后，登 Duomo*米兰主教座堂。晚，赴罗马。

十八日 ‖ 午后二时，抵罗马，住 Hotel Royal*皇家酒店。访王使，晤李世中。

十九日 ‖ 游观 St. Peter Borgnino。为导观法廷，观 Vittorio Monument*即 Vittorio Emanuele II Monument，维托里奥·埃马努埃莱二世纪念堂。午后，游罗马公园。晚，王使请。

二十日 ‖ 游古城及 Gallery*展览馆。午后，与李世中同往各肆购物。

二十一日 ‖ 早，发电。午后四时，赴那玻里*今译那不勒斯。晚十时半到，住 Bertolini Palace Hotel*意大利酒店名。

二十二日 ‖ 早十时，赴 Pompei（庞贝）*此为林长民自注。古城。晚，归罗马。

二十三日 ‖ 早，办车票。午后，王使来访，即答拜之。晚，出发。

二十四日 ‖ 至 Torino*都灵，意大利地名。，与廖分手。四时后发。

二十五日 ‖ 抵巴黎，晤君劢及使馆人。四时，晤朱。晚，晤节之。

二十六日 ‖ 访法协会，访岳，访谢，访 Hennessy*赫尼西，人名。。晚，宴万花楼。

二十七日 ‖ 早，出发。十二时半，抵 Boulogne。一时半开船，三时半至 Folkestone，六时半至英伦。

二十八日 ‖ 整理归装。午后，与斐理璞回。购 typewriter*打字机。。

二十九日 ‖ 作诸信。午后，阅报。

三十日 ‖ *此日空白。

三十一日 ‖ 与斐理璞、Silk*西尔克，人名。、英格林、徽女同到一礼拜堂。

十一月

一日 ‖ Silk 为余翻译法文报告。

二日 ‖ Cole* 科尔。来访,指示读 Common Sense* 常识。

三日 ‖ 与斐、英同往观剧 Colieen* 科林,英国人名。具体剧名未详。

四日 ‖ * 此日空白。

五日 ‖ 送徽到 Winchester* 温彻斯特大学。晚,到英格林家夜饭。

六日 ‖ 与陈民猷同到 Kensington Museum。晚,用饭与 Scotts。

七日 ‖ 徽归。

八日 ‖ * 此日空白。

九日 ‖ 访 Hirst* 赫斯特,人名。,与 Cole 同观林肯 Inn* 客栈。

十日 ‖ 与斐理璞同出购物。

十一日 ‖ 王十四来谈。

十二日 ‖ 王十四、陈民猷来抄件。

十三日 ∥ 仪仲兄弟来，同观剧。

十四日 ∥ 到 Barrett* 巴雷特，人名。家。

书信

致林徽因

> 林长民致林徽因信时间在一九一〇年至一九二五年间，部分贴于本上，部分为散页，梁再冰及其家属藏。此信据手迹刊印，写作时间系推算。

一九一〇年

徽儿知悉：

　　得汝两信，我心甚喜。儿读书进益，又驯良，知道理，我尤爱汝。闻娘娘*何雪媛、林长民续弦、林徽因生母。嘉兴籍，当地商人之女。林长民原配叶氏不育，早逝。往嘉兴，现已归否？趾趾*本名麟趾，又叫灵芷。何雪媛之二女，早夭。闻甚可爱，尚有闹癖〔脾〕气否？望告我。

　　祖父母*祖父，林孝恂，清末翰林，曾任浙江省杭州、石门、海宁等地知州、知县。祖母，林孝恂夫人游氏。日来安好否？汝要好好讨老人欢喜。兹寄甜真酥糕一筒赏汝。我本期不及作长书，汝可秉告祖父母，我都安好。

父　长民

三月廿日

致林徽因

> 此信据手迹刊印。

一九一二年十二月十九日

徽儿览此：

久不得来书，吾儿身体如何？读书如何？甚念！我近日益忙，少寄家信，祖父亦必以我为念。我在京一切安好，不知祖父大人安好否？天气已寒，祖父室内炉火常温否？吾儿当留心照应为要。娘娘近体如何？我安好，告娘娘安心。吾儿读书，有暇多寄我信。切切！

父字
十二月十九日

民国元年冬，家人寓沪。爹自京所寄。* 此系林徽因旁批。

致林徽因

此信据手迹刊印。

一九一三年五月二十九日

徽儿知之：

两书俱悉。娘与趾妹来京 * 林长民入仕北洋政府，定居北京，召家人进京，林徽因生母何雪媛携麟趾成行，祖父年老体衰未便同行，故林徽因仍随祖父住上海。都好。汝留沪读书，留侍祖父，大是好儿子。我极爱汝。祖父若来京，汝亦同来。京中亦有好学堂，我亦当延汉文先生教汝。现我新居左近有一教会女学堂，当可附学。

我事忙，不及多作书。汝当随寄信。兹寄去邮票五张赏给汝，到即查收。

即问

家人都好。

父字

五月廿九日

民国二年，娘同芷妹来京，徽尚留沪。* 此系林徽因旁批。

致林徽因

此信据手迹刊印。

一九一三年七月十三日

徽儿览此：

　　连接汝来书，为娘病极〈悬〉挂，汝孝顺可爱。娘病已愈，汝当安心。学堂考后当已放暑假，假中作何事？

　　祖父今夏病体如何？能出门否？汝多陪祖父为要。我在京事虽忙，身体却好。现已预备迎接祖父北来。且看实叔*林徽因二叔父林天民，正在日本留学。东京归时，如祖父能行，则家人可同来也。汝前失去金针一条，我当再买与汝。俟有便人到沪，我当欲寄此物件赏汝。趾趾近日已不心焦。家中无儿童辈与游，趾趾闷中惟思食耳。我于屋中治一花园，铺草地约半亩，汝与诸姊妹*当时林徽因几位表姐妹均住养在上海林家。来时，尽可游戏。四姊*王稚姚，林徽因大姑林泽民次女，长林徽因三岁。近日病体如何？大姑姑*林泽民，林长民大姐，嫁王永昕。安好否？友璋*郑友璋，林长民二姐之女。二姐嫁郑氏，生友璋不久即病故。姊极聪明，知道理，汝须好好学他，至嘱。母亲病如何？示我为要。

七月十三日　父字

信中所指屋即王公厂旧居。*此系林徽因旁批。

致林徽因

此信据手迹刊印,写作时间系推算。

一九一三年

徽儿知之:

得汝来书,甚喜。娘娘信早经收到。我在京身体诸健,家人勿念。汝好好读书,好好伺候祖父,至要。趾 * 即麟趾。可爱否?

长民

灵芝本名麟趾。 * 此系林徽因旁批。

致林徽因

此信据手迹刊印，写作时间系推算。

一九一三年

徽儿知之：

　　得汝书知家事，甚慰。惟祖父仍复多病，我不可去，家不能来，我心无一日安帖。汝当好好伏〔服〕侍祖父。我日来正打算迁家事。能规划停妥，当有人南下相接。汝可先奉明祖父如何，先行告我。

　　我在京身体诸好，参议院事亦不甚忙，望家人放心。大姑姑病体好否？我定亦欲大姑姑北来也。

六月廿四日　父字

致林徽因

此信据手迹刊印。

一九一六年四月八日

徽儿知悉：

接来信，甚慰。津寓布置略妥，家人姑作安居。我在京亦无所苦，告家人放心。今日派恩恩*林徽因六堂兄之子。、龙喜*未详。运皮箱等件前往，到时如要安置房中，木箱运送不便，但可在津将就买用，我当陆续择要送去。家中大小，但要保重身体，勿致疾病累我，切切。京中房租本月未付，姑住此，月满后再作计议。我本拟一两日到津，现有事，不得行，且看几日再去。另交恩恩药水两瓶，系治癣之剂，似可用之于一切皮肤病。其一种白者，极润肤，可告二娘*程桂林，林长民继何雪媛后所娶如夫人。试用。涂面用时，但以指头抹上，日两三次。此药至不易得，须俭省用之。其一种黄者，性极强。涂面恐过痛。告二娘，先试之于两手患处，用时以笔点之，亦不可过多。此药易过气，故我改用玻璃塞口之瓶，笔蘸后立即关紧为要。天津天气如何？诸姑均安好否？为我道念。

竢庐*林长民所用另一号。老人手书
四月八日

洪宪帝制，全家往居天津英界红道路。*此系林徽因旁批。

致林徽因

此信据手迹刊印。

一九一六年四月十九日

得汝三信,知汝念我。我独居京寓,颇苦寂,但气体尚好耳。大姑丈* 林长民大姐夫王永昕,字熙农。到津,汝当已晤面。我拟俟大姑丈来后到津一行。书箱业已捆好,尚有器具数件,一两日内派恩恩运往。汝读书中辍,光阴可惜。书箱到时,当检出数种,为汝讲解。京中安谧,当不至有他虞。我亦一切慎重* 此时袁世凯称帝失败刚过,时局尚不稳定。,家人放心为要。天气寒暖不定,诸人务当保体,勿使致疾。我目为风沙所侵,红肿不退,今日避风不出门。天阴庭闃,颇多感念。盼汝辈多与我书也。娘娘、二娘想都好,妹妹、弟弟汝亦相帮照应。汝要笔墨纸张,我来时当带与汝。余面告。

此致

徽儿

父字
四月十九日

二娘信念与听之。

爹爹独居东城沟沿头。* 此系林徽因旁批。

致林徽因

*此信据手迹刊印。

一九一六年五月五日

本日寄一书,当已到。我终日在家理医药,亦藉此偷闲也。天下事,玄黄未定,我又何去何从。念汝读书正是及时,蹉跎从了,亦爹爹之过。二娘病好,我当到津一作计议。春深风候正暖,庭花丁香开过,牡丹旧本亦有两三葩向人作态,惜儿未来耳。葛雷武* 林长民的外国友人。女女儿前在六国饭店与汝见后,时时念汝。昨归国,我饯其父母,对我依依为汝留别,并以相告家事。儿当学理,勿尽作孩子气。千万。

书付

徽儿

桂室老人* 林长民号。

五月五日

爹爹到津,复同二娘回京。* 此系林徽因旁批。

致林徽因

此信据手迹刊印。

一九一七年八月八日

连日来信,均已接及。二娘热度增高,至为悬念。我星期六方能到津*此时二娘程桂林在天津*。此信可示二娘。嘱其安心静养,我已有另函致田村院长询问病情矣。

此示
徽儿

父字
八月八日

民国五年秋,举家返京。越年,又迁居天津,惟徽独留京。适复辟,徽乃同十叔至津寓(自来水路)。诸姑偕诸姊继至。爹爹从宁归,独回都。*此系林徽因旁批。*

致林徽因

此信据手迹刊印。

一九一七年八月八日

　　顷寄一快信，语有未详。连日汝来书均未述及。二娘脉至甚盼函告，食量如何亦告我。燕玉*林燕玉，林长民、程桂林之女，也是他们第一个孩子。信已收到，汝姊妹兄弟如此亲爱，我心甚喜。我星期六到津时，当厚厚赏汝，并告燕玉勿闹勿哭也。

　　此示

徽儿

父字
八月八日

　　二娘病，不居医院，爹爹在京不放心，嘱吾日以快信报病情。时天苦热，桓*林桓，林长民、程桂林第二子。病新愈。 燕玉及恒*林恒，林长民、程桂林第三子。则啼哭无常，尝至夜阑，犹不得睡。 一夜月明，恒哭久；吾不忍听，起抱之。 徘徊廊外一时许，恒始熟睡。 乳媪粗心，任病孩久哭，思之可恨。*此系林徽因旁批。

致林徽因

此信据手迹刊印。

一九一七年八月十五日

　　本日晚间，适有要事，不能到津。二娘病体如已略好，我仍于星期六来，可告之。我此间当在觅屋 * 林长民拟在北京原住处迁居，寻购住房，以便全家搬离天津。也。
　　此示
徽儿

父字
八月十五日

　　燕玉如有病，仍请田村大夫一诊为宜。

　　燕玉哭闹几日，至是病矣。　恒恒 * 即林恒。满头暑疮，多赖娘娘料理。* 此系林徽因旁批。

致林徽因

此信据手迹刊印。

一九一七年八月十五日

徽儿知悉：

得十四日来信，知二娘热度复高，甚为焦急。今决定星期日早车搬回北京* 林长民临时定居南府口织女桥。，我于星期六晚车到津相接，信到即嘱恩官* 即恩恩。、陈嬷* 未详。可能是林家女佣。先行预备；皮箱及随用物先结束，于星期五搬回。其余书箱木器及柜中磁〔瓷〕器等件，姑俟以后再搬。明日（星期四）我先派人（龙喜或温瑞* 未详。）到津帮忙，皮箱等物运京时，但令龙喜押送可也。恩官仍留津候我，以备人口行时照顾一切。此信可先告二娘安心。诸事汝细心分付〔吩咐〕至要。燕玉病或先请田村一诊。

八月十五日　父字

结束皮箱时，二娘不可多管，病体不能耐也。

匆匆结束归京，忙乱颠倒。爹爹要句加以两环，愈形其迫。* 此系林徽因旁批。

致林徽因

一九一七年八月十六日

　　遣龙喜到津帮同恩恩结束行李。明日可令龙喜押运来京。铁床运两架，楼上一架，娘娘一架。
　　此示
徽儿

父字

八月十六日

　　二娘病情如何，仍随日告我。

致林徽因

此信据手迹刊印,写作时间系推算。

一九一七年

徽儿知之:

得汝来书,甚慰。二娘病与前次相同,又是肋膜发炎。同仁医院平贺、秋庭两医均已回国,现二娘请方石珊* 原名方擎,著名医师。开办北京首善医院,后任北京大学公共卫生系。中华人民共和国成立后曾任中华医学会理事兼总干事、副理事长、副会长、中央防疫委员会研究组组长、中国红十字会北京分会副会长、北京防痨委员会副主任委员等职。日日来诊。此病恐非数日可愈。我又多外事,数日内或当迁到西城与国务院左近之地,以便应务。为病人所累,奔走对付诸多牵制。殊烦恼也。津寓楼下无人住,两弟妹及二娘房中重要物件欲得大姑姑* 林泽民,林长民长姐。照应,故请大姑姑搬来我这。大姊* 王孟瑜,林长民大姐林泽民长女。、英英* 王兆英,林泽民所过继之子。、四姊均可一同来住。此是疾病患难相扶提持之意,非敢轻侮大姑姑令管我家琐事。望大姑姑勿误会。闻大姑姑所居,邻家有传染病,未知如何? 又闻功原* 林长民姐妹之子。弟近复不适,无碍否? 汝读书开始否? 兴会如何? 陈先生教法当甚好也。

五月五日 桂室老人书

致林徽因

此信据手迹刊印。

一九一八年四月十六日

徽儿知悉：

　　得来函，甚慰。我不在家，汝能为我照应一切，我甚喜也。我在此当有月余日之滞，俟实叔* 林天民，字希实，林长民胞弟。来会，或可同回京。我身体安善，汝可放心。家中应用款，告二娘不必省费。凉篷如须早搭，可照搭；如天气尚未甚暖，则稍缓。我归或迁居也。我致二娘信汝可取阅。

父字
四月十六日

　　民国七年，爹爹赴日。　家人仍寓南府口织女桥。　徽自信能担任编字画目录
* 林长民所存字画若干，林徽因试为父亲整理编目。及爹爹归取阅，以为不适用。颇暗惭。
* 此系林徽因旁批。

致林徽因

此信据手迹刊印

一九一八年四月二十一日

我到东 * 即东京。后，酬应过多。此十余日间，自早至晚，均为酒食所困。廿外拟到箱根一避，月杪归东京。来月再到各地视察。每到游览胜地，悔未携汝来观 * 林长民为培养林徽因，赴日前曾考虑携其同行。；每到宴会，又幸汝未来同受困也。

爹爹去时拟携徽也。 * 此系林徽因旁批。

致林徽因

此信据手迹刊印。此系一九一八年四月,林长民游览日本时在寄给林徽因的箱根全景明信片上的留言。

一九一八年四月二十二日

  我住此中最高楼。昨夕寄片未及相告,故补此画。吾儿当悔未来也。

徽音知之
四月廿二日

致林徽因

此信据手迹刊印。

一九一八年五月十九日

徽儿知悉：

得书并大姑手书，至感。我本拟速归，有未了事，故延缓至今，留以凤患耳。鼻症拟趁此根治，于本月十六日施用手术，不觉痛苦。惟手术后精神颇疲惫，现已经过三日，尚有余血未止，刀口未全复。约一星期后可照常也。实叔来此十余日，忽得福州家电，其长女樱子 * 林天民之女。患急性肺炎遽殇。实叔赶归。此症幸非传染病，我亦不阻之。我归期约在月杪，晤诸姑为我道及。

竢庐
五月十九日

樱子可爱。 得此消息，至心痛。 民国七年，爹爹赴日，家人在京。 * 此系林徽因旁批。

致林徽因

此信节录自陈从周所编《徐志摩年谱》，写作时间系推算。

一九二〇年

  我此次远游携汝同行，第一，要汝多观察诸国事物增长见识。第二，要汝近我身边，能领悟我的胸次怀抱⋯⋯第三，要汝暂时离去家庭繁琐生活，俾得扩大眼光，养成将来改良社会的见解能力。

致林徽因

此信据手迹刊印。

一九二一年三月三日

  前片当已收到,在此适值使领馆对付勤工学生事,访人多不得见。诸事尚得接洽,大约须星期日方得归。日本驻法大使请我晚餐。我来此无酬应,不知日使何从探得吾踪,真灵敏矣。
徽儿

宗
三月三日

爹爹赴瑞开国际联盟会,从法归英(寓阿门廿七)。* 此系林徽因旁批。

致林徽因

此信据手迹刊印。

一九二一年六月十五日

徽女爱览：

　　桐湖之游已五昼夜，Hilterfingen（希提芬更）* *此为林长民自注。*一小村落，清幽绝俗，吾已欲仙。去年游湖，想汝所记忆者，亭榭傍水，垂柳压檐，扁舟摇漾，烟霭深碧。而我今日所居，其景物又别。楼高不如 Axenstien，而收揽全湖，若披长卷。楼两层，各有径通出湖。岸径植诸卉，杂以松杉，若蕉，若萱，若菖蒲。热带植物香馥，长袭衣袖，此则欧土所罕见者。玫瑰、蝶堇则遍地矣。茶室临水，吾儿所能想像。楼窗正对聂生山，山顶积雪无多。然夕阳暄〔渲〕染，暮云映带，有时亦作玛瑙、苍玉颜色，极其变灭能事。远峰若 Jungfran* *少女峰，瑞士山峰。*，若 Monch* *莫希峰，瑞士山峰。*，皆四千米突以上，其雪色晶莹，朝暾晚霞，随时粉黛燕支〔胭脂〕，穷极艳冶，非吾所能缕述。湖静悄，类宫苑池塘，泛舟一二时间至，不逢一来棹，我前记所谓若吾所私有者是也。旅舍住客不过数人，皆白头老妪，无一能操英语。女佣二三，饭后游戏，隔林闻语，但解也也。自朝至暮，吾唇吻除饮啖外未曾动。然供备如例，无待使人令，惟晚凉唤船需人相助。居停有女，略晓吾意，能为我解缆系缆耳。我荡桨已淑〔熟〕娴，此技大足与汝一竞。希提芬更在桐湖西北岸，距桐镇四启罗米突，吾亦偶往来其间。凡去年涉足处，皆已一一重访。此等游览，无足动我感念。但人生踪迹，或一过不再来，或无端而数至，尽属偶然，思之亦良有意味。吾与此湖此山既生爱恋，深祝偶然之事能再续此缘。晨起推窗，湖光满目，吾双睛如浸入琉璃。书此相示，禽声宛转，通晓未歇，似催我赶付早邮也。

十年六月十五日　父寄

致林徽因

此信据手迹刊印。

一九二一年八月二十四日

得汝多信，未即复。汝行后，无甚事，亦不甚闲。忽忽过了一星期，今日起实行整理归装。波罗加船展期至十月十四日始开，如是则发行李亦可少缓。汝若觉得海滨快意，可待至九月七八日与柏烈特*英国医生，林长民友人。家人同归。此间租屋十四日满期，行李能于十二三日发出为便。想汝归来后结束余件，当无不及也。九月十四日以后，汝可住柏烈特家。此意先与说及，我何适尚未定。但欲一身轻快，随便游行耳。用费亦可较省，老斐理璞*林长民旅居伦敦时所聘的英文家庭教师，其母女住林寓一年。尚未来，我意不欲多劳动他。此间余务有其女帮助足矣。但为远归留别，姑俟临去时图一晤。已嘱他不必急来，其女九月杪入戏剧训练处，汝更少伴，故尤以住柏家为宜。我即他往，将届开船时。还是到伦与汝一路赴法一切较便；但手边行李较之寻常旅行不免稍多，姑到临时再图部署。盼汝涉泳日谙，身心均适。

八月廿四日　父手书

十九百廿一年夏，徽同柏烈特全家赴英南海边避暑，爹爹未去，独居伦敦。
斐理璞母女居吾家一载，是时母适北行，故爹爹有尚未来之语。*此系林徽因旁批。

致林徽因

一九二一年八月二十五日

徽女爱览：

　　昨函计达。汝日来想游泳有进，我前允受 Cadbuny 招待，今已定于来星期四与璧醍*即璧醍·斐理璞，林长民所聘英语家庭教师，老斐理璞之女。前往，计期正是九月一日，大约星期六日归。汝若与柏烈特家人同回，自无问题。若适于九月一二日归，恐我尚在 Birmingham，也似以少迟为妙。璧母我已去函，请其不必着急，但俟我父女将行时来此一别可也。整装诸务，亦颇简单，我不欲多劳他。柏氏家人为我道好。

八月廿五日　父手书

　　克柏利*英国一家可可糖厂老板。**柯柯***今通译可可。糖厂主与璧醍·斐理璞为姻戚。一年来，徽所吃柯柯糖不下三木箱，皆克柏利氏或弗来氏出品。*此系林徽因旁批。

致林徽因

一九二一年八月三十一日

　　读汝致璧醍函,我亦正盼汝早归。前书所云与柏烈特家同回者,为汝多尽数日游兴耳。今我已约泰晤士报馆监六号来午饭(函中述及汝),汝五号能归为妙。报馆组织不可不观,午饭时可与商定参观时日。柏烈特处我懒致信,汝可先传吾意,并云九月十四日以后我如他适,或暂置汝其家,一切俟我与之面晤时决之。先谢其待汝殷勤之谊。

八月卅一日　父手书

　　柏烈特为医士,有五女。 徽离英前居其家月余日,极承亲切照料。＊此为林徽因旁批。

致林徽因

此信据手迹刊印。

一九二三年八月十五日

徽、燕* 林燕玉，林长民、程桂林之女，也是他们第一个孩子。、桓、恒诸儿知悉：

得燕、桓、恒来信，知家中诸好。我行期尚未定，在津亦无多事，颇沉闷，日日念汝等不置。思成* 梁思成，日后成为林长民女婿。步履较好否？日来天气渐凉，身体注意，晚睡勿受寒。燕等备考功课如何？何日考试？桓写字多误，自己之名，反写为"亘"，该打，该打。

八月十五日　父字

致林徽因

> 此信据手迹刊印。

一九二三年八月十六日

徽儿爱览：

到津六七日，不知所作何事。意在南行，而待人同行，遂致迁延。南去又非本心，迁延亦遂"不在乎"，故优游也。住李十一家。十一赴大连，老大留二娘多住数日，亦较"便当"。二娘有小病，故亦迁延不归。此种"居住无成心"是我生平第一次经验。现拟再迟三四日，一定南下。我既不合在北，又未必得志于南，此去只可尽量豪游，两湖、富春、莫干山，皆拟小驻。归期殊未可计。二娘约三四日后返京。诸弟妹想皆安好，夜眠寒暖告诸媪，善调护之。燕玉来信，用文言尚顺适。恒说："我正是天天想着你哩。"桓说："家里那一个不挂念你？"两人口吻不同，奇妙！奇妙！有人教他否？莫是思成做"枪手"？思成患复想日日"进步"，渠近日作何感想？悲观？乐观？抑行云流水若我？汝感想又如何？亡猫知返，汝定乐观也。老三已收得肉松，携赴北戴河矣。志摩* 徐志摩，林长民忘年交。一日约来不来，不谂何故，晤时问之。

双栝託叟

八月十六日

致林徽因

> 此信据手迹刊印。

一九二三年八月三十一日

徽女览悉：

我迁居新地址，但写"上海古拔路廿一号"可也，盼汝即载入 address book。旅馆生活实在不可耐。到此后初住远东饭店，至三天三晓不能睡，故急得但求有屋，不顾其他。新屋颇费，只得承租，究竟我久暂未有定计而乐此安居。若作久计者，殊不自解也。思成前将赴美，要觅一人家于上海候船时暂住，自是领略过旅馆苦滋味。今我有居而思成不赴美，也算一小小憾事，否则此间大可勾留也。我之新居乃一小洋楼 with very comfort，三间卧室皆带浴所。可惜，热水锅炉设备须中人十家产，此事颇费踌躇耳。楼上卧室多间，我占其一，肖澜当占其一，而我乃置之于楼下，好餐间宁好牺牲了。食事堂皇，卧榻之旁不欲他人酣睡，实非得已。今楼上尚有空卧室，饭食乃移诸楼后一小间。此种布置颇用苦心。

二娘之娘携其少女来作看家，中国式上海式的 housekeeper，联想到 Mrs.& Miss Phillips，又是一种风味。现在电灯未亮，器具不完，热水未通；一架木床，一张书案，二把小椅。入夜早寝，业已补足旅馆缺睡时间。伙食包与对面门巷殷铸夫家厨房。昨日早晨饥甚，先向索取清汤面。昨午以后餐餐送饭矣。

十一妹祖家我常往。个个妹妹——汝的姑姑可爱。德馨长大，Mrs.& Miss Phillips，德音沉静，德昭活泼，在上海女校中颇博小儿女的声誉，德馨兼能英、法语。德昭英语唱歌颇好。汝若来者，都是好伴侣。音、昭十二、十三岁，不知燕玉再读多三年书，能与相比否。

思成步行想已恢复原状，汝近来感想如何？我之生活状况，在此风驰电掣之下，汝所感，当亦有苦痛处。究竟汝志愿如何，对于婚约，对于嫁期，对于赴英续学，对于留家自习，或入何校，聘何师，或治中国学，望汝能有一种自择而又审慎的意见表示。此是完全靠着理性来定取舍，来察情势。少年人往往多情感而少理性，汝于此节短处尤多。今我对汝将举行一大试验也。此信并示思成。家人、娘娘以次，想都好。

八月卅一日　栝书

燕玉来信说二娘病，医云肠患，其重恙耶？盼汝详告。我在南方竟已赁屋，行止究无所定，唯恐来不便迁去。此是实情。思成想已能步其弟妹赴北戴河，想已返京。——致念。

八月卅一日　栝

我拟致函任公*梁启超，字卓如，号任公。先生，须少缓数日。晤时先为我道之。

致林徽因

此信据手迹刊印。

一九二三年九月十六日

徽儿爱览：

　　我到津后无一字寄家。沪不愿去，京不欲归，颇有流落之感。箧中衣物笔墨都不应手，沉闷极矣。汝来书所述诸弟妹入学事，燕、恒赴校，桓、暄*林暄，林长民、程桂林第四子。留家，甚妥，仍托邓芝园*邓萃英，字芝园。教育家，北京师范大学董事。先生荐师为要。二娘病体如何？思成到底步履能否完全恢复？任公先生到京，宜蒙垂诘，问协和医生。余后详。

　　　　　　　　　　　　　　　　　　　　　九月十六日　桔

致林徽因

此信据手迹刊印。

一九二三年九月十八日、二十日

徽儿览：

昨快信收到。上海两函问我南行日期，我尚无从置答。留津观望，又不能归京，真无聊也。实叔信使我愀然，不知实叔家庭将何以善其后。亘在此咫尺，我亦未与相见。我忘却亘宿舍号数，盼汝查复，我拟往视之。

汝明年出洋事，以现在状况测之，当大有望。唯思成步履何时能恢复，颇为担忧。李廿一说思成大腿折骨之上患处，筋月〔肉〕尚未生，于步履恐有妨碍。故我前函嘱汝，俟任公先生到京时，请其诘问医生，到底如何。廿一如在京，汝可访之。渠本不欲暴人之短，我闻十一〈叔〉间接述及，设筋肉不生，医生当时或有不注意处。详情务望廿一言之，并询如何疗治以补前生。

诸弟妹读书安顿甚好。桓、暄如尚未觅得良师，汝可暂教之。秋节将届，我托大姑父拨给汝特别用费二十元，汝可往取。诸姑姑为我道念。二娘病体当已日日向好，其母常来否？家人可呼之程太太。望汝假以词色，其人极老实也。

十二年九月十八日　父示

我在此每日早间写字无数，午后打小牌，姑且萧〔消〕闲。秋节家祭竟不得归，怅恨无似。我昨函当已到。顷接二娘电话，说桓读书，汝教他颇费力。桓理解甚差，我颇为担心。汝细察之，到底如何？ 延师甚关重要。仍托邓芝园先生，可请十一叔催询，应希望何种良师，汝可拟具条件，与商。至嘱。并问思成健步否？ 不至成废否？

九月廿日　父字

致林徽因

此信据手迹刊印。

一九二三年九月二十五日

　　连日看赛马,极有兴会。津阁有马名"天津十一",有马名"莫与京",皆骏足,各有得标希望。今日下午为 Champion Sweepstake,与赛马十余匹,皆连连优胜者,壮观也。惜汝未来,京中过喜,气象如何?

癸亥中秋　桔示徽女

致林徽因

此信据手迹刊印。

一九二三年十月十六日

徽儿爱览：

　　居庸关外游兴如何？得任公先生书，知已返京，劝我归去。我之复书，汝或能见之。昨乃有一踪迹，极谏远人，告我云："任公来书劝归，实受吾徽运动。"信然耶？徽一肚子闷葫芦，不知乃父干些甚事，诚是闷得可爱。我实告汝，我并不干甚事，不过所持态度已如此，今后又不能绝对杜门，此时如何可以归京。在此所得情报较多，彼方对我颇推诚，我随时得闻其谋耳。陈星舫一两日内当来津，我当并约十一叔来。生计或有长久比划，汝辈教养是我极大义务，不能不有所图。一切望家人放心，汝可详告娘娘。我在此极无聊，得闲汝能来视我为盼。

　　　　　　　　　　　　　　　　　　　　　　　　　　　栝

　　　　　　　　　　　　　　　　　　　　　　　十月十六日

致林徽因

此信据手迹刊印。

一九二四年七月二十五日

徽：

送你行后，我在上海还留滞好几天才走，大连奉天往返了两三次，一直到七月十六日才回到北京。我辛苦极了，不管他事情怎样，我暂时先把我的气体损伤的规复。回京七八天，天天请方石珊来打一针，稍稍强健。否则，我的耳鸣头痛，一路上再发了。

我因为忘记问你先行通讯的住所，我在奉天时候却日日想写信而没有写寄，真是失了机会。当时实在有写长信的意趣，而且客中有时极闷，写信却是好消遣。海上的无线电倒发了，而没有半字手札。挨过了这一个多月的日子，挨过了一个多月日子的感想，思念真是无理。

你七月一日的长信，我读了一遍，给朋友读了一遍。隔了两三日，今晚又和燕玉一同读了一遍。你娘娘又叫亘 * 原文如此。读了一遍。大家都很欢喜。但是记挂着你到美洲后情形如何，想是不久再有信来。

思成的嬷病得好利害，我到太平湖饭店问过一次，见了令娴 * 梁思顺，字令娴。梁启超长女。。令娴伺候病人当是很苦。听说她已经有电报给思成。可怜思成初到远方就得此消息。我又晤了任公，就听他说，大约他是要思成回来的。我想，思成真是难处。你两人这几天一定为了此事绞尽脑浆，但望你两人处此，有同心同意的决断。思成若是顾全家庭情感，不得已须回来，你在美洲须觅得安身不寐的地方，一面又须体贴思成，不可给他难受。

若是思成回来，你千万保重。徽，我近来看你颇有主意，你便单独留学有何不可？提高勇气毅力来，三年后我预备欢迎我家的木兰。

我家个个平安。我好，娘娘好，二娘也好，几个弟妹都好。老五* _{林垣，林长民、程桂林第五子。}能够多说几句话了，昨天晚上不肯睡，搂着你的相片喊姊姊，实在可爱。桓、暄都预备入学校。燕玉成绩甚好，免考升高特一班。现在大家放学，我在家甚是热闹。但是宣* _{林宣，林长民胞弟林天民之子。}还没有来，因为我到大连、奉天不能带他同走。下月李直士来京，当可托他带来。来时可住你的房间。

我的事情颇不容易说完，到奉天的结果还好。公司根本不至动摇了，但是没有钱还是过不去。现在因为没有活资还是搁浅。我的私债处处又来逼，真窘，真难过。再看一个月，若是没有办法，我还要独自到上海去，先卖卖文字再说。话太多，容下封信再说罢。

十三年七月廿五日　双栝老人

致林徽因

> 此信据手迹刊印。

一九二四年八月十日

徽：

　　得你来电后又接到 Buffalo 来函，来函不写月日，计期当是七月十日前后。

　　来电 any chance cheeping him wire before eighteenth，我颇会意。

　　思成的嬷的病状痛苦得很，据医生说尚可拖延两三月，但是痛苦日日加增。现在一转动便作儿啼，可想其痛苦情状。医生又说，此病最后要解脱，须得家族同意。故任公先生力趣〔促〕思成归来。更可想其惨状。我最初颇反对思成回来，又虑他家庭真因此发生不可恢复的恶感，故亦不十分阻止。

　　得你电并闻思成亦有电要归省，我更觉得你二人处此难决境遇很得体。我甚欣慰。

　　我的事情还是受人讨债颇苦，日在困难中。但是向长江生意日有转机，或者慢慢可以度过难关。

　　家用无着，我已经开手卖字，一月当可分得半饱，余者凑凑。家中情况还是一切依旧。大姑姑患丹毒病，卧床半个多月，最初颇有危险，今已愈，但气体很弱。诸弟妹遂没有上学，宣也没有来，等此蒸热气候过了再说。你初到美，气候对否？思成想即日动身，你的旅况及入学诸事详细告我。旅费可以支到几时，预先给我知道。你也不必为我困苦太省检，凡与身体有益，不妨花花。

八月十日　老瘦梧

致林徽因

此信据手迹刊印。

一九二四年九月十七日

徽：

我有一个多月没有写信给你。我先要告诉你两事：一，思成的嬷已经过去了，中秋节日过去，好不幸的事。二，你的爹爹又来到天津，全家都搬来了。

思成想早得到家电，人生的缺憾、人子的哀痛是无可如何。盼望他节哀励志。一面多给他爹写信，一面上紧用功，珍重身体。

我在北京卖字，完全是对于政治表示缩手的态度了。曹锟政府偏要疑神见鬼，当我是一个掀动波澜的人。起初预备捕我，其后改作监视，暗探跟踪十余日。到了八月底江浙风云紧时疑我益甚，预备杀我。我不明白，来捕谋垂夜派人装盗，入劫我家，害我性命，以盗伤事主形式行之，藉掩耳目。有人知其密谋，中夜来告。我于八月廿六日出京。不意书生使人震慑至此，也足自豪。

月来家用半靠卖字，出京时家中只剩五十余元，半为居者，半为行者，窘状可想。幸实叔代筹接济营口公司一款，临时留下千元得以支持。到津后段合肥

* 段祺瑞，出生于安徽合肥，故有此称。

帮我千元，居然得搬眷、租屋，布置得很熨帖，家中人个个安适了。现在余款还可支持两三个月家用。卖字生活也受时局影响，买卖渐少了。

天津房子在耀华里九十三号，与李公馆相隔几间。月租百三十元，四楼四底。后楼还有三间下房，也有澡房。楼上四间住眷，楼下饭厅、书房 every comfort。但是，世乱逃亡还得安居，自觉惴惴。此福似不应享。京中政情自江浙战后已日

见不稳。津京我特留些余屋，预备戚好临时搬来。

京寓暂时还没退租，物件才搬一部分来（贵重物件已搬来），余留京，荣福及马夫诸人看守。亘仍在汇文，随家人同来津旬日，今日入京。我切嘱他有事不离学校，当无虞。宣、桓、恒、暄及燕玉均入天津广东小学，宣高二，桓初四，恒初三，暄初一，燕玉高一。今日宣、桓、恒已开始上课；燕、暄有小恙少迟数日。此小学办理（张伯苓*张寿春，字伯苓，以字行。教育家，创办南开中学、南开大学。所绍介）较京校为合吾意，不似京校寒酸；离家颇近，每日均可走读。此事我颇满意。宣语言尚未能开口，入此得练习。此校与南开关系密切，宣可因此预备应考南开功课。桓考作文居然编入初四，比恒高一级，算是不愧为哥哥。但是此校汉文多半文言，诸孩初入颇不相习，然也无妨。

娘娘与宣、桓、恒卧室前后间，颇不寂。你有来信我都告诉她，一切情形她也很放心，开心。

营口事业近来已经有了转机，我可以不再筹款，营业的情形可以周转得下。但是，日来为了战事，长江一带去货、来款不便，不免又停顿了。我一年以来为了此事所欠的债务，一时无法清理，只得拖到公司见利再偿，这是无可如何的。

时局不久将有极大变化，江浙战事日来胜败已见。苏军败，宜兴失，浙军已大得势。京中日日造作苏军胜利新闻，凡在京人见问，大有所蔽。（我昨日已与思成爹通讯，劝其来津为夫人开吊。）东北已动，本日有朝阳失守之讯。吴佩孚自洛阳入京，准备与关外张作霖战。京奉线已不通，不久当有剧战，吃紧当在热河方面。

我的政治行动极慎重，你放心罢。

你来信两封，八月五日、八月廿三日所发均收到了。又一封寄给娘娘的，我也听瑜姊念得很有兴会。满纸情绪缠绵，读之真真难过。你放心读书，不要替爹爹太担忧。思成经过哀痛后想可渐渐看开，还是镇静着念书学画罢。他问心没有什么虚歉，毕业归来自然可以恢复一切情爱。他嬷有知也会了解的。

你学费、旅费想是只能支持两个月，我无论如何十月秒当再筹寄。你们何时移到 Pennsylvania？我此函还是寄到伊萨嘉，想可转去。

  我可爱的徽乖乖，开心读书罢。此信并示思成。思成也要体贴我亲切的意思。

  我现在饮食起居极有节制，长日在家写字，但是真真单调。

  燕玉卧病中接你来信并小明信片，甚欢喜。我催她一好就写回信。

九月十七日　老梧手书

致林徽因

一九二四年十二月三十日

徽女乖乖：
　　来信要容我慢慢答复。你用情至笃，我实在欣慰。昨寄思成一函，当已转交。兹因郑钰事为他作二荐函，你可交与荣福转畀郑钰。郑来函说得穷困不堪，乞我作书转荐，而自己不写住址，未免糊涂。告荣福申斥之。

　　　　　　　　　　　　　　　　　　　　　　十二月三十日　桔
　　顷又接元日来禀，知三四两儿病。二娘明日晚车返京（七时到京），派车接。

致林徽因

此信据手迹刊印。

一九二五年一月十日

　　转去两信。Polland 尚在。此老多情可爱,望汝即复之。

　　我触旧绪,感时之迈,所怀万千,两鬓白过半矣。徽,吾爱,念前游耶?罗马故宫,吾生能再谒否? 愿再与吾爱同行,吾祷之。

一月十日　父书

致林徽因

此信据手迹刊印。

一九二五年一月二十日

　　写信给你附寄汇票美金叁百元，向 Irving Bank 支取，想费城有此行也。我前于十一月初（或是十月底），汇去二百元，想已早到，未接复信，颇念念。此次再寄此三百元，收到后约能支持到何时，务估计告我。清华校长曹庆五晤我云，已由歆海* 张歆海，先后任教于北京大学、清华大学、东南大学、光华大学；外交官，曾任驻葡萄牙、波兰、捷克斯洛伐克公使。转致嘱汝，由美设法校中或监督处，有成绩报告来，便可补半费生。此事汝当已进行，如何告我。

　　此间过阳历新年惨淡已极。又将过阴历年，我除夕或能返津。连日在京，栖栖惶惶。雪池屋还是我一人独居，有时又极凄凉。

　　新月社将有旧历新年宴会，已预定我为主席。

　　胡适之应善后会议之招来当政客，说"愿试它一试"。

　　我未寄压岁钱与汝及思成，你们不怪我否？

　　　　　　　　　　　　　　　　十四年一月廿日　父手书

徽女览之。

致林徽因

> 此信据手迹刊印。

一九二五年一月二十五日

徽：

　　我又来到上海了。古拔路两楼两底，新房租了好几个月，没有福来住，上月退了租。一个衣箱，两支〔只〕小提包，一个消瘦飘零无聊旅客，又安顿入远东饭店了。麻雀、胡琴、笑语，隔室喧嚣，不可耐也要耐。室中却有相当的设备，关上了门来草改造宪法的文章，心中却挂着许多事，却挂着你。你的一封信到今还没有复——这个不算是复你前信，只算是我别的一书——不要怪，终久必有以安慰你。但是，这消瘦飘零无聊旅客，近来需要你来安慰他，更是迫切。

　　实叔好久不通讯，昨日我写寄一函，还是忧患满纸，不知他了解否，自悟否。亘退学出我意外，今后应该再入何校，你替他主持主持。我年内就要回到北方，也不是过年，还要奔到营口，过年后还要再来上海。辛苦却是吃得，到底干得什么，有时也不能自解。张君劢颇与我抬杠，刚才说得颇痛快。他问起你来，颇挂念你身体和思成的腿，我详详细细告诉他了。你此刻不要写信给我，恐怕接不着。我回时或者能到京一转，你好预备些好话言，到那时来安慰我。千万！千万！

桓叟
一月廿五日

致林徽因

此信据手迹刊印。

一九二五年二月十八日

徽：

我接你十二月廿九日、正月十日两封信，说来说去，我还不知道我所寄美金贰百元、一笔电汇款，你到底收到没有？那电汇是去年十一月底发去，由花旗银行经手，应当不会耽搁错误，何以你累次来信一字不提。我计算你的用费，若是不接此款，早经竭蹶了。你又不提你客中用费的状况，想来必是得了此笔接济。我接你的信，第一盼望马上 get point，你偏偏对我这百忙的老头呢呢喃喃写小说，真是急煞。

今年一月廿日我又汇去三百美金，这一笔汇款是由懋业 The Chinese American Bank of Commerce 汇交 Irving Bank Columbia Trust Co，不是电汇。想现在我写信的时候，你正可接到。兹姑将副票寄去，倘是前寄正票没有收到，你便可将副票往取。倘正票早经收到，这个副票就可销毁。我盼望你早有回信在途中，不像第一次的疏忽。

我前次有一长信给你了，想你已经知道我的状况。我一个人在京，实在为的是，不过意小孩子跟着我过这个不稳当不确定的日子。他们在天津天天挟着书包跑到学校去，实是便当，实是有规律。我呢？可怜得很！

你来信报告年假游纽约的情形，我也觉心动想漫游。你的一月十日来信我读了，替你这多心绪的孩子多心绪了。我干这政治的勾当，好像是打铁的工匠，火烫的，悟苦的，真可怜的，好不愿意的：打得凑巧，一锤打出灿烂火花来，格外好看，自己也就忘了烫手，更觉得也有一点意思。

　　徽，你不要害怕，也不要远远地替我发愁，更不要说我不愿意听的话。我的真心真意，总希望有一天，我能够抛去大铁锤，跑到小小的深潭边，头靠半枯低亚的松枝，足浸入清浅的涧水，足指头尽在急流齿齿的白石上写着无数的经石峪大字，那时候也许连你都找不到我咧。

　　我这个时候（现在写信）也不想火花水花了，但是闷热。二娘早已回津去照顾小孩们了。娘娘去上海的意思早已打消了。上海老是不安静，望下还不知如何。津浦车久已断续不定。车中乱七八糟地，如何去得。家里头的事你是应该知道的。我觉得我很可怜。若说过日子呢，人人都享着水平线以上的幸福。若说精神呢，算了罢，你只管你新世界罢。我盼望你客中不要多忧愁，写信来的时候，务必使我马上得到要点。千万。

十四年二月十八日　桁叟

致林徽因

此信据手迹刊印。

一九二五年四月四日

徽：

　　我接你一月十一日信后到今未得一字，我去年十一月底，今年一月二十日两次寄款共美金五百元，亦未得你复信，到底何故？你自去年迁到费府后，我寄你信，所写住址有无错误？我颇疑虑，极盼望。我今年起连写四五信，去年底回天津时也有一长函，告你我来京以后详情，你都接到否？我今寄此信问你——

　　（一）你和思成安好否？

　　（二）你和思成和好否？

　　（三）我所寄款与信收到否？

　　（四）我转去各信（多贺年信）你收到否？

　　以上千万明白答我。

　　我在京还是一样忙，白忙，一天无定程，事多拂意，然身体却无恙。须发白的有六成了。

　　天津家中统安好，你娘娘很是幸福。宣已入南开。亘在京汇文校又斥退了，不守校规，常常夜间和三朋两友偷出校；此子今日已唤回家，我还想不出如何办法。子弟不自警悟，父兄有何本事来管他？

　　我下月预备再寄款给你，接得上否？

父手书
十四年四月四日

致林徽因

一九二五年九月一日

　　午后一睡三时方醒,从来无此自由闲静境界。吾叔均病况如何? 徽来书说廿九日热度复高,而医云非 Typhoid,信耶? 思之令人闷损。果瘥者,或念我切。我归如何? 此问叔均痊好!

栝
九月一日

此信烦徽代诵。接徽函我前书刚发。

致林徽因

此信据手迹刊印。

一九二五年十一月一日

徽：

　　得汝九月十八日长函，我事忙，屡续屡辍，经两三日始读完。详知汝旅中情况，并悉汝于暑假中赴加拿大游颇快意，极为欣慰。我意欲详复汝信中所询诸事，并详告汝我政治的、社会的、家庭的最近状况及感想。转因用意耽误时日，旬日来竟未着笔，真觉怅惘。

　　来函报告余款无多，嘱我汇款，但不必电汇。而我因耽搁旬日，恐汝急需，故仍用电汇。计汇去美金贰百元，想已早到。

　　闻汝已迁居，而来函未有新住所地名，此信及电汇款仍寄汝旧居，想可转到。盼汝即示我新住址。

　　第一报告汝，家中一切安善。汝娘娘甚怡悦，自迁到北上房后更觉便适。厅中陈设，内客室东北角障以屏风，安两小榻，为桓、恒两弟卧所，甚密迩不寂寞。

　　弟妹读书全在家中，共延师五人，凌叔华*本名凌瑞棠，作家。小姐授国文、英文，美人Mr. Bookwalter授英语，陈受夏*林长民学生。授算术，吴守纬授历史、地理，又请一吴姓授太极拳。凌小姐教授甚得法，颇有新意，不拘拘于学校教科。美国老师年八十，本系我会话先生。我近太忙，移授儿女，咿咿哑哑，正口音耳。甚亲切勤健，使人敬爱。陈、吴系我学生，为我尽义务帮忙，颇得力。太极拳则新添功课，近时北京极流行，以代体操或较胜也。

　　亘自汇文退学，经我督责后似有警悟。在家预备数月功课，现已考入中学，每日步行赴校，尚勤奋。此子颇有天才，用功前进可望有成。宣在南开，暑假来京，今与惠民 * 林惠民，林长民堂弟。四叔同回校矣。此子天资不恶，惜不能与我多见面。察其情性，似颇骄蹇。汝来信所云思想趣向须早早培植，此着极为重要。我现在较忙，不能分神到此。今年年假俟其来京当细加考察，再求对症下药。

家中琐事可供汝开怀者甚多，不及尽叙，至为可惜。略述如次。

汝与思成去年寄送娘娘之话匣，在北上房中每晚奏演，我常迟归不与盛会。前数夕饭后亦与弟妹凑趣，乃知燕玉、桓、恒、暄已将各片暗诵。《四郎探母》《空城计》《落马湖》等，都能按拍应板，于是我又添买一两打好片给他们演习。

五爷 * 林垣，林长民、程桂林第五子。可爱已极，是我第一安慰心神之事。近日牙肿，不得已往徐景文处拔去一龆齿。归来痛恨问："那人还使我见面否，我非打他不可。"有时对李嬷发气说："有我才有你，没有我还有你么？"出语惊人，真是可爱，怪不得汝想念他的小酒窝。

汝来信揣测，以为汝旧居房室为我书房，必是明窗净几。此节悬想竟是错误，我书房仍在跨院，汝之旧居已改为事务所矣。东西两间，一为亘卧室，一为陈受夏先生卧室。（陈受夏在我家帮忙不少，为亘之明师益友。）汝所居，虽物件悉移北屋，他时汝归，还可恢复原状，不必因是失望。我之跨院书房则已悉改旧观。

双栝已枯其一，明年春到非补不可。文光楼改名光诵楼，下为弟妹学堂，楼上真是窗明几净。

徽，我今略告汝我之公生活。我在时局上实在无甚关系。我所任职务是宪法起草，计已经过两月余；现在草案全部已将告成，我之职务大半完毕，所余附则尚可从容着手。

时事近日又有大变形势，吴佩孚又出头，其意必欲推翻现局。张作霖、冯玉祥现正力谋提携，张、冯能合。冯不助吴，则吴无能为然。张、吴果能合耶？殊大疑。孙传芳为此次发难之人，现在张、孙军队集中徐州，恐不免一战。津浦线已不通矣。北京尚安静如常。久乱转疲，故无惊恐。我照常开会，草拟条文，忙煞。

我身体甚安健。前书告汝羸弱，其时适患痔，失血多。近已平复。日饮洋参两钱，清补甚效。

问假令张、冯不合，张败吴起，则其次必为冯吴之争。假令冯与张合，吴倒后，张、冯之间还是对抗。此祸究无底止。我之所处却极暇豫。国民会议能开，则我之宪草将成大法。会议不成，我之宪草亦为从来草案最良备之作。我之进退绰绰有余裕也。汝放心。

汝要我书条幅小横披，须少迟方有佳构。茫父* 姚茫父，本名姚华，号茫父。姚与陈半丁、金拱北皆同时代著名画家。画船须托人求之。近不多晤，或别求陈半丁、金拱北为之，似不劣于茫父。

志摩、歆海常晤，亲戚朋友都好。思成我甚想念，为我致好。

十四年十一月一日　栝书

致林徽因

此信据手迹刊印。

一九二五年十一月三日

　　来信并转实叔书，里悉。前数日晤亘，据述其母及妹已返福州，而实叔书但言樱子自东有来信，实书系十月廿七所发，亘决不能得更新消息。此子糊涂，真是令人生气。

　　友汜娶亲，我已送他百元，交由璋姊办礼物，或径留贴费用，穷舅舅也算很阔。

　　耶稣诞礼品宜早备发邮，我已函托大姑父拨付百元，你即往取。十五元还你垫付石珊寿礼之款，余当够用。耶诞距今不及两月，料汝必复时也。

　　Raja 信也盼你即日写寄。

　　二娘拟星期一晚车归，如无电话改期，星期一晚派车赴站相接。

　　小沈事汝可径电节之，请其绍介。我诸事前函已详，惟画卷押于前所，商者已不能成，恐仍当受日人高利条件矣。

　　　　　　　　　　　　　　　　　　　　十一月三日　父谕徽女

致林徽因

此信据手迹刊印。

一九二五年十二月十五日

徽女乖乖：

我来到天津又是无聊了。陈师曾＊ 陈衡恪，字师曾。画家、美术教育家。追悼会我未及做挽章〔幛〕，对这个死友我很多感伤。现在他发讣开吊，我竟做成三对挽联派人送到北京。联句写在下面，你试读之。

（1）是忠信笃敬中人，独以艺得名，行谊当表；

　　　有壮丽雄奇之作，而其身不寿，文字何凭？

（2）生动玉兰花，无意买来成绝笔；

　　　魄磊青田石，得君镌就便奇珍。

　　（我前数月在清秘阁偶然买得《玉兰花》一幅，师曾所作。）

（3）最爱山茶姿，昔年偏乞墨梅本。

　　　欲招堂槐鬼，为我更成双栝图。

　　（师曾画山茶最拿手，前九年我得他一幅《墨梅》。）

虹光阁寄存之件已否取回？董轴沈卷已否寻着？

　　　　　　　　　　　　　　　十二月十五日　桂

致林徽因

此信据手迹刊印，写作时间系推算。

一九二五年

我自接汝一月十日来函后，至今未得只字。所有寄报及我自己各信、转去各信，均不得复。徽其病耶？其置我于不理耶？抑有别情耶？我悬念不可不状。如何，望即复！我身体诸好。诸事虽不顺遂，亦尚有前路可行。家人平安。营口之业仅可支持，不算全败。惟亘，汇文又被革退，好逛犯规，豫戒不悟，终至退学。现在家无事，颇难安置。此事使我受气耳。

四月十一日　老栝

徽女爱览，勿忘乃父忧念。

致梁启超

此信据手迹刊印。梁启超,字卓如,号任公。中国近代著名思想家、政治家、教育家、史学家、文学家。

一九二四年十月二日

任公先生赐鉴：

得复书并读悼慰，所感万千。公之贻谋与长民同一用心，徽与思成前途可忧之事正多也。

夫人之丧不获躬奠，至为负疚。当命舍弟先民代表致祭，兹送挽联乞荐灵几。世事正未可知，新闻都不可信。惟吾辈直觉判断，自谓不爽。盼早日能晤语，持以相证也。贱况随时濒绝。得□扭以为常。蒙关切，至感，亦惟相见乃能尽谈。

敬颂
起居安善。

长民顿首
十月二日

致梁启超

此信录自《梁启超年谱长编》。

一九二五年九月二十一日

前数日得书，敬悉尊体渐就康复，欣慰无似。近更健胜否？迩来面晤东海* 徐世昌，号东海。民国第五任总统。，知公另有长函建议，东海亦有复书，并托伯唐* 汪大燮，字伯唐。清末民初官员。曾任北洋政府参政院参政兼副院长，教育、交通、外交、财政等部总长，国务总理等要职。详述委曲，兹不更赘。第三电，闻已决定不发，属草未用，聊以送阅，不必示人也。今晚东行，京奉车直达，过津不及奉谒。济武* 本名汤化龙，字济武。曾任北洋政府临时参议院副议长、众议院议长、教育总长等要职。归骨，屈计当在双十节后，往还约二十日。山翁极以贵体为念，病后尤以珍重，血疾不容更发也。

致梁思成

此信据手迹刊印。梁思成，中国现代著名建筑历史学家、建筑教育家。

一九二三年二月十二日

思成足下：

  你到家想都好。徽病情已略轻减。前晚克礼与方石珊同来，谓有夹杂性菌为祟。昨方复来施 Tepichin 针，此药为一种植物，有松柏香气，治感冒菌。方与克礼所商定者。今晨热退至三十七度三，直至午后三时始高至三十八度。现已六时，仍至三十八度七；然气顺喘平，实减轻也。（病人自己觉得快爽已多。）方又来诊，亦云 Tepichin 有效，每星期可施两针。第二针后当更验矣。五爷泻已止，四爷*林暄，林长民、程桂林第四子。热亦退，三爷*林恒，林长民、程桂林第三子。尚有微热。宝宝*林燕玉，林长民、程桂林之女。热虽渐减，而彻夜痰咳，我已两夕不得眠，为她摩按盖被。二爷*林桓，林长民、程桂林第二子。热度又高过三十八，我厌烦已极，来生决不愿再做这样爸爸。

  徽命令我详细写信给你。这爸爸真是书记翩翩也，比你的爸爸如何。

宗
十二年二月十二日

致梁思成

此信据手迹刊印。

一九二四年十二月二十八日

思成贤世兄惠览：

　　来柬至美，极感亲敬之意。我于每年耶诞节颇有感想，恨不得痛痛快快作耶节树中老翁，给儿女辈大欢乐耳。徽来书极可喜，此子用情如许真挚，老父之福也。行将有美札畀之。

十二月二十八日　栝

讲义收到，读之快幸。

致胡适

此信据手迹刊印。胡适,字适之。中国现代思想家、文学家、哲学家。

一九一九年二月二十七日

适之先生:

　　昨天见面,忘了一件事还没有接洽。现在把蔡先生*指蔡元培。的信送上,请阁下看看。中间所附日本人中畑君*即中畑荣,时为日本驻华使馆书记生。的信,说的是人种平等问题。他要我们团体与他共同讨论。我想,我们中国在国际上不平等的事太多了,这人种问题可为研究项目之一,请编辑部便中蒐蒐材料,再定办法。弟已经回了蔡先生的信,请他答复中畑君,说主义上我们是赞同的,但是中国不平等的事既多,不能不分先后缓急,等到研究以后,方能决定如何主张,与日本只争这一件不平等的,自是不同云云。请先生查照。

林长民顿首
二月廿七日

附一:中畑荣致蔡元培

子民*蔡元培,字子民。**先生执事:**

　　昨日驾临练习会讲演,荣幸无似。其时谈及人种问题之事,实系我亚细亚人种重要事件。今日我国各方面谈论,均甚赞成共同进行,祈贵国方面由执事提倡,或如外交委员会、国际联盟同志会、国际联盟协会、国民外交协会、报界各方面有志订期集合,商议进行办法,至为幸便。集合场所,大和俱乐部亦可。统希示复,遵办。

专此即颂

道安

中畑荣顿首

二月廿四日

附二:蔡元培致林长民

宗孟先生大鉴:

　　昨因中日谈话会中晤日本中畑君(船津、西田等均在座),提及"人种问题",有集两国人会议后发电巴黎之提议,弟自无不赞成之理。今日接其来函,属〔嘱〕弟为介绍于各团体。弟意各团体中人物大抵从同,惟国际联盟同志会涉及此问题似最无碍。弟不通日语,于日人此举有无何等特别作用,不敢悬断。特将原函奉上,应如何办理及如何答复,均请酌定见示。

　　专此奉商。

　　敬请

台安。

弟　蔡元培敬启

致胡适

此信据手迹刊印。

一九一九年三月二十二日

适之足下：

奉示敬悉。日前小聚，得与张慰慈*留美哲学博士，政治学家。先生把晤为幸。舍甥女近有小恙，昨日舍间戚好春叙亦未来也。张君所托，容少迟再图报命，何如？国民外交协会来星期日开讲演会，欲得足下选题演说，以诏听众。特为转达，务盼勿辞。虽不作政谈，能为学术教训，尤祷企也。

乞示——。

敬颂

著安。

弟　长民顿首
三月廿二日

致胡适

此信据手迹刊印。

一九一九年四月一日

适之先生足下：

多日未晤，甚念甚念。本月五日（星期六）午后二时，培华女校游艺大会女生演剧，王氏女公子* 亦为其校任演一段。张君慰慈如希望往观，此却是极好机会。更盼足下与俱也。券无多，本为学生家族戚党开会，藉观在校成绩。足下与张君如是日得暇，乞先赐知，当即送券。又大学院计画书如已代译，盼掷下。美使正在索观。能速画至企。

敬颂

著安。

弟　长民顿首
四月一日

* 指王熙农两女王孟瑜、王稚姚。

致胡适

此信据手迹刊印。

一九一九年四月二日

适之先生足下：

　　来函并大学院计划书译文顷悉，唯培华之会，系午后二时起至五时，或与欧美学生年会晚宴时间不相触也。儿辈演艺颇欲得文学大家一指点，故复及之。星期五盼于国际联盟同志会见面。今日已由会另发信矣。一切统俟晤谈。丛刊印就，尚在拱北所，顷已专人走取，星期五日亦可分布。

　　复颂
著安。

弟　长民顿首
四月二日

致胡适

此信据手迹刊印。

一九二〇年三月二十五日

适之先生：

我有一件事奉托你。我有个本家兄弟，名叫林翼民。他在上海圣约翰大学肄业，现在要想入北京协和医学校学医，托我在京替他设法。我与协和医学校人不熟，想你或者能替我兄弟找个途径。现将他的原信送上，请你一看。我这个兄弟，年纪才二十光景，很聪明，肯用功。他的父亲是我的叔叔，也是学医的，现在上海行医，颇有些名气。翼民所以想世其业，望你能成就他。倘有希望，或是入学的时候要如何准备，请你通知刘放园转告他。我已经另与放园接洽了。我廿七早车动身，时间甚迫，不能过去辞行了。我这回远行的用意，第一要多习一两国语言文字，其次要亲眼看看外国战后的状况。倘有所得，或是有所感触的时候，当再随时通信。国内倘有新出版，请你随时寄给我看。盼你新文化运动大大成功，两三年后再相见。

适之先生，勉力，勉力。

林长民
三月廿五日

致胡适

此信据手迹刊印。

一九二〇年四月四日

适之先生：

　　廿七日早车蒙你远送，实在感谢。我到上海后匆匆两天就上了船。四月一号开船，四号到香港。海上毫无风浪，我同小女都很好。我的身体比较在京的时候已经强得很多了。明天从香港开船，渐渐走入热带，一路遇着停船的地方当再报告。我这回航海就是一件事觉得颇苦，我不会说法国话，事事不便。现在每天跟着法国人学几句，算到马赛的时候，或者能够对付对付。我在此地匆匆不能多写信，见着同人，希望替我道好。孑民先生、慰慈先生，我很念念。他们京中倘有可喜的新闻或是意外的事情，盼望随时通信。

长民
四月四日

致胡适

一九二五年六月十三日

　　《人境庐诗》送上，希詧入。知君少暇，然极盼晤谈。能于日内一示时刻不〔否〕？
　　敬上
适之先生著席

长民顿首
六月十三日

致胡适

此信据手迹刊印。

一九二五年九月十五日

适之足下：

得来书，为儿辈延师事费神，可感。星期六日，弟已亲访叔华女士[*指凌叔华]，已蒙其慨诺，至足慰幸。女士允于本星期三日（九月十六日）午后二时来试诸男女生徒学力，再定功课。敝处本有一二助教，并可与女士商分任教科也。应送束脩及远道来去车马之备，礼不敢怠。而女士意度穆然，我又未敢径陈。在吾东方节文，须烦介者，望足下彼此达悃。明日午饭（即星期三）君能来舍先时检阅童子军（不是请客，寻常家庭午饭耳），并面谈一切否？饭后刚好共候叔华来临。此意本欲造述，适电询君已出门，故函布之。不一一。

长民顿首
九月十五日

致徐志摩

> 此信据手迹刊印。徐志摩，原名章垿，字槱森。中国现代诗人、作家。

一九二〇年十二月后

前日同人过谈甚快，但惜足下未与耳。博生*陈博生，著名报人，曾任《晨报》总编辑，时任《晨报》派驻英国特派员。所开尊寓住址，查图乃在西北，而博生新居，渠写为 Drakefield Rood，图中无之，只有 Drakegiell Rood，而在东南隅，云与足下相距甚近。殆有误耶？希示及，再图约会。

志摩贤兄足下

弟　长民顿首

C. M. Lin

27 Ormond〔Ormonde〕Gate, Lower Sloane Street.

致徐志摩

此信据手迹刊印。

一九二一年一月二十一日

志摩吾兄：

　　来示感谢。明日（星期六）敝居茶会，所约多此邦新交忘年，琐谈散积忧耳。已约博生，并望足下四时枉过。如何？

　　敬颂

学安。

　　　　　　　　　　　　　　　　　　　弟　长民顿首

　　　　　　　　　　　　　　　　　　　　廿一日

致徐志摩

此信据手迹刊印。

一九二一年五月二十五日

志摩、虞裳＊郭虞裳。留学英国，一度寄居徐志摩、张幼仪夫妇处。**二兄大鉴：**

　　剑桥偶然相遇，快幸万亿。旅馆不便，正出门散步，竟与振飞＊徐新六，字振飞，银行家。留学英国、法国，学习冶金、经济。相左，又甚惘惘。弟已返伦，来月二日再往大陆。日内盼与振飞相见，渠今在何处，能为转达此意，并询如何期约否？二兄如能同约一聚，尤盼也。

长民顿首
五月廿五日

致徐志摩

一九二一年七月二十五日

前约意造通问*指假设为情侣，情书往返。，殊难着笔。何种境遇，先待构思也。昨晨忽从小小事实写出短柬，偏用不通之英文达之，姑以奉阅，不作为前约之件，但盼衡我初学英语之程度可耳。阅后撕掷，免生他人见者误会。千万！

此致

志摩

七月廿五日长顿首

再启者：

闻博生述及，君所善张鑫〔歆〕海，才调令人倾倒，不识何缘可与纳交，纳交孺子为吾孺子耳。此意足下当能领会之。为时固早，亦须先事遴选。况属异等之才，岂容相生，颇欲托君留意。如能为我详道其人品、相貌、体干、家世，尤感也。此外更盼推举一二，仆有女甥数人，皆一时之秀，正待嘉耦。以君广交，当获隽者。余不一一。

长再上

七月廿五日

致徐志摩

此信据手迹刊印。

一九二一年七月三十一日

两得书，一拟一真，甚秀，拟制词藻极佳。鄙意，双方均作已婚，不如一已婚，一因得逢知己，遂不娶。较之各怨所婚更有意趣。两边境遇不必尽同也。年月演复，恐将来男女关系与现制绝不相侔，所拟不伦，豪〔毫〕无意味。鄙意溯往，别有感思，平生遭逢，颇多可纪，欲现身说法耳。文字中、英随便，用英文于仆大有益。而吾才不逮，恐损真价，故欲驾轻车，就熟路，盼足下多用英文。兹姑拟就一篇纪实之作，十年前事，于今一吐衷曲。书竟若鲠去喉，幸一读之。

敬上

志摩吾兄

长顿首

七月卅一日

前函问君张君*指张慰慈。事及奉托荐贤，盼垂答。至祷。

郭君*指郭虞裳。求书，如不嫌蓝字外国纸，当即应之。否则客中不能自任书僮事，无可如何。

致徐志摩

此信据手迹刊印。

一九二一年九月三十日

志摩足下：

　　来书慰问，病中感怃。诗意可味，但此新体，吾终隔阂。孱躯有致病积因，乃濒行发作，殊增悱恻，今已少可可。羸弱不可支，不日挣扎就道，盼呼吸海风能渐健耳。

九月卅日　长顿首

致徐志摩

此信据手迹刊印。

一九二二年十二月一日

志摩足下：

　　长函敬悉。足下用情之烈令人感悚。徽亦惶恐，不知何以为答，并无丝毫 mockery，想足下误解耳。星期日（十二月三日）午饭盼君来谈，并约博生夫妇。友谊长葆，此意幸亮察之。

　　敬颂
文安！

弟长民顿首

十二月一日

徽音附候

致徐志摩

此信据手迹刊印。

一九二二年十二月二日

　　得昨夕手书，循诵再三，感佩无已。感公精诚，佩公莹洁也。明日午餐，所约戚好，皆是可人；咸迟嘉宾，一沾文采，务乞惠临云。小聚亦人生一大福分（从此友谊当益加厚），尚希珍重察之。

　　敬复

志摩足下

长民顿首
十二月二日

致徐志摩

此信据手迹刊印。

一九二三年八月三十一日

　　前闻足下南归，乃先我至，惜不得遇。得书具悉。足下有重亲之丧，一时不获北去，相见当较易耳。我此来不自知究何所为，情之所系，几一日不可留。乃驻旅馆，赁新屋，皇皇然迁居，熙熙然安宅，若将作久计者，又不自知其何所俟。数千里外有一不识字人，使我心肠一日百转。欲寄书，有千万语，怕他不解，须削成白话，一两句如何能道得出？真苦煞人矣！客中赁宅，其或为斯人供张，冀其万一能来耶？此情感唯足下能为我下一注解，足下之外世间决无一人能知者。宝宝来信说，娘娘有些病，请医生来看过，道是肠逆。顾不知其详，顷已飞书往询。俟得复书，苟无甚病或已愈，则方能放心。计议游湖，届时当更与足下约会也。湖上春觉庐可借居，若往游，却甚便。

　　敬问

志摩安好。

长民
八月卅一日

致陈箓

此信据手迹刊印。陈箓,字任先,号止室。民国外交家。一九二〇年九月被北京政府任命为驻法全权公使。抗战时期沦为汉奸。

一九一九年二月十四日

任先我兄足下:

昨读陆专使*指陆徵祥。电,颇属望于国内赞同,国际联盟之团体,并望致电向威总统*指美国总统威尔逊。表示感谢之意。巴黎方面似尚未接,此间消息及同志会之已成立者,兹特补上一电,乞为代发。累次以发电事奉烦贵部,至为不安,所有电费请俟算账时划归敝处缴偿,诸希亮察。

敬颂
台安。

弟　长民顿首
二月十四日

贵羔暨令弟病体如何? 至念!

再陆总长来电,部中如有覆电,请述及国际联盟同志会,为全国知名之士所组织,两院议长皆理事也。

致陈箓

此信据手迹刊印。

一九二一年五月二十四日

任先吾兄大鉴：

意大利旅游后，复来岛国，过法匆匆，未及奉访，甚为疚歉。前承厚款，感纫无既。小女* 业经上校，颇眷念嫂夫人垂爱之意及令嫒之慇勤也。特此鸣谢。

敬颂

阖安。

弟　林长民顿首
五月廿四日

* 指林徽因

致熊希龄、范源濂

> 刊于《熊希龄遗稿》。熊希龄曾任京畿水灾河工善后督办,范源濂曾任教育总长。

一九一九年五月五日

英界小孟庄熊督办、日界太和里范总长鉴:

　　六日午刻开全体职员会,商中日大会事。同人极望两公特临,并推魏君斯炅赴津相迓。

长民、宠惠 *即王宠惠。等　歌

致汪荣宝

> 此信据手迹刊印，王宠惠、林长民联名，林长民代笔。汪荣宝，字衮甫，衮父，号太玄，民国著名外交官，时任中国驻瑞士公使。

一九二一年六月二十日

衮父吾兄：

昨谈未尽兴为快。星期二之约适因赶程，山游恐不及赴，尤为疚歉。特此道谢。归途或能再访，但不敢必耳！

　　敬颂

台安。

　　弟　王宠惠[*]、林长民顿首

　　　　　　　　　　　　六月廿日

[*] 法学家、外交家，当时代表民国政府赴瑞士参加国际联盟会议。

致陈汉第

此信据手迹刊印,写作时间系推算。陈汉第,号伏庐主人。书画家、收藏家。清末翰林,辛亥革命后曾任国务院秘书长。

一九二三年七月十一日

　　承赐松竹,为我介祉,感幸万万。双虬参天,尤足增我气概。
　　公五十时未及致礼,真愧歉矣。不久当有精品补过。
　　敬颂
伏庐主人福寿!

长民顿首
七月十一日

致邓毓怡

此信据手迹刊印。邓毓怡、字和甫，一字任斋，别号拙园。清末民初文学家、政治家。

××年一月十九日

和甫先生足下：

　　前者奉书，稽复为罪。书画慈善会极为赞成，惟会员义务如何分担，尚乞详示。恐弟事忙，有时不能应期付件，故不敢多担任耳。

　　敬复即颂

大安。

弟　林长民顿首
一月十九日

致韩国钧

> 此信据手迹刊印。韩国钧,字紫石。清末民初官员,曾任民国江苏省长。

××年九月十四日

紫老省长阁下:

　　遥企轸阁,时切神驰,近维勋祺迪吉,再祉延厘。奉华彪炳,讴歌遍三江五泽之间;德政流传,治绩极千载一时之盛。下怀遐听,钦颂莫名。兹有恳者,敝友谢以成君,毕业江苏师范,曾供职政学各界,历有年,老成谙练,学识优长,久为侪辈所推许,今以乃翁年迈多病,谢君孝思纯笃,不愿远游,急欲服务于桑梓之邦,藉可兼侍晨昏之职,用特专函介绍,尚祈逾格栽成,酌予位置。倘蒙汲引,公私有济,幸甚,幸甚。专此奉恳。敬颂

　　勋绥!

弟　林长民拜启
九月十四日

致宋春舫

此信据手迹刊印。宋春舫，号春润庐主人。剧作家、戏剧理论家。林长民好友。

××年八月八日

  久不闻问，颇疑贵体不豫，得讯果然，门者传报，谓已轻减，想可早占勿药。弟冒暑南行，即日首途。拟于杭沪略作勾留。濒行不及走视，特此问好，望一切珍重。

  春舫吾兄足下

长民顿首
八月八日

致宋春舫

此信据手迹刊印。

××年十月一日

　　累得书,备蒙垂念,极感。眷属全部移津后,一切安善。新居亦颇适,但贫困耳。此间颇多可谈之事,惜不获晤,驰想万千。
　　敬谢
春舫吾兄足下

长民顿首
十月一日

致宋春舫

此信据手迹刊印。

××年十一月十一日

　　两奉来札，京津路阻，稽答为歉。柯乐文*美国学者，曾来华讲学。君来绍，见合肥*指段祺瑞，安徽合肥人。，但有简要谈话。弟之自述意见，亦仅及根本改造之义。前路通塞，未尝臆断，何云乐观欤？误会耶？又有人自京来述，谓弟与柯语伤及任公先生，不知此说何来，望向柯追究之。柯许我寄示《导报》，亦当然。其所载何语，颇欲一阅。能为我催索，更盼。弟在津依旧作书，日有常课，当不似世间推测之仆仆也。

　　此复
春舫吾兄

弟长民顿首
十一月十一日

致郑孝胥

> 此信据手迹刊印。郑孝胥，字苏戡，书法家、诗人。前清大臣，日本侵华时变节，曾任伪满洲国总理大臣。

××年花朝节

　　藏纸裁作屏对，送请试墨。另备薄敬三十元，务乞哂收。知公此来仍以文字支持旅食，故不敢缺，想不以为罪耳。若云崇拜，岂但布斸三日。顷又远行，归来再图良晤。

　　敬上
苏戡先生

长民顿首
花朝

致费四桥

> 此信据手迹刊印。

××年六月十五日

承
  委为大著作序,久未交卷,疚歉万万。兹勉拟一篇奉呈,希詧正。昨斐予※告我,渠有佳构,颇思快睹也。
  敬上
四桥吾兄

弟　长民顿首
六月十五日

※ 原名汤文漪,字斐予,以汤漪名行世。政治家,积极于立法活动,曾任国民代表会议副议长。

致崇广

此信据手迹刊印。

××年八月五日

崇广我兄大鉴：

　　大不晤教。近日收藏有无珍品？良念。此有女生，自上海爱国女校北来应考贵校，其学习根柢略具，如何造就，祈玉成之。特此奉布。

　　敬颂
著安。

弟　林长民顿首
八月五日

致白水学校校友

此信据手迹刊印。白水学校，即林白水一九○二年在福州创办的第一所新式学校——福州蒙学堂。

一九二一年十二月二十五日

白水学校校友诸君公鉴：

曩闻吾校濒危，远在海外，未悉情况。存废两说，不敢力持。但念本校缔造之艰，及十年以来校员之维持，与吾校友之应援，一旦废弃，若失城池。正忧皇〔惶〕无措间，得一英文电报，度是诸君所发，而语简文讹，未敢遽答。今归国后复由林君秉奇递到林栋、林希渔、陈沂、柯凌汉、李志膺* 这五位均为白水学校校友。诸君来函，爱惜吾校之意令人感奋。仆亦心余于力者，与诸君来书所感正同。惟是十年以来，虽在校有职，而旷废实多。今后当躬负责任，试一奋斗。明春拟归闽一行，更与诸君熟筹之。校制本待改革，但视基金募集实力如何。目下进行方法已与郑子新君接洽，子新返校当可详述。一切改革方案，尚盼诸君先事擘画，为将来期成之备。各方鼓吹，尤赖多贤。仆今日所可宣示于诸君之前者，存、废二字当从存字着想，且愿尽力办者，未陷绝地决不旋踵而已。

手此弟臆。

敬颂

公安。

林长民顿首

民国十年十二月廿五日

致众人

> 此信系欢迎印度王族普拉达普所举办茶会的请柬。林长民与张嘉森联名。据原件刊印。

××年五月×日

敬启者：

　　兹因有印度旧王族新入阿富汗国籍蒲拉达璞君，游历各国，戾止北京，欲与各界士女相见，并叙述印、阿事迹及对于吾国之关系，特订茶会以便晤谈。务希准临。除备柬外，附此奉陈。

　　敬颂
台安。

林长民、张嘉森拜启
五月×日

致《新纪元报》

此信刊于一九一三年五月十日《新纪元报》。

贵报载本月七日众议院纷扰情事，皆谓长民从后门逃去。当议场抛击墨盒时，副议长宣告散会，先行退席。长民尚在收检文件，并从李君肇甫处取回速记录，方退席。退席之时，议场几已散尽。此等纷扰，生平实已数见不鲜。墨盒掷人，儿戏耳，何至遽逃？乞即更正，以符事实。

  敬颂
台安。

林长民顿

致《公言报》

此信刊于一九一八年七月一日《公言报》。

《公言报》公鉴：

　　顷阅本日贵报载下届总统问题，涉及鄙人谈话一段。鄙人东游初归，未与政论，总统何人，更非所问。贵报所载，迥非事实。希即更正，不胜感祷。

　　即颂

台安。

林长民顿首
六月三十日

致《时事新报》

此信刊于一九一九年三月十九日《时事新报》。

上海《时事新报》鉴：

铁路统一外交委员会原案前已发表。最初即无一字涉及共同管理，反对者故为是，以耸听耳。近沪上报纸有载，委员会取消当初主张国际共管，而赞成曹汝霖等所主张者，事实全误。春耦斋迭次会议，因曹汝霖、梁士诒极力反对，致委员会打破势力范围之案不能贯彻，深为惋惜。巴黎和会，千载一时，反对者实为贻误大局。委员会议决原案在一月六日，国务院发电在一月八日，乃事隔月余。适于巴黎提出山东问题后，国内亦大起反对铁路统一之论，极足怪也。试问苟无彻底的统一办法，东清、南满、胶济、滇越等路，我国何日可望赎回？眼前最关紧要之胶济、高徐、济顺各问题，安得圆满解决？请一并考究，是非自明。乞察登为幸。

林长民　筱

致《京报》

此信刊于一九二二年八月十八日《京报》。

敬启者：

前次本月十五日宪法审议会，关于地方制度问题，长民曾提一案如左：

省宪法之制定，省内之地方及人民参与之，其起草权不专属于省议会。

长民于右案说明时，谓现在国宪，对于各省，既应取分权制，则各省之内亦宜取分权。不能以各省之中央集权，而妨害省内之地方发达也。故于制定省宪之始，即宜各县地方团体及人民参与之。至于现在之省议会，又往往为督军势力所左右，尤不能使之独行包揽省宪起草之权云云。

本日各报登载长民议论，乃以分权误为集权，其意义为正相反。想是通讯社记事之误，特此更正。希为登报，不胜感激。

此致
京报报馆大鉴。

林长民拜启
八月十七日

翻译

西力东侵史

日本 斋藤阿具 著
闽县 林长民 译

绪论

亚利安民族开化最古者中央亚细亚是□开化未久乃分殖于东西殖之种□西□之主动者毛骡罗马欧美近代其文明蔽孕于此东殖之种文物图籍其后尚修涉不进至今荡然泯灭即使昔日保存其所固有者无或失坠以与西方这此种较优劣独不如人况早凋世亚细亚民族古同经栈勤以其势力凌驾俄罗斯安息殴瓯其东南剥北亚人并吞其西南□古人蹂躏其东北鞑□□力□德大王之东征罗马人之征服西罗其残酷之惨刻病远逊之百□亚古代之文史□亚人多征蕊而欧罗巴人多立□业迪远世之事为大反之而罔大一期罗新柴□利期

西力东侵史

日本学者斋藤阿具著。林长民译。一九〇三年日本东京并木活版所出版。

目录

绪论

第一章　西洋诸国人之东渡

第二章　英国人之印度侵略

　　附　印度总督表

第三章　支那与西洋诸国之关系

　　第一节　旧时支那与西洋之交通

　　第二节　印度航路发见后西洋诸国与支那之关系

第四章　支那之开关

第五章　露西亚之亚细亚侵略

第六章　耶稣教之传入支那及其流布

第七章　西洋人之至日本及耶稣教之流布

第八章　德川时代之荷兰贸易

第九章　日本之开关

第十章　日本西学之发达

年表略

绪论

亚利安民族开化最古者，中央亚细亚也。开化未久，乃分殖于东西。西殖之种，为西洋史之主动者。希腊、罗马、欧美近代其文明咸孕育于此。东殖之种，文物随敝，其后殆停滞而不进，至今荡然。读史者伤之。然即使当日保存其所固有者，无或失坠。以与西方近世之迹较优劣，犹不如人，况早凋也。亚细亚民族古尚侵伐，动以其势力陵压欧罗巴。安息人搅乱其东南，亚剌比亚人并吞其西南，蒙古人蹂躏其东北。虽以亚力山德（Alexander）大王之东征，罗马人之征服西亚，其战迹之惨剧犹远逊之。质而言之，古代之历史，亚细亚人多征略，而欧罗巴人多防御也。近世之事，乃大反之。葡国人一朝回航亚弗利加，发见印度之海路。西洋诸国若群蚁慕膻，赴之恐后。或交通，或略取，卒举全印度为英国之领土，举南洋诸岛为荷兰、西班牙之殖民地。西伯利亚、中央亚细亚悉为俄国所攻取。安南复入法国之掌中。其他土耳其、波斯、阿富汗、支那、朝鲜诸国，直俎上之肉，恣人剸割烹噬而已。西方之势，日逼于东。而巍然独立于其间者，唯我日本。我日本现状，若一勇士负被创者于弹丸雨注之中，植立而不动。危险乎哉？然亦气矜之隆也。夫东西之关系如此其切，我国之位置如此其重。东洋诸国今日之所以穷蹙而至是者，我日本人容不究之耶？

自世界史观之，亦有耐人深长思者。太古一流，无东西之别。其后乃分之曰东洋史，曰西洋史。各保其特殊之历史与文明而不相涉。其间民族之转移与一二豪杰之远略，东西关系，直偶然耳。然至近世，西洋诸国进而与东洋通，或兼并之。故其结果乃至东洋事变不止为东洋之利害，西洋事变亦不止为西洋之利害。影响所及，互相被焉。前此东西分流之世界史，至是合而为一大流。复反其源于太古，历史上又无东西之别矣。考其事迹，与世界史所以合同之故。实本书之旨也。抑岂非历史上至重大一史纲耶？

右所述之状态，与其发生之根源，抑果何自而观之。盖不外威司克大格马（Vasco da Gama）之发见印度航路事耳。本书发端于威氏之事，即所以究西力东侵之趋势也。今概言之，印度航路发见之后，葡人独占东洋贸易者凡百年。至十六世纪之末，英吉利、荷兰二国人亦稍稍东渡。自是三国之间乃生激烈之竞争。印度洋、南洋诸岛、支那海上所至有白人溅血。而其结果，葡人殆全失其据地；英人反而为之主，成功于印度大陆之沿岸；兰人能保守南洋诸岛。故自此英、兰二国人，犹久争雄于东洋。至十八世纪，荷兰国势渐以不振。英国乃全握世界海上权。兰人仅能不失其殖民地。而亚细亚南面英人独跋扈焉。法国亦以全力争之，不胜，仅能遂其四十年前所经营印度支那之殖民地。西班牙早衰微，至是亦但有菲律宾群岛而已。然当英国伸张其势力于南亚洲时，俄国独进略北亚细亚，遂包举之。亚细亚诸国无不震栗。亚洲现状，所谓龙蟠于北，虎踞其南，吮血食肉，而豺狼狐狸犹争出而啜其残膏，拾其遗骨。正咆哮喧嚣之时，而卓立于衰微垂死邦国间之日本，内戴皇室，外捍强御，欲一掣全亚以康其屯也。盖亦日本人不可无此志矣。

第一章　西洋诸国人之东渡

案西史，西洋人关于东洋地理之智识，纪元十五世纪之末尚多未开者。太古肥尼西亚人（Phoenicia）及其殖民嘉尔涩脂（Carthage）人富有此智识，东与印度通商，西出入于西班牙、法兰西、嘉拿利诸岛。希腊人始发明印度事者，纪元前五百年米来突司岛人（Miletos）黑加铁奥司（Hekataios）是也。亚力山德大王之东征也，东北至于索的亚拿（Sodiana），转渡印度河，入于彭爵博（Punjab），自是还军。然则中央亚细亚及印度之北部，固为亚力山德所征服者也。及塞利优克司（Seleucos）袭亚力山德，统辖其亚细亚之领土，希腊文明，遂播于是。又亚力山德之使臣麦加司得尼斯（Megasthenes）留驻印度摩揭拖国（Magadha），都拔脱拿（Patna）。二国之间结亲交，而其手成之《印度志》传入西洋。西洋人乃详知印度事。至纪元前二百五十六年，塞利优克司之孙哲奥斯（Antiochos Theos）与旃陀罗笈多王之孙阿输迦王更结条约，寻旧好。然则希腊之文明显有输入印度者，印度之工艺、技术大被其影响也。罗马盛时，罗马人东征小亚细亚、西利亚、亚剌比亚、波斯等，且与伯枯德利亚（Bactria）、印度相往来。纪元一世纪之末，如鸦博罗尼亚司（Apollonius）之至彭爵博，亦其一例。类此之交通，至东罗马帝国时乃益发达。旅行家恚思马斯（Cosmas）亦出而与支那为间接之交矣。亚剌比亚人之勃兴也，西自摩洛哥，东至印度，悉为所征服。由是大旅行家益众。有渐知支那国情者，史黎曼（Sulaiman）、亚扑载德（Abu Zaid）、阿马士琦（al-Masudi）等，皆当时旅行家又为地理学家之有声者也。十字军时秋得拉（Benjamin of Tudela）旅行至印度、东洋诸岛。蒙古人蹂躏东北欧，欧洲帝王、法王、耶稣教等咸以为蛮族，欲感化之。乃遗柏朗嘉宾（John of Plano Carpini）、威利安（William Rubruquis）等使于蒙古都和林。其后扑劳（Marco Polo）、奥达利（Odoric）、白调泰（Ibn Batuta）等辈出，印度支那地理发明愈详。至十五世纪之末发见印度航路后，是为欧洲人东洋智识大开时代。

抑其东洋航路所以发见之故有三。一自十四世纪初年，伊太利人爵耶（Flavio Gioja）发明罗针，大为航海之用，而探险家乃勃兴。二自中古斐尼司、哲诸亚之商人，往来印度有三路：第一由西利亚上陆，出优弗拉剔斯河畔，下入波斯湾；第二入于黑海，自亚亦默尼耶上陆，下赤古利斯河，入波斯湾；第三自亚力山德利亚，溯尼罗河，横沙漠，入红海。土耳其人起于西亚细亚后，第一、第二通路遂梗，东洋物产独自第三路输欧洲。欧洲人不便之，咸欲别得新路以达印度。三自亚剌比亚人强盛时，西班牙、葡萄牙为回教徒所征服，久受羁轭。至中古之末，耶稣教渐强，回教位置日以危殆。古拉拿大（Granada）以回教立国，耶教积欲灭之，而逐慕亚人（Moors）力不逮，乃先树援，欲尽化他教徒入于耶教。于是有葡王约翰一世之王子亨利（Don Henry）出大奖励航海探险之士。王子亲率师渡海，围慕亚人于潇泰（Ceuta）。悬三目的，举毕生精神以赴之：曰扩葡国势力于海外；曰悉举异教国同化于耶稣；曰夺斐尼司海上权。乃建天文台于沙古来司（Sagreo），聘教师于马爵尔克岛，授国人航海天文观测诸术。自是探险队屡出。而航海家亨利之名，至今无不称道者。当时亚弗利加海岸为人所已智者，东至红海，西至栴岬而已。自葡国探险家出，至千四百十八年，得马德拉（Madeira）诸岛；三十二年，得博杰得尔（Cape Bojador）；四十一年，得濮兰克岬（Cape Blanco）；四十六年，得白尔岬（Cape Verd）。千四百八十六年，直亚芝（Bartholomew Diaz）始至亚弗利加之南，距王子之殂已二十六年矣。遇暴风不得进，失望归，遂名其海角曰暴风岬*英（Cape of storms），葡（Cebo Tormentoso）。葡王约翰二世以为不祥，更名之曰喜望岬*英（Cape of Good Hope），葡（Cabo de Boa Esperanca）。其后千四百九十七年七月，威司克大格马发于葡都理斯滂，循亚弗利加南端。翌年五月，始抵印度麦拉柏尔海岸（Malabar Coast）嘉利恰德（Caliout），是为东西两洋海路开通之始，距哥仑布之获米洲才六年。是则西大陆之发见与东洋航路之开通，皆十五世纪末十年间事也。

葡萄牙人既得麦拉柏尔海岸，欲以为贸易地，屡困于土人。埃及人亦恐葡人绝其通路，乃与斐尼司人共援之，为土人声势。葡人讨之，不克。亚尔美大（Almeida）率大军至。千五百九年，破埃及海军于芝要（Diu），葡人始有立足之地。亚卜克魁（Albuguergne）为总督，谋大侵略。千五百十年，取郭亚（Goa）。其明年，取玛拉嘉（Malacca）。十五年，取波斯湾之奥睦支岛（Ormnz）。亚卜克魁遂为印度贸易建设者。葡国势力日以隆盛，芝要、大曼（Daman）皆为领土。教徒查维洱（Francis Xavier）综理东洋，布教事。耶稣教乃广及东洋诸国。贸易之地西自亚剌比亚海岸，东至玛拉嘉。其他锡兰、苏门答腊、爪哇、毛拉加斯诸岛，无不有葡人足迹。支那澳门、日本长崎亦互市矣。郭亚为诸贸易地中心点。千五百五十七年，乃定为大僧正驻所。船舶往来，咸集于此。东洋贵品珍物亦聚焉。郭亚与葡国往复商船，年必一度，其至理斯滂也。荷兰、英吉利、汉砂诸府之商人，争购东洋物品，以贩欧土。自千五百四十年至千六百年，葡人乃全握东洋商利。初千四百九十三年，罗马法王发教命，于大西洋上亚濯尔诸岛西三百英里间（后改为八百英里）划分界线。线以东凡不奉耶教之君主国，有新发见者，为葡萄牙领土；线以西有新发见者，为西班牙领土。教命既下，自是百余年间，西班牙人殆全据亚米利加；而葡人东洋之商权亦与相峙。葡人既握大利，总督商人，乃益纵侈，专以逼压土人为事，争致东产，以输本国，于是葡人间亦有互相济者。政府又欲直辖海外贸易权，常遣兵士乘商船，以兵力贸易。宣教之令益以急功，土人怨之。夫葡人之所恃以陵人者势耳。顾其葡萄牙本国，地小人寡，虽骤得贸易大地于东洋，沿岸岛屿，各有分布，皆单外不足以自固。千五百八十年，争端起。西班牙王希立璞二世，其母葡出也，遂并葡国。荷兰与诸国亦皆兴兵。葡国财力大困，贸易地几不能支。而荷兰、英吉利人争夺其据地。千六百四十年，濮拉敢沙起，畔西班牙，再振葡国。葡国旧有之地，但余郭亚、芝要、大曼、澳门、洋上群岛而已。

荷兰旧与比利时同为西班牙领土，名涅载兰，其北部即荷兰也。新教盛，多行于其地，西班牙政厅遂虐待之。千五百七十九年，北部七洲宣誓独立，叛西班牙。自葡人贸易东洋，荷兰人恒出入葡都，转贩东产，以输欧洲。及西班牙并葡国，希立璞二世以兰人为叛民。千五百九十一年，不令禁荷兰人不得出入理斯滂都邑。荷兰人于是谋与东洋直接贸易。墨嘉图（Gerard Mercator）绘东洋地图，以饷国人。林士克登（Jan Huygen Van Linschoten）初在印度，多记载，至是亦刊行其书。何德曼（Cornelis Houtman）尝为俘，因于理斯滂之狱，闻印度航海状于葡人，归亦扬言之，以励兰人。兰人遂东。远征队出，欲自欧洲北境循行，以抵印度。中途得曾浦拉岛（Nova Zembla），寄泊于士批子白梗岛（Spitzbergen），卒不能达。千五百九十五年，何德曼率舟队东发，海上屡与葡人冲突。至苏门答腊（Sumatra）、爪哇（Java）、码周拉（Madura）而归。其后马划（Mahay）、那尔得（Noort）之徒，益以探险事业唱〔倡〕导兰人。卒得爪哇、苏门答腊、毛拉嘉斯（Moluccas）诸岛为贸易地。诸会社相竞恐后。因公立一荷兰东印度会社为总机关。千六百二年，乃得政府之公许，会社资本凡千四百二十一万一千六百四十八罗卜，合股二千百五十三，于喜望岬玛会澜海峡之间据贸易权，筑城寨，置守兵，能与其所出入国之君主宣战媾和，行政司法之吏，得任命焉。

荷兰人既伸势力于爪哇、苏门答腊、毛拉嘉斯诸岛，所至悉逐葡人，且激之使与英人竞。社会〔会社〕创立后十三年，乃有武装船八百艘，得敌船五百四十五艘，年获利益自什二以至什五。其商业之盛，与其竞争之剧，观此可知其概也。由是排榜丹（Bantam）、酌加托拉（Jakatra）、赤毛尔（Timor）之英人而夺之，逐安培拿岛（Amboina）之葡人而去之。千六百二十三年，英人至安培拿，兰人复袭杀之，并戕日本人九人、葡人一人。安培拿杀戮至今犹有名于世。英人既死，英、兰二国乃有国际之争。荷兰卒偿金三千六百十五磅，以恤死者，其事始寝。荷兰人益横充贸易地。千六百十九年，建白达威亚府（Batavia）于酌加托拉，为诸贸易地之枢，设贸易场于印度马勒伯尔、壑罗曼铁两海岸间。至千六百三十八年，荷兰人足迹有至日本者。四十年，复掠取葡人玛拉嘉地。五十一年，辟殖民地于喜望岬。五十八年，悉逐锡兰之葡国人。六十年，复夺取其塞来白司（Celebes）岛。是时东洋贸易独支那商埠为葡人所专，兰人不得逞志。千六百二十四年以后，但营交易于台湾耳。

兰人既乃悉变葡萄牙政策，解放土人，而怀柔之。专从事于商业，政治、宗教尽弛前轭，土人德焉。会社员亦守法遵约，宽驭土人，以博信用。顾其商策颇事胺削。与铁儿尼德（Ternate）、赤毛尔、毛拉嘉斯诸岛酋金，使拔取其地所产香材。榜大（Banda）豆蔻、安培拿丁子，悉制之限，不得转莳。定数以上，弗许增植，惧产多而直贱也。欲以此专握东方商利。然既务经商，护商之费，亦以增重。久之会社内部渐敝。重役几为世袭，社员多堕行者。至十八世纪之半，势力顿衰，商埠日困。荷兰东印度会社遂以千七百九十八年解散。法兰西革命起，荷兰为拿破仑所并，海外领土尽入佛国。英人乘之，亦分夺其地。时海上荷兰三色旗不倒，树英、佛二国之帜者，独长崎出岛而已。锡兰岛、喜望岬悉属英国。其后苏门答腊、爪哇等地虽为兰人所恢复，至今日印度大陆，荷兰无寸土矣。

英吉利人之从事于东洋贸易，略与荷兰同时。初有航海至欧米北境者，自此以探印度，屡出远征不得达。千五百五十三年，威老裨（Sir Hugh Willoughby）率众往，乃发见士批子白梗岛。至亚尔康则（Archangel）上陆，达莫士科，遂为英、露二国通商之始。此行实欲以探印度，盖不期而至此也。千五百七十九年，史铁芬士（Thomas Stephens）始抵印度。致其父书，详道其事。于是英人闻之成，欲东。千五百八十六年，嘉延哲西（Cavendish）至南洋大营商，八十八年归。是岁，英国击破西班牙舰队（Armada）。西班牙方与葡人联合，英人惧之，欲遂进东洋，挫葡萄牙，以杀其势。九十三年，英人获一葡船，即船中得东产千五百吨，皆英人所未曾见者，心歆之。兰人有以东产贩英土者。胡椒之属，元直三先零，恒以倍沽。伦敦商人羡厚利，乃于九十九年九月大会，议与印度市。凡此皆英人东渡之因也。寻乃创立英国东印度会社，以千六百年十二月得耶利查伯司女王许可。其时合股者百二十五人，母金才七万磅。舰长蓝加士大（Lancaster）千六百一年始试航海，至苏门答腊、爪哇、毛拉嘉斯诸岛。三年归国，遂赍成绩。自是商船四出，竞得新土。葡人、兰人时与英人冲突，互出暴力相争夺。英人多设商埠于南洋诸岛，印度大陆亦得摩哥尔帝国许可。千六百十二年，定司剌托（Surat）为贸易场，与和苏〈兰〉竞争之结果，英人虽被排斥，而大陆沿岸之地亦多成功。千六百三十四年，得出入于砰嘉儿（Bengal）。三十九年，建森德爵子堡（Fort St. George），为今日玛突剌士（Madras）之基。而司剌托、榜丹、玛突剌士三处为要区，各即其近属而辖之。千六百八十七年，移司剌托管辖权于孟买。九十八年，复立一会社为旧会社之匹。至千七百二年，并合而为一大会社，置威利安堡（Fort William）于砰嘉儿，砰嘉儿亦成重镇，为今日喀尔喀泰（Calcutta）之基。英人初在印度，所经营亦止于商权，土地主权未有及者。至蔡尔德（Sir Josiah Child）为会社重役，始谋以兵力规划领土。千六百八十六年，遂出师远征，不得竟其志。然是时，印度摩哥尔帝国日陵夷，诸侯割据。英人乘之，亦时会也。其事别为一章。

葡、兰、英之外，法兰西于千六百四年屡设立东印度会社。政府无定见，国人不耐，所建设常兴废。千六百六十四年，克尔白（Colbert）方立第五次东印会社，得弼芝西利（Pondicherry）、尚泰拿加（Chandarnagar）等地。克尔白死，遂以废绝。千七百九年，立第六次会社，九十年亦寻散。今日法国之于印度，舍弼芝西利、尚泰拿加外，贸易地亦寥寥矣。千七百二十二年，德国立奥士天得（Ostend Company）会社为印度贸易场。英人、兰人害之。时德帝奢尔士六世无子，方欲传位帝女马理耶铁来冀，诸国赞之。遂废会社，以欢其邻。（传位帝女之诏名曰 Pragmatic Sanction。）普鲁西王福来的理古二世千七百五十三年所立砰嘉儿贸易会社亦害于英、兰人，寻就废置。瑞典人一时有起为东印度贸易者，皆不足纪云。

观以上所记诸国规划，葡萄牙人不自揣量，欲以力征经营，改革宗教。荷兰挟专利主义，以吮其领土；虽成功于诸岛，而大陆之地保护警备，卒不自支，终底隳败。法兰西人虽善进取，而政府无实力以护之，国民又乏坚勇恒久之性，故亦旋得旋失。德国会社至为政府外交政略之牺牲，一蹶而不克振。独英人贞其力，养其锐，不沾沾于目前之侵略；母国政府常障卫其在外之国民，若人身脉系息息相关者，此其所以胜也。

第二章　英国人之印度侵略

英人侵略印度，为与佛国人竞争势力之结果。佛人于十八世纪前半，常经略南印度。千七百三十五年，摩哥尔国乱，诸侯争据其地。佛人周麻（Dumas）为弸芝西利知事，欲乘其机，扩张佛国势力。四十一年，周璞黎（Dupleix）继之，益诏其志。四十六年，摩理就士岛（Mauritius）知事拉坡德尼（Labourdonnais）率舰队至印度破玛突剌士，英人古莱璞（Robert Clive）等避之于德比托堡（Fort St. David），于是二国在印度常有兵争。欧洲亦有英、佛西黎西亚之战。耶拉洿拍尔（Aix la Chapelle）条约成，始归于好。印度亦稍稍弭兵。周璞黎蓄旧志，必欲一张法兰西国势。其妻生于印度，通方言，力赞之。笼络诸侯，树党援。既欲以长泰塞濮（Chanda Saib）为亚尔惷托（Arcot）领主，惧亚利（Mahomed Ali）为敌，围之托里芝朴利（Trichinopoly）。英人怒，古莱璞救亚利，克亚尔惷托据之。佛人与长泰塞璞来攻，力战五十日，佛人古卒。却莱佸遂与罗莲士（Lawrence）围托里芝璞利，下之。印度土人凤震慑佛兰西，至是始知英吉利强不可犯。周璞黎犹锐意进取，千七百五十六年被召归国，印度兵争于是始熄。普鲁西、墺太利战事起，英人援普，佛人方睦于墺，二国复为仇敌。在印之英佛人亦交交。史拉樵德拉（Siraj ud-Daulah）为砰嘉儿领主。德拉凤恶英人，乃袭击喀尔喀泰，陷威利安堡。英人乘舟遁，余百四十六人被执，幽于威利安营仓。仓名暗窟（Black hole），室内才十八方英尺，窗小不足以纳风日。盛暑郁蒸，囚多死者，翌晨仅余二十三人。古莱璞自玛突剌士闻变，率兵至砰嘉儿。千七百五十六年六月，战于坡拉西（Plassey）之野。敌步兵三万五千人，骑万五千匹，炮五十尊。英军一千，益以印度兵才三千人，炮三尊。以少击众，克之。佛人力助领主，卒取败北。于是砰嘉儿人无不丧志。坡拉西之捷，实英人得印度土地主权之根。古莱璞遂拥立爵花（Mir Jafar）为领主。东印度会社及诸英人咸赉金大酬。自是会社于喀尔喀泰附近八百八十二方英里地，得收入权。领主但保其所有权，会社对之负年贡义务而已。千七百五十九年，领主所有权亦举授古莱璞。古莱璞遂为会社地主，年收地租三万磅，列于摩哥尔帝国贵族。千七百六十五年，会社乃与古莱璞订新约。十年间，年纳金二十二万二千九百五十八罗卜。至千七百七十四年，其地悉归会社。佛人自败衄后，日图再振。有标西者（Bussy），欲取诺撒沙嘉司（Northern Circars）为佛兰西势力地。拉理（Lally）亦图恢复托里芝扑利。千七百六十年一月，英人枯德（Coote）败之宛撒哇西（Wandiwash），俘标西及拉理。其明年，遂陷弸芝西利。佛人再蹶，自是不敢与英吉利争。千七百五十八年，古莱璞尝为砰嘉儿知事，监督英人，次第为英人伸张势力。至六十五年，乃夺砰嘉儿比合尔（Behar）、澳立沙（Orissa）、诺撒沙嘉司之收入权，以与会社。所纳于领主者，六十万磅；纳于皇室者，三十万磅而已。财政兵马，会社握之；行政司法，委诸领主。领主拥虚位，实权无不归会社者。此古莱璞政策也。古璞莱抑亦可谓现今英领印度之创立人欤。

古莱璞政策，会社既握实权，领主遂自居无责，不修内治。会社专事收税，土人有受委为课税吏者，亦横敛为务，百姓苦之。社员复自营私利，会社亦受其敌。古莱璞去，财政大乱，几破产。千七百七十一年，砰嘉儿大饥，会社益困。本国会社乃命奥仁黑士秦古斯（Warren Hastings）为砰嘉儿知事。奥仁锐意整理，废古莱璞政策，令会社自行征税，不委于人；司法权亦归会社。土豪争讼，奥仁辄收其钜金，以济会社。于是英人势力复振。千七百七十三年，英国政府制定印度管辖法，置总知事，监督印度诸政务；别置评议员五人。七十四年，奥仁遂任为总知事兼评议员，余四人则以会社员巴威尔（Barwell）及本国所遣之古拉白林（Clavering）、孟逊（Monson）、孚兰西司（Philip Francis）组织之。古拉白林等雅不善奥仁所为。既至，孚兰西司尤与之抗争不下，互斗，伤孚兰西司。孚兰西司大谤之。奥仁犹务侵略，数与土豪交兵，收金以益会社。麻拉大（Marathas）人横，奥仁乃与乌托王（Oudh）合抗之。减砰嘉儿领主岁贡额，以购亚拉哈拔德（Allahabad）、克拉（Kora）二州地于乌托王，助乌托王讨罗稀拉人（Rohillas），遂课乌托王母及皮拿来斯（Benares）。领主新固贡金，咸资会社，会社产益厚。自千七百七十八年至八十四年，征麻拉大人，讨梅作尔（Mysole）、德干二王国，无岁不用兵。奥仁擅兵专断，世多訾之。英政府亦知东印度会社不厌时论。千七百八十四年，遂立监督议会，在本国总辖会社事，置监督六人，选诸枢密议员中，二人以出纳尚书、国务大臣兼之。自是会社会社员非有监督议会许可者，不得擅与印度土人结约、开战。明年，奥仁归。国会亦弹其在印度时事，遂放免。奥仁䩱张狠强，固有足被谤议者，革政务，拓疆土，会社单财，赖以仞积，行政之略，亦英人东侵史上一大观也。故英国人之于印度，张其势者古莱璞，固其基者奥仁。千七百八十六年，康澳里士（Cornwallis）继奥仁为总知事。内治之规，咸秉奥仁，益加整备。初砰嘉儿田制甚乱。奥仁时悉以委收税吏，五年为限，年收入无定额。康澳里士用会社员约翰雪亚（John Shore）言，行检地法，制定赋，田地悉以贷收税吏，使出定租。于是吏咸为地主，岁收乃均。区司法部于财政外，使独立不相侵犯。设诸所，裁判所决民刑诉讼，严定会社规律，夙弊尽去。千七百九十年，康澳里士自将兵，征梅作尔、德干王，麻拉大人为援，大破敌军，降梅作尔王未博（Tippn），使偿军费三百万磅，割领并土之半，以与英人及同盟者。其后威来士利侯（Wellesley）为总知事，专务侵略，或攻之，或交之，遂并诸侯领土。佛兰西人尽失据地。南印度海得拉拍托王（Hyderabad）多与欧洲人联约。威来士利先说之使绝欧好，讨梅作尔王，屠其据城。塞林格伯丹（Seringapatam）麻拉大人最强，终挫之。扩势力于中印度乌托地，西北印度亦多得新土。侯在职间，自千七百九十八年至千八百五年，英国属地殆达印度之半。侯复注意内治，会社员有不达民情者，立学校于喀尔喀泰，咸使就学，养成经营印度之才，是为英人帝国主义之始。千八十四年至二十三年，黑斯秦谷（Hastings）为总知事，袭用威来士利主义，讨尼巴尔（Nepal），削其疆土；征服品泰里人（Pindaris），遂并吞中央印度；伐麻拉大，降之。亚玛司托卿（Amherst）继用事，东征缅甸，得亚拉康（Arakan）、铁拿塞林（Tenasserim）、遏逊（Assam）诸地，新德（Sindh）、拉何尔（Lahore）亦归其版图。千八百四十八年，大尔孚芝卿（Dalhousie）为总知事，复取彭爵博，征缅甸，夺逼古（Pegu），举乌托为英人直辖地。至五十六年，英领印度工业、财政、军事、教育、司法诸制度，无不厘革。通运河，奖航海，邮政、铁道、电线同时并举。土人便之。古莱璞、奥仁、威来士利之功，至大尔孚芝于是大成。康尼古（Canning）继大尔孚芝为总知事。千八百五十七年，土兵畔。土兵者印度人，英人以欧洲军制编之者也。时欧人势力既陵压印度，政厅国体无得自立者，世阀痛之。土兵亦无进身之路，咸不平。适传矸嘉儿联队所用火器，防暴裂，英人以牛豚脂附之。印度国俗，神圣牝牛，闻之大愤。五月十日，美拉脱（Meerut）屯兵遂反，将取德里（Delhi）区。德里至拔脱拿（Patna）间堪芝士河畔为战地，印度政厅兴师讨之。哈仆罗枯（Havelock）、嘉美尔（Campbell）、尼克尔孙（Nicolson）等分兵迎击，下康朴尔（Cownpur），解拉枯挠（Lucknow）围，遂复德里。罗斯（Rose）别将兵，勘定中印度，明年悉平。东印度会社创立后，凡二十年更定社规，必得政府之认可状。千八百十三年改正社规，乃削其印度贸易独占权。三十三年，复削其支那贸易权。五十三年改正，废会社员占据印度政厅重役之权；非有才者，不得任政厅。土兵平。英政府益悟印度管辖不可悉委会社。千八百五十八年出令，以本国政府直辖之。内阁增置印度事务大臣，又统辖于女皇。别置评议员十五人，为事务大臣之佐。改总知事为总督。后总督多能者，改制度，兴实业，普教育，地方日治，土人归心。千八百七十五年，英太子（即今皇爱德华第七）游印度，明年始归。印度人皆欢迎之。千八百七十七年一月一日，维多利亚女皇遂加印度皇帝尊号。英国皇室与印度关系自是益亲密焉。夫置七万磅会社于遐方疏俗殊邻绝党之域，进取缮治。积三百年，乃有五十六万方英里面积，二百九十兆人口，建设一大帝国，为世界殖民地之冠。彼盎格鲁撒克孙人（Anglo-Saxon）果何操哉！坚忍之气与其政府之所以展采错事者，视荷兰、葡萄牙何如也？

印度总督表

	砰嘉儿知事（一七五八——一七七四）
一七五八	古莱璞（Clive）
一七六〇	何卫儿（Holwell）
一七六〇	汪士大德（Vansittart）
一七六四	约翰斯宾沙（John Spencer）
一七六五	古莱璞
一七六七	哈利·禅尔士秦（Harry Verelst）
一七六九	约翰·加奢（John Cartier）
一七七二	奥仁·黑士秦古斯（Warren Hastings）
	印度总知事（一七七四——一八五八）
一七七四	奥仁·黑士秦古斯
一七八五	马国发逊（Sir John Macpherson）
一七八六	康澳里士侯（Marquess Cornwallis）
一七九三	约翰雪亚（Sir John Shore）
一七九八	顾腊克（Sir Alured Clarke）
一七九八	威来士利侯（Marquess Wellesley）
一八〇五	康澳里士侯
一八〇五	柏罗（Sir George Barlow）
一八〇七	闵图伯（Earl Minto）
一八一三	黑斯秦谷侯（Marquess Hastings）
一八二三	约翰亚当士（John Adams）

一八二三	亚玛士托伯（Earl Amherst）
一八二八	黑里（William Butterworth Bayley）
一八二八	边清克卿（Lord William Cavendish Bentinck）
一八三五	迈达嘉夫卿（Lord Metcalfe）
一八三六	渥达兰德伯（Earl Auckland）
一八四二	挹连博罗伯（Earl Ellenborough）
一八四四	哈蒸羁子（Viscount Hardinge）
一八四八	大尔孚芝侯（Marquess Dalhousie）
一八五六	康尼古伯（Earl Canning）
印度总督（一八五八以来）	
一八五八	康尼古伯
一八六二	卫精伯（Earl Elgin）
一八六三	纳皮阿卿（Lord Napier of Magdala）
一八六三	哲尼逊（Sir William Denison）
一八六四	罗莲士卿（Lord Lawrence）
一八六九	枚锐伯（Earl Mayo）
一八七二	史独腊佟（Sir John Strachey）
一八七二	纳皮阿卿（Lord Napier of Merchiston）
一八七二	那士博洛克伯（Earl Northbrook）
一八七六	立敦伯（Earl Lytton）
一八八〇	里朋侯（Marquess Ripon）
一八八四	达孚林侯（Marquess of Dufferin and Ava）
一八八八	蓝士憨侯（Marquess Lansdowne）
一八九四	卫精伯（Earl Elgin）
一八九九	嘉臧卿（Lord Curzon）

第三章　支那与西洋诸国之关系

第一节　旧时支那与西洋之交通

欧洲人何时始至支那？西籍纪载，昉于纪元一世纪时出版之《耶里司来安海回航记》（Periplus of the Erythraean Sea）与脱黎米（Ptolemy）之《地理书》。厥后记载家多言印度东北有所谓支那国者，顾其名称不一：曰新，曰秦，曰西那，曰西尼，曰齐尼斯他。罗马时代呼支那国人常曰"塞来思"（Seres）。中世又称支那国曰颉台，曰恰塞。支那名称之起源有二说：一为秦之转音。始皇帝成大业，威名震中外，故其国号远播西土。一马来人呼今之支那南部为支那。及西洋人得闻印度事，遂并支那名称传入欧洲。今日学者多据前说。顾后说亦有足信。支那僧徒印度纪行文中有可为证据者，但所见于《旧约》全书之"西尼姆"（Sinim）；所见于《摩拏法典》、印度史诗之"齐拿斯"（Chinas）；见于波斯古史之"码秦"（Machin），果指支那与否，不能臆断。佛书称"震旦""振旦""真丹"。虽种种附会其说，率皆有音而无义。"震""振""真"，类与秦音近。"旦""丹"，则为波斯语国字之义，即"斯丹"（Stan）也。今亚细亚西南国名，语末多附"斯丹"者。悫思马斯之书称支那犹曰"齐尼斯丹"，非其证欤。罗马时代呼支那人为"塞来思"。塞来思者，绢也。当时欧洲用绢贩自支那，故名之。曰颉台，曰恰塞，其音皆本于契丹。中古之世，契丹征服满洲蒙古，逐宋于南方，遂并有北支那地，以立大国，国势颇振。当时西洋人遂以其名名支那。纪元九十七年（后汉和帝永和元〔九〕年），汉班超遣其部将甘英至大秦国。大秦即罗马帝国。甘英达条支，临大海，不渡而返。条支今属何土，虽不可考，或即波斯湾也。百六十六年（桓帝延熹九年），大秦国王安敦遣使自海达日南，贡方物于支那。安敦即罗马帝安敦尼拿司（M. A. Antoninus）也。其他罗马史家福罗拉司（Florus）记录言，奥嘉士大司帝时，塞来思尝遣使自印度来贡。并考东西旧史，上古两国已交通无疑。拍西亚人（Parthia）于两者之间，又多为绍介。而东西洋终有所间隔，不能直接常聘问。六世纪时，希腊之僧悫思马斯记东罗马帝国与支那通商事颇详。七世纪，希腊人涩倭希拉克（Theophylact）亦多纪之。唐人称东罗马帝国为拂菻。东罗马都康斯丹丁讷弗吕，拂菻音与弗吕为近，故转讹也。唐世多与大食国人通。大食即亚剌比亚。亚剌比亚人哇夏博（Wahab）、亚扑载德（Abu Zaid）、阿马士琦（al-Masudi）等遗书详载其事。当时亚剌比亚人征服印度中央亚细亚，疆接支那，故常窥西域。其将顾大白（Kutaibe）越山岭入寇喀什噶尔。又自海路至支那通商者甚多。广州、杭州、泉州等处，贸易场为最繁盛。支那人亦往来印度海岸、锡兰岛间，或进而至波斯亚剌比亚海岸经商。蒙古人起，征服中央西部亚细亚，席卷俄罗斯。千二百四十一年，进迫理古尼支（Liegnitz），大破欧洲军。罗马法王与诸王公或震骇。法王伊诺生德四世欲怀柔之。四十五年，遣使者柏朗嘉宾（John of Plano Carpini）诣蒙古。四月出发，溯奥尔嘉河，访拔都营。明年七月抵和林（Karakorum）。十一月，得复书归报罗马，以功进为安剔白里（Antivari）大僧正。法兰西王路易九世闻钦察部镇将拔都子撒里答崇信耶稣教，遂遣罗柏鲁（W.Rubruquis）往视之。千二百五十三年，发君士旦丁堡，过枯利美亚，至撒里答营。适涅斯拉利亚亦遣僧赴蒙古。僧忌罗柏鲁，害之。罗柏鲁不能留，复自亚尔默尼亚衣克纽（Iconuim）归。罗柏鲁之在蒙古，所识外国人甚多。亚尔默尼亚王黑唐（Hayton）时亦东行。黑唐久与蒙古帝交厚。定宗朝，黑唐弟森柏脱（Sempad）尝使蒙古。及黑唐至，谒宪宗。宪宗款之尤挚，寻归。自是东西交益密。后西洋人至支那者，伊太利斐尼司府扑劳一族为最著。呢克罗扑劳（Nicolo Polo）与其弟麦黑倭扑劳（Maffeo Polo）千二百五十四年以商贩至君士旦丁堡，复航枯利美亚，达支那。元世祖忽必烈厚遇之。扑劳兄弟归，世祖附书罗马法王，且约扑劳再来。至七十一年，呢克罗扑劳与其弟及子马尔克扑劳（Marco Polo）自耶悫尔（Aere）上陆，过波斯中央亚细亚，入喀什噶尔，至元都北京。世祖留之二十一年，眷遇益厚。遂得历游支那疆内诸地。任马尔克扑劳官至扬州知事。千二百九十五年，元以贵女嫁波斯亚空汗（Arghun Khan），使马尔克扑劳护送之。渡海，达波斯斐尼司。其后斐尼司与嘉塞讷亚战，扑劳将败于可尔作腊海（Curzola），被执，囚狱中，纵谈东洋事，使鲁士剔枝（Rusticiano）纪之。世所传扑劳《东洋闻见录》者是也。书载东洋诸国，富有珍产。于是冒险家出，竞探陆地，航路因以发明者滋多。奥代理谷（Odoric）者，伊太利僧徒，时亦旅行亚细亚，过君士旦丁堡，出亚尔默尼耶，自白古大德遍历波斯、印度沿岸、锡兰岛，渡苏门答腊，至广东登陆，过泉州、福州、杭州、南京，达北京。与宣教师孟德苟威诺（John of Montecorvino）遇，留北京三年，自西藏归。千三百三十年始抵国，老于途者十三年。其旅行记虽多怪诞，而事实亦有足征者。千三百三十八年，僧马里尼约利（Marignolli）又为法王使者，自法国亚威尼漾（Arignon）出，过君士旦丁堡、沙来（Sarai）、亚尔麦利古（Almalig）至支那。入北京，留数年。复自泉州航海至印度。千三百五十三年归。时北京自孟德苟威诺至传教后，教徒往来，日以繁焉。

亚剌比亚人伊旁白调泰（Ibn Batuta）亦亚细亚旅行家之豪也，生于亚弗利加北岸坦吉尔（Tanzier）。千三百二十五年，年二十一，始漫游。初至西利亚、小亚细亚，留于印度国都德里八年，印度帝优遇之，或传其为印度判官云。千三百四十二年，印度使使支那标丹。时支那方与印度通聘问，且献方物，标丹人（Butan）亦请建立佛寺，故使报答之。将行，方从喀尔喀泰乘舟，被风舟覆，从者、赠品悉沉没。白调泰惧谴，遁于苏门答腊，自赴支那。由泉州登岸，遍历支那南部诸都府，终抵北京。及归，复循亚弗利加北，过亚剌比亚，前后旅游凡三十年，程七万五千英里。伊旁白调泰者旅行之义，盖其号也。名曰亚博摩罕默德（Abu Abudullah Mahomed），世无知者。十六世纪之末，有蒴思者（Benedict Goes）复豪于游。蒴思生于亚濯尔群岛（Azores），初仕于葡萄牙海军，后为哲修伊德派僧。使于印度阿古白尔（Akbar）大帝之朝，通波斯语。勇敢尚气，在印度遂以此名。千六百二年，以布教恰塞，遂联一商队，发亚古腊（Agra），过嘉仆尔兴德克西，溯安达利亚河〔Amn Daria（一名 Oxus）〕，出帕米尔喀什噶尔，抵肃州。以急病，留十七月，遂殁肃州。所过峻险，绝阪砂漠，咸无人迹。死后记录散失。今传于世者，遗编一二与其仆爱查克（Isaac）所口述而已。恰塞即支那，盖自蒴思发明之，地理学上实有伟功。

自葡萄牙人发见印度航路后，定郭亚为东洋贸易中心点，支那澳门亦设商埠。西洋诸国与支那交通者，经商、布教，一二冒险家赴之而已。支那锁国久，卒乃开关以向欧人，欧人亦非能以旦暮致之。编述于次，其披抉有自来矣。

第二节　印度航路发见后西洋诸国与支那之关系

开印度通商之始者，葡萄牙人。作贸易地于支那者，亦始于葡萄牙。千五百十六年，葡人拍黎思德来（Rafael Perestrello）乘小船至支那。欧州船舶揭国旗而至此者，是为嚆矢。其明年，安德黎（Ferdinand Andrade）率船八艘来广东。支那官吏颇厚遇之，许碇泊于上川岛（St John's Island）。又明年，其弟西孟安德黎（Simon Andrade）至，以暴行恶于支那人。二十一年，支那人逐之。然葡人来者不绝。广东府近地其常出入者有三，森德爵屿、浪白岛、澳门（亚妈港）是也。至千五百六十年，浪白岛葡人有五六百人。澳门海滨初尝建屋，备难船，暂庋商品。千五百七十三年，支那政府乃增筑境墙以区之，默许居留。八十年，定澳门为僧正住地。而宁波泉州等处，新至之葡人又不容于支那人，多被屏逐者。

葡萄牙自千五百十七年后数遣使至支那，遂得支那默许澳门互市。百年间，葡人独据极东商务。至千六百三十九年，日本长崎出岛悉逐葡人，禁再来。于是澳门贸易亦渐衰。葡人至长崎必经澳门，澳门犹其支肆，故被影响。德川幕府自岛原乱后，恶耶稣教徒益甚。凡欧洲人，无论僧侣商贾，咸号曰南蛮人，故有出岛之逐。时葡人国势浸微，东洋商埠次第颓废。千八百二十年，鸦片禁令出，澳门鸦片皆不得市，止伶仃岛秘密贩卖而已。四十四年，支那开关通商。葡人益不能与诸国竞。初澳门商埠定贷地金年五百两。自千五百八十二年至千八百四十九年葡人实行之，后亦旋废。近年清国政府复争其所有权，得他国援助。千八百八十七年，乃更定条约。葡人澳门贸易寂寥，独彩票会社至今犹称盛云。

荷兰既得南洋诸岛，千六百二十二年，以十七艘舰队夺澳门。支那人与葡萄牙人合击之。荷兰失三百人，退湖澎〔澎湖〕岛（Pescadores，葡语渔夫之义），遂城澎湖，欲为根据地。土人畔之，明军外逼，千六百二十四年复退台湾〔欧人称台湾为"和尔摩沙岛"（Formosa），葡萄牙语美丽之义〕，城安平，呼之曰"载伦哲亚城"（Fort Zealandia）。后更筑赤嵌城（Fort Provintia），缮完聚，逐基隆、淡水西班牙人，遂有台湾全土。兴教修政，招抚土人，耶稣教徒亦奋于传道，一时称治。千六百二十八年（日本宽永五年），长崎代官末次平藏以商船被害于兰人，使滨田弥兵卫至台湾问罪。弥兵卫率部下天野屋太郎左卫门等直入荷兰政厅，捕知事皮替内持（Peter Nuyts），遂质其子罗连司内持归。千六百三十二年，内持自至日本谢罪，幕府幽絷之，三十六年释还。

兰人领有台湾，次第开垦，疆土益拓。时支那明亡，其遗臣相率来逃。郑成功谋复金陵不克，乃留其子经守厦门，自将渡台。荷兰台湾知事蒯脱（Coyet）告急于白达威亚。千六百六十一年，郑成功将二万余人断安平、赤嵌二城通路。先下赤嵌，以全师围安平。白达威亚援至，城中人奋斗不得出，围九月，死千六百人。蒯脱降，兰人悉去台湾。台湾为荷兰领土，凡三十七年，至是属郑氏。千六百六十二年，薄尔德（Bort）以白达威亚总督之命，率十二舰至厦门境，与清官吏谋夺厦门，进击台湾。约不成，薄尔德归。明年，复十六舰至，援清军拔履门、金门二城。初千六百五十五年，荷兰人贵恬尔（Goyer）、嘉以则（Keyzer）使北京。自是八年一遣使，常以商船四艘从之。支那亦但许互市而已，不界〔畀〕他利。及郑成功据台湾，兰人益不得逞。千六百六十四年，白达威亚总督遣茫荷纶（Van Hoorn）至北京，请商埠。北京政府复拒之。以是荷兰与他国人唯在广东有小贸易。乾隆六十年祝典，广东荷兰商人范抟澜（Van Braam）说白达威亚总督遣使致贺，缔清好。白达威亚总督即遣翟青鹊（Isaac Titsing）为使，抟澜副之，以盛礼致北京。又无所得于北京政府。千七百九十六年归白达威亚。自是四十余年荷兰、支那殆无交际。千八百四十三年支那开关时，兰人毛喆曼（Modderman）自白达威亚来经营新开港贸易。六十三年，遂缔天津通商条约。

英吉利人与支那交通，其创如后于他国，而成功独伟。如在印度。千六百三十五年英船始至支那，抵澳门。船长卫叠儿（Weddell）求互市。广东官吏既许可，葡人逌之，竟不得请，反炮击卫叠儿船。英人奋怒应战，夺炮台。既胜，遂还其所获兵械船舶，卒以互市取偿。其后明亡，支那乱，不及与外人缔约。葡人复其常挤英吉利人。故英吉利人在支那，数十年无振业者。及郑经守厦门，英人乃与经结，数往来于台湾、厦门。复出葡人不意，在广东络绎贩卖。千七百年，英吉利东印度会社集议，以全权委恰赤璞尔（Catchpoole）使至支那。恰赤璞尔悉心经划，千七百一年遂开舟山商埠。支那重税西商，西商终不能牟大利。千七百三十四年，英船抵广东者一，抵厦门者一。三十六年，抵广东者四。丹麦瑞西咸一艘。佛兰西、荷兰二艘而已。千七百五十九年，清高宗禁英人不得出入宁波。宓灵脱（Flint）在支那久，通其国情，自至天津哀诉。絷之幽焉。千七百九十二年，英伯爵马嘉德尼（Macartney）为使，赍珍品多致从者至支那。支那政府恩接加昵，不与特权。马嘉德尼归，纪行书行于西洋，西洋人咸知支那帝国疆土之大。支那亦以英吉利使节盛美，知西洋人为不可侮。欧洲革命起，英佛开衅。英人惧佛兰西势及远东，遂占领澳门。和成，亦释澳门兵。千八百八年，佛军卒至，谋据之。英海军将突尔里（Drury）遣兵登岸，护葡人。时支那政府争澳门主权，亦拒佛军。且禁英人交易，不给薪粮。突尔里知遽怒支那不利，引还印度。千八百十六年，印度总督亚玛士托卿（Amherst）使北京，复不得志。而东印度会社输运鸦片，得高赀。其后英政府卒剥夺会社权，与支那直接交通。

自十六世纪以至十九世纪之初，欧洲各国与支那有国际交涉者，葡萄牙、荷兰、英吉利为最著。西班牙得墨西哥为殖民地后，远涉太平洋。其将勒格士披（Legaspi）千五百六十五年夺飞律宾群岛，定玛尼腊（Manila）为列岛首府。自是支那亦与西班牙生关系。西班牙人尝从近海荡平支那海寇。千五百七十五年，奥恰斯精二僧使支那。八十年，西班牙王希立璞二世复遣伊古拿就士（Martin Ignatius）继之。两使者至广东，咸不得达。玛尼腊处支那、西班牙间，地冲，为商埠，商业颇盛。墨西哥银币至今犹行于支那，当时关系，盖可知也。千八百四十七年，西政府复使马斯（don Simibaldo de Mas）使北京。六十四年，订通商条约。于是西班牙人方得出入支那通商口岸。法兰西与支那亦少交涉。

惟千六百八十八年，佛王路易十四一致书康熙。至千八百四十四年，拉古尔匿（Lagrene）结清法条约，始有国际。北米合众国千七百八十四年始遣船舶至支那。其他欧洲诸国关系益鲜。独俄国侵略西伯利亚，为支那北边之患。数十年间，亚东时局为之大震。编次其事，别为一章。

支那鸦片战争以前，不达西欧国情，狃于彝夏，呼欧洲人曰蛮曰鬼。使者馈遗，咸曰朝贡，强之拜跪。葡萄牙首据澳门，他国人亦仅得出入广东一港。欧人相震，以为大国。及鸦片战争败，始稍稍蔑之，图捣虚矣。

第四章　支那之开关

鸦片输入支那，以葡萄牙人为主。至千七百六十五年，其额尚少。七十三年，英吉利东印度会社始输入，其后年增，支那烟害渐甚。千八百年（嘉庆五年），清廷禁之。贾人赃贿官吏秘售。千八百二十五年复申前令，载鸦片船不得入港，亦不许葡人输入澳门。于是外国商船咸泊广东湾伶仃岛，窃与支那人市，久复公然。清政府谋严遏之。英国欲卒牟大利。时政治家拍儿玛士唐（Palmerston）主持东方商务。千八百三十四年，任纳皮阿卿（Lord Napier）为贸易监督，驻支那。其后骆冰宣（Robinson）继之，咸悉心规划，克副其职。千八百三十六年，叶里渥德（Captain Elliot）为贸易监督，鸦片禁令益严。英清相持，叶里渥德颇周旋其间。清宣宗以湖广总督林则徐之请，决与西人开战，调则徐为两广总督。三十九年，则徐至广东，命外商尽出所藏鸦片，要盟使勿得更贩。外商失措，以千三十七函献。则徐诇知其匿，持益急。外商不得已，尽出总额二万二百八十三函。澳门亦收没八函。则徐悉焚之。英船退据香港，英政府于是出师。千八百四十年七月，英将布冷墨尔（Bremer）率舰队陷定海、舟山，分兵袭乍浦，逼厦门、宁波诸港，北进兵白河口。清廷惧，罢则徐，遣琦善至广东议和。将成，清廷复与英人宣战。英将军卧乌古（Gottingen）自印度至，连陷厦门、定海、镇海、宁波，次下吴淞、上海。英军扼扬子江口，进陷镇江，捣南京。于是清廷决与媾和，命耆英、伊里布、牛鉴为钦差大臣。英全权大臣仆鼎查（Pottinger）亦至，代叶里渥德总辖军政。舰队悉集扬子江，遂与清人议约。千八百四十二年八月二十九日（道光二十二年七月二十四日），约成。清以香港割让英人；开广东（广州）、福州、厦门、宁波、上海五港与诸国通商；偿英人军费一千二百万弗；偿英商责三百万，鸦片损直六百万；定国际文书为同等国称谓，是为《南京条约》。自是欧洲诸国相继遣使支那订约，鸦片输入日盛，至千八百五十八年列为关税。五港通商后，西人来者益众。清官吏待外人不改前度，外人恒不得与官吏面接，动辄龃龉。香港滨海，多海舶。政厅籍之。凡支那人船，咸隶籍中。独揭英吉利国旗，得往来诸港，不受讥〔稽〕察。船有阿罗（Arrow）者，其主人为支那人。船长英人揭英国旗，抵广东。广东总督叶名琛遣吏捕其船上水手支那人十二。英国领事巴克斯（Parkes）怒，诘名琛不守条约。盖英清追加条约第九条云：“凡英国主权内之清国罪人，当自英官吏捕致清国。”船揭英旗，故以为英主权地。因索所捕十二人，名琛不顾。寻释九人，余三人欲以海寇定讞。巴克斯固逼之，且强名琛谢过。拍儿玛士唐内阁亦决与支那力争。名琛不得已释之。巴克斯终衔名琛。时佛兰西宣教师薛璞德连（Chappedelaine）亦为清官吏杀害，英佛遂合。千八百五十七年十二月，联军攻广东，烧广东市，虏名琛致诸印度喀尔喀泰。联军北上，五十八年五月拔白河炮台。天津警，清廷请和。六月，英使者卫精卿（Earl of Elgin and Kincardine）、佛使者男爵顾遑（Baron Gros）与支那全权大臣穆亲王缔结《天津条约》。明年六月，英复遣使卜鲁思（Bruce）、佛使濮尔博伦（Bourboulon）至白河口交换定约。大沽炮台炮击英国舰队，二使归告急。卫精、顾遑复至支那，拔大沽，进逼天津。议和不成，英将军顾兰德（Grant）、佛将军孟得榜（Montauban）率英佛军向北京，帕枯士劳古（Loch）至通州，与支那论议。懿亲王绐之，俘焉。联军日近北京。清僧格林沁亲王邀击联军通州，联军败之，北京朝廷大震。文宗避热河，恭亲王独留京办事。联军至圆明园宫大掠，焚之。清人释帕枯士还。联军竟入内城，恭亲王出议和。露国公使伊古那剔夫（Ignatieff）调停其间。千八百六十年十月，遂增订前约。割香港对岸九龙与英人；复开牛庄、登州、潮州、台湾、琼州诸港通商；偿英佛金八百万两；耶稣教徒得自由宣教；划黑龙江南岸为露国领土以酬之。时清国方有粤寇之乱，故急与英佛和。和成，乃一意图粤寇。粤寇益炽，据南京，上海危。于是上海外国人自图备警。米国人华尔（Ward）先练军团，出防贼，益募支那人，以欧洲军制训练之，是为常胜军之始。华尔屡战有功，卒被创死。白齐文（Burgevine）代之。怒清人行赏薄，遂投贼军。清人禽〔擒〕之，以米国领事之请卒释归。常胜军隶英人何澜德（Holland）、喀克（Cooke）麾下。千八百六十三年，英戈登（Peter Gordon）将之。时常胜军五千余人，步兵五百为队，凡五六队，更设炮兵辅之。汽船四艘，支那船数十，进退称便。士官咸用外国人，人异其国，募兵乌合，多枝梧者，戈登一一拊循之。遂与支那官兵合力，屡破贼。围苏州城，戈登因城中欧洲人某入谕贼，先与清将李鸿章约，勿杀降者。李鸿章诺之。既降，鸿章背约，杀贼诸王以下二十余人。戈登怒，辞归上海。清帝犒金一万两，亦不受。清军失援，不能遽荡贼。于是戈登复为常胜军将，其后官军大举围金陵。戈登转战太湖、宜兴，攻金坛，负伤。金陵破，贼魁洪秀全自杀，乱平。千八百六十四年，遣散常胜军。常胜军之立，前后四年，拔五十城，纪律峻整，卒为支那官军表的。清廷封戈登勋爵，赐黄马褂。后至亚弗利加，为土人所杀。

自是清廷小康。千八百七十三年，台湾事起。先二年，琉球人五十四人漂流台湾，为牡丹社生番所杀。日本遣副岛种臣、柳原前光为使，诉于清国。清政府以台湾东部属化外，不任担负。日本乃遣陆军中将西乡从道讨台湾。清政府以撤兵请，日本参议大久保利通复为专使赴支那，论议不下。英公使卫得（Wade）调停之。支那卒偿军费四十万两，恤银十万。千八百七十四年，和议成。时支那西北部与露西亚又有伊犁交涉。

安南久属支那，为其保护国。佛兰西宣教师多庡止者。千七百八十七年，安南王福映失位，以宣教师言求援于佛兰西，谋复位。佛兰西革命将起，国乱，无暇东顾。宣教师等私援之，卒复王位。千八百五十八年，佛帝拿坡仑三世谋经略安南，遣军舰攻破顺化府（Hue）海岸炮台，旋陷柴棍（Saigon），略取交趾。千八百七十三年，交趾知事周璞黎（Dupre）欲吞并安南东京地，遣格尔尼耶

（Carnier）至河内（Hanoi），据之，开放红河（Song-Koir），不一月悉得河内海岸地。于是安南人求保护于清国。粤寇余党刘永福方在东京，收率旧部，号黑旗兵。东京人得其援，击退佛人。佛国亦责格尔尼耶妄启边衅。明年三月，遂与安南订约。认安南为独立国；开河内为商埠；自红河至云南，佛国得自由航行权；且禁安南不得与他国交通，断支那关系。千八百七十九年，东京乱。安南王复告急于清，清援之。八十二年，佛政府遣黎威耶将军（Riviere）讨安南，并击黑旗兵，遂陷顺化。八十三年，更缔条约，割东京。安南自是为佛兰西保护国。清廷使刘永福力拒佛军。曾纪泽为驻佛公使，亦严争于佛政府，不认安南条约。八十四年五月，李鸿章与佛国舰长宓尔尼（Fournier）议和，清军遂去东京。六月，佛将周之安（Dugenne）至谅山镇（Langson）受地，清军复击却之。佛兰西大怒，索偿金十兆磅，清廷不应。于是佛国舰队至支那。提督礼士拔（Lespes）袭台湾鸡笼，夺之。提督孤拔（Courbed）败清海军于福州海，破福州炮台，东据澎湖。时佛国舆论争和战，内阁弗挹里（Ferry）亦犹豫不能决。清国益修斗。台湾巡抚刘铭传克复鸡笼。佛军但封锁其海口而已。谅山镇亦退师至红河。孤拔久滞澎湖，遂愤死。李鸿章与柏得讷多（Patenotre）议和于天津。千八百八十五年六月，约成。一、认东京为佛国领土；二、悉退澎湖台湾佛军；三、不经佛国裁可，安南国不得有外交；四、清佛领地界，两国遣员定之；五、清国于云南开二商埠。自是佛国势力渐张，云南、广西处处有贸易地。殖民史上，佛国经营最晚。自略取交趾东京后，遂举安南、柬浦塞为保护国。千八百九十三年，腊奥士（Laos）复属之，浸及支那西南部，今乃有三十六万三千余方英里面积，隐然与英之印度、露之西伯利亚对峙矣。

呜呼，自千八百四十年后，支那数与外国启衅，战必败，败必失地。彝夏之防，卒不能破，蓄乱宿祸，以阶甲午。台湾既割，胶州、旅顺、大连、威海卫悉饷强敌。亡国之痛，不能一朝，省愆图强，犹噬脐矣。乃自是而忍有戊戌，忍有庚子也。

第五章　露西亚之亚细亚侵略

露西亚昔为多数之诸侯国，十三四世纪时数被寇于蒙古人及帖木儿等，遂屈服之。莫斯科公国起，稍稍图自强。至伊汪三世，始击破蒙古人。千四百八十二年，伊汪即帝位，实为今日露西亚大帝国之基础。帝殁时，其领土仅五十万方英里。伊汪四世立，更张国势，露西亚始得与欧洲诸国同等。千六百八十九年至千七百二十五年，彼得一世为帝。千七百六十二年至九十六年，加查灵二世为帝，版图日大。加查灵后世有英主，益蚕食亚细亚地，卒跨有欧亚二洲，面积凡八百六十六万方英里，其中属亚洲者六百五十六万方英里。当千五百五十八年时，伊汪四世以为拉尔岭麓地赐史脱罗各诺夫（Gregory Strogonoff）。史脱罗各诺夫谋越岭侵略亚细亚。哥萨克首长狄漠耶威赤（Yermak Timoyevitch）在乌拉尔，史脱罗各诺夫才之，使率部下侵西伯利亚。狄漠耶威赤遂夺取伊儿翟西（Irtysh）、奥泌（Obi）两河地，战死。千五百八十七年，建脱保士克府（Tobolsk），托木士科（Tomsk）、耶尼塞士克（Yeniseisk）、耶寇士克（Yakutsk）、渥惡赤克（Okhotsk）等府，相次创立。冒险家坡耶恪夫（Poyarkoff）东探险至黑龙江下游。喀拔洛夫（Khabaroff）亦远征黑龙江，与满洲兵冲突，史敕帕纳夫（Stepanoff）之徒咸提兵赴之。千六百六十三年，设雅克萨（Albazin）重镇。时清国方代明祚，圣祖立，平三藩，下台湾，国势大振。东北惧逼，遣萨布素等控之。于是清、露军黑龙江间时有战事。千六百八十五年（康熙二十四年），清将彭春将兵万八千人，船百艘，溯江捣雅克萨城，拔之。露守将拖濮精（Tolbusin）退据尼布楚斯科。清军去，露人复出。彭春围之，拖濮精中流弹死，柏唐（Beiton）代为守将。千六百八十九年，清、露议和。露全权大臣费要多罗（Feodor Golovin）、清全权索额图缔约于尼布楚斯科（Nerchinsk）。索额图盛卫示威，以待露使。耶稣教徒张诚（Gerbillon）、徐日升（Perira）复尽力赞之。费要多罗怯，约中多退让焉。一，露清国境自格尔必齐河（Kerbechi）水源至达太平洋之外兴安岭为界，南为清领，北为露领。悉撤额尔古纳河（Argun）以南露人居留地。二，露人自雅克萨退去，尽坏城垒。三，二国人猎者不得越境，有旅行券者乃得自由往来。约中格尔必齐、额尔古纳两河，以满、汉、蒙古、罗甸、露西亚五体文字为境标。是为露清国际之始。时露帝彼得虽践祚，顾冲幼，长姊索菲亚觊觎之。帝不安于位，故未遑远图。千六百九十二年，露帝复遣易德士（Ysbrand Ides）至北京，交换定约，议露国商人二百人以下得三年一至北京互市。是为露清通商之始。千七百十九年（康熙五十八年），彼得大帝更遣伊士迈洛甫（Ismailoff）、狄兰格（De Lange）使清国。伊士迈洛甫始至，不肯拜跪。寻与清廷约，清使使露国者，亦必以露礼觐。清廷许之，遂全使命还，留狄兰格北京，改露清人北境贸易约。彼得殁，帝女加查灵一世立。千七百二十七年（雍正五年），遣维拉士腊威芝伯（Vladislav Itch）议通商事宜，定恰克图（Kyakhta）至额尔古纳河为界。留露国僧徒三人、学生四人北京传教，且学支那语。清国许之。设贸易场于恰克图卖买城，露清人交易相会于此。是为《恰克图条约》。

尼布楚斯科定约后，露国益进图西南。千七百七年，公布柬察加为露国领土。九年，北欧战争，虏瑞典人一万四千人，流西伯利亚。五十四年，废死刑，定西伯利亚为罪人配流所。千八百四十七年，命穆拉威夫伯（Nikolas Muravieff）为西伯利亚知事。穆拉威夫至任所，即出探险队，察视桦太、千岛、黑龙江口东海岸一带地。鞑靼海峡沿岸崄厄，咸建屯营。未几，东欧乱起。露国与英、佛战于枯利美亚半岛，西伯利亚海岸大震。千八百五十四年，英佛舰队袭击露国所营隅脱罗雹士科（Petropavbovsk）、加斯德利斯湾（Castries Bay）、马利音士科（Mariinsh）、尼戈赖弗士科（Nikolayevsk）等地。西伯利亚荒远，兵单无援，军饷不给，穆拉威夫防战大困。适欧洲乱平，西伯利亚兵祸亦息。受敌之地，穆拉威夫再营之，悉复旧制。露帝尼哥辣士一世殁，亚力山德二世践位。穆拉威夫归，筹经营西伯利亚策。千八百五十七年，军队粮饷增输极东。明年五月，定《爱珲条约》。布恬廷伯（Putyatin）下黑龙江，经尼戈赖弗士科、桦太至日本，求互市。复西至渤海，呈国书于清帝，请通商。时清国与英佛违言，粤寇猖獗，方遭乱。布恬廷之请，未克峻拒。穆拉威夫挟之，乃与清全权大臣奕山会爱珲定约。以黑龙江、为苏里江为国界，为苏里江与日本海间为露清二国共有地。露国人有露政府旅行券者，得自由航行松花江及乌苏里江。尼布楚斯科条约所退让者，露国疆宇至是复扩。布恬廷亦同时与清国订《天津条约》。置公使，开诸港，通恰克图运道，测定诸境界。穆拉威夫自爱珲定约后，改乌士脱载亚（Ust Zeya）为伯拉照夫琛斯科（Blagoveshchensk），建喀拔洛夫嘉府（Khabarovka）于乌苏里江口，旌喀拔洛夫也。于是东部西伯利亚皆为露国领土。穆拉威夫以功封安摩尔土奇伯爵。露人曰，清迫满州官吏苦之。露国乃遣伊古那别夫（Ignatieff）至北京。英、佛联军方临北京城下，与清廷构和。伊古那别夫常为之介，因索酬清廷。千八百六十年十一月，遂订《北京条约》。定乌苏里江、日本海间悉归露领。露国商人得任意往来北京。时土耳其斯丹亦割巴尔喀斯（Balkash）、伊斯库尔（Issikkul）两河畔地，属露国，露领益大。而清国满州沿海自乌苏里江汇入黑龙江处，至彼得大帝湾，失地九十万三千方英里。穆拉威夫既视察满州，遂至日本桦太境，于朝鲜近处发见一大湾，即所谓彼得大帝湾也。建乌拉地俄斯德港于其地。千八百七十二年，移尼戈赖弗土科海军根据地于此港，为露国极东侵略一重镇。

露国既东并西伯利亚，复同时侵略波斯、中央亚细亚，窥阿富汗斯丹。露西亚与波斯交涉，始于彼得大帝时。千七百二十二年，大帝亲率师至亚思托拉康（Astrakhan），进兵他崩托（Derbent），过里海。暴风覆舟，悉没兵械粮食，遂还军。后女皇加查灵二世千七百九十六年遣兵继之。女皇逝，复召还。千八百年，坡儿帝举爵尔芝亚为露国属地。千八百四年，波斯乃与露国交兵，波斯败。十三年，立古里斯丹（Gulistan）条约。割恰拉拔古（Karabakh）、爵尔芝亚（Georgia）、西尔般（Shirvan）、西奇（Shekie）、达给斯丹（Dagestan）、明谷黎利亚（Mingrelia）等地。约里海海上德俄国军舰得以游弋，禁绝波舰。千八百二十六年，二国复战，波斯又败。二十八年，议和于拖谷曼载（Turkomanchay），复割耶利般（Erivan）、那吉赤般（Nackhitchevan）地，偿露国金三千万罗卜。露国既得里海海权，遂略取其西岸地。波斯国势益蹙，露国羁维之，使绝英好。于是英露常相争。千八百五十二年，波斯兵占领阿富汗斯丹黑拉脱地（Herat），英人使波斯还之。波斯恃露援，不肯退。英波战，波斯卒撤黑拉脱兵。露国得里海西岸后，千八百四十年复取其北岸亚修拉达岛（Ashurada）为军港。至千八百六十九年，更取枯腊士纳博士科（Krasnovodsk）至东岸。八十一年，定露波境界，约以亚托黎克河（Atrek）及其水源、山岭为波斯领土，恪拉珊为露领。

中央亚细亚与露国关系甚古。至十七世纪初，历史上始有可考。彼得大帝图侵略。帝闻土耳其斯丹人奈黑斯（Hadji Nefes）及西伯利亚总督葛加林公（Prince Gagarin）言，奇哇（Khiwa）、保恰拉（Bokhara）间富有金矿。千七百十七年，授蔡尔加士其公（Prince Bekovitch Tcherkas）兵三千，使探奇尔吉斯（Kirghiz）奇哇。蔡尔加士其至奇哇，军失陷，自是露西亚人益欲一窥其地。千七百三十四年，奇吉斯种族悉归附，露国遂境接奇哇。千八百三十九年，白罗维士奇将军（Perovski）奉尼哥辣士帝之命，率兵六千人、车七千七百乘、马骆驼无数，发奥连卜尔古（Orenburg），向奇哇。长途寒暑，人畜多死，复引还。露国更遣蔡奈孚（Tchernaieff）、寇弗慢（Kanfmann）诸猛将专任中央亚细亚侵略事。至千八百六十四年，遂占领达西哇德（Tashkend）、谷昭德（Khojand）等地。七十一年，取曲城（Kulja）。七十三年，寇弗慢兵至奇哇，挟之盟。奇哇偿金二百二十万罗卜，割奥枯撒司河（Oxus）右岸三角洲以和。许露国商人无税通行权，得自由航行奥枯撒司河。保恰拉自千八百六十八年即与寇弗慢订约，偿金钜万，割沙马儿康及其附近地，与露国和。至奇哇约成，保恰拉复与俄国亚重定界约。保恰拉所领之奥枯撒司河，亦许露人航行自由权。于是奇哇、保恰拉二汗国悉为露属。露国遂置土耳其斯丹、脱兰士加斯皮亚二州于中央亚西亚，改喀堪德地为飞尔加拿（Ferghana），南与阿富汗斯丹接壤，东隔山岭，与支那界。

俄国亚既要结波斯，侵略中央亚细亚，遂进窥阿富汗斯丹。初千八百年，俄帝坡儿与佛帝拿破仑一世约，共夺英领印度。俄国既出师，会帝被弑止。波斯逼之，英国亦结波好，露西亚不能南侵者二十余年。拖谷曼载定约后，波斯复和于露，英国绝之。于是英吉利于中央亚细亚地，不能与俄争，但保护阿富汗斯丹而已。俄国使波斯人袭击黑拉脱，复阴讽阿富汗斯丹王得士脱谟罕默德（Dost

Muhammad）疏英人。英人乃立寿爵（Shah Shuja）为阿富汗王。千八百三十九年，遣兵攻下康达哈（Kandahar）、格芷尼（Ghazni），平定全国，送寿爵至嘉仆尔都，英兵驻焉。千八百四十一年，阿富汗人杀英人榜思（Burnes）、马克那聜（Macnaghten），与阿将会，复被刺死。英人万二千人、兵四千人遂去嘉仆尔。天雪，土人袭之，英人皆死，独军医濮赖东（Brydon）生还。英人大愤。明年讨之，大掠嘉仆尔归，是为阿富汗第一战争。俄国益蚕食中央亚细亚，英人惧之。千八百六十四年，俄外务大臣高爵克夫（Gortchakuff）致书英人曰：露国之于中央亚细亚，备蛮人寇掠，固吾圉耳，非拓疆也。千八百七十三年，英人遂倡议：东自可恰爵河（Koktcha）至哥哥沙黎（Khoja Saleh），以奥枯撒司河为界；西至波斯国境，跋达枯尚（Badakshau）、哇康（Wakhan）山岭、安德奎（Andkhui）、迈马拿（Maymana），悉归阿富汗斯丹，划线分界。露人不得已从之。及俄人讨拖谷曼人，并吞喀堪德，欧洲又有露土之战。俄国日强，英俄以阿富汗事复有违言。初阿富汗斯丹王得士脱谟罕默德死，其子雪尔亚利（Sher Ali）继之。亚利兄谟罕默德亚弗查尔（Mnhammad）争立，逐亚利。亚利据康达哈，其子野克卜（Yakub）据黑拉脱。亚弗查尔取嘉仆尔、亚弗康、土耳其斯丹地自王。亚弗查尔死，野克卜攻夺嘉仆尔，复其父亚利王位。印度总督枚锐卿深结纳之。及露人与阿富汗缔好，亚利遂贰印使，英人大怒。千八百七十八年，遣罗皮尔芝（Roberts）将军讨之。是为阿富汗第二战争。亚利奔土耳其斯丹，依于露人。其明年，野克卜立，与英人订和约于干达玛克（Gandamak）：一，英人设官驻嘉仆尔，得占领要害；二，阿富汗斯丹王当信赖英国；三，英人岁给阿富汗斯丹王金。约成，英遣加弗古那利（Cavagnari）往驻之。阿富汗人袭击加弗古那利，并杀其部下。英人再讨之。野克卜惧辞王位。英人立拉孟（Abdur Rahman）为阿富汗斯丹王。英阿之交始固。拉孟亦因英人法欧制，以强其国。露西亚南下之势自此杀矣。

耶克博（Yakub）者，浩罕汗张格可（Jehangir）子也。尝为濮芝尔古汗（Buzurg）将，废其君主，自率众略取喀什噶尔，遂并天山南路。清廷遣左宗棠为陕甘总督，讨之。露西亚以伊黎乱为名，千八百七十一年出师，据曲城。

七十七年，耶克博死。清军平天山南路，遂北向伊黎，以撤兵请于露人。露人拒之。七十八年，清遣崇厚为使，使露西亚。既至，谒露帝，与露廷争议久不决。露廷挟之，崇厚不得已，定条约十八章。约露国还支那曲城，但保留铁克司河地（Tekes）；支那偿露国占领费五百万罗卜。崇厚归，物议大起。清廷下崇厚狱，废前约。于是露国军舰至支那。英人戈登自金陵驰至北京，极言不可开战。遂赦崇厚，更遣驻英公使曾纪泽赴露都订约。千八百八十一年，约成。自隔景岭（Bedjin-Taon），沿喀尔格司河（Khorgos）至此河汇入伊黎河处，横断伊黎河，南达乌臧岭（Ouzon-Taon），为露清二国国界；偿露国九百万罗卜，为千八百七十一年以来占领费；露国得置领事于支那诸地，且得伊黎土地所有权，贸易上享有特权。故露国人于此约虽稍稍让地，所获他利益，亦足相偿云。

近三十年间，露西亚侵略政策日益进步。千八百八十年，设脱兰士加斯皮亚铁道。八十四年，取阿富汗斯丹迈尔博地（Merv）。八十七年，与英吉利协定露阿国界。自奥枯撒司河以西，至波斯境划焉。八十八年，设沙马儿康铁道，接脱兰士加斯皮亚，进至达西砠德，延长达于安的江（Andijan）。九十一年，西伯利亚铁道大工起。九十五年，英俄缔约，定二国帕米尔势力地。是年，日清马关约成。俄国与德法合，干涉之。日本卒还支那辽东半岛。俄使加西尼（Cassini）乃与清人缔结密约。翌年，设满洲铁道。九十八年，脱兰士加斯皮亚铁道支线自迈尔博达于克士科坡司脱（Kushk Post），距黑拉脱仅八十英里。租旅顺、大连湾二港于支那，乘势夺满洲主权。自彼得大帝至今二百余年，拓地之广，乃有六百五十六万余方英里面积，统属高加索、奇尔吉斯高原、土耳其斯丹、脱兰士加斯皮亚、西伯利亚五大部，人口凡二千二百六十九万余。虽仅居亚洲四十之一，而其地则居亚洲三之一。独北方荒寒，多瘠壤，是其所缺。海口四，北冰洋为废地。太平洋、白儿剔克二港，冬寒悉冰。黑海与地中海接，战时扼于强敌，出入苦之。此其所以急急于土耳其之灭亡，捣波斯、阿富汗、窥西藏、满洲，卵翼朝鲜，以张其势也。而土、阿、波斯、支那、朝鲜、帕米尔，邻于俄境者，又无一强国足以御之，此其所以横也。土耳其、波斯依英德人援，得以延死。阿富汗、帕米尔，英露之争，其力亦俪。朝鲜间于日俄，或以苟存。独与露国接壤最长之支那帝国，老朽龅瘘，其不为露人所席卷者？英日联盟，傥有效欤。

第六章　耶稣教之传入支那及其流布

耶稣教最初入支那者，非其正宗，乃古代分离之涅斯托利亚派也。其派夙奉康斯丹丁僧正涅斯托利亚（Nestorius）教说，至纪元四百三十一年耶飞沙士（Ehheses）宗教大会，斥为邪说，其徒遂散入小亚细亚、西利亚、波斯等处传教。自是以波斯为中心点，蔓延于印度、中央亚细亚。其入支那，或云始于六世纪时，实则至唐流布始衍。支那史所谓"景教"。景教者，光明之教法也。六百三十五年（贞观九年），西利亚涅斯托利亚派僧阿罗本至长安。帝遣房玄龄迎之，留宫中，译其经典，诏建波斯寺。高宗复命建景寺诸州，封阿罗本为镇国大法主。元〔玄〕宗亦遣宁国等五王亲临景寺，奠其堂宇。及西利亚僧佶和来，使人就之修功德。天宝四年，改波斯寺为大秦寺。肃宗命灵武等五郡增建景寺。代宗、德宗相继尊崇之。唐臣民归依者甚多，郭子仪、房玄龄最著者也。景教既盛，建中二年，大秦寺僧景净等乃谋建大秦景教流行中国碑。碑久埋，至明崇祯间有发掘者，世人始知景教之行昉于唐代。西洋学者亦争论真赝，至今始决。八百四十五年（会昌五年），唐武宗下诏严禁佛教，令景教僧徒三千余还俗。于是景教就衰，其后止行于塞外。西洋人有旅行至和林者，皆言涅斯托利亚派僧在蒙古朝廷颇有势力。及其本国为回教所夺，益陵夷，其迹遂绝于支那。

蒙古人之震动东北欧也，罗马法王及诸帝王谋怀柔之，遣布教师至蒙古都和林，是为罗马旧教东行之始。千二百八十八年，高未诺（John of Montecorvino）以法王命使支那，途次留印度。九十年，至元世祖忽必烈朝，在北京建立寺院，悉心传教。十一年，教徒至六千人。千三百七年，法皇枯黎萌脱命高未诺为北京大僧正，更遣僧正七人往辅之。千三百二十七年，高未诺死，信徒乃有二万余人。法王遣尼各老（Nicholas）继之，附僧徒二十六人。自是元与罗马僧使往来不绝。元亡，布教师等亦随之北去，一时支那不闻有耶稣教者。千五百五十二年，耶稣教会东洋布教总长查维洱（Francis Xavier）自郭亚赴支那，途次抵澳门西南，上川岛，病死。卫利尼亚（Valignani）、罗支亚（Michael Roger）、利玛窦（Matteo Ricci）继之。利玛窦以千五百八十年（万历八年）至支那广东，留肇庆府。日着佛衣，习支那语，教化土人。罗支亚以布教事归报。利玛窦遂从广州、南昌赴南京。儒衣冠见南京官吏，官吏重之。千六百一年，利玛窦在支那已二十一年，与庞迪我（Pantoja）同至北京，见神宗。神宗优礼之。廷臣徐光启、李之藻亦崇信耶稣教。于是北京各处咸建寺院，利玛窦益从事布教，著《交友论》《天主实义》。支那人信之。布教师等多通天文历算。利玛窦乃与徐、李二氏译著《乾坤体义》《几何原本》《测量法义》等书，西洋科学自是传入支那。千六百十年，利玛窦死，年五十八岁。利玛窦久于支那，习风尚，布教之法善与调和，故信从者众。千六百十六年（万历四十四年），神宗以礼部侍郎沈潅言，禁耶稣教，命悉退布教师。徐光启上书争之。千六百二十二年遂除禁令。时庞迪我、熊三秡（Ursis）、龙华民（Longobardi）、阳玛诺（Diaz）诸布教师咸在北京，德国人汤若望（Adam Schall）亦至。天主教益入人心。天文历法所推测多正钦天监误谬，与天行符合，遂以布教师兼任钦天监事；复奉朝命铸造火器。支那人倚之，故其布教亦少阻害。至明末，奉教者数千人，内有宗室百十四人，内官四十，显官十四。明亡，王太后庞天寿致罗马法王书，遥乞怜悯焉。清代明祚，汤若望又为清世祖所笃信，命总监钦天监事，以西洋新法推定历算，于是日食无误，赐汤若望为玄通教师。千六百六十六年（康熙五年），汤若望死。先二年，杨光先谤之，诸布教师咸被拘禁，汤若望以功免。新历法废，天算复误。更举布教师南怀仁（Verbiest）管理钦天监，圣祖眷之。千六百八十八年（康熙二十七年）殁。徐日升（Pereira）、张诚（Gerbillon）于尼布楚斯科条约复为清廷尽力。千七百八年后，雷孝思（Regis）、费隐（Fridelli）、杜德美（Jartoux）等屡出，测量诸地方，绘制地图。西洋文明东渐之功，至今推之。利玛窦之传教支那也，奉其教者咸得保守旧习，祭先尊孔，悉容许之。且言祭天与耶稣教不相悖，故支那人乐从之。其布教之法遂为他宗派所非议，有诉之罗马法王者。法王枯黎萌脱十一世千七百四年下教旨，宣告支那祭祀崇拜偶像诸习尚事，禁耶稣教徒不得行之。明年，遣调尔昙（Tournon）至支清，传其教旨。清圣祖闻之，诏布教师有不奉利玛窦法者，悉禁传教，遂幽屏调尔昙。千七百十五年，罗马法王复遣麦芝查羁拔（Mezzabarba）使支那，清圣祖拒之。十八年，复诏布教师非有敕许，不得留国内，独奉利玛窦教法者不在此令。故十八世纪初年，罗马旧教虽盛行于支那，信徒至数十万人，而清廷之优遇布教师，非重其教，盖其科学知识实有足珍也。世宗立，益严禁耶稣教。千七百二十四年（雍正二年），清廷诏外国布教师非以学术仕于朝者，悉屏之。千七百四十七年（乾隆十二年），高宗命尽逐外国布教师，奉耶稣教者囚杀相望。千七百七十三年，哲修伊德宗派（利玛窦即此派布教师）为罗马法王所禁，保护旧教之佛兰西大革命起，于是传教事业益丁时逢殃。独支那钦天监一官尚以布教师相继任之，至千八百三十七年高守谦（Serra）以疾归国始已。千八百四十四年，佛国公使拉古尔匿（Lagrene）与清廷争论，耶稣教得行于支那开港地，支那政府且任保护布教师之责。千八百五十八年定《天津条约》，第十三章曰："耶稣教劝人行善。凡信奉者，身体、财产及对其信仰事，应受完全之保护。有护照旅行内地之布教师，亦当保护之。清国民奉耶稣教者，官府不得控制。"英、米、俄等国亦与清廷缔约，得享同一权利。耶稣教遂遍行支那全国。法兰西、德国人营天主教堂于北京城内。距利玛窦布教时已二百五十年，尽复其旧。

耶稣新教十九世纪始至支那。千八百七年，英人马利逊（Morrison）以伦敦传道协会之命至支那广东，为东印度会社译员，通支那语，尤邃文学。千八百十四年，《新约》全书汉译成。及密论（Milne）至，益以传教译事相励。设英汉学校于玛拉嘉，兼授二国语。十八年，复译新旧约。二十三年，著支那辞书。会社特权既削，三十四年，英政府遂派为贸易监督译员，是岁病殁。在支那二十七年，勤于传教，尤潜心著译，成书凡三十一种。故论者谓利玛窦为旧教传道之祖，马利逊为新教传道之祖。

马利逊死后，布教师辈出，竞以新旧约及诸教书传播支那沿海地。顾躜福（Gutzlaff）、美德合思（Medhrst）、卜立支曼（Bridgman）、柏嘉（Parker）、罗克夏（Lockhart）等前后东渡。学校、病院及诸慈善事，躐踪缮治，咸有化条。顾蹦福最名于时。千八百三十一年始至澳门，数以布教北赴诸省。立十五年，继马利逊为监督译员。五十一年死，著书凡八十五种。新教至支那未久，其布教之地，但及南清诸沿海。自千八百四十四年佛使天津定约，英俄米继之，其后凡与支那订约之欧洲各国，咸以传教自由列诸约章。于是耶稣教诸派浸及支那内地。在近时统计，旧教徒有百万人，新教徒五万。义和团暴举，排斥外人，布教师多罹者。席胜陵横，有自来也。

第七章　西洋人之至日本及耶稣教之流布

西洋人记录日本事者，始于马尔克扑劳之《东洋闻见录》，书中所谓集彭古（Zipangn）是也。支那人称日本为日本国，其音与集彭古为近，故辗转传讹。近时澳洲人郭林谷立芷（G. Colingridge）论，马尔克扑劳所谓集彭古非指日本，乃爪哇之转音。其说不可信。《东洋闻见录》言，集彭古富有黄金，王宫葺以金板，室地黄冶，房榄器用匪不金制。马尔克扑劳著书本多浮夸，纪数动言百万，世人号为"百万君"（Signor Millions）。然自其言行世后，欧洲人大为感动。冒险家出，亚弗利加之南，欧罗巴之北，加拿大、南米咸争赴之，欲觅得印度航路。盖当时所谓黄金集彭古者，相传为印度之一岛。心歆之，欲一至也。科仑布之觅得米洲，亦志求集彭古，不期而至米耳。

葡萄牙人为航渡东洋之祖，始至日本者亦其国人。千五百四十二年，有品图（Fernao Mendes Pinto）者，与其徒喆慕图（Diego Zeimoto）、白赖罗（Christopher Borello）东渡，沿支那海，至日本种子岛，携铳猎出。岛主时尧见其火器，珍之，使臣下就习制击法。丰后大友义鉴闻之，亦招往，教其国人，并传制火药。品图旋去日本。千五百四十七年，复至种子岛，留丰后府中。会大友家乱，去之。至鹿儿岛，居三月归。方登舟，岸上有二骑驰至，求与俱。缔视之，亦欧人。中一人风采流丽，名安寂鲁。品图一见大悦，遂与同归。至马拉嘉，时查维方在马拉嘉布教，品图告以日本，且嘱安寂鲁。查维洱遂以安寂鲁归郭亚，授洗礼，改名坡尔。千五百四十九年，查维洱与脱来思（Cosme de Torres）、飞南得士（Jean Fernandes）、坡尔等随二日人东来，抵鹿儿岛，谒岛津侯，以布教请。侯许之。于是哲修伊德派渐播日本。时葡萄牙商埠在平户，查维洱遂迁平户。日本人奉其教者已五百人。查维洱欲赴京都，过博多、山口，装为估人仆，负贩抵西京。西京方乱，查维洱不得一谒将军，复归平户。其后盛装、厚赠品再至山口，面谒国主。不一年，山口教徒得三千人。闻葡萄牙船复来丰后，查维洱留二人山口，自赴之。品图在舟中焉。遂因品图见大友侯，与侯难论僧佛。侯屈，于是信其教者益众。千五百五十一年九月，与二日人归，中一人殁于郭亚。其一至欧洲，入葡萄牙恪音卜拉（Coimbra）宗教学校。查维洱复从马拉嘉挟布教师三人至日本，千五百五十二年抵鹿儿岛。其后费列拉（Gaspar Vilela）至西京，织田信长尊信之。费列拉与阿儿美达（Almeida）、密来祉（Froez）等悉心布教，得信长保护。建南蛮寺于西京，设会堂于安土。费列拉死，恰博祉尔（Cabral）、古涅齿（Guecchi）继之。时九州诸侯多信奉耶稣教。千五百七十一年（日本元龟二年），大村纯忠以长崎一村为葡萄牙船出入地，此地遂为耶稣教聚所，教徒益众，势大振。千五百五〔七〕十七年，东洋布教总监卫利尼亚（Valignani）以视察布教来日本，大友氏方与岛津氏战败。耶稣教徒党大友，烧长崎神宫寺。大友宗麟、有马晴信、大村纯忠三侯议遣使使罗马。乃以伊东义贤、千千石清左卫门为正使，更遣二人副之，与卫利尼亚等同行。千五百八十二年，乘葡萄牙船发长崎。八十四年，抵葡都。时西班牙王希立璞二世兼王葡萄牙，伊东义贤等遂至麻德利德谒王，自亚里康德（Alicante）乘船赴罗马。地中海波恶，途次泊马爵尔克岛（Majorca），至勒古项（Leghorn）登岸，过壁沙（Pisa）、茀老连司（Florence），始达罗马，以盛礼谒罗马法王顾勒格利十三世（Gregory XIII）。顾勒格利死，锡克士达斯五世（Sixtus V）立。即位仪式伊东等多赞助之。寻去罗马，过斐尼司、密兰哲诺亚，渡拔塞罗耶（Barcelona）。佛王亨利三世招之，不往。再谒西班牙王，辞归。千五百八十六年四月，发理斯滂。明年七月，至长崎。使节往复凡五年。其间日本耶教多罹辜者。信长晚年虑异教为害，欲裁抑之。未发，遇祸死。丰臣秀吉握政柄。千五百八十五年（日本天正十三年），毁南蛮寺。后二年，令全国严禁耶稣教。使教长奎鲁（Cuello）悉将布教师聚之平户。遣藤堂高虎至长崎，收纯忠所属长崎邑，籍为官地，限二十日尽逐布教师归国。布教师仓卒失措。适卫利尼亚、伊东、千千石等归，见秀吉，呈郭亚总督书。秀吉修书报之，教布之禁卒不肯废。布教师逃匿诸所。有摘发者，咸处严刑。时耶稣教至日本已久，势盛，有布教师三百人，会堂二百五十所，教徒至二三十万，故虽骈戮不能绝也。有原田孙七郎者，说秀吉经略菲律宾群岛，秀吉从之。乃遗玛尼腊守者书，要之使朝。玛尼腊遣使者李亚诺（Liano）至日本，见秀吉。西班牙亦遣僧使至两国。使者皆排斥哲修伊德派教旨，谋弘布福澜西士康、德美尼康、奥恰斯秦诸教派。秀吉大怒。千五百九十七年（日本庆长二年），下令禁国人不得奉教，捕诸派布教师二十六人，送之长崎，刑之。复命长崎奉行，悉逐布教师海外。明年，秀吉死。教徒势复振。适卫利尼亚三度至日本，西班牙布教师等亦竞招教徒，耶稣教势力几遍全国。伊达政宗遣其臣支仓六右卫门常长与福澜西士康巡布教师索铁老（Sotelo）同赴欧洲。初索铁老至仙台，伊达政宗就之，得闻欧洲事，欲与西班牙殖民地、新西班牙及吕宋通商。幕府许之。故遣支仓。千六百十三年（庆长十八年）九月，发陆奥、牡鹿郡之月浦，是月抵吕宋。十二月至新西班牙亚嘉坡儿格（Acapulco）登岸，横亚米利加大陆。自乌罗亚（San Juan de Ulloa）复乘船，途次泊邱白（Cuba），明年八月抵西班牙山留加尔港（SanLucar）。越塞进威尔（Seville），至麻德利德首府，谒国王希立璞三世，王深眷之。寻赴罗马，呈政宗书于法皇坡儿五世。法王款待备至。罗马府民无不知有东使者。千六百二十年（日本元和六年）归。时日本多内乱，政宗不久亦殁。东西之交，卒无所效。德川氏为幕府，欲缔欧好，于是耶稣教益传播。而荷兰、英吉利人新至，欲悉屏葡萄牙、西班牙人，大谤耶教，屡短之幕府。幕府复申前禁，黜诸侯奉教者，尽逐教徒。耶教再衰。葡西国势适替，幕府独厚荷兰人。故荷兰人于德川氏时，踪迹最密。

林长民集

第八章　德川时代之荷兰贸易

荷兰日本贸易，至千六百九年始得日本政府许可。初荷兰为西班牙领土。新教兴，兰人多信奉者。西班牙为旧教国，故压制之。千五百六十八年，叛西班牙。七十九年，七州同盟布告独立。自是连兵三十年，葡萄牙并于西班牙，故葡西人咸与荷兰为敌。英吉利奉新教，耶利查伯司女王复与西班牙王希立璞二世启衅。千五百八十八年，英人击破西班牙海军（Armada），遂仇葡西。兰人至日本，英人亦至，谋共植新教，屏斥葡、西人。寻兰人与英人争商权，终挫之。于是荷兰独握日本商利。

荷兰人始至日本者，为林克士登及格立志（Dirk Gerritsz）。然二人皆于十六世纪之季，乘葡船来，非遣自其国。既归，告其国人。荷兰乃以四舰队东渡。一队以马孚（Jacques Mahu）率之，队五舰。海上濒厄，沉其四，独里福得（Liefde）一舰千六百年四月抵九州丰后，以德川家康命回航至界，次至江户。舟中人阿丹士（William Adams）、杨思登（Jeam Yanster）咸为家康所器，留日本，为幕府顾问。魁克尔那（Jakob Quakernaak）、山德华尔（Melchior Santvoort）未几归国，益告国人东事。千六百九年，黎乌（Roode Leeuw）、古利斐文（Griffoen）二舰抵平户。舟中人至骏府，谒家康，遂得通商免许状。定平户为商埠，留史白克士（Jacques Specx）管商务，其后汉鲁威（Hendrik Brouwer）继之。日本益信荷兰人。阿丹士者，英吉利人，既为幕府顾问。英国闻之，千六百十一年遣克老福舰（Clove）来东。留榜丹三月，十三年六月至平户。舰长约翰塞利司（John Saris）召阿丹士与东上，谒家康骏府，呈国书。十月至江户，谒将军，请以浦贺至骏府通商。许之。明年塞利司归。英人复遣郭克司（Richard Cocks）驻平户，理商事。兰人忌之。英兰遂争。千六百十九年，二国复缔约，共敌葡西人。越二年，约废，英兰人大战海上。平户英商与榜丹绝往来，商品又不适日人性尚，多损失。千六百二十三年，遂闭商馆，去平户。

英人既去，兰人乃谋逐长崎葡萄牙人。时德川幕府方禁耶教，设踏绘法。踏绘者，使人取教徒家所悬耶稣像蹴踏之者也。悬赏使告发布教师教徒事。又征佛寺证文，使屏异教。千六百三十六年，捕外国人二百八十七人，放之阿妈港。筑

431　　　　　　　　林长民集　　　　　　　　翻译

出岛、长崎，悉逐葡萄牙人居之，禁其出入。兰人因诋葡萄牙，自言无布教意。幕府信之，益疏葡人，而亲兰人。千六百三十七年，岛原耶稣教徒乱，据有马古城。荷兰商馆主人喀克拔克尔（Nicolaas Koekebakker）自援幕军，供其军械船舶，卒夺据城。于是幕府逾信任之，逐出岛葡人。千六百四十一年，移平户兰人实之。自是与日本贸易者，独荷兰、支那两国人。荷兰商品生丝、毛布皮、角、香木之属，初无制限。兰船入港，年八九艘，获利甚膏。至千六百八十五年，定五万两为商额。千七百年，复定船数年止四五艘。千七百十五年（正德五年），所谓正德新例出，益加制裁。商船年二艘，商额银三千贯目而已。于是兰人商利大减。兰船自爪哇白达威亚至日本者，每岁六七月抵长崎。幕府常遣锅岛、黑田二侯警备长崎港，讥其出入。兰船至，长崎会所吏员必先检视商品，方许卸载，定期斥卖。会所又于买卖间立诸名目以征之，年得多金，上献幕府，以余利分配市人。兰船去，兰人留出岛者，独舰长以下七八人，岁三月必一谒大将军，献方物，谓之江户参礼。其他年中舍二三特例外，不得去出岛，惟静俟来岁兰船与新舰长相代而已。正德新例既出，商额日减，而参礼旅费、出岛地租及幕府左右诸馈遗，岁用复增。兰人几不能支，乃诉诸幕府。幕府扬拒之，实亦未忍与绝，欲羁縻之以通西欧情事。千七百四十四年遂许增额贸易，改江户参礼为五年一谒，以减其费，自是复维持五十余年。佛兰西革命起，荷兰为所征服，国内益困，商船亦受其敝〔敞〕。或经年不至长崎，舰长之留出岛者，自千八百年后定五岁一代。及英人夺白达威亚，爪哇兰船殆与长崎绝往来。德意孚（Hendrik Doeff）为舰长，自千八百四年至十八年，久留出岛不得归。拿破仑搅乱欧洲，荷兰殖民地尽为所据，英人亦争分之。千八百八年，英军舰斐敦（Phaeton）至长崎，佯揭荷兰国旗。入港，捕兰人，乃改竖英旗。长崎奉行松平康英大戒严，英舰卒不得志去。所谓荷兰三色旗仅飘扬于出岛者，即此时也。其后欧洲诸国竞窥东洋。俄、英、米、法军舰咸至日本，求通商。荷兰自是不贩商品，时以战舰军械援幕府，且阴报欧洲诸国国情。幕府利之。千八百五十四年，日本与欧米诸国结通商条约。荷兰舰长喀尔雠斯（Donker Curtius）亦与日本伪缔一约，至千八百五十八年乃更正之。兰日交通于国际上殆少关系，但以兰人为日本幕府一私人，时效其力而已。然二百五十年间，日本国人得于长崎一隅，为延接西洋文明之牖。开关以后，有所根据，以图进取。今日成一强国，荷兰人当尸其功哉。

第九章　日本之开关

德川幕府于千六百三十年出令禁外国渡航，坚执锁国主义，独长崎一港许与支那、荷兰人通商。百余年间，德川氏子孙咸秉前规，不敢渝废。及英吉利人经略印度，至支那南部；露西亚侵略黑龙江，进窥日本北边，日人畏迫。仙台林子平乃倡议防海，言非空谈锁国足以御侮，著《海国兵谈》。幕府罪之，收没其书。千七百九十三年，露西亚海将亚当（Adam Laxman）送日本漂民二人至虾夷、根室，求互市。幕府遣石川忠房、村上义礼至松前，召露人慰劳之。露人卒不得请还。日本于是知海防为急务。老中松平定信申警诸侯，自处视定、相、房、总沿海地。幕府复遣近藤重藏趣虾夷，巡视北方形胜。重藏至择捉岛，大日本惠土吕布标柱而归（择捉二字日语读作惠土吕布）。千八百四年，俄国使者黎查讷夫（Resanoff）复送陆奥漂民四人至长崎，且赍国书方物，求互市。幕府命远山金四郎却之，言锁国祖制，不能与外国人通。露人不得已去，明年遂寇北边。千八百八年复寇择捉，房其官吏。幕府惧，置松前奉行。大警备虾夷岛，令荷兰译人兼修英、俄语。大槻玄泽就漂民归者询俄国事，著《北边探事》。于是举国警外患。千八百十一年，露国海军士官郭洛尼音（Golovnin）以兵舰至千岛近海测量，自理井尻岛上陆。戍兵捕之，擒郭洛尼音以下八人，送之箱馆，下狱。寻更移之松前狱。明年，露人翟亚那（Diana）舰长李格德（Rikord）至理井尻岛，送还所禽〔擒〕日本人以易郭洛尼音等。岛吏不应。李格德怒，捕近海日船，俘其船长高田屋嘉兵卫以下，归柬察加。千八百十三年，李格德复以嘉兵卫等至，求释郭洛尼音。幕府乃遣松前奉行还之。时英吉利兵舰亦常出没边海，幕府益得令诸侯修备。斐敦之至长崎也，既捕兰人。饷匮，夜出小艇剽掠，兰人益怖，遂舍出岛，入西役所。松平康英大怒。闭卷，征近境诸侯兵，遣吏至英舰，挟其舰长柏留（Pellew），使尽释兰人。英舰求给军饷，与之，遂放兰人。急揭帆去，诸侯兵至，不及一战。愤康英，康英引罪自杀。其后浦贺、常陆、萨摩等时有英舰。千八百二十五年，幕府令诸侯凡有异国舰至吾国境者，不问何事，直炮击之。有强上陆者，立禽〔擒〕杀毋待后命。谓之打拂令。令出，滨海诸侯益蓄积修斗。千八百三十七年，荷兰人来报，英舰玛利孙（Morrison）将至。幕议仍主打拂。于是洋学家高野长英著《梦物语》，渡边华山著鸩舌小说《慎机论》，议其无谋。二人遂以此得罪。初日本有漂民三人，漂流至北米西北岸小岛。英国一会社员得之，送之英国，后致诸支那澳门。又四人自菲律宾岛至澳门。澳门米商谋送七人以易通商。是岁七月，英、米诸宣教师与俱，乘玛利孙至日本，入江户湾，碇于浦贺。浦贺守者已豫备击敌。玛利孙急去。八月，入鹿儿岛湾。鹿儿岛修战亦如江户，遂归澳门。至千八百四十二年，幕府颇悟打拂令过激，因更令凡有外国难船及护送日本漂民至者，咸得入长崎，且给薪饷。盖肥后寿三郎以漂民乘玛利孙船不得归，复至澳门，附书于长崎奉行，诉前事。老中真田幸贯闻而怜之，请于幕府，故有此新令。千八百四十五年，英国测量船沙拉曼（Saramang）至长崎，乞测量海岸。长崎奉行拒之。英船去。是岁米舰美尔嘉陶（Mercator）至江户湾。明年米国海将必氏荔（Biddle）率舰队自支那来，亦抵江户湾，求开关如支那。幕吏不许，令诸侯备警。米舰退。千八百四十九年，米军舰汉来卜尔（Preble）至长崎，英舰马制那（Mariner）入浦贺、下田。荷兰人复屡上书告变，海内骚然。志士咸唱〔倡〕议攘夷，独洋学家知其无策，然动以此获咎，至有目为国贼者。荷兰人至是亦自知不能独占日本贸易，常遣使劝幕府开关。幕府不听。千八百五十二年复来告变，言北米合众国且强挟互市，不听将有兵端。明年七月，米海将白里（Perry）果率军舰四艘至浦贺入港，奉其大统领费尔摩亚（Fillmore）国书，力陈开关之利。幕吏曰此外交事，当于长崎议之。白里不听。幕府急令海陆备战，且征策诸侯。天皇敕七日间祈祷七寺七社，幕府亦祷于日光庙、增上寺。设假馆栗滨，遣井户弘道等接白里，受其所献图书方物。复告之曰："修好互市，国之大事，非仓卒可决。明年当从荷兰人奉答执事。"白里去。露国军舰后抵长崎，海布布恬廷（Putiatune）呈国书，请正桦太疆界，且开交易。幕府使筒井政宪、川路圣谟答之。曰："疆界之正，有图籍在，按之可定。开关非祖制，不敢更。然今日形势有不能墨守前规者，重大之事，必得奏之朝廷、询之诸侯，而后可决。二年乃有以报命。"露复使不得要领而退。露使既去，米白里复来。千八百五十四年入江户湾。幕府遣林炜、伊泽政义、井户学弘见之。白里白，以去岁之报，故重来耳。事若不就，当俱至江户湾议之。时幕府已定镰仓、浦贺为应接地。米使却之，遂进神奈川湾。林炜等复至横滨迎之。三月定条约十二章，开下田、箱馆二里通商。是为日本与外国缔约之始。既定约，白里遂赴下田、箱馆，六月归。西洋诸国闻之，争东渡。时欧洲枯利美亚之战方起，英法舰队侵西伯利亚东岸，故其军舰多出入日本海。九月，英国海将史太林（Stirling）以四舰至长崎。十二月，俄使布恬廷至下田，咸请缔约。荷兰亦继至。幕府遂定长崎、下田、箱馆三港与俄罗斯互市；长崎、箱馆与英、兰互市。千八百五十六年，米国遣哈里思（Lownseud Harris）驻下田。哈里思请谒将军，呈国书。幕府畏谤，不敢使至江户，遣下田奉行接之。哈里思函请，不得已见之。自是哈里思数与阁老堀田正睦等往来，极言锁国非计。幕府人颇纳其说。哈里思遂与井上清直、岩濑忠震等议新约，约米国得遣公使、领事常驻日本。且于下田、箱馆外，更开神奈川（约开神奈川后锁下田港）、长崎、兵库、新潟诸港与米市。既草约，哈里思急请调印定议。水户烈公齐昭执不可。千八百五十七年十二月，幕府遣林炜、津田半三郎上京请之。正睦亦自至京师。公卿皆持异议，幕府计无所出。大老井伊直弼谋不待敕命擅行之。明年六月，命岩濑井上调印约书。七月，与荷兰定约。俄国、英吉利、法兰西以次订定。是为安政五年《五国条约》。井伊直弼以是蒙众谤，尊攘党咸切齿之，因刺杀之于樱田门外。外国人馆舍亦多被袭击。中外之争，常为巷战。故《五国条约》虽缔结，终未履行。千八百六十一年，遣竹内保德、松平康直、京极高朗等使欧洲，求五年延期。许之。六十三年，复遣池田长发、河津祐邦、河田熙西使，请锁神奈川港。池田等先至佛国，不得所请。度空言无益国际，不赴他国，遂归。时日本尊攘论方盛，朝幕相轧。幕府负约，恶于外国人。千八百六十五年九月，英公使巴克斯（Parkes）、佛公使鲁西（Rocles）、米公使华尔铿仆尔（Valkenfurg）、兰公使汉尔思卜鲁克（Dolbroek）等率军舰九艘逼摄海，请废五年延期约，先开二港。告幕府，苟不得请。且图西京。阿部正刘、松平崇广出见诸使，许之。朝廷褫二港职。然惧迫，十月遂敕许外国条约，独兵库一港终不欲开。幕府则对诸使力任之。千八百六十七年，延期已届。英、佛公使等复逼幕府。大将军德川庆喜上书论开关非得已事，请并开兵库港，以践前约。朝廷不听。使与诸藩议之。庆喜固奏请，朝廷乃询之萨摩、越中、土佐、宇和四藩，遂以五月诏许兵库开港。自是萨、长讨幕论起，大将军奉还大政。鸟羽伏见战后，幕府灭亡，王政复古。今日之治，咸基之矣。

德川氏以祖制屡绝外交，一旦畏迫，力主开港，其出于不得已耶。抑其为国家计，不如是不足以立国耶。此尽人知之。然当时举国之士，舍兰学钜子，求有一二通达外势者，不能不推幕府诸人。盖从外舶往来，所闻见皆足为其知识之助，故知闭关之不可以久。尊攘之士，不达时势，务屏斥外国人，并兰学家而亦仇之。飙骇云讯，以抗幕府。幕府既败，又变其旨，日求开通，卒以欧西文明植其国也。国之将兴，乃有是哉。

第十章　日本西学之发达

哲修伊德宗派僧徒布教法，所至之国必先求通其言语。葡萄牙人之至日本，天正、庆长间即有编著日语文典辞书者。德川幕府恐耶稣教传播，禁国人不得读西籍，故日本人之通欧文甚迟。欧制传入日本者，制造炮火，与棉、烟、瓜、椒、树艺之术为独早。天文也，历算、医学次之。幕府初年，林吉左卫门、小林义信等以历算家名，犹林丰重、西玄甫等以西医名。西玄甫通葡文，据其书著《乾坤辨说》一卷。岚山甫安复据荷兰医书著《红夷外科宗传》。其后又为绝学。至称为译员者，不能解兰书。千六百九十年（日本元禄三年），德人铿泌弗尔（Keambrer）至长崎，为兰馆医长。留二年，深究日本地理、历史、物产等，编次成书，传之欧洲。欧洲人乃详知日本事，而日本人亦稍稍留心欧事。桂川甫筑者，以兰方医术被召为幕府医官，名声籍甚。西川如见精通天文历算及万国地理，千七百八年著《华夷通商考》。新井白石就小日向狱中意太利人，问西洋诸国地理俗尚，证以兰书舆图。荷兰使者至，更举闻见相质。著《西洋纪闻》《采览异言》等书。是为日本兰学勃兴之世。将军吉宗时亦倾心兰学，好天文学，尝自制测午仪，置吹上苑中。召西川如见至，亲质问之。复使兰人试炮术，令臣下就习其技。兰人至则使报欧洲近事，索取各国方物，以备参究。废洋书战舶之禁。故兰学自是勃兴也。

青木文藏者，江户鱼贾子也，亲殁执丧三年。吉宗闻之，以孝行举为图书吏。文藏夙好书，及为吏，得读秘府度籍。见兰文，好之。吉宗遂命译读。长崎译员亦因文藏请于幕府弛前禁。于是西善三郎、吉雄幸作等咸从事西籍。文藏苦学自励，通荷兰语数百言，著《兰文字略》《荷兰话译》。中津藩医前野良泽好读书，年四十七，忽见兰文，心慕之，不得其解。闻文藏方治兹业，往就学。文藏死，良泽至长崎，学西善三郎、吉雄幸作文，同藩士咸笑之，良泽不顾。其后卒通兰语。小滨藩医杉田玄白者，习欧洲医术，欲得一解剖人体，以验生理。闻小塚原决囚，往视之。良泽亦至，不期相遇，大善订交。卒剖囚人尸，与兰书绘图一一符合。二人遂与桂川甫周等共治兰文解剖书。初不能通，久之卒达其意。千七百七十四年译成，凡十易稿，是为日本翻译西籍之始。大槻玄泽者，奥州一关人，从玄白良泽修兰学。寻至长崎，业益进。著《兰学阶梯》，学者读之多向幕者，相率游于其门。欧洲人铿泌弗尔周伯尔（Thunberg）、翟清古（Isaas Titoingh）等前后至日本，考察风土。日本人亦相与奋袂，求识欧洲制度文物。时平贺源内发明电机学，林子平著《防海论》，司马江汉修绘事铜刻之术，宇田川玄随从事兰医，玄泽门人稲村三伯著《荷兰对译辞书》，皆名于时。自是兰学益盛。千七百九十三年（宽政五年），露舰至虾夷。幕府命北方修战，举国欲观察外事，益需兰学。玄泽与子玄幹更提倡之。玄幹著《荷兰文法》行世。宇田川玄真绍玄随业，益治医术。伊能忠敬据欧洲测量法，实测沿海地。高桥作左卫门、足立左内等深于天文学。马场佐十郎就露人俘者郭罗文习俄国语。桂川甫周著

《万国图说》《北槎闻略》。山村才助著《西洋杂记》。大槻玄泽著《环海异闻》《北边探事》等书，前后刊行，世人渐知世界地理。玄白晚年亲见兰学之盛，常自贺也。千八百二十三年，德人西博尔德（Siebold）至长崎，为箱馆医，以博物学、医学名。四方之士多赴长崎，游其门。高野长英、伊东玄朴、伊东圭介、户塚静海等为最著。坪井信道、箕作阮甫、小关三英、川本幸民、绪方洪庵等继之。青地林宗译《气海观澜》，唱〔倡〕西洋究理之学。宇田川榕庵据灵那士纲目著《植物启原》，倡植物学、化学。于是西洋科学渐有研究者。时西洋兵舰日至，日本人多以为夷狄蔑视之。诸侯习于晏安，不事修战。兰学者日申警国人，纾论议。高野长英、渡边华山、小关三英等咸以是被祸。铃木春山习西洋兵制，译《三兵活法》。高岛秋帆议以新法练军。江川太郎左卫门、下曾根金三郎、佐久间象山等皆倡兵学。于是幕府诸藩大修军实，奖励枪炮诸术，是为日本习西洋兵制之始。村上英俊习佛兰西语，藤井三郎习英吉利语，皆以语学名家。千八百五十年，幕府下令命译员悉习外国语，其后屡奖励之。攘夷论起，举国若狂。兰学之力亦足相抗。文化间尝设翻译局于天文台中。至千八百五十六年（安政三年），幕府命改为藩书调所，使箕作阮甫、杉田成卿任教官。嘉永间，禁医者不得以兰方疗病。千八百五十九年（安政六年）废前令，设西洋医学所、养生所，聘兰医博多音（Banduin）等，使授国人医术。千八百六十二年（文久二年），筑校舍于一桥门外，改蕃书调所为开成所，建语学所于长崎，令讲习清、兰、英、法、俄五国语。千八百六十五年（庆应元年），延兰人顾腊丹玛（Yratama）为开成所理化学教授，科学益进。命诸藩造大舰。遣胜麟太郎、矢田堀景藏至长崎，习航海。派留学生至荷兰。内田正雄、榎本武扬、赤松则良、泽太郎左卫门等习海军。西周助、津田真道习政治法律。林研海、伊东方成等习医学。复遣新见正兴、村垣范正使米国。自是使节相望，少壮之士，争赴欧米。游学观政，思想一新矣。福泽谕吉、中村敬宇益以新学术唱〔倡〕导人士。本木笑三尤沉心西艺，航海制造悉臻其妙，设活版所于大阪东京横滨。书籍文物，于是日盛，以至今日。

呜呼，以数千年锁国之日本，门户一辟，不数十稔文献诞章，几轨欧米，不其懿欤。然使当日不有长崎、不有兰人，无一窗牖，可以延光，则兰学何自而胎？敌舰一至，仓卒应之，其狼狈必不止若嘉永。故曰：荷兰之于日本，不得谓为无功也。喜马拉之山，尼罗之水，积于纤尘，成于质点。天下伟大之业，其始皆未必赫赫。及其成功，有足惊者。若青木、若前野，皆喜马拉之、尼罗之质点也。种子之植，顾可缓哉？

年表略

西历		支那或日本年号
一三九四	亨利王子奖励航海	
一四六〇		
一四八六	喜望岬发见	
一四九三	法王定世界新发见地分与葡、西二国	
一四九八	威司克大格马发见印度航路	
一五一〇	葡人占领郭亚	
一五一六	葡人始来支那	正德一一
一五四二	葡人品图至日本	天文一一
一五四九	查维洱至日本	天文一八
一五六五	西班牙占领菲律宾诸岛	
一五六八	日本织田信长建南蛮寺	永禄一一
一五七一	日本大村侯许南蛮船出入长崎	元龟二
一五七九	狄汉耶威赤侵略西伯利亚	万历七
一五八〇	西王希立璞二世并葡国	
一五八一	利玛窦至支那	万历八〔九〕
一五八二	日本大友、有马、大村三侯遣使使罗马	天正一〇
一五八三	兰人林士克登至日本	天正一一
一五八五	日本丰臣秀吉毁南蛮寺	天正一三

(续表)

西历		支那或日本年号
一五八六	英人嘉延哲西至东洋	
一五八七	日本丰臣秀吉严禁耶稣教	天正一五
一五九一	西王希立璞二世禁荷兰人出入理斯滂	
一五九二	西班牙使者李亚诺至日本	文禄元
一五九五	兰人商船队始赴东洋	
一六〇〇	英国东印度会社之创立	
一六〇〇	兰船里福得漂流至日本丰后	庆长五
一六〇二	蒯思赴支那	万历三〇
一六〇九	兰人与日本开通商	庆长一四
一六一〇	利玛窦死于支那	万历三八
一六一二	英人定司刺脱为贸易地	
一六一三	英人与日本开通商	庆长一八
一六一三	日本伊达政宗遣使欧洲	庆长一八
一六一九	白达威亚之建设	
一六二三	英人闭平户商馆退去日本	元和九
一六二四	兰人占领台湾	天启四
一六二八	日本滨田弥兵卫闯入台湾荷兰政厅	宽永五
一六三五	英船始至支那	崇祯八
一六三六	幕府重禁耶稣教，放逐葡萄人海外，禁海外渡航，限葡人住地出岛	宽永一三
一六三七	岛原乱	宽永一四
一六三八	日本禁葡人渡来，命退去，出岛住人	宽永一五
一六三九	英人定玛突剌士为贸易地	

(续表)

西历		支那或日本年号
一六四〇	葡国与西国分离,再成独立国	
一六四一	兰人自平户移出岛	宽永一八
一六四九	喀拔洛夫始侵略黑龙地方	永历三
一六六一	郑成功自台湾逐出兰人,夺之	
一六六六	汤若望殁于支那	康熙五
一六六八	孟买归英国东印度会社	
一六八五	彭春陷雅克萨城	康熙二四
一六八八	南怀仁殁于支那	康熙二七
一六八九	定尼布楚斯科条约	康熙二八
一六九〇	铿泌弗尔至日本	元禄三
一六九八	英人定喀尔喀泰为贸易地	
一七一五	日本幕府于唐兰贸易大加制限	正德五
一七二〇	将军吉宗解洋书舶载之禁	享保五
一七二七	恰克图条约	天〔雍〕正五
一七三五	周璞黎为佛国之印度知事	
一七四四	日本青木文藏赴长崎	延享元
一七四七	清高宗大排斥耶稣教徒	乾隆一二
一七五一	古莱璞陷,亚尔惷托据之	
一七五二	古莱璞陷托里芝朴利	
一七五六	史拉樵德拉袭喀尔喀泰	
一七五七	坡拉西之战	
一七五八	古莱璞任砰嘉儿知事	
一七六〇	宛撒哇西陷,佛人全失印度	

(续表)

西历		支那或日本年号
一七七一	杉田玄白、前野良泽解剖死囚	明和八
一七七二	黑斯秦谷为砰嘉儿知事	
一七七三	英定印度管辖法	
一七七三	英国东印度会社始输鸦片至支那	乾隆三八
一七七五	周伯尔至日本	安永四
一七八四	英置监督议会	
一七九二	马嘉德尼使支那	乾隆五七
一七九三	露将亚当至日本根室	宽政五
一七九八	荷兰东印度会社之解散	
一八〇四	德意孚留日本	文化元
一八一八		文政元
一八〇四	露使黎查诺夫至长崎	元〔文〕化元
一八〇七	马利逊至支那	嘉庆一二
一八〇八	英舰斐敦至长崎	文化五
一八一一	露人郭洛尼音等幽于松前	文化八
一八一三	古里斯丹条约	
一八一三	英国夺东印度会社印度贸易之独占权	
一八一六	亚玛士脱使支那	嘉庆二一
一八二〇	清国严禁鸦片之输入	嘉庆二五
一八二三	西博尔德至日本	文政六
一八二五	日本幕府出外舶打拂令	文政八
一八二八	定拖谷曼载条约	
一八三一	顾躜福至支那	道光一一

(续表)

西历		支那或日本年号
一八三三	英国夺东印度会社支那贸易之独占权	道光一三
一八三七	英舰马利孙至日本浦贺	天保九〔八〕
一八三九	林则徐为两广总督	道光一九
一八三九	第一回阿富汗战争	
一八四二		
一八四〇	鸦片战争	道光二〇
一八四二		道光二二
一八四二	定南京条约	道光二二
一八四二	日本幕府弛外舶打拂令	天保一三
一八四四	支那许耶稣教弘布于开港地	道光二四
一八四四	荷兰国劝日本幕府开关	弘化元
一八四七	穆拉威夫为东部西伯利亚总督	道光二七
一八四九	长发贼乱	道光二九
一八六三〔四〕		同治三
一八五〇	幕府命译员习诸外国语	嘉永三
一八五三	米使白里至浦贺俄使布怗迁至长崎	嘉永六
一八五四	白里再至日本，与幕府结条约，次结英露条约	安政元
一八五六	日本幕府与荷兰结条约	安政二
一八五六	叶名琛捕阿罗船水夫	咸丰六
一八五七	英法联军至支那	咸丰七
一八五七	印度土兵叛英人	
一八五八		

(续表)

西历		支那或日本年号
一八五八	英国内阁置印度事务大臣直辖印度	
一八五八	定天津条约、爱珲条约	咸丰八
一八五八	支那公许耶稣教弘布全国	咸丰八
一八五八	法国始侵安南	
一八五八	幕府更结米、兰、俄、英、法五国条约	安政五
一八五九	日本新见、村垣使米国	万延元
一八六〇	英法联合军陷北京,定北京条约	咸丰一〇
一八六二	日本遣榎木、赤松等留学生赴荷兰	文久二
一八六三	戈登统率常胜军	同治三〔二〕
一八六五	诸外国公使乘军舰至日本摄海,逼开市,敕许外国条约	庆应元
一八六七	日本敕许兵库开港	庆应三
一八六八	俄人夺沙马儿康,俄国与保恰拉结条约	
一八七一	俄国占领曲城	同治一一〔〇〕
一八七二	俄人以海参崴为军港	
一八七三	奇哇及保恰拉为俄国之保护国。俄国与阿富汗定境界	
一八七三	台湾事件	同治一三〔二〕、一四〔三〕
一八七四		明治六、七
一八七六	改喀堪德为俄领飞尔加拿	
一八七七	维多利亚女王受印度女帝尊号	
一八七八	第二回阿富汗战争	
一八八一		

林长民集

444

(续表)

西历		支那或日本年号
一八七九	崇厚与俄国结条约	光绪五
一八八〇	俄国脱兰士加斯皮亚铁道起工	
一八八一	俄国与波斯定里海以东之境界	
一八八一	曾纪泽更结俄国条约	光绪七
一八八三	俄国取安南东京，以安南为保护国	
一八八四	俄国取迈尔博	
一八八四	清法战争	光绪一〇
一八八五		光绪一一
一八八七	澳门定葡国领土	光绪一三
一八八七	英俄二国定阿富汗境界	
一八九一	西伯利亚铁道起工	
一八九四	日清战争	光绪二〇、二一
一八九五		明治二七、二八
一八九五	马关条约，辽东还，附加西尼协约	光绪二一、明治二八
一八九五	帕米尔协约	
一八九七	独逸占领胶洲，翌年租借之	光绪二三
一八九八	俄国租借旅顺、大连	光绪二四
一八九八	英国租借威海卫	光绪二四

林长民年表

1876年　农历六月十四日,生于福建闽县(今福州)。

1897年　取得清朝科举秀才功名。再入私塾,加习日文、英文。

1901年　与林纾、魏易等联名创办、主编《译林》月刊。

1902年　赴日本留学,不久弃学回国。

1903年　译著《西力东侵史》在日本出版。

1904年　随父迁居杭州。长女林徽因出生。

1907年　再赴日本,留学于早稻田大学政经科,被推举为留日福建同乡会会长。

1909年　留学毕业归来,拒授清廷翰林、进士。就任官立福建法政学堂教务长、福建谘议局书记长。因办学意见与上司相左被免职,自办私立法政学堂,任校长。

1911年　辞福建谘议局书记长职,短期就职于上海申报馆。创办、主编《法政杂志》。被推为福建代表,参与议订"临时约法";组织统一党,选为临时参议院秘书长。是年,在南京下关火车站遇刺,幸未伤及身体。

1912年　参与创建统一党。后此党与其他党派组合为进步党。被选为众议院议长。

1913年　任参政院代理秘书长,兼宪法起草委员。参加"宪法研究会"。

1914年　任国务院参议。

1915年　任国务院法制局长。不久辞职,再任众议院议员、

	进步党政务部长。
1916年	任国务院司法总长,拒绝军阀张镇芳行贿,数月后辞职。
1917年	聘为总统府外交委员会委员兼事务主任。
1918年	聘为国务院外交委员会委员兼事务主任。发起成立"国际联盟同志会"(简称"国联"),任总务干事。是年,再赴日本考察。
1919年	在《晨报》刊发通讯"山东亡矣"并文章《外交警报敬告国民》,引发五四运动。为此,日方反应强烈。五月下旬,向徐世昌总统辞外交委员兼事务主任职务,辞呈公开刊布报端。
1920年	作为中国首席代表赴欧洲参加世界"国联"大会,会后游历考察战后欧洲。
1921年	回国。
1922年	补选为宪法起草委员会委员。
1923年	反对曹锟贿选。避居上海。
1924年	段祺瑞政府再聘主持"国宪"起草委员会。
1925年	北京政局动荡,应郭松龄约聘,秘赴营口。十二月二十四日,于苏家屯中乱军流弹身亡。

后　记

　　本集数年前由编者之一搜集整理初稿，含诗文、日记及林长民早年致林徽因书信、致他人书信。今春我们合作重拾旧稿，有机会补入为数可观的重要家书等文献。本集所录林长民致林徽因全部书信、欧游日记以及林长民原版照片均系梁再冰家藏，它们的面世自然是本集的重要亮点。

　　作为首次结集的林长民文字，从百年前老报刊钩沉，难度可想而知。加之原稿不少是文言，或录自手迹，费力于句读和辨识，难度尤加一等。编注过程中，虽尽力搜寻，遗漏在所难免。譬如若干诗歌作品，知刊于王世澄、黄濬主编的《星报》，而该报京、津、沪多家图书馆均失藏，无奈遗珠集外，而个别篇章已蒐集到手，碍于特殊原因未便收入或完整录入，均属遗憾。又编者学力不逮，注释或过于简略，有方家补缺、完善，乃是我们的真诚期待。

　　本集所收林长民文字，主要来自以下两个方面：一、清末、民国和中华人民共和国成立后公开出版的报刊、书籍。二、林长民家属和收藏者个人珍藏的林长民手迹（主体部分为梁再冰家藏）。凡文言、手迹，原稿多无句读，均系编注者加点。难以辨识或漶漫失辨的字词，以"□"替代；错讹的字词，更正处以"〔〕"标示；脱失的字词，补正处以"〈〉"标示；原稿中繁体字、异体字均改为现今通行的简体字。书信、日记中所涉人名及外文，尽量予以简注，限于资料无力注释的，只得暂付阙如。文章的人名，不再注释。涉及林长民所书部分联语和部分纯书法作品，资料虽已收集，但鉴于部分真伪难辨以及大多内容并非原创，本集此次整体未予收录。

编注过程中得两位编辑很大帮助。王一珂先生统筹出版事宜，并参与搜集材料，辨识、誊录部分原件；陈莹博士不仅编校书稿，且多方奔走查考资料。他们所付辛劳远超通常意义上的编辑范畴，为编注者补漏、藏拙。没有他们的这般付出，《林长民集》能否顺利面世是不敢说的。在此，特志其分外劳绩。

林长民之子林暄先生对本集编注曾提供诸多资料，林暄之女林红女士又为本集提供林长民手迹；林长民之侄、林天民之子林宣先生及其子女对有关注释曾予热情相助；南通大学胡斌教授按图索骥，代为搜录林长民文稿多篇；清华大学艺术博物馆馆长杜鹏飞先生为本集提供了相关书信，他们的辛劳也应明志于此。

陈学勇　于葵
二〇二四年六月